总　　序

进入新世纪，中国高等教育发展形成的共识之一，就是要着力教育创新。教育创新共识的形成，是以对时代发展的新特点的理解为基础的，以对当今世界和我国教育发展的新趋势的分析为背景的，以实现中华民族的伟大复兴和社会主义教育事业发展的历史任务为目标的，深刻地反映了高等教育确立“以人为本”新理念的必然要求。

教育创新的首要之义就在于，教育要与经济社会发展的实际相结合，要与我国社会主义现代化建设对各类高层次人才培养的需要相适应，努力造就具有创造精神和实践能力的全面发展的人才。为了达到教育创新的这些要求，高等教育不仅要实行教育理论和理念的创新，而且还要深化教育教学改革，着力提高教育教学质量和水平。特别要注重学科与专业设置的调整和完善，形成有利于先进科学技术发展和提高国民经济发展水平的学科专业和教学内容；要注重人才培养结构的优化，形成既能适应现代化建设对各级各类高层次人才的需求，又能体现和反映高校优秀的办学特色、办学风格和办学传统的人才培养模式。教育教学创新的这些措施，必然提出怎样对传统意义上的以“学科”、“专业”为主体的教育教学结构进行整合，并使之与现代社会发展要求相适应的“通识”教育相兼容和相结合的重大问题。

高等教育人才培养模式中的“专”、“通”关系问题，并不是现在才提出来的。至于与“专业”教育相对应的“通识”教育的思想，出现得更早些。在亚里士多德那里，就有与“自由”教育相联系的“通识”教育的思想。这里所讲的“通识”教育，通常是指对学生普遍进行的共通的文化教育，使学生具有一定广度的知识和技能，使学生的人格与学识、理智与情感、身体与心理等各方面得到自由、和谐和全面的发展。

世界高等教育的发展曾经经历过时以“通识”教育为主、时以“专业”教育为主，或者两者并举、并立的发展时期。从高等教育发展历史来看，早期的高等教育似倚重于“通识”教育。随着经济、科技和社会分工的不断发展和进步，高等教育也相应地细分为不同学科、专业，分别培养不同领域的专业人才，“专业”教育的比重不断增大。20世纪中叶以来，经济的迅猛发展、科技的飞速进步、知识的不断交叉融合，使学科之间更新频率加快，高度分化和高度综合并存，“专才”与“通识”的需求同在。但是在总体上，“通识”似更多地受到重视。这是因为，新时代高等教育培养的人才，应该具有很强的应变能力和适应能力，应该具有更为宽厚的知识基础和相当广博的知识层面，应该具有更强的信息获取能力和多方面的交流能力。显然，仅仅依靠知识领域过窄的专业教育，是难以培养出这样的人才的。

我国大学本科教育专业一度划分过细，学生知识结构单一，素质教育薄弱，人才的社会适应性多有不足。随着国家经济体制改革的深入、产业结构调整步伐的加快和国民经济的飞速发展，国家和社会对人才需求的类型和结构发生了急剧变化，对人才的规格和质量的要求也不断提高，划分过细的专业教育易于造成人才供给的结构性短缺。经济全球化发展和我国加入 WTO，对我国高等教育人才培养提出了更为严峻的课题，继续走划分过窄、过细的专业教育之路，就可能出现一方面人才短缺、另一方面就业困难的严峻局面，将严重阻碍我国经济社会的发展，也将使我国高等教育陷于困境。我国教育界的有识之士和国家教育主管部门，已经深切地认识到这种严峻的形势。教育部前几年就在多方征求意见的基础上，推出了经大幅度修订的新的本科专业目录，使本科专业种类调整得更为宽泛些。各高等学校也在进一步加大教学改革力度，研究和修订教学计划，改革教学内容，努力使专业壁垒渐趋弱化，基础知识教育得到强化。这些都将有利于学生拓宽知识面，涉猎不同学科和专业领域，增强适应能力，全面提高综合素质。

在高等教育“通”、“专”关系的处理上，教育创新提供了解决问题的根本方法。通过教育创新，一方面能构筑高水平的通识教育的平台；另一方面也能增强专业教育的适应性，目的就是做好“因材施教”，实现“学以致用”。在这一过程中，除了要解决好选人制度即招生制度创新和教师队伍建设创新外，还要注重教学内容、教学方式和方法，以及教材建设等方面的创新。

近些年来，武汉大学出版社经过精心组织与策划，奉献给广大读者的这套通识教育系列教材，力图向大学生展示不同学科领域的普遍知识及新成果、新趋势或新信息，为大学生提供感受和理解不同学术领域和文化层面的基本知识、思想精髓、研究方法和理论体系，为大学生日后的长远学习提供广阔的视野。我们殷切地希望能有更多更好的通识教材面世，不仅要授学生以知识、强学生之能力，更要树学生之崇高理想、育学生之创新精神、立学生以民族振兴志向！

武汉大学校长　顾海良

前　　言

本书是为适应大学通识教育中“逻辑学”教学改革的迫切需要而编写的。通识教育的核心是素质教育，这要求我们改变以往突出逻辑学知识传授的传统做法，转而强调其逻辑思维训练和理性精神培育的宗旨。这是一种教学理念的革新，即知识固然重要，但知识不等于能力，能力也不等于素质。为此，本书将逻辑观的培养放在首位，以“什么是逻辑，为何学逻辑，怎样学逻辑”三个问题统摄全书，以上、中、下三编将通识教育中的逻辑学分为三个有机联系的层次和部分，对应于实际教学中渐次递进的三个步骤：

上编“逻辑观”始于孕育逻辑精神的逻辑史，终于逻辑精神训练的批判性思维，穿插介绍逻辑学的基本概念、基本原理及其在大学素质教育中的地位和作用。其特点是简明、系统，力求达到对逻辑学“知(明)其然，更知(明)其所以然”的目的。适用于初学逻辑者培养逻辑观，及获取最基本的逻辑工具。

中编“传统逻辑”介绍传统的演绎逻辑和归纳逻辑，旨在弥补上编逻辑工具的欠缺和不足。其特点是运用自然语言，贴近实际思维。适用于一般文科大学生奠定逻辑知识基础。这也是以前普通逻辑教学的重中之重，但以更加简明、集中的形式表现在此处。

下编“现代逻辑”介绍现代逻辑的两个基本组成部分，即命题逻辑和谓词逻辑，旨在改善中编逻辑工具的陈旧和落后，为读者提供现代逻辑的视野和基本训练。其特点是注重与传统演绎逻辑的衔接，过渡自然，循序渐进，适用于学力较强的文科大学生。这部分体现的是逻辑学教学改革的“现代化”诉求。

三编一气呵成，在分层次系统介绍逻辑基础知识的同时，通过精心编选的例题、思考题和练习题，突出逻辑知识应用和批判性思维能力培养的宗旨，强调针对性和实用性。可作为一般文科院校逻辑学通识教育课程的教材，及逻辑学专业一线教师的教学参考书之用，也可作为一般文科院校大学生基于提高自身逻辑素养的需要，自学逻辑时的蓝本。

本书是在笔者连续十多年从事逻辑学教学实践的基础上，经过最近三年的酝酿、提炼而成。定位于带专著性质的教材，各编均有比较个性化的内容出现。如上编对逻辑规律的解释，以及对逻辑本身的整体介绍。在笔者看来，逻辑既是一门科学，又是一种文化，且此文化并不限于西方文化，而是人类一切科学、文化共同之根基。上编中一个呼之欲出的概念便是“逻辑之道”，意即逻辑乃是耸立在科学(理性)与人文(理性)两个肩膀之上的某个闪亮的东西，既有普遍性、确定性的一面，又有个体化、不确定的一面。然而阐发此义殊非易事，实际也为本书之教材性质所不容，故本书对其隐而不发，留待将来由本书之姊妹篇《逻辑之道》专门予以探究。此外，上编对概念、判断间逻辑关系的处理，对演绎、归纳、类比推理之逻辑性的解释，中编对复合判断的真值、多重复合判断的符号化、文恩图解法等的介绍，以及下编对合取真值树、范式方法与真值树方法之间关系以及简单命题符号化专题等的介绍，也都是在其他同类教材中通常看不到的。当然，对这些观点或表述、处理方法的评价，读者尽可见仁见智。由于学力、精力所限，本书的疏漏、不当之处在所难免，恳请读者批评指正。

本书在编写过程中，得到了同事张斌峰、孙小玫、张莉敏以及武汉大学出版社文史部主任陶洪蕴、编辑胡国民等的大力支持和帮助，同时吸收了国内近年来出版的若干同类教材的某些成果，特此一并致谢。种种未尽事宜，欢迎通过下列渠道与笔者直接联系、交流，不胜荣幸之至：

网站：http：//www. ucu. cn；QQ 邮箱：2947388@ qq. com。

刘社军

2010 年 8 月

于中南财经政法大学

目　　录

上编　逻　辑　观

下编　现代逻辑

上编

逻辑观

第一章　引　　论

第一节　逻辑、思维和语言

一、什么是“逻辑”

“逻辑”是英文单词“logic”的中文音译。“logic”在英语中一般指的就是逻辑学这门思维科学，因而最初还曾被义译为“名学”、“辩学”、“理则学”、“论理学”等。

从词源上讲，“logic”源自古希腊文单词“λόγος（逻各斯）”，事实上还承载着非常丰富的含义。在古希腊语中，“逻各斯”是一个神圣而崇高的字眼，类似于中国古代的“道”。其基本含义是“规律”、“原理”、“秩序”、“规则”等，指万事万物背后可被人感知的某些支配性力量和神圣的秩序。由此派生出“言辞”、“理性”、“分析”、“解释”、“推理”、“论证”等多种含义，泛指清晰而有条理的思考和表达方式，探索未知世界的可靠方法，说服、论辩的技巧和规则等；进而被概括、引申为相关的理论和学说，如“论辩术”、“修辞学”等。

与此相应，“逻辑”在现代汉语中也是一个多义词，并且同样以“规律”、“秩序”、“理性”等为其基本含义。在褒义上使用时，“逻辑”泛指一切有“秩序”的、合乎“规律”的、理性的思考和表达方式。在贬义上使用时，则指那些缺乏必要的“秩序”、违背有关“规律”、反理性的思维和语言。

除了作为“逻辑学”的简称，“逻辑”一词的常见用法和含义至少还包括：

① 客观规律。例如：“优胜劣汰，适者生存。这是自然界的逻辑，也是市场竞争的逻辑。”

② 思维规律。例如：“合乎逻辑是正确思维和有效交际的必要条件。”

在这两种含义上使用时，“逻辑”相当于“规律”的代名词。

③ 某种理论、观点，通常含贬义。例如：“把侵略说成‘友谊’，这是地地道道的强盗逻辑。”

④ 某种思路、推论过程，一般是中性的。例如：“王啬的逻辑，拉拉明白。”

在逻辑学内部，“逻辑”一词的具体用法和含义也是多种多样的。例如：

① 作为“（抽象）思维”的代名词，因为逻辑学是专门研究抽象思维的。例如，“同一律是一个著名的逻辑规律”、“定义是揭示概念内涵的逻辑方法”。

② 作为“形式（结构）”的代名词，指纯形式的、与思维内容无关的，因为逻辑学是专门研究抽象思维的形式结构的。例如，“从逻辑上讲……”，“这篇文章的逻辑结

构……”、“纯逻辑的”、“逻辑推理”、“逻辑分析”、“逻辑特征”。

③ 逻辑学所讲的专业术语。例如，“思维形式由逻辑常项和逻辑变项两个部分组成”，“二支联言判断的逻辑形式是‘p 且 q’”。

④ 逻辑知识、逻辑理论、逻辑课程。例如，“开设逻辑讲座”，“在一般人的印象中，逻辑很难学”。

此外，关于“逻辑性”和“逻辑力量”的说法。“逻辑性”指的是一本书、一篇文章或一段话、一个演说等在形式结构方面(亦即与内容无关)的某些总体特性，如系统性、一致性、条理性、概括性、确定性、明确性、论证性等。“逻辑力量”指的是一本书、一篇文章或一段话、一个演说等的论证性和说服力，与“逻辑性”是正相关的关系。逻辑性、逻辑力量可能“很强”，也可能“很缺乏”，关键就在于是否合乎逻辑，以及合乎逻辑的程度。例如，“说话、写文章要讲究逻辑性”，“(这篇文章)内容实用，而且逻辑很好，一看就是大公司 HR 的出品”。

☞想一想

在“逻辑性”和“逻辑力量”的说法中，“逻辑”一词究竟是什么含义？

☞练一练

请上网搜索“逻辑”一词，尝试找出各种用法的“逻辑”，仔细体会其含义。

二、什么是“逻辑学”

“逻辑学”的定义涉及逻辑和非逻辑的划界问题，在这一点上，逻辑学界的观点并不统一。有的学者把逻辑的范围界定得非常狭窄，譬如仅限于演绎逻辑，被称为“小逻辑”；有的则将其定得相对宽泛一些，被称为“大逻辑”。基于本书的定位，我们采用后者，并尝试进一步拓宽其边界。

“逻辑学”比较常见的定义有以下三种，都是通过其研究对象加以界定的：

①逻辑学是关于思维规律的学说和理论。该定义强调了思维规律这个研究对象，与“逻辑”的古希腊词源“逻各斯”的基本含义相对应。

②逻辑学是关于推理和论证的科学。该定义强调了推理和论证这两个研究对象，与逻辑学的古代名称“辩学”、“辩论术”相对应。

③逻辑学是研究思维的形式、规律及其一般方法的一门思维科学。该定义比较全面地反映了逻辑学的研究对象，即思维形式、思维规律和思维方法。

应该说这三种定义都是正确的。前两种实际上是通过逻辑学的特征性质来定义“逻辑学”，因而也能很好地把逻辑学和其他科学区别开来。因为思维规律也好，推理和论证也好，都是逻辑学的特殊研究对象。

事实上，上述三种定义是相通的。但要完整地理解“逻辑学”这个概念，还需要对逻辑学的研究对象有一个全面、深入的了解。

☞**想一想**

“逻辑学”显然不等于“逻辑”，为什么？

☞**练一练**

请参阅其他教材、专著中“逻辑学”的定义，推敲其利弊得失。

三、思维、语言和逻辑学

作为一门思维科学，逻辑学以人类特有的思维为研究对象，以探求思维的本质和规律为已任。

思维有抽象思维、形象思维和灵感顿悟思维之分。逻辑学研究的是一切科学、哲学所共有的抽象思维，其特点是以抽象、概括的方式反映对象，由概念形成判断、由判断组成推理和论证，从而透过现象看到本质，由已知推出未知，并使知识系统化。在人的认识过程中，抽象思维属于理性认识阶段。

一般人们谈到的“逻辑思维”，指的就是抽象思维。在逻辑学中，“抽象思维”简称“思维”。

思维是人脑的机能，是一种精神活动。思维本身是看不见、听不到、也摸不着的。因此，逻辑学在研究思维时所直接针对的并非思维本身，而是思维的物化形式，即可以说或写出来的人类语言。逻辑学正是通过研究语言来研究思维的。

但是，与语言学不同，逻辑学所关注的并非语言本身，而是语言背后的思维。语言表达思维的一般格式是：某某语词所表达的那个概念，某某语句所表达的那个判断，某段话所表达的那个推理(或论证)，等等。例如：“商品”这个语词所表达的概念，“雪是白的”这句话所表达的判断。为了方便起见，在不引起歧义的情况下，通常直接说：“商品”这个概念，“雪是白的”这个判断，“我思故我在”这个推理，等等。

逻辑学在研究思维时，所使用的工具仍然是语言。因此，思维、语言和逻辑三者之间的关系是：逻辑学通过语言研究语言背后的思维。这就决定了逻辑学的抽象性特征。在这里，作为逻辑学研究工具的语言称为工具语言或元语言，作为逻辑学研究对象的语言则称为对象语言。这与语言学中的情形类似：中国人学英语时，英语就是对象语言，汉语则是工具语言。

语言有自然语言和人工语言之分。前者指人们在日常生活中所普遍使用的语言，如汉语、英语、日语等。后者特指人们为了进行某些科学研究而通过严格定义的方式专门制造出来的语言，如数学语言、符号语言等。人工语言因为消除了自然语言的歧义性，因而更加精确、简便，但往往需要一个专门学习、练习的过程。

☞**想一想**

什么是形象思维、灵感思维？其与抽象思维有何关系？

第二节　逻辑学的对象和性质

一、思维形态和思维形式

1. 思维形态

意义相对独立、完整的思维单元的类型或者层次，称为思维形态。最简单、最基本的思维形态是概念、判断、推理和论证。其中：

概念用来反映思维对象，是最简单的一种思维单元，号称“思维的细胞”。当人们提到某个概念，譬如“水果”，就已经确切地指称了一个或一类对象，因而已经是在进行抽象思维。概念是思维的起点，是人们作出判断、进行推理和论证的基石。人们正是通过概念形成判断，进而通过判断进行推理和论证的。与概念相应的语言形态是语词，包括单个的字、词和词组。

判断用来对思维对象作出断定，是比概念更为复杂的一种思维单元。当人们作出某个判断，譬如“水果是有营养价值的”，就已经确切地反映了对象的某种性质或对象间的某种关系，因而已经是在进行比概念更为复杂的抽象思维。与判断相应的语言形态是语句，包括单句和非因果复句。在现代汉语中，因果复句是指由“因为……所以……”、“既然……就……”这类关联词语联结分句而构成的复句，其他的复句都是非因果复句。

推理用来从已知的判断推导出新的判断，是对象间的因果关系在思维中的反映。譬如：“水果是有营养价值的，所以，我们要适当吃一点水果。”“停电的话，路灯就不会亮。既然路灯还亮着，可见并没有停电。”与推理相应的语言形态是因果复句或者句群。

论证用来从已知为真的判断确立某个判断的真实性或虚假性。例如：“我们不能落后，因为落后就要挨打。”论证是由推理组成的。简单的论证只包含一个推理，只有一层推出关系；复杂的论证则可能包含两个或两个以上的推理，具有多层推出关系。例如：“不能说‘人人都是自私的’，因为：第一，雷锋就不是自私的，所以，有的人不是自私的；第二，有的人不是自私的，所以，并非所有人都是自私的。”表达论证的语言形态可能是因果复句、句群，也可能是段落、篇章。

形象地说，概念是“颗粒状”的抽象思维，是点；判断是“线条状”的抽象思维，由“点”串联而成；推理是“纽结形”的抽象思维，由若干“线条”交织而成；论证是“网络形”的抽象思维，由若干“纽结”联络而成。

☞想一想

怎样识别概念、判断、推理和论证？

逻辑学研究思维，主要研究的就是各种各样的概念、判断、推理和论证这些基本形态。从广义上说，一篇文章、一次演说、一本书、一种理论、一门学科等都是意义相对独立、完整的思维单元，因而文章、演说、书、理论、学科等也都是抽象思维的具体形态(一般形态),是逻辑学进一步关注和研究的对象。例如,在怎样写文章、怎样著书立说这样的问题上,逻辑学显然大有可为。因为它们无非是由一个个的概念、判断、推理和论证所组成的更为复杂的思维形态而已,微观上固然要讲逻辑,宏观上当然也要讲逻辑。例如,它们都要遵守矛盾律的要求,做到前后一致、自圆其说,否则便不可能是一篇好的文章、一次好的演说,等等。

一切思维(形态)都是逻辑学关注和研究的对象,这从一个角度体现了逻辑学的普遍性特征。

2. 思维形式

抽象思维既有其内容,又有其形式(结构)。抽象思维的内容,简称思维内容,指的是思维中所反映的具体对象及其属性。抽象思维的一般形式,简称思维形式,指的是思维反映对象及其属性的一般方式,亦即思维内容赖以存在和表达的一般形式。形象地说,思维形式好比箱子或者盒子,思维内容好比装在箱子或盒子里的各种物品。

每一种思维形态、每一个思维单元都是思维内容与思维形式相互结合、相互依存的统一体。例如:判断"所有商品是有价值的"中的"商品"、"有价值的"是其具体的思维内容,而把它们联系起来的"所有……是……",则是其一般的思维形式。

逻辑学研究思维,正是撇开具体的思维内容,而把一般的思维形式作为其特殊研究对象的。因而在很多场合,"逻辑"都被用作"形式(结构)"的代名词。例如,所谓"……的逻辑形式",意即"……的形式结构";所谓"……的逻辑性质",意即"……的纯形式的、与内容无关的性质";所谓"从逻辑上讲",意即"从纯形式的角度来讲"。

概念、判断、推理和论证的思维形式,分别称为"概念形式"、"判断形式"、"推理形式"和"论证方式"。

在"所有……是……"这个判断形式中,"所有"和"是"分别表示对象范围是一类事物的全部以及对象和属性之间具有肯定联系。它们的这些含义不会随具体的思维内容、思维场合的变化而变化,具有普遍性和一般性,因而被称为逻辑含义,而它们本身则被称为逻辑常项。

此外,两个空位里可以"装入"相应的内容,如"金属"、"导电的"或"天鹅"、"白色的",从而得到各个具体的判断。这正是思维形式"容纳"思维内容的典型方式。为了研究复杂思维形式的方便起见,我们在各个空位里分别填入一个抽象的占位符来指称那个空位,代表可能出现在那里的具体思维内容。由于这些空位在不同的思维场合会被填入不同的思维内容,是上述判断形式中的可变部分,因而这些占位符被称为逻辑变项。例如:"所有S是P"就是上述判断形式的填充形式,其中的占位符S、P就是逻辑变项。

一般来说,各种思维形式都是由逻辑常项和逻辑变项两个部分构成的。其中有确切含义且其含义始终保持不变的部分就是逻辑常项,而没有确切含义、可以进行不同代换的部分则是逻辑变项。

显然,逻辑常项对思维形式具有决定作用。逻辑常项的变化会导致思维形式及其逻辑含义的变化,而逻辑变项则不然。例如:"所有S是P"与"所有M是N"显然没有实质的不同,而"所有S是P"与"有的S是P"、"所有S不是P"则显然是不同的判断形式，具有不同的逻辑含义。

逻辑变项实际上有两种：一种是与上面例子中的情形一样，变项所指代的空位由剔除概念而形成，因而只能用概念去填充(代换)，叫做概念变项。习惯上，我们用大写的英文字母S、P、Q、M、N等来表示概念变项。另一种叫做判断变项，其所指代的空位由剔除判断而形成，因而只能用判断去填充(代换)。习惯上，我们用小写的英文字母p、q、r、s、t等来表示判断变项。例如：

①如果n是偶数，那么n^2也是偶数。

②如果某物是金属，那么此物必然导电。

③如果水温降到零度以下，那么水将会结冰。

这一组判断具有共同的逻辑形式，即："如果p，那么q"。其中p、q代表具体的事物情况(思维内容)，由判断抽象而来，也只能用判断去替换，因而是判断变项。

这一组判断具有共同的逻辑含义，即：前一种事物情况(p)存在是后一种事物情况(q)存在的充分条件，有p必有q。这种含义仅仅取决于"如果……那么……"本身，具有一般性和普遍性，不会随具体事物情况的变化而变化，因而"如果……那么……"就是这里的逻辑常项。

一般来说，一个思维单元(如一个判断)的逻辑含义仅仅取决于其逻辑形式，而一个特定的逻辑形式则仅仅取决于其逻辑常项。因此，有一种观点认为，逻辑学就是一门建立逻辑常项的确切意义及其最普遍定律的学问。另一方面，所谓"逻辑含义(或逻辑内容)"意味着纯形式的、不随具体思维内容变化而变化的、最一般、最普遍的含义，这则从根本上决定着逻辑学的学科性质，即：逻辑学是一门追寻人类思维最普遍本质、最一般规律的学问，具有普遍性的特征。

☞想一想

怎样识别逻辑常项和逻辑变项？什么是思维的逻辑内容和非逻辑内容？

二、思维的规律、规则和方法

1. 思维规律

抽象思维的规律，简称思维规律，指的是思维形式应用的规律。因其与思维内容无关，并由逻辑学专门研究，故又称逻辑规律。

(1)思维形式的普遍本质

每一种思维形式都有其确切的逻辑含义和特定的逻辑性质，由于舍弃了具体的思维内容，一种思维形式的逻辑含义和逻辑性质实际上体现着一类思维单元的共性特征。但具体某一种思维形式究竟是什么含义、具有什么样的逻辑特性以及为什么恰恰是这种含义、这种特性而不是别的，这是由人类千百年来的思维实践所决定的、客观存在的东西，是有规律可循的。人们只能去认识和发现它，而不能随意地规定或改变它。逻辑学的首要任务就是总结人类的思维实践，揭示各种思维形式的普遍本质。

(2)思维形式的合理应用

从逻辑上讲，思维有好、坏之分。好的思维有助于人们正确地认识客观世界，有效地进行相互交流；坏的思维恰恰相反，会妨碍人们形成正确的认识和有效地进行相互交流。至于什么样的思维是好的、什么样的思维是坏的，这一点同样没有什么先验的标准，而只能取决于人类千百年来的思维实践。人们只能客观地总结经验教训，而不能凭空创立什么规律或者法则。逻辑学的主要任务就是总结人类的思维实践，确立思维形式的合理应用方式，排除其不合理的应用方式。

一切思维规律皆是思维形式应用的规律。这表明“逻辑学是研究思维形式的”和“逻辑学是研究思维规律的”两种说法是内在一致的。整个逻辑学表面上是一个思维形式的体系，实质上是一个思维规律的体系，是“关于思维规律的学说和理论”。

一切思维规律皆来源于人类的思维实践，皆是人类思维中某些共性、良性特征的体现。通俗地说，正确、合理性思维中不依赖于具体思维内容的那些共性特征就是思维规律，这决定了逻辑学的客观性特征，即：在逻辑学的规律体系中，没有什么是先验的、臆想的或者约定俗成的东西，一切都是客观的、必然的。

☞**想一想**

什么是正确、合理性思维？

☞**练一练**

请参阅其他教材、专著中“思维规律”的定义，推敲其利弊得失。

2. 逻辑规则

抽象思维的规则，简称思维规则，指的是思维形式应用的规范和准则。因其与思维内容无关，并由逻辑学专门制定，故又称逻辑规则。

(1)思维活动的具体规范

逻辑学研究思维规律，总结人类思维实践的经验和教训，目的还是为了服务于人类的思维实践。为此，逻辑学制定了大量的思维规则，告诉人们：为了保证思维的正确性、合理性，在特定情况下应该或可以怎样做，不应该或不可以怎样做。例如：定义的规则、划分的规则、三段论的规则、假言推理的规则、论证的规则，等等。

(2)思维规律的应用形式

如果说逻辑规律是关于过去千百年来人类思维实践的经验总结，那么逻辑规则便是关于现在和未来的人类思维实践的“行为规范”。逻辑规律是对正确运用逻辑形式的概括，是逻辑规则的潜在依据；逻辑规则是为正确运用逻辑形式服务的，是逻辑规律的具体应用，两者之间存在着深刻的对应关系。从一个角度讲，逻辑规律与逻辑规则之间乃是“体”和“用”的关系，如影随形。

事实上，所有的逻辑规则都是依据一定的逻辑规律制定的，反过来，所有已经发现的逻辑规律也总是直接或间接地转化为相应的逻辑规则。因此，既然可以说逻辑学是关于思维规律的学说和理论，那么当然也可以说逻辑学是专门建立逻辑规则的学说和理论。

逻辑规则对人类思维具有强制的规范作用。所谓“合乎逻辑”，也就是合乎相应的逻辑规律的要求、亦即合乎相应的逻辑规则的意思。这是一切正确、合理性思维得以实现的必要条件，是理性思维的基本准则。换言之，正确、合理性思维一定是合乎逻辑的思维，合乎逻辑的思维一定具备相关逻辑规律所表述的一般特征，也一定合乎相关逻辑规则的具体要求。这决定了逻辑学的规范性特征，令其号称“思维的文法”。

☞**想一想**

怎样区别逻辑规律和逻辑规则？

3. 思维方法

抽象思维的方法，简称思维方法，指的是思维形式应用的方法。因其与思维内容无关，并由逻辑学专门研究，故又称逻辑方法。这意味着正确、合理性思维得以实现的某些具体的程序、手段或途径。

例如：限制、概括、定义、划分等各种明确概念的方法；换质、换位等各种判断变形的方法；肯定前件、否定前件、肯定否定、否定肯定等各种演绎推理方法；各种推理有效性的判定方法如真值表法、赋值归谬法、树形图法；各种正确的论证方法如反证法，归谬法，探求因果联系的方法，假说演绎法，观察和实验的方法，比较、分析、综合、抽象、概括的方法，以及现代逻辑的公理化方法、形式化方法，等等。

有时人们还把演绎推理、归纳推理和类比推理分别叫做演绎法、归纳法和类比法，这是因为就其具有从已知到未知的完整形式结构而言，它们是推理；而就其作为人们探索未知世界，达到正确认识的手段、方式而言，它们又是逻辑方法。这体现了思维方法与思维形式的内在联系。

思维方法与思维规律的关系是：思维形式的合理应用往往需要通过一定的程序、手段或途径，思维规律离不开思维方法。反过来，思维方法的应用又要受到思维规律的制约，必须遵守相应的逻辑规则。因此，思维方法同样是逻辑学重点关注和研究的对象。在逻辑学的知识体系中，交织着大量的逻辑方法。对这些逻辑方法的掌握程度，直接关系到逻辑知识的应用能力。

这在一定程度上体现了逻辑学的操作性特征，即：逻辑学不但是一种需要理解和记忆的知识，而且是一种操作性很强的技术，需要经过千锤百炼才能熟练掌握，从而发挥其应有的作用。

☞**想一想**

总结起来，逻辑学有哪些显著特征？各指的是什么？

三、逻辑学的学科性质

逻辑学的研究对象决定了它具有普遍性、工具性、基础性等学科特点。

1. 普遍性

逻辑学所揭示的思维规律来源于全人类共同的思维实践，是人类思维最普遍本质和最一般规律的体现。逻辑学所建立的思维规则和思维方法为全人类所通用，不以任何民族、国家、地区、阶级、阶层、政党、集团等的利益和意志为转移，这体现了逻辑学的普遍性特征。

无论古今中外，世界上虽有不同的语言，却没有不同的逻辑。这正是不同民族、不同语言的人们可以通过翻译进行信息交流，从而相互理解、相互支持的必要前提和共同基础。在一定意义上，逻辑学的唯一性与人类的唯一性是内在一致的。

2. 工具性

逻辑学研究思维，所关注和研究的只是思维的一般形式，而不涉及具体的思维内容。因此，它本身并不能为人们直接提供各种具体的科学知识，但却能够为人们正确思维、获取新知识和相互交流思想提供必要的逻辑手段和逻辑方法。这就使得逻辑学成为一切科学、哲学研究和日常生活中独立思考、人际交流所必不可少的工具性学科。

在逻辑史上，古希腊亚里士多德(公元前384—前322)的逻辑著作被命名为《工具论》，近代弗兰西斯·培根(1561—1626)的逻辑著作取名为《新工具》，笛卡儿(1596—1650)的哲学和逻辑著作被命名为《方法谈》，著名的"波尔-罗亚尔"逻辑又以《思维术》而名世。可见，将逻辑学视为关于正确、合理性思维的工具性科学也是逻辑学的传统观点。

3. 基础性

逻辑学的全人类性和工具性决定了它在科学体系中的基础性地位，素有"科学之科学"之称，意即逻辑学乃是关于科学方法的科学，为一切科学之所必需。类似的说法是：一切科学都是应用逻辑。

近代以来，世界各国普遍有把逻辑学列为学校的文化基础课加以教习和研修的传统。1974年联合国教科文组织公布的学科分类目录中，逻辑学与数学、天文学和天体物理学、地球科学和空间科学、物理学、化学、生命科学被并列为七大基础科学。在英国大百科全书中，逻辑学更被列为五大基础科学的首位。

☞**想一想**

既然一切科学都是应用逻辑，那么人们可不可以只学科学而不专门学逻辑？

第三节 学习逻辑学的意义和方法

本节我们来谈谈“为何学逻辑”和“怎样学逻辑”的问题。与此密切相关的另一个问题是：“什么是逻辑?”因为所持的逻辑观不同，对上述问题的回答也就不同。

然而“什么是逻辑”并不是一个很容易回答的问题。因为一方面，学术界关于逻辑与非逻辑的界定还存在着争议，譬如有所谓“大逻辑”与“小逻辑”之分；另一方面，即使在同一种界定下，初学逻辑者、有一定逻辑基础者和对逻辑有深入研究者对“逻辑”这个概念的理解也会很不相同。这就决定了回答上述问题的困难性。

事实上，这三个问题作为一个整体，应该是贯穿于逻辑学的学习和研究过程之中的，除非我们认定这些问题都有标准答案，而逻辑学的学习是“学(有)止境”的。

基于本书“通识教育中的逻辑学”这个定位，让我们暂时避开“逻辑学”的学术定义，采用立体的、动态的、模糊的逻辑观，分以下四个层次展开讨论，并采用逆序排列。

一、应试层面

逻辑学这门学科在中国是大“冷门”，所以很多人之前根本不了解，更不明白学习它究竟有什么意义。不少人是因为上了大学，而学校开设了这门课程，才开始接触逻辑；不少人则是为了出国、应聘或者进修，要参加各种能力型考试，如 GRE、MBA、GCT 等，才开始接触逻辑。但是无论如何，总有很多人主要是为了应付考试才来学逻辑。对于这些人来说：

(1)什么是逻辑?逻辑就是一门考试课程，或者一种能力测验；考不好便拿不了高分或者便要落聘，考不过便毕不了业或者出不了国。总之，逻辑者，“奥特曼”所面对之又一“怪兽”也。

(2)为何学逻辑?学逻辑就是为了考试拿高分，这一点不言而喻。需要补充的是，不少学生还想越快越好，越直接、越省力越好，因此，凡是与考试无关的逻辑知识，对于这些人而言，统统都是多余的。至于逻辑学的体系、宗旨等，更不在关心之列。

(3)怎样学逻辑?考试总有一定的范围、一定的规格，也有一定的应试技巧。为此，直接针对考试而进行的专门训练无疑是必要的。各种能力型考试都有专门的考前辅导班和辅导材料(特别是往届试卷、模拟练习)，大学逻辑课堂上老师也往往会不时地“提点”一下考试重点，期末考试之前还可能做一些考前辅导。这些似乎是最能体现逻辑价值的地方、也似乎是学逻辑最有效的途径。

在现实的应试教育环境下，在很多家长和学生的心目中：学习主要就是为了考试，而考试又总是有标准答案的；考试分数代表一切，考试分数说明一切。这种短视、功利的思想既好笑又可怜，然而其大量存在却是一个不争的事实。客观地说，我们的学生从小学一路考到大学，莫不深受标准答案和考试分数之苦，其思维能力和理性精神已然遭到严重摧残，以至于当其有机会接触到逻辑学这门思维科学时，也习惯性地仅仅把它当做一门考试课程来看待。这是非常可悲的现象。

在这个层面上，学逻辑简直不足以称之为“学”。因为这个“学”完全是被动的、被迫的，所学知识也是粗浅的、零散的，而且主要的时间和精力都花在了解题训练而不是知识学习上。这种舍本逐末的“学”，极易流于知其然而不知其所以然，以至于在学习时往往事倍功半，其学习过程是不愉快的，所学知识也是容易忘记的。以至于有的人在大学毕业后，坦率地承认自己在大学里所学的逻辑知识“都已经还给老师”了。

就能力型考试而言，其所考察的主要是日常的逻辑思维能力，而并非专门的逻辑知识。即使偶尔涉及一些，也不过是传统逻辑中的三段论、逻辑方阵、假言推理、逻辑基本规律以及归纳、类比等基础知识，其在别的很多领域包括日常生活中也都能有所领会和积累。因此，不学或者少学逻辑似乎并无大碍，顶多在做题时翻一翻辅导书上的知识提要之类就可以了。将来辅导书翻得多了，这类题目也便能做了；各种题目做得多了，考试便能拿到高分；考试拿到高分了，也便万事大吉了。

然而理想的情况显然应该倒过来，即：在抓住机会(哪怕是自学)系统学习逻辑知识的基础上，通过做大量的练习题，并有针对性地复习有关知识点，一边巩固所学的逻辑知识，一边提高自己的应试能力，争取考出好成绩。这样，既扎扎实实地学到了知识，训练了思维，又抓住了考试这个实用的、关键的环节，可谓一举两得。

☞**想一想**

在应试层面上学逻辑的表现及其值得借鉴的方法还可能有哪些？

二、知识层面

“知识就是力量”这句格言曾经被用来激励了一代又一代的学子。即使在应试教育环境下，依然有很多学生从小便真诚地树立起了“爱科学，学科学”的信念。因此，当他们有机会接触到逻辑学这门思维科学时，便会自觉地将其作为一种科学知识来学习。而当他们终于意识到逻辑学乃“一切科学之科学”的时候，便会更加认真地学习。对于这些人来说：

(1)什么是逻辑？逻辑是一门思维科学，逻辑知识是一种无形的精神财富。特别对一些相邻学科来说，如哲学、法学、数学、计算机等，逻辑学更是必须具备的知识基础，没有充足的逻辑技术、逻辑方法便无法适应专业学习、专业工作的需要。

说逻辑是一种知识，是说逻辑是一门科学，是一个精致的知识系统，这一点不言而喻。说逻辑是一种技术，是说逻辑是一种解剖、分析和重构、拓展思维的工具，可以用来分析和评价复杂论证、由已知推导未知、化繁为简、分门别类、构造理论系统等。说逻辑是一种方法，是说逻辑是一种关于科学方法的科学，整个逻辑学便是一个研讨思维方法的体系。总之，逻辑者，一种特殊类型之精神财富也。

(2)为何学逻辑？第一，为考试而学，作为一种相对完善的应试手段来学逻辑，即“由面到点”，而不再是“由点到点”。第二，“当一天和尚撞一天钟”，“学会武艺不压人”，学一点算一点，总比在逻辑课上无所事事要强一些。第三，“爱科学，学科学”，所以，“爱逻辑，学逻辑”，自觉地将其作为一种精神财富来追求。这样，学习的过程便是一个愉快的收获过程。第四，作为专业基础、事业必备的工具来学，把压力转化为动力，对自己高标准、严要求地学逻辑。于是，学习的过程便成为一个完善知识结构、自我提高的过程。

(3)怎样学逻辑？首先，出于上述前两种目的学逻辑的，逻辑考试中考什么或逻辑课程上讲什么就学什么，能系统地消化掉考前辅导列出的知识提要或者配合教师完成传授知识的教学计划就不错了。其次，出于上述后两种目的而学逻辑的，学习目的明确，学习自觉性强，因此，逻辑课堂上讲到的会努力学，讲不到的、自己认为有用的也会努力自学。这样，逻辑知识才有可能被当做一个整体、一个系统而予以全面把握。

在这个层面上，学逻辑主要表现为一个求知的过程，因而并不局限于课本、课堂、课程的范围，而应该贯穿在大学学习乃至终身学习之中。在应试教育和标准化考试的语境下，这已经可以算是一种真正的学习了。但就逻辑学而言，这种学习还只是初级阶段的“学”。因为逻辑学不只是一门学问、一种技术，逻辑的知识、技术和方法只是其最低层次的表现形式。把逻辑学仅仅当做一门科学知识来学习，其意义将是非常有限的。

☞**想一想**

在知识层面与在应试层面上学逻辑有何异同？

三、能力层面

通识教育的宗旨侧重于素质教育和能力培养两个方面，与传统的应试教育是格格不入的，与单纯的知识传授也大相径庭。大学逻辑课首先就是作为通识教育的一个重要组成部分而开设的。这意味着通过逻辑基础知识的教学，培养和训练学生的逻辑思维能力、思维习惯和思维方式。

然而像思维能力、思维方式这种东西，本身是比逻辑知识、逻辑方法等更加抽象的存在，人们很难对其进行具体的感知和把握；即使能够清晰地感知得到，也不易对其进行有效的培养和训练。当人们发现某个人思维能力较强时，通常会认为这个人很聪明，且其聪明是天生的、他人无法习得的。时下流行的能力型考试旨在测试考生思维能力的高低，似乎是具体把握思维能力的一种典型方式，由此催生了一大批能力型考试的考前辅导班、辅导书和辅导老师，也催生了一大批能力型考试的应试高手，但这种拿高分的捷径是否同时也是提高思维能力的捷径，很难说。

这使得逻辑通识教育极易停留在知识层面，从而在本质上沦落为应试教育的同类和帮凶。这就好比体育课只是让学生坐在教室里学了一些体育知识、考了一些体育知识一样，由于想当然地以为知识便等同于或者必然导致能力，这样的素质教育不可能是不失败的。但这并不妨碍还有很多人在这个方面是“先知先觉”、积极主动和卓有成效的。对于这些人来说：

(1)什么是逻辑？逻辑是一种思维训练术。

首先，它训练的是人的抽象思维的能力，是在同等条件下比别人更善于进行抽象思维的能力，是探索未知世界和进行人际交流的能力。对于掌握了一定逻辑知识的人来说，逻辑是死的知识背后的活的思维能力，或者说，是驾驭所学逻辑知识、学以致用的能力，是解剖、分析、重构、拓展实际思维的能力。

其次，它训练的是人的抽象思维的习惯，是在任何思维活动中都会自觉不自觉地考辨概念、检验判断、评价推理和论证、运用思维方法等的思维习惯。何谓习惯？会刷牙是一种技术，天天刷牙是一种习惯。类似地，掌握三段论知识是一码事，习惯于用三段论思考问题是另一码事。

最后，它训练的是人的抽象思维的方式，主要是由概念形成判断、用判断进行推理和论证，环环相扣、层层递进的分析型思维方式。

总之，逻辑者，国人(个体或整体)进步所必修之一门“功夫”也。

(2)为何学逻辑？

就个体来而言，学逻辑是为了提高自己的思维能力，培养良好的思维习惯和分析型的思维方式，从而使自己更加善于思考(和交流)，变得更聪明、更机智。就整个社会而言，普及逻辑是为了提高整个民族的思维品质，从根本上推动社会进步。

(3)怎样学逻辑？

首先，学习逻辑，要既不满足于能应付考试，也不停留在理解、记忆阶段，而是处处追问逻辑知识的用途，并试图通过千锤百炼，真正达到学以致用，养之有素。老师举一个例子，我争取再举十个；别人做一道习题，我争取再做十道。

其次，要力所能及地结合兴趣有意识地看一些训练逻辑思维能力的书籍，多做一些训练思维能力的习题、游戏；看一些能力型考试的辅导书，并尽可能地多做一些模拟试题，特别是直接应用所学逻辑知识的那些所谓知识能力型试题；看一些推理小说，留意其推理、分析过程；观摩、参与演讲、辩论赛活动，等等。

再次，在日常生活和其他各门科学知识的学习过程中，有意识地考察其对逻辑知识、逻辑技术和逻辑方法的应用部分，积极学习、模仿那些思维能力较强、思维习惯较好、思维方式较完善的人。事实上，逻辑思维无处不在，小到一个演讲、一场对话、一部电影，大到一本小说、一门学科等，莫不有可资分析、研讨之处，诚所谓“处处留心皆逻辑”。

总之，要把学逻辑作为一种功夫来修炼。真正是为了提升自身的素质和能力而学，积极、主动地学，认真、刻苦地学。

☞想一想

能力层面的学习要领是什么？还可以有哪些方法和途径？

在能力层面上，学逻辑和锻炼身体是一样性质的。虽然没有专门学过逻辑的人，其思维能力不一定比逻辑专业人士差，就好比没有专门进行过体育锻炼的人，其身体素质不一定比体育专业人士差一样；但是对绝大多数人来说，是否认真学过逻辑，其思维能力的差别往往是非常明显的，正好比是否坚持体育锻炼，体质差别往往会非常明显一样，至少一个人同自己比是这样。另外，各种专门的体育运动固然能够锻炼身体，而日常的各种劳动、活动也并非不能锻炼身体，对大多数人来说，后者甚至比前者更重要。譬如一个人一天可能只专门锻炼了一个小时，而日常活动却进行了十几个小时。学逻辑也是如此，功夫既在逻辑课内，又在逻辑课外；且课内功夫有限，而课外功夫无穷。因此，理想的情况是把课内、课外的功夫结合起来，使其相得益彰，才可望真正学好逻辑，使逻辑思维能力得到有效的锻炼和提高。

南宋诗人陆游在其《示子通》诗中告诫儿子云："汝果欲学诗，工(功)夫在诗外。"著名教育家叶圣陶在其《语文教育书简》中写道："写作系技能，不宜视作知识；宜于实践中练习，自悟其理法，不能空讲知识，或以为多讲知识即有裨于写作能力之长进，殊为不切实际之想。"这些说法对逻辑学在能力层面上的学习也是有启发的。

在这个层面上，逻辑观需要被进一步突破。抽象思维虽然是最重要的一种思维，但它只限于理性认识阶段。在人的认识活动中，首先发生的感性认识，之后才是理性认识。而且由于认识对象的变动不居，实际上感性认识和理性认识往往是交织在一起的。因此，逻辑作为一种思维训练，虽然重点训练的是抽象思维的能力和习惯，但至少不应排斥灵感思维、形象思维等。从素质教育的立场出发，甚至应该有意识地为它们保留一席之地，以保证其所进行的是全面、协调的思维训练，而不是跛脚的、单一的思维训练。

同知识层面的学习相比，这个层面的逻辑学习需要进一步突破逻辑课本、课堂、课程的局限，直至和自己的生活、学习、工作有机地结合起来，这是对应试教育更加彻底的颠覆。

例如，我们不妨把逻辑学中用符号进行思维的习惯、能力和思维方式做一下推广，从而将思考引向深入，得出某些起初意想不到的结果。

①X太少是问题，X适中是动力，X太多是负担。问：X=?

[答一]：孩子、运动和锻炼、吃饭、喝水、冬天穿衣、对孩子的爱。

[答二]：money、kids、mistress(lover)、movement、love to kids、responsibility。

[答三]欲望、金钱、love、words……

②为X而X，X的意义就非常有限了，有时反而不如或者没有X。为X而X，等于进入了X，还没有跳出来。而一切X，终究是要跳出来，才真正有意义。因为归根结底，是X为人，而不是相反；换言之，X只能用来帮助人、提升人，而不能反客为主埋没人、禁锢人。总之，所谓"人是万物的尺度"。彼为X而X者，可以休矣！问：X=?

[答]：文学、艺术、哲学、宗教、结婚、吹笛子……

③世间最美好的是X，最尊贵的是X，最有力量的也是X；但是反过来，世间最邪恶的是X，最卑贱的是X，最软弱无力的也是X，并且这一点似乎更容易得到证明。问：X=?

[答]：人心、爱情、信仰……

④人首先得自己把自己当人看。你非要认定Y比X更重要，那无非就是证明你已经变成了一个要Y不要X的人罢了。问：(X，Y)=(?,?)

[答]：(1)X=命，Y=钱；(2)X=脸，Y=钱；(3)X=实，Y=名；(4)X=信

用，Y＝实惠；(5)X＝情义，Y＝世俗……

所有这些问题都没有标准答案，从中引出的某些结论也不一定正确。但只要你真的是一个“爱智慧”的人，那么每一个问题你都可以无限地思考、玩味下去，从而发掘出更多真正属于你自己的新东西。当然，你也可以将这种思考方式推广到更多的场合，提出自己独特的问题，然后和朋友们一起思考和交流。这样一来，你就会对逻辑学家之所以习惯于用抽象符号进行思考，甚至习惯于构造更加抽象的符号系统的奥妙，有更加深刻的体会了。

☞**想一想**

上述用符号进行思维的方法与逻辑学的类似方法有何差别？

四、精神层面

素质教育的内涵并不局限于能力培养，而是更加强调人的精神的培育。这其实是两个不同层次的问题，其中一个明显的差别是，人的能力(培养)水平尚可测试，而人的精神(培育)高度却无法测试。

台湾地区前领导人陈水扁早年毕业于台湾大学法律系，后曾执业律师数十年，却于2009年9月11日以贪污罪、洗钱罪、受贿罪、伪造公文罪数罪并罚，被一审判处无期徒刑，剥夺公权终身。我国最高人民法院原副院长黄松有早年在法律界的经历和业绩比陈水扁更加辉煌，却于2010年1月19日以贪污罪、受贿罪被一审判处无期徒刑，剥夺政治权利终身，并处没收个人全部财产。诸如此类最后身败名裂的法律界人士不计其数，其所缺乏的显然既不是法律知识，也不是法律人的能力和习惯，而恰恰是法律人的精神和信仰。

通识逻辑教育也是如此，它归根结底是一种“爱智慧”的思维教育，是人的理性精神的培养，而不止是一种思维能力的训练。这一点体现了我国自“西学东渐”以来大多数启蒙思想家、教育家的共识，迄今仍不失其现实意义。在这个层面上：

(1)什么是逻辑？逻辑是一种修养。逻辑指的是人类求真的精神，即所谓理性精神。是对真理的真诚热爱，是追求真理的坚定意志，是对明晰性、精确性的执著追求，是对可重复、可检验的程序性操作的偏好，是一切哲学、科学的灵魂。所谓真理，在这里被理解为主、客观世界在人的理性意识中的正确反映。人们甚至认为，只有人的理性想得通的才是真理。

逻辑指的是人类对真理和理性的信仰，是一种至高无上的信念、价值观。亚里士多德所谓“吾爱吾师，吾更爱真理”，融汇了古今中外一切思想家、科学家的深层信念和价值追求，倡导的是“真理面前，人人平等”、“把一切送上理智的法庭”的生活理念和生活态度。“逻辑”乃是“理性”的代名词：一个人有理性，一个人受益；一群人有理性，一群人受益；所有人有理性，则全人类受益。

逻辑指的是人类求真的智慧，是对思维习惯、思维能力、思维方式更高层次的自觉和把握，是对理性精神、真理信仰的更深层次的反思，是人作为“万物之灵”的最本质的体现。

总之，逻辑是人类所赖以维系与进化之根基，是个体人生“自觉觉他”、“自利利他”之修养，是一种精神境界与生活方式。

(2)为何学逻辑？一言以蔽之，学逻辑是为了训练自己的理性精神，培养“真(善、美)”的终极信仰，使自己更加勇于和善于独立思考，从而真正成为一个“爱智慧”的人，不断地提高自己生命的品位和生活的品质。

(3)怎样学逻辑？

结合实际思维，认真体悟“思维方式”这个概念，进而反思、发展和完善自己现有的思维方式。运用批判性思维，认真反思自身的思维习惯、生活习惯以及所处环境的种种风俗习惯，并争取有所改善。通过了解逻辑史、哲学史、科学史方面的知识以及相关的名人传记，培养“真(善、美)”的终极信仰、独立思考的习惯和追求真理的精神气质，提高批判性思维的能力和水平。把逻辑学习和自己的生活、自己的生命紧密结合起来，使其真正成为一种自我完善的可靠手段。在日常生活中积极实践和传播逻辑的理念、原则和方法，作为一种利人利己的精神生活方式。如此持之以恒，直至养之有素，生生不息。

☞想一想

精神层面的“学习”要领是什么？还可以有哪些方法和途径？

在精神层面上学逻辑，实际上是把逻辑作为一种“道”去体悟、去修炼，所谓“求知求道”，而这是需要有一定悟性、一定机缘的。一个缺乏独立思考的精神和气质、患有“思维懒惰症”的人是不足以在这个层面上谈逻辑的。此外，没有一定的逻辑基础，或者不能突破现有的逻辑观，也很难在这个层面上真正有所领悟和进展。在一个独立思考渐成奢侈品的社会环境里，这种局面更加不容乐观。有人说中国自“五四”运动以来的思想启蒙迄今没有完成，许多在别人是常识的东西，在我们却是稀罕的怪物。这话不可偏听偏信，但确实不无所指，发人深省。

因此，学逻辑不但是为了“成才”，事实上更是为了“成人”。借用佛教禅宗达摩祖师的说法，学逻辑的上列四个层次：应试层面“得其皮”，知识层面“得其肉”，能力层面“得其骨”，精神层面“得其髓”。真正的学习应该在这四个层次上全面展开，方不失逻辑教育之本义，方可称为真正的素质教育。比方说，一个能拿奥运冠军、身体素质超强而缺乏奥林匹克精神的运动员，一个掌握了许多特技、身体素质超强而缺乏人道主义精神的士兵，客观地说，其缺陷都是显而易见的。同样，学逻辑、搞逻辑的人即使掌握了很多逻辑知识，逻辑思维也非常发达，但如果缺乏理性精神、缺乏对“真(善美)”的终极信仰，多半也只能是叶公好龙、买椟还珠式的欺世盗名之徒，而算不上一个真正的学习者。

在这个层面上学逻辑，确实需要加入很多人们习惯上称之为“非逻辑”的东西，譬如整体思维、直觉和灵感等。然而站在通识逻辑教育的立场，只要不违背思维教育“爱智慧”的宗旨，真正能使学习者的思维品质得到全面提升，那么即使我们把“逻辑学”这个名称干脆换成“思维方法学”又有何妨？事实上传统意义上的“道”这个概念以及现代西方来势汹汹的“批判性思维”这个概念都不是传统的逻辑观所能包容得下的，然而却又都是最能使学习者真正受益的东西。

例如，在学习和研究逻辑思维、强调其重要性的同时，显然并不妨碍我们重视和发展下列非逻辑思维。

①超越思维。即主动跳出当前思维活动的某个圈子，做到所谓“超然物外”，从更多乃至更高的维度来思考和处理问题，以克服“不识庐山真面目，只缘身在此山中”的局限。这样的思维往往使人显得更有“灵性”(智慧)，也更容易避免被洗脑或者成为“死脑筋”，更容易从种种生活的误区中超脱出去。

②换位思维。即设身处地、“将心比心”，让自己站在对方的立场，用对方的视角来看问题。这样，人们看问题就会更加全面，问题也往往更容易得到解决。习惯于运用换位思维来处理人际关系，会使一个人变得更加宽容、生活得更加心平气和。

③发散思维，也叫求异思维、扩散思维、辐射思维。即从不同的方向、不同的角度和不同的途径去寻找同一问题的不同答案，或从同一材料来源、同一思维起点出发，探求多种不同结论的思维方法。发散思维能使人产生大量的新观点、新思路，从而摆脱旧习惯的束缚，显得更加机智灵活。

④收敛思维或称聚合思维、集束思维，意味着对放开的思维进行回收、聚拢，让它们从不同的方面和角度，都集中到一个焦点上，从而达到解决问题的目的。

⑤形象思维。指的是用直观形象和表象来思考、解决问题的思维活动。运用形象思维可以使抽象的东西形象化，从而更加容易理解和接受，因而是培养人、教育人的有力工具。运用形象思维有时还可以导致发明、创造，在科学研究中，科学家除了使用抽象思维，也经常使用形象思维。从事非功利的文学、艺术活动，是发展形象思维的有效手段。

⑥灵感(直觉)思维。即在研究某个问题时，不经过连续的思考过程，忽然灵机一动、一下子便找到了某种新思路或正确答案的思维现象。灵感思维本质上是一种潜意识与显意识之间相互作用、相互贯通的突发性创造思维活动。灵感是不速之客，可遇而不可求，因此，养成随时记录、捕捉灵感和创意的习惯是非常有必要的，因为这直接影响到一个人的创新能力。

这些都是常见、常用的非逻辑思维。限于篇幅，这里只能进行简单的介绍。此外还有所谓逆向思维、加减思维、类比思维、系统思维、联想思维、移植思维、博弈思维等。很显然，它们在实际思维中的地位和作用是不容忽视的。我们不能因为强调逻辑思维的重要性，便忽略非逻辑思维的价值和意义；当然，反过来也是如此。事实上逻辑思维和非逻辑思维都是人的认识活动所必需的。如果说逻辑思维主要体现的是所谓科学理性和工具理性，那么非逻辑思维所体现的便主要是所谓人文理性。二者都是人类理性的有机组成部分，也都是个体人生、个体生活实践所不可或缺的部分。

总之，真正的逻辑学习应该是与一个人的生活、生命融为一体的。实事求是地说，寄希望于一个学期、一个时期的学习便精通逻辑，这种想法是非常幼稚的。对任何一门真正的学问，通过一门课、一本书的学习，只要能够真正入门、打下一点基础就非常不错了。正所谓“师傅领进门，修行在个人”，“海阔凭鱼跃，天高任鸟飞”。学逻辑最重要的是要志存高远，真正做一个有心人。

☞**想一想**

逻辑思维、非逻辑思维究竟是怎样分别体现出所谓科学理性、工具理性和人文理性的？怎样把它们有机地结合起来？

练 习 题

1. 请说明下列各段文字中“逻辑”一词的含义。

(1)使我佩服的是列宁演说中那种不可战胜的逻辑力量。

(2)语法、逻辑、修辞、音乐、体操等都是没有阶级性的。

(3)在这些人看来，清官比贪官还要坏，这真是奇怪的逻辑。

(4)判断“3 大于 2”的逻辑形式是“aRb”。

(5)按照她的逻辑，学者要研究一个作家，一定要跟作者本人交流。

(6)跨过战争的艰难路程之后，胜利的坦途就到来了，这是战争的自然逻辑。

2. 请指出下列各段文字分别表达的是概念、判断、推理还是论证。

(1)人是万物的尺度。

(2)引起事物发展变化的根本原因。

(3)他脸红了，他心里有鬼。

(4)人固有一死，或重于泰山，或轻于鸿毛。

(5)我思故我在。

(6)他并不爱她，因为他不尊重她。

3. 请分析下列判断或推理中的逻辑常项，并尝试写出其逻辑形式。

(1)有的音乐是美妙的。

(2)凡金属皆导电，故凡不导电的都不是金属。

(3)可能第一位证人做了伪证。

(4)如果今天是除夕，那么明天就是春节。

(5)不是张文去参观了“世博”，就是李玲去参观了“世博”。

(6)既然李明是“三好学生”，那么他的成绩当然错不了。

4. 结合色诺芬《回忆录》中的这段对话，体会一下“认识你自己”的重要性。

苏格拉底(苏)：告诉我，欧绪德谟！你是否去过特尔斐的神谕宣示所？

欧绪德谟(欧)：是的，没错，苏格拉底！我去过两次，每当我要做出一个重大决定的时候，我都要寻求最好的建议。

苏：你是否注意到了它的入口处刻着的一段铭文？那里是你进入神庙的必经之

路……

欧：哪一段，苏格拉底？

苏：就是“认识你自己”。

欧：哦，是的！但我想我没有过多地注意它。他们总是催着我进进出出，我根本没有机会停下来思考它。

苏：但后来有没有想过呢，欧绪德谟？当你将要做出一个重大决定的时候，你是否认为它是值得思考的呢？

欧：没有，我从来没有，苏格拉底！当我离开那里的时候，我已经得到了神谕的建议，而且我认为没有必要再去思考它。但我猜想我认识我自己，我的意思是说，我怎么会不认识呢？我真的没有那么复杂，苏格拉底！

苏：好的，只有你敢于承认这一点，欧绪德谟！但让我们换个角度思考一下，昨天我看见你在阿里司泰得挑选马匹。你是不是想买一匹马？

欧：是的，苏格拉底，我正要去那里做成这笔交易。

苏：那么你一定花了不少时间去观察那匹马，以便确认它是否强壮、健康和驯服？

欧：那自然，苏格拉底！我一连几天都要花几个小时在牧场和马厩边转悠。

苏：那么你是否已经想好，要如何使用那匹马以及它可以为你做些什么？

欧：那正是我最关心的，苏格拉底！

苏：那么你在观察那匹马的时候，有没有根据自己的需要来权衡它？

欧：的确如此，苏格拉底！

苏：然而，欧绪德谟，你没有向一位预言家或者一位祭司寻求建议，不是吗？

欧：当然，苏格拉底，我为什么要那么做？我能够自己鉴别那匹马，而且它适合做什么已经很清楚了。

苏：然而当你准备做出一个足以影响到你的一生的重大决定时，你却接受了神谕的建议而不愿意听从“认识你自己”的忠告……

欧：我明白你的意思，苏格拉底！我至少应该像审视我的马一样审视我自己。

苏：没错，欧绪德谟！而且你是否认为人们在了解了他们自己的长处和短处的时候，可以做出更加明智的抉择呢？

欧：的确，苏格拉底！我们的朋友波多克勒斯昨天不是还在抱怨他现在干的陶匠活，并且希望找到一个更能发挥他的才能的工作吗？

苏：是啊，我记得那次对话！这正是我要和你交谈的原因。我想你可能会认为那些有自知之明的人知道什么东西适合他们，而且知道他们能够做什么和不能够做什么。通过做他们擅长的事情，他们既达到了目的又取得了成功：通过不做他们不擅长的事情，他们避免了错误并且逃脱了不幸。

欧：我的确多次看到过那段铭文，苏格拉底，但是我从未意识到它对我有什么用处。我猜想他们之所以要把“认识你自己”铭刻在特尔斐神庙的大门之上，是因为假如你做不到这一点，那么无论你从女祭司那里得到了什么建议，你都不能正确地理解它或适当地使用它。

第二章　思维形式

第一节　概　　念

一、概念的概述

1. 什么是概念

概念是反映对象本质属性的思维形态。

对象，泛指作为思维主体的人所思考的一切客体。它包罗万象，如：自然界的山川、草木，人类社会的政治、经济，思维领域的思想、情感，甚至虚幻的鬼神、上帝，等等，都是人的思维对象。

属性，泛指对象所具有的性质和对象之间的关系。概念是通过反映对象的属性来反映对象的。

在对象的属性中，有些是本质属性，即为一类对象所具有，且仅为该类对象所具有的属性；其余的都是非本质属性。如分节语言、进行抽象思维、制造并使用生产工具等属性，就是仅为人类所共同具有而任何其他对象所不具有的，因而也就是人类的本质属性。而有双眼、有毛发、靠二肢行走、需要饮食等，并非人类所特有，因而是人类的非本质属性。

概念是把对象作为类来反映的。概念的作用就在于根据对象的本质属性不同，把一个一个、一类一类的对象在思维中区别开来，分门别类地加以反映。

☞**练一练**

请查询关于属性的另外两种分类，即固有属性和偶有属性、特有属性和共有属性，并思考其与本质属性、非本质属性的关系。

2. 概念的内涵和外延

概念的内涵，是指概念所反映的对象的本质属性。例如，“商品”这个概念的内涵是“用于交换的劳动产品”。

概念的外延，是指概念所反映的对象类。由具有某个概念内涵的所有对象所构成的类(集合)，就是该概念的外延。如“人”这个概念的外延，就是由古今中外一切具有人的本质属性的个体所构成的对象类。外延的大小表示概念所反映的对象数量的多少。与“类(集合)”相应的是“分子(元素或个体)”、“子类(子集)”。就“人”所反映的对象类而言，“中国人”是一个子类，而“张三”则是一个分子或个体。对象类中可能包含许多个体，也可能只包含一个分子，甚至可能不包含任何元素，亦即空类。

任何一个概念总有其内涵，也总有其外延。这是概念的两个基本的逻辑特征，亦即纯形式的、不依赖于思维内容而普遍具有的性质。一般所说的明确概念，俗称“抠字眼儿”，就是明确概念内涵和外延的意思。只有当一个概念的内涵和外延都明确了，这个概念才算是明确的，否则就是不明确的或者不完全明确的。

概念明确是人们进行正确思维的必要条件。只有概念明确或相对明确，人们才能做出恰当的判断，进行合乎逻辑的推理，从而保证思维的正确性、合理性。因此，是否善于“抠字眼儿”，往往是反映一个人逻辑思维能力高低的重要标志。

☞**练一练**

请结合实例说明，培养“抠字眼儿”的思维习惯有何意义?

3. 概念的逻辑形式

概念作为一种思维形态，既有其内容，又有其形式。一般而言，在一个概念(譬如“马”)中剔除其内容，亦即其所反映的具体对象及其本质属性，就能得到其原始的概念形式，其中只有一个空位。在其中填入变项，就得到“S”，或“P”，这就是一般情况下一个概念(譬如“马”)的思维形式。

概念的一般形式S中没有逻辑常项，说明概念在一般情况下没有固定的、可分析的内部结构，这与其“思维的细胞”(即最小的思维单元)的性质是一致的。但是，并非任何概念都没有可分析的内部结构，因为有的概念是由其他概念复合而成、通过词组来表达的。例如：“非金属”这个概念，其一般的概念形式当然也是S。但它显然是概念“金属”加上否定词“非”复合而成的。因此，若把概念“金属”的形式分析为P，则概念“非金属”的形式就是“非P”，其中“非”便是逻辑常项。类似地，“老弱病残”这个概念可视为“老”、“弱”、“病”、“残”四个概念复合而成的，若将“老”、“弱”、“病”、“残”分别表示为A、B、C、D，则“老弱病残”即可表示为“A或B或C或D”，其中“或……或……”是逻辑常项。而“青年教师”这个概念可视为“青年”和“教师”两个概念复合而成的，若将“青年”和“教师”分别表示为A、B，则“青年教师”即可表示为“A且B”，其中的“……且……”是逻辑常项。

4. 概念的语言形式

概念由语词来表达，包括单个的字、词和词组。概念和语词有着密切的联系：首先，语词是概念的物质外壳。概念的形成、存在、表达和传递都必须借助于语词，不依赖于语词的赤裸裸的概念不存在。其次，概念是语词的思想内容，表达概念正是语词最重要的功能。

然而，概念和语词又是有区别的：一方面，语词是语言学的研究对象，往往具有民族性；而概念则是逻辑学的研究对象，具有全人类性，没有民族性。这是不同语种之间可以相互翻译、不同民族的人们之间可以进行思想交流的必要前提。例如："书"这个概念，汉语用"书"一词表示，英语用"book"一词表示。

另一方面，即使在同一民族的语言中，概念与语词也不是一一对应的。虽然所有的概念都必须借助于语词来表达，但并非所有的语词都表达概念。例如，在现代汉语中，实词(名词、动词、形容词、数词、量词、代词)表达概念，而虚词(副词、介词、连词、助词、叹词)一般不表达概念。此外，还有多义词和同义词的现象。例如，"矛盾"这个词在不同的语境里就有不同的含义，而"生日"和"诞辰"、"新年"和"春节"等则是同义词。

二、概念的种类

1. 普遍概念、单独概念和空概念

概念的外延中包含不止一个分子，这样的概念就称为普遍概念。如"白马"、"星球"、"科学家"、"自然数"等，都是普遍概念。其中"白马"、"科学家"所反映的对象类中，分子的数量都是有限的，是有限普遍概念；而"星球"、"自然数"所反映的对象类中，分子的数量都是无限的，是无限普遍概念。

概念的外延中只包含一个分子，这样的概念就称为单独概念。如"地球"、"珠穆朗玛峰"、"我们所居住的星球"、"世界最高峰"等，都是单独概念。其中前两个是用专有名词(简称专名)表示的，后两个是用摹状词(即反映对象特征性质的语词)表示的。

概念的外延中不包含任何分子，这样的概念就称为空概念(或虚概念)。如"金山"、"永动机"、"非正义的正义战争"。

2. 实体概念和属性概念

概念所反映的对象是实体，这样的概念就称为实体概念。如"大学生"、"计算机"、"科学家"。

概念所反映的对象是属性，这样的概念就称为属性概念。如"勇敢"、"善良"、"……大于……"、"在……之后"。其中前两个反映的是对象的性质，后两个反映的是对象间的关系。

3. 正概念和负概念

概念以具有某种属性为本质属性，这样的概念就称为正概念。如"有机物"定义为"含碳的化合物"，是正概念。

概念以不具有某种属性为本质属性，这样的概念就称为负概念。如"无机物"定义为"不含碳的化合物"，是负概念。

表达负概念的语词一般都带有否定词"非"、"无"、"不"、"未"等，如"非机动车"、"无脊椎动物"、"不健康"、"未成年人"。但并非所有带"非"、"不"、"无"等字

样的语词都表达负概念，如“非洲”、“无锡”、“不丹”等，其中的“非”、“无”、“不”等并非否定词。

负概念是相对于正概念而言的。一对正、负概念的外延之和，构成一个新的对象类，即论域。如“非法行为”与“合法行为”相对，其论域是“人的行为”。

4. 集合概念和非集合概念

概念所反映的对象是一个集合体，称为集合概念。所谓集合体，是指若干同类个体有机联系而成的整体。例如：“词汇”、“森林”、“枪支”、“书籍”。

概念所反映的对象是一个类，这样的概念就称为非集合概念。例如：“词”、“树”、“枪”、“书”。

类与集合体的区别在于：类与其所包含的分子(个体)之间是一般和特殊的关系，类的性质必然为其所包含的每一个分子所具有。而集合体与构成它的个体之间则是整体和部分的关系，集合体所具有的属性，不必然为构成它的个体所具有。例如，“商品”反映的是由各种各样用于交换的劳动产品所构成的那个类，“商品”的一般性质必然为每一个具体的商品所共同具有；“政党”反映的是由许许多多党员通过党章、党纪等有机联系而成的整体，其存在和活动的方式显然与它的单个党员的存在和活动方式大相径庭。

同一个语词在不同的语境下可能表达集合概念，也可能表达非集合概念。但在任一具体语境中，概念只能表达其中之一。例如：“中国人”在“我是中国人”这句话中，是一个非集合概念；而在“中国人占世界人口的四分之一”这句话中，则是一个集合概念。脱离具体的语境，说一个概念是集合概念或非集合概念，往往是不正确的。这要求我们特别注意对概念所处的语境进行具体分析。

一个简单的方法是，用反映个体概念的语词代入相应的句子中。若语义通顺，就表示该个体具有相应的属性，因而被分析的概念有可能是非集合概念。反之，若语义明显不通顺，则表示该个体不具有相应的属性，因而必是集合概念无疑。例如：在“我们班同学正在101教室上课”这句话中，用“李明”替换“我们班同学”后语义通顺，说明“我们班同学”在这里可能是一个非集合概念。但在“我们班同学坐满了101教室”这句话中，用“李明”替换后语义不通顺，则说明“我们班同学”在这里一定是一个集合概念。这种方法，有人称为“代入法”。

三、概念间的逻辑关系

概念间的逻辑关系，指的是概念外延之间的关系，简称外延关系。主要反映两个概念是否相容，是否满域，以及是否重合等的对象存在情况，可用文恩图来说明。①

下面用大写的U表示论域，用A、B分别表示任意两个概念，用小写的u、a、b分

① 传统逻辑教材多用欧拉图表示概念间的外延关系。文恩图是对欧拉图的改进。由于克服了欧拉图不能明确表示空类(空概念)的缺点，不但可以更加精确地刻画概念间的外延关系，而且可以用来判定各种性质判断推理的有效性，故本书直接采用文恩图。

别表示 U、A、B 外延中的任一分子，亦即其所反映的任一对象。

1. 文恩图

文恩图是英国数学家、逻辑学家文恩(John Venn，1834—1923)发明的一种利用交叉圆表示概念间外延关系的直观图。

画一个方框表示论域 U，在方框内画两个交叉圆圈分别表示 A 和 B 的外延，则论域 U 被分为四个区域，依次称为区域 1、2、3、4，如图1-1所示。为方便计，序号可以省略。

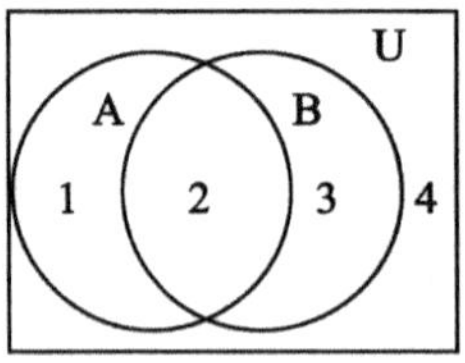

图 1-1　二元文恩图

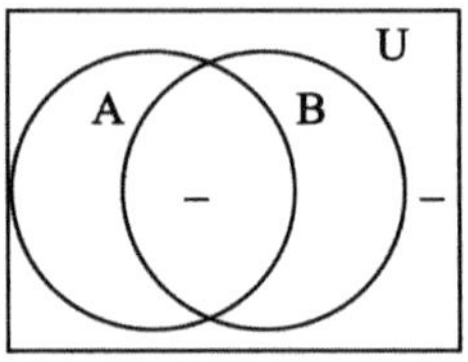

图 1-2　某外延关系

用“+”、“-”分别表示某个区域中的对象明确存在(非空)、明确不存在(空)，不标注“+”、“-”表示某个区域中对象的存在性不明确，则概念间的外延关系可用文恩图清楚地加以说明。例如：图 1-2 说明某种外延关系所反映的对象存在情况是：不相容(2 区空)，满域(4 区空)。这正是下面将要讲到的矛盾关系，如概念“成年人”与“未成年人”即具有此种外延关系。

2. 外延关系的一、二级分类

(1)相容关系和不相容关系

有 a 是 B，称 A、B 之间具有相容关系。如图 1-3 所示：A 表示“学生”，B 表示“青年”。

无 a 是 B，称 A、B 之间具有不相容关系，或全异关系。如图 1-4 所示：A 表示“三角形”，B 表示“四边形”。

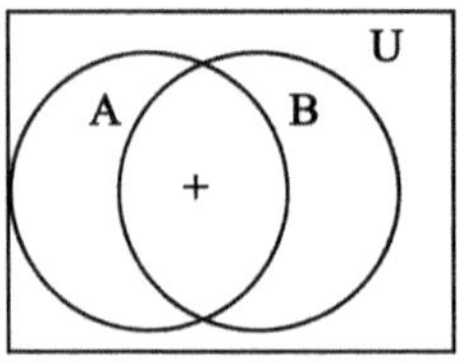

图 1-3　相容

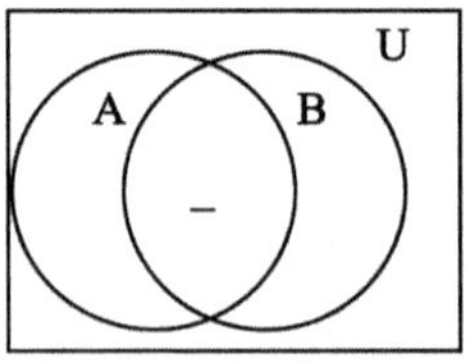

图 1-4　不相容

(2)满域关系和不满域关系

有 u 既不是 A 又不是 B，称 A、B 之间具有不满域关系。如图 1-5 所示：U 表示“人”，A 表示“学生”，B 表示“青年”。

无 u 既不是 A 又不是 B，称 A、B 之间具有满域关系。如图 1-6 所示：U 表示“人”，A 表示“中国人”，B 表示“外国人”。

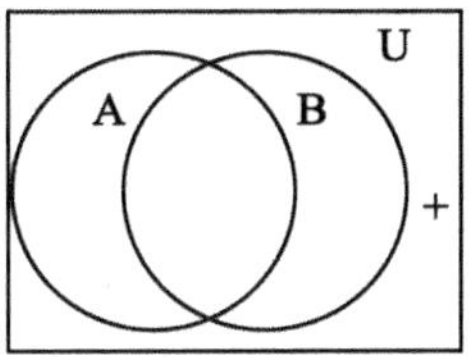

图 1-5 不满域

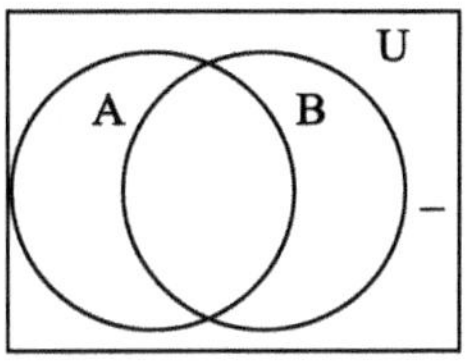

图 1-6 满域

(3)外延关系的二级分类

调和关系：A、B 相容且不满域。如图 1-7 所示：U 表示“人”，A 表示“学生”，B 表示“青年”。

下反对关系：A、B 相容且满域。如图 1-8 所示：U 表示“人”，A 表示“50 岁以下的人”，B 表示“30 岁以上的人”。

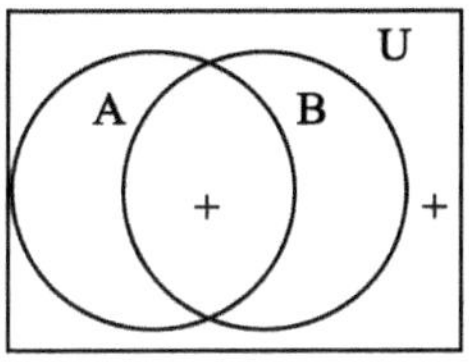

图 1-7 调和关系

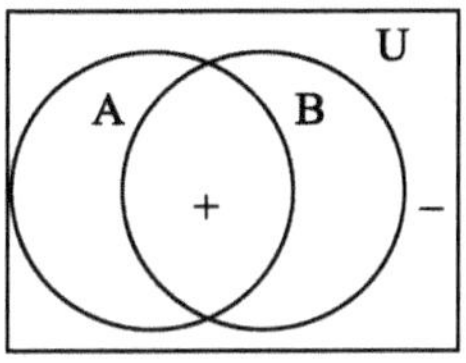

图 1-8 下反对关系

反对关系：A、B 不相容且不满域。如图 1-9 所示：U 表示“人”，A 表示“武汉人”，B 表示“南京人”。

矛盾关系：A、B 不相容且满域。如图 1-10 所示：U 表示“人”，A 表示“成年人”，B 表示“未成年人”。

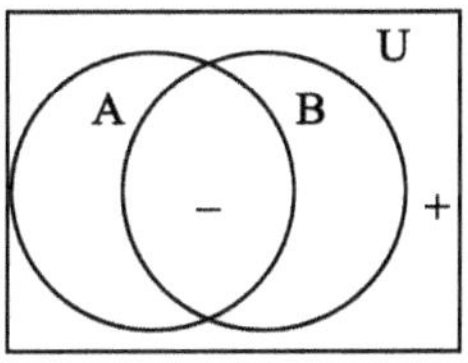

图 1-9 反对关系

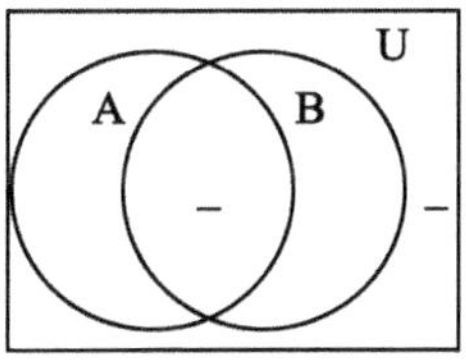

图 1-10 矛盾关系

3. 外延关系的三、四级分类

传统逻辑关于概念的使用有所谓“非空非全”的预设，即不考虑概念外延为空或等于论域的情况。这可以使问题在一定程度上得到简化。为初学者计，本书也这么做。①

(1)调和关系的三、四级分类

全同关系：A、B具有调和关系，并且：无A不是B，且无B不是A。如图1-11所示：A表示“等边三角形”，B表示“等角三角形”。显然，A、B全同，则A、B外延均完全重合于对方，因此全同关系也叫重合关系。

真包含于关系：A、B具有调和关系，并且：无A不是B，但有B不是A。如图1-12所示：U表示“人”，A表示“大学生”，B表示“学生”。

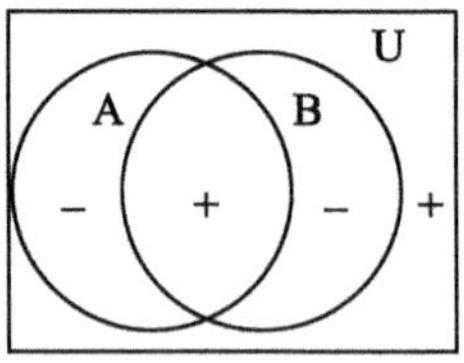

图1-11　全同关系

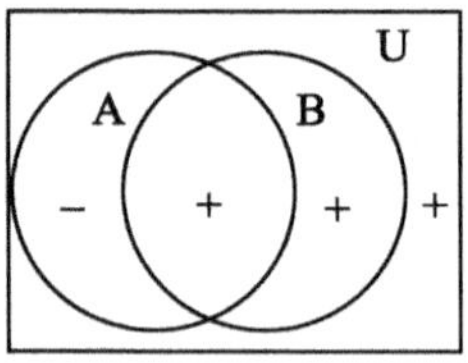

图1-12　真包含于关系

真包含关系：A、B具有调和关系，并且：有A不是B，但无B不是A。图1-13所示。例如：U表示“自然数”，A表示“偶数”，B表示“4的倍数”。

之所以说“真包含于”，是因为“包含于”一般是“包含于或等于”的意思。“真包含”的说法与此类似。容易看出，真包含于关系和真包含关系是互逆的。

A真包含于B，则A的外延完全重合于B，但反之不然。习惯上把真包含于关系中外延较小的A称为种概念，外延较大的B称为属概念，并把真包含于关系和真包含关系统称为属种关系。

交叉关系：A、B具有调和关系，并且：有a不是B，有b不是A。如图1-14所示：U表示“人”，A表示“青年”，B表示“学生”。

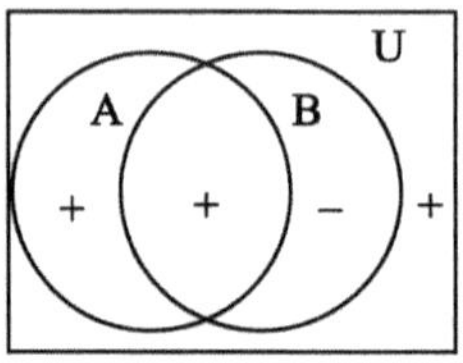

图1-13　真包含关系

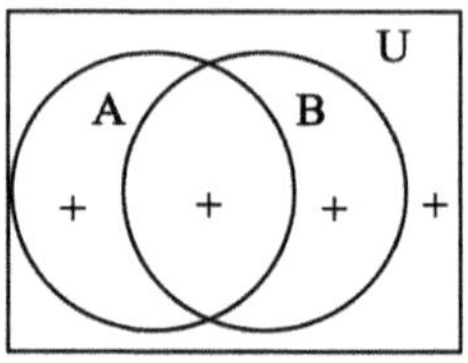

图1-14　交叉关系

全同关系是A、B双方外延均完全重合于对方，差等关系是A、B单方外延完全重合于对方，交叉关系是A、B双方外延均不完全重合于对方，因此它们共同构成了调和

① 有一定基础的读者，可参考下一节中判断间真假关系的分类对此问题予以全面考虑。提示：只须把“相容”、“不相容”分别视为“可同是”、“不可同是”，把“满域”、“不满域”分别视为“不可同非”、“可同非”，即可将外延关系和真假关系的分类很好地对应起来。

关系的三级分类。于是属种关系分为真包含于、真包含就成了四级分类。

(2)其他关系的三、四级分类。

仿照调和关系，下反对关系、反对关系和矛盾关系也都可以继续进行分类。但在“非空非全”的预设下，三者都只有一种情况。即：

下反对关系：A、B 相容、满域，并且：有 a 不是 B，有 b 不是 A。如图 1-15 所示：U 表示“人”，A 表示“50 岁以下的人”，B 表示“30 岁以上的人”。

反对关系：A、B 不相容、不满域，并且：有 a 不是 B，有 b 不是 A。如图 1-16 所示：U 表示“人”，A 表示“武汉人”，B 表示“南京人”。

矛盾关系：A、B 不相容、满域，并且：有 a 不是 B，有 b 不是 A。如图 1-17 所示：U 表示“人”，A 表示“成年人”，B 表示“未成年人”。

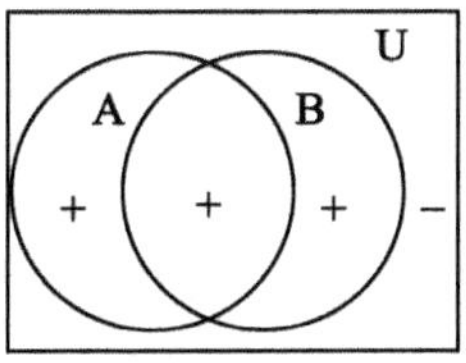

图 1-15　下反对关于

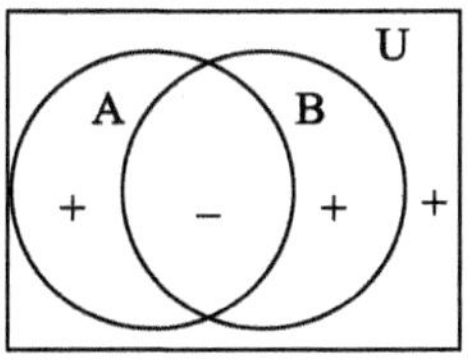

图 1-16　反对关系

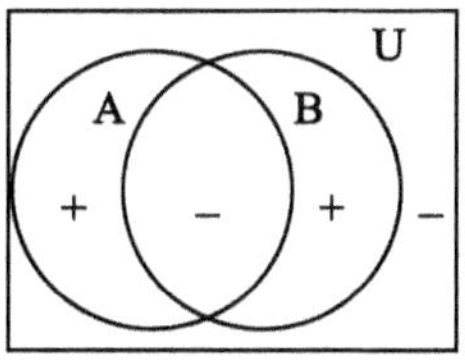

图 1-17　矛盾关系

于是就得到如下表所示的外延关系分类：

<table>
<tr><td colspan="7">概念间的外延关系</td></tr>
<tr><td colspan="5">相容关系</td><td colspan="2">不相容关系</td></tr>
<tr><td colspan="4">不满域关系</td><td>满域关系</td><td>不满域关系</td><td>满域关系</td></tr>
<tr><td colspan="4">调和关系</td><td rowspan="3">下反对关系</td><td rowspan="3">反对关系</td><td rowspan="3">矛盾关系</td></tr>
<tr><td rowspan="2">全同关系</td><td colspan="2">属种关系</td><td rowspan="2">交叉关系</td></tr>
<tr><td>真包含于</td><td>真包含</td></tr>
</table>

☞**想一想**

在不考虑满域、不满域的情况下，外延关系分成哪几种？

☞**练一练**

尝试就各种外延关系各举 1—3 例，并分别画出其文恩图。

第二节 判　断

一、判断的概述

1. 什么是判断

判断是对对象有所断定的思维形态。例如：

① 犯罪是危害社会的行为。

② 某甲不是盗窃犯。

③ 如果某甲是凶手，那么某甲有作案时间并且到过现场。

判断有两个基本的逻辑特征：

第一，总是有所断定，即有所肯定或有所否定。如：例①肯定“犯罪”这一对象具有“危害社会的行为”这一性质。例②否定“某甲”这一对象具有“盗窃犯”这一性质。例③肯定事物情况“某甲是凶手”与“某甲有作案时间并且到过现场”之间具有充分条件的关系。

第二，总是或真或假，即一个判断不是真的就是假的。一般而言，如果判断对于思维对象的断定符合客观情况，这个判断就是真的，否则便是假的。例如：“地球是椭圆形的”这一判断符合客观情况，因而是真判断；反之，“地球是方的”这一判断不符合客观情况，因而是假判断。

逻辑学把“真”和“假”作为判断的两个值，叫做判断的真假值，简称真值。为简化书写，“真”和“假”可分别记为T、F，或t、f，或1、0。

☞想一想

了解判断的基本逻辑特征对我们有何启发？什么叫“较真儿”？

2. 判断的逻辑形式

作为一种具体的思维形态，判断有其内容，也有其形式。判断的逻辑形式，就是判断形式。

给定一个具体的判断，剔除其中表示具体对象及其属性的概念或判断，分别代之以空位，就得到其原始形式的判断形式；进而在其空位中分别填入适当的变项，就得到其应用形式的判断形式。这个过程是具体判断的抽象化，又称为符号化。

例如：“有的天鹅不是白色的。”⟶“有的……不是……。”⟶“有的S不是P。”

又如：“只有年满十八岁，才有公民选举权。”⟶“只有……，才……。”⟶“只有p，才q。”

反过来，给定一个判断形式，用具体的概念或判断分别取代其中的概念变项和判断变项，就得到一个具体的判断。这个过程是判断形式的具体化，又称为解释。

判断有真假，这是判断的基本逻辑特征，而判断形式是没有真假的。如“所有 S 是 P”，既不真，也不假。判断形式只有经过解释，成为具体的判断，有了思维内容以后，才有真假可言。

☞**想一想**

判断形式为什么没有真假？一个判断形式有多少个解释？

一个判断形式在任何解释下得到的都是真判断，称为永真式，或重言式。例如："所有 S 是 S"，"p 或者非 p"。

一个判断形式在任何解释下得到的都是假判断，称为永假式，或矛盾式。例如："所有 S 都不是 S"，"p 并且非 p"。

一个判断形式在有的解释下得到的是真判断，在有的解释下得到的是假判断，称为适真式，或协调式。例如："所有 S 都 P"，"如果 p，那么 q"。

一个判断形式至少在一种解释下可以得到真判断，则称之为可满足式。显然，永真式和适真式都是可满足式，而永假式则是不可满足式。

☞**想一想**

“雪是白的”、“3 大于 2”是不是永真式？为什么？

3. 判断、语句和命题

(1)判断的语言形式

判断由语句来表达，包括单句和非因果复句。语句是判断的物质载体，判断是语句的思想内容。任何判断都必须通过语句才能表达。二者的区别在于：

第一，判断作为一种思维形态，是逻辑学的研究对象，没有民族性；而语句作为一种语言形式，则是语言学的研究对象，具有民族性。

第二，并非所有语句都表达判断。一般来说，除了因果复句表达推理不表达判断，在现代汉语中，陈述句直接表达判断，如“今天是星期一”；一般疑问句有疑而问，不表达判断；反诘疑问句无疑而问，间接表达判断，如“谎言岂能持久”？祈使句表示命令、希望、祝愿或请求等，不表达判断，如“请不要交头接耳”！感叹句表达某种强烈的感情，有时间接表达判断，如：“多么美丽的花啊！”

一般疑问句和祈使句虽然一般不表达判断，但有时却和其他语句一样隐含着某些预设或断定，逻辑学称之为预断。如一般疑问句“花儿为什么这样红”隐含着“花儿是存在的”、“花儿是红色的”等断定，祈使句“请把门打开”隐含着“门是关着的”、“对方有能力把门打开”等断定。所有预断的总和构成所谓语境，即语言活动所处的特定的语言环境。狭义的语境指“上下文”，广义的语境还包括社会环境、背景知识等其他因素。语境对于判断的表达具有重要影响。事实上，当某个语句隐含的某些预断为假时，该语句就会失去意义。但预断、语境与语句的关系往往非常复杂，并可能涉及许许多多的非逻辑因素，因此一般不属于逻辑学的研究对象。

☞想一想

了解“预断”、“语境”的知识在逻辑学中有何意义？

第三，在不同的语境下，同一语句可以表达不同的判断，同一判断也可以采用不同的语句来表达。前者称为歧义句，如“王小姐正在理发”；后者可称为同义句，如以下六个语句所表达的就是同一个判断，分别用于不同的语境，可以收到不同的修辞效果：

① 凡正当防卫都是合法行为。
② 所有的正当防卫都是合法行为。
③ 没有一种正当防卫不是合法行为。
④ 不是合法行为的正当防卫是不存在的。
⑤ 难道有的正当防卫不是合法行为吗？
⑥ 难道正当防卫不都是合法行为吗？

☞想一想

什么是修辞？有何意义？与逻辑有何关系？

(2)判断、语句和命题

语句有广义和狭义之分。广义的语句即语言学中的语句，它是一种语言单位，由语词或词组按一定的语法规则组成，包括陈述句、疑问句、祈使句和感叹句四种类型。狭义的语句除具有上述特点外，还必须能够作为真值承担者，即：总是有所断定；总是或真或假。这种表达判断的语句，现代逻辑称之为命题。

事实上，语句直接表达的是命题而不是判断，只有被断定了的命题才是判断。它们之间的区别在于：命题未必经过断定，它只是对事物情况的一种客观陈述，与思维主体无关。而判断则与思维主体有关，是被具体断定为真或假的命题。例如：著名数学家哥德巴赫早在1742年就提出“所有大于5的奇数都可以分解为三个素数之和”的猜想。从其语言形式来看，这是一个陈述句，直接表达命题，可能真也可能假。但由于这个猜想迄今未得到证明，并未被具体断定究竟是真还是假，因而只是一个命题，而并非判断。

将判断和命题严格区分开来，并以命题取代判断，这是现代逻辑的做法。现代逻辑认为，判断与具体的断定者有关，因思维主体而异，带有非逻辑的主观心理色彩，因而并非逻辑学的研究对象。然而在实际思维中，判断和命题的区别十分细微。每当我们说出或者写出一个有真假的语句时，通常也就表示我们认可其思想内容，已经在作出判断。例如，当我们说出“武汉雨水多”这句话时，就表示“我们认为武汉雨水多”，或者“我们断定‘武汉雨水多’这个命题是真的”。因此，判断和命题也往往被看成一回事。

二、判断的种类

1. 简单判断和复合判断

不包含成分判断的判断，称为简单判断。例如："雪是白的"、"3 大于 2"，其构成成分中只有概念，没有判断。

简单判断用来断定对象具有或不具有某种属性。其中，断定对象具有或不具有某种性质的简单判断，称为性质判断，也叫直言判断；断定对象之间具有或不具有某种关系的简单判断，称为关系判断。例如："曹操是政治家"、"曹植和曹丕是兄弟"。这两个判断中显然都不包含其他判断，因而都是简单判断。其中，前者断定"曹操"这个对象具有"政治家"这一性质，是一个性质判断；后者断定"曹植"和"曹丕"这两个对象之间具有"……和……是兄弟"的关系，是一个关系判断。

在简单判断中，反映对象及其属性的那些概念代表思维内容，经过符号化以后便成为一个个的概念变项，习惯上用大写英文字母 A、B、C、F、H、R、S、P、M 等表示。

此外，反映对象数量或范围的概念称为量项，反映对象与属性间联系方式(肯定或否定)的概念称为联项。如"有的古代人是姓曹的"中，"有的"是量项，"是"是联项。它们在简单判断的逻辑形式中是逻辑常项，决定着简单判断的逻辑结构和逻辑性质。据此，可进一步将简单判断分为不同的类型。

包含着成分判断的判断，称为复合判断。例如：

① 曹操既是政治家，又是文学家。

② 只有曹植和曹丕是兄弟，曹丕和曹植才是兄弟。

这里，①中包含"曹操是政治家"和"曹操是文学家"两个成分判断，②中包含"曹植和曹丕是兄弟"和"曹丕和曹植是兄弟"两个成分判断。

成分判断也叫支判断。它们在复合判断中代表具体的事物情况，属于思维内容，经过符号化以后便成为一个个的判断变项，习惯上用小写英文字母 p、q、r、s、t 等表示。

复合判断用来断定事物情况的存在性或其相互间的条件关系。这一点是通过联结支判断以构成复合判断的那些逻辑成分(即所谓逻辑联结词)来实现的。如：例①通过联结词"既……又……"，断定两个支判断所代表的事物情况都存在；例②通过联结词"只有……才……"，断定第一个支判断所代表的事物情况是第二个支判断所代表的事物情况的必要条件。

复合判断中的逻辑联结词都是非因果联结词。它们在复合判断的逻辑形式中是逻辑常项，决定着复合判断的逻辑结构和逻辑性质。据此可将复合判断分为不同的类型。

2. 模态判断和非模态判断

包含"可能"、"必然"、"一定"之类模态词的判断，称为模态判断。例如："明天可能会下雨”，“冠军一定是小李”。

不包含“可能”、“必然”、“一定”之类模态词的判断，称为非模态判断。例如：“3大于2”、“3和2都能整除6”。

模态判断用来断定事物情况存在的可能性、必然性等模态性质。从结构上说，模态判断一般由非模态判断加上联结词、模态词构成。其中前者代表具体的事物情况，属于思维内容，经过符号化以后会成为判断变项；而联结词、模态词则相当于逻辑常项，从整体上决定着模态判断的逻辑结构和逻辑性质。据此可将模态判断分为不同的类型。

☞**想一想**

请列出判断的初步分类表，并在以后的学习中逐渐扩充之。

三、判断间的逻辑关系

判断间的逻辑关系，指的是判断真假值之间的关系，简称真假关系。主要反映两个判断是否可同真，是否可同假，以及是否必然等值等的真值取值情况，可用真值(情况存在)表来说明。

1. 真值(情况存在)表

用小写的p、q分别表示任意两个判断，用1、0分别表示其真、假二值，则其真值取值情况不外乎以下四种，即：(1，1)，(1，0)，(0，1)，(0，0)。为方便计，可依次简称为“情况①、②、③、④”。

用“✓”、“×”分别表示某种真值取值情况存在、不存在，不标注“✓”、“×”时表示某种真值取值情况的存在性尚不明确，则判断间的真假关系可用下面的真值(情况存在)表清楚地加以说明。例如：

	p	q	某种真假关系
①	1	1	×
②	1	0	
③	0	1	
④	0	0	✓

该表表示某种真假关系所反映的真假情况是：不可同真①，但可同假④。这正是下面将要讲到的反对关系，如判断“所有同学都是汉族人”和“所有同学都不是汉族人”即具有此种真假关系。

2. 真假关系的一、二级分类

(1)可同真关系和不可同真关系

p、q可以同时为“1”，称为可同真关系。例如：p表示“今天是星期一”，q表示“今天是晴天”。

p、q不可同时为“1”，称为不可同真关系。例如：p表示“今天是星期一”，q表示“今天不是星期一”。

	p	q	可同真的关系	不可同真的关系
①	1	1	✓	×
②	1	0		
③	0	1		
④	0	0		

(2)可同假关系和不可同假关系

p、q可以同时为“0”，称为可同假关系。例如：p表示“今天是星期一”，q表示“今天是晴天”。

p、q不可同时为“0”，称为不可同假关系。例如：p表示“今天是星期一”，q表示“今天不是星期一”。

	p	q	可同假的关系	不可同假的关系
①	1	1		
②	1	0		
③	0	1		
④	0	0	✓	×

(3)真假关系的二级分类

调和关系：p、q可同真、可同假。例如：p表示“今天是星期一”，q表示“今天是晴天”。

下反对关系：p、q可同真、不可同假。例如：p表示“有的同学是武汉人”，q表示“有的同学不是武汉人”。

反对关系：p、q不可同真、可同假。例如：p表示“所有同学都是武汉人”，q表示“所有同学都不是武汉人”。

矛盾关系：p、q不可同真、不可同假。例如：p表示“今天是星期一”，q表示“今天不是星期一”。

	p	q	调和关系	下反对	反对关系	矛盾关系
①	1	1	✓	✓	×	×
②	1	0				
③	0	1				
④	0	0	✓	×	✓	×

(4) 等值关系和非等值关系

四种真值取值情况，①、④中 p、q 等值，②、③中 p、q 不等值。

②、③两种真值取值情况皆不存在，称 p、q 之间具有等值关系。例如：p 表示“所有同学都是武汉人”，q 表示“并非有的同学不是武汉人”。

显然，等值关系是一种双向必然等值的关系，即：p 为“1”时，q 一定为“1”；反过来，q 为“1”时，p 也一定为“1”。因此，p、q 等值，则 p、q 在逻辑上完全等价，只是逻辑形式不同。具体又分三种，如下表所示：

	p	q	等值关系	等值Ⅰ型	等值Ⅱ型	等值Ⅲ型
①	1	1		✓	✓	×
②	1	0	×	×	×	×
③	0	1	×	×	×	×
④	0	0		✓	×	✓

等值关系以外的真假关系，统称为非等值关系。非等值关系也可分为三种，请读者自己画出它们的真值情况表，并考虑其进一步分类的问题。

3. 真假关系的三、四级分类

(1) 调和关系的三、四级分类

等值Ⅰ型：p、q 调和，并且等值。例如：p 表示“所有同学都是武汉人”，q 表示“并非有的同学不是武汉人”。

强蕴涵Ⅰ型：p、q 调和，并且：p 为“1”时，q 一定为“1”；但 q 为“1”时，p 可以为“0”。例如：p 表示“所有同学都是汉族人”，q 表示“有的同学是汉族人”。

强逆蕴涵Ⅰ型：p、q 调和，并且：q 为“1”时，p 一定为“1”；但 p 为“1”时，q 可以为“0”。例如：p 表示“有的同学是汉族人”，q 表示“所有同学都是汉族人”。

强蕴涵Ⅰ型、强逆蕴涵Ⅰ型都是单向必然等值于对方的关系，统称为差等Ⅰ型关系。之所以说“强蕴涵”，是因为“蕴涵”一般只要求 p 为“1”时，q 一定为“1”，因而还有可能等值。“强逆蕴涵”的说法与此类似。容易看出，强蕴涵、强逆蕴涵关系是互逆的。

具有差等关系的两个判断，习惯上把强蕴涵关系中的 p 称为上位判断，q 称为下位判断，并有“上位真下位必真，下位假上位必假，反之真假不定”的说法。

偶等Ⅰ型：p、q 调和，并且：p 为“1”时，q 可以为“0”；反过来，q 为“1”时，p 也可以为“0”。例如：p 表示“今天是星期一”，q 表示“今天是晴天”。

	p	q	等值Ⅰ型	强蕴涵Ⅰ型	强逆蕴涵Ⅰ型	偶等Ⅰ型
①	1	1	✓	✓	✓	✓
②	1	0	×	×	✓	✓
③	0	1	×	✓	×	✓
④	0	0	✓	✓	✓	✓

等值Ⅰ型关系是双向必然等值于对方，差等Ⅰ型关系是单向必然等值于对方，偶等Ⅰ型关系是双向不必然等值于对方。这构成调和关系的三级分类。于是差等Ⅰ型关系分为强蕴涵Ⅰ型、强逆蕴涵Ⅰ型就成了四级分类。

(2)下反对关系的三、四级分类

等值Ⅱ型：p、q 下反对，并且等值。此时 p、q 皆恒为“1”。例如：p 表示“所有的白马都是白马”，q 表示“这匹马或者是白马或者不是白马”。另例：p 表示“雪是白的”，q 表示“3 大于 2”。

强蕴涵Ⅱ型：p、q 下反对，并且：p 为“1”时，q 一定为“1”；但 q 为“1”时，p 可以为“0”。此时 q 恒为“1”。例如：p 表示“今天是晴天”，q 表示“3 大于 2”。

强逆蕴涵Ⅱ型：p、q 下反对，并且：q 为“1”时，p 一定为“1”；但 p 为“1”时，q 可以为“0”。此时 p 恒为“1”。例如：p 表示“今天或者是星期一，或者不是星期一”，q 表示“明天是星期三”。

强蕴涵Ⅱ型、强逆蕴涵Ⅱ型，统称为差等Ⅱ型关系。

偶等关系Ⅱ型：p、q 下反对，并且：p 为“1”时，q 可以为“0”；反过来，q 为“1”时，p 也可以为“0”。例如：袋子里装了一个黄球、两个红球，p、q 分别表示第一次、第二次摸出的是一个红球。

	p	q	等值Ⅱ型	强蕴涵Ⅱ型	强逆蕴涵Ⅱ型	偶等Ⅱ型
①	1	1	✓	✓	✓	✓
②	1	0	×	×	✓	✓
③	0	1	×	✓	×	✓
④	0	0	×	×	×	×

等值Ⅱ型关系是双向必然等值于对方，差等Ⅱ型关系是单向必然等值于对方，偶等

Ⅱ型关系是双向不必然等值于对方，它们构成下反对关系的三级分类。于是差等Ⅱ型关系分为强蕴涵Ⅱ型、强逆蕴涵Ⅱ型，就成了四级分类。

(3)反对关系的三、四级分类

等值Ⅲ型：p、q 反对，并且等值。此时 p、q 皆恒为“0”。例如：p 表示“3 大于 5”，q 表示“地球绕着月亮转”。

强蕴涵Ⅲ型：p、q 反对，并且：p 为“1”时，q 一定为“1”；但 q 为“1”时，p 可以为“0”。此时 p 恒为“0”。例如：p 表示“每周有八天”，q 表示“本周不下雨”。

强逆蕴涵Ⅲ型：p、q 反对，并且：q 为“1”时，p 一定为“1”；但 p 为“1”时，q 可以为“0”。此时 q 恒为“0”。例如：p 表示“张三不在这里”，q 表示“张三会飞”。

强蕴涵Ⅲ型、强逆蕴涵Ⅲ型，统称为差等Ⅲ型关系。

偶等关系Ⅲ型：p、q 反对，并且：p 为“1”时，q 可以为“0”；反过来，q 为“1”时，p 也可以为“0”。例如：袋子里装了一个红球、两个黄球，p、q 分别表示第一次、第二次摸出的是一个红球。

	p	q	等值Ⅲ型	强蕴涵Ⅲ型	强逆蕴涵Ⅲ型	偶等Ⅲ型
①	1	1	×	×	×	×
②	1	0	×	×	✓	✓
③	0	1	×	✓	×	✓
④	0	0	✓	✓	✓	✓

等值Ⅲ型关系是双向必然等值于对方，差等Ⅲ型关系是单向必然等值于对方，偶等Ⅲ型关系是双向不必然等值于对方，它们构成反对关系的三级分类。于是差等Ⅲ型关系分为强蕴涵Ⅲ型、强逆蕴涵Ⅲ型，就成了四级分类。

(4)矛盾关系的三级分类

矛盾Ⅰ型：p、q 矛盾，并且：p、q 皆可为“1”，亦皆可为“0”。例如：p 表示“所有同学都是汉族人”，q 表示“有的同学不是汉族人”。

矛盾Ⅱ型：p、q 矛盾，并且：p 恒为“1”，q 恒为“0”。例如：p 表示“今天或者是星期一，或者不是星期一”，q 表示“今天既是星期一，又不是星期一”。

矛盾Ⅲ型：p、q 矛盾，并且：p 恒为“0”，q 恒为“1”例如：将上例中 p、q 表达的判断互换。

	p	q	矛盾Ⅰ型	矛盾Ⅱ型	矛盾Ⅲ型
①	1	1	×	×	×
②	1	0	✓	✓	×
③	0	1	✓	×	✓
④	0	0	×	×	×

这样，我们就得到判断间真假关系的分类总表如下：

- 判断间的真假关系
  - 可同真的关系
    - 调和关系（可同假）
      - 等值Ⅰ型
      - 差等Ⅰ型
        - 强蕴涵Ⅰ型
        - 强逆蕴涵Ⅰ型
      - 偶等Ⅰ型
    - 下反对关系（不可同假）
      - 等值Ⅱ型
      - 差等Ⅱ型
        - 强蕴涵Ⅱ型
        - 强逆蕴涵Ⅱ型
      - 偶等Ⅱ型
  - 不可同真的关系
    - 反对关系（可同假）
      - 等值Ⅲ型
      - 差等Ⅲ型
        - 强蕴涵Ⅲ型
        - 强逆蕴涵Ⅲ型
      - 偶等Ⅲ型
    - 矛盾关系（不可同假）
      - 矛盾Ⅰ型
      - 矛盾Ⅱ型
      - 矛盾Ⅲ型

这里容许永真判断（取值恒为“1”）和永假判断（取值恒为“0”）的出现，因此分类比较繁琐。初学者可以尝试忽略这些情况，从而使分类总表大大得到简化。①

☞想一想

强蕴涵、强逆蕴涵关系的一般定义各是什么？蕴涵、逆蕴涵关系呢？它们与等值是什么关系？差等、偶等关系呢？

☞练一练

尝试就上述各种真假关系各举1—3例，并列出其真值情况存在表。

第三节　推　　理

一、推理的概述

1. 什么是推理

推理是从一个或一些已知的判断导出一个新判断的思维过程。例如：

① 具体请参考上一节概念间外延关系的分类。在禁止出现永真判断和永假判断的情况下，真假关系的分类与预设了“非空非全”的外延关系分类可以很好地对应起来！

①凡科学思维都是合乎逻辑的思维，

所以，凡不合乎逻辑的思维都不是科学思维。

②凡罪犯都有作案动机，
某甲没有作案动机，

所以，某甲不是罪犯。

③本案主犯或者是张三，或者是李四；
本案主犯不是张三，

所以，本案主犯是李四。

④金导电，
银导电，
铜导电，
铁导电，
铝导电，
锡导电，
（金、银、铜、铁、铝、锡都是金属）

所以，凡金属皆导电。

⑤地球是太阳系的行星，地球上温度适中，有水分和大气层，
地球上有生命存在；
火星是太阳系的行星，火星上温度适中、有水分和大气层，

所以，火星上有生命存在。

这些都是推理。每一个具体的推理都包括前提和结论两个部分。其中：给定的那个或那些已知判断叫做前提，导出的新判断叫做结论。在上列各例中，横线以上的部分就是前提，横线以下的部分就是结论。以 P 表示前提，Q 表示结论，符号“⇒”表示推出关系，则推理的结构可表示为：

竖式：$\dfrac{P}{\therefore\ Q}$　　或　横式：$P \Rightarrow Q$

2. 推理的逻辑形式

推理有其内容，也有其形式。推理的逻辑形式，就是推理形式。推理形式反映了前提和结论之间的逻辑联系，与推理的具体内容无关。如前面例①—⑤的推理形式分别是：

①′　所有S都是P

———————————

∴所有非P都不是S

②′　PAM

SEM

—————

∴SEP

③′　或者p，或者q

非p

—————————

∴q

④′　S1是P，

S2是P，

S3是P，

S4是P，

S5是P，

S6是P，

（S1、S2、S3、S4、S5、S6都是S类对象）

———————————————————

∴所有S都是P

⑤′　A对象具有属性p、q、r、s、t

B对象具有属性p、q、r、s

———————————————

∴B对象具有属性t

给定一个推理，用逻辑变项取代其中的具体概念或判断，就得到其推理形式。这是具体推理的抽象化，又称为符号化。反过来，给定一个推理形式，用具体的概念或判断分别取代其中的逻辑变项，就得到一个具体的推理。这是推理形式的具体化，又称为该推理形式的解释。推理形式经过解释，就成为具体的推理。

☞想一想

推理的符号化与判断的符号化是什么关系？一个推理形式有多少个解释？

3. 推理的语言形式

推理由因果复句或句群来表达，一般是通过关联词语来表示前提和结论间的推出关系。这样的关联词语在逻辑上被称为因果联结词，常见的有："因为……所以……"、"由于……因此……"、"既然……就……"、"……据此可知……"、"……由此可见……"，等等。

其中"因为……"、"由于……"、"既然……"等用于前提，"所以……"、"因此……"、"就……"、"据此可知……"、"由此可见……"等用于结论。两个部分经常被任意组合使用，或被省略其中之一，甚至全部。如："我思，故我在。""既来之，则安之。""他去了，我就没去。"

正如语词不一定表达概念、语句不一定表达判断一样，句群也不一定都表达推理。例如：

"你刚拖过地，外面便下雨了。不久，有客人来访。客人湿淋淋地进来，带进来湿淋淋的雨伞，弄得地上一片湿淋淋的，仿佛屋里也下了雨一样。"

二、推理的种类

1. 演绎推理、归纳推理和类比推理

根据思维进程的方向不同，传统逻辑把推理分为演绎推理、归纳推理、类比推理。

演绎推理：从一般到特殊。典型的的特征是：从关于全部对象的已知判断出发，导出一个关于部分或个别对象的新判断。从前提到结论表现为一个下降的思维过程。例如："凡人皆有死，苏格拉底是人，所以，苏格拉底有死。"但并不限于此，例如："有的人是怕苦的，所以，有的人不是不怕苦的。"在传统逻辑中，演绎推理主要是指非模态的简单判断推理和复合判断推理。具体又各自划分为若干类型。

归纳推理：从特殊到一般。具体来讲，它是指从关于个别对象或部分对象的一些已知判断出发，导出一个关于全部对象的新判断。从前提到结论表现为一个上升的思维过程。当前提中分别考察的是部分对象时，叫做不完全归纳推理，如上面的例④。当前提中分别考察的是全部对象时，叫做完全归纳推理。如："上周的气象记录显示：上周一的气温超过了35度，上周二的气温超过了35度……上周日的气温超过了35度。由此可知，上周每一天的气温都超过了35度。"

类比推理：从特殊到特殊。具体来讲，它是指从关于A对象的一些已知判断，加上关于B对象的一些内容相同或相似的已知判断，导出关于B对象的一个内容相同或相似的新判断。从前提到结论表现为一个平行的思维过程，如上面的例⑤。

2. 模态推理和非模态推理

模态推理：前提或结论中包含模态判断，并基于其逻辑性质而进行的推理。显然，模态推理也是一种演绎推理。如：

"犯罪行为必然是违法行为，所以，犯罪行为不可能不是违法行为。"

非模态推理：模态推理以外的推理。如上面的例①—⑤。

☞练一练

请列出推理的初步分类表，并在以后的学习中逐渐扩充之。

三、推理的逻辑性

1. 推理的逻辑特征

推理有两个基本的逻辑特征，即：

第一，总是有所推导，即从某个或某些已知的判断推出了某个新判断。就是说，任何一个具体的推理，已知的究竟是什么，推出的究竟是什么，这两点都是确定无疑的。因此，对任一推理的分析，首先都必须把握住其完整的结构。

在实际思维中，推理的前提往往会被部分省略。例如："张三的血型不是A型，不是B型，也不是AB型，因此，一定是O型。"这个推理就省略了"张三的血型要么是A型，要么是B型，要么是AB型，要么是O型"这样一个前提。此时必须首先将其补充完整，才能进行正确的逻辑分析。

☞练一练

"8大于5，5大于3，所以，8大于3"这个推理省略了什么前提？

第二，总有其规则，即判定其是否合乎理性的特定标准。就人类现有的认识水平而言，在逻辑学的"视野"内，任何推理都有自己必须遵守的特殊规则，这是推理最显著的特征。当然，有的规则可能不是显在的，但那往往是因为不需要明确地表述出来，如传统逻辑中对当关系推理和联言推理的规则；有的规则也可能不是一些硬性的规定，如归纳推理和类比推理的一些规则。

逻辑规则背后便是相应的逻辑规律。逻辑规律实质上是逻辑学家从纯形式的角度对人类正确、合理性思维进行的经验总结。什么是正确的、合理性的思维？简单地说，就是能够达致真理（对客观世界的正确认识）的和能够进行有效交流的人类思维。

演绎推理、归纳推理和类比推理的合理性基础并不相同。总的来说，演绎推理讲求的是一种可靠性，归纳推理讲求的是一种可信性，而类比推理讲求的则是一种可能性

(启发性)。

☞**练一练**

了解推理的基本逻辑特征对我们有何启发?什么叫"讲逻辑"?

2. 演绎推理的逻辑性

(1)推理的有效性

演绎推理的实质在于,它是基于对判断逻辑性质的分析而进行的推理,而判断的逻辑性质是基于对其中所包含的逻辑常项(也称逻辑概念)和概念间一般逻辑关系的分析。具体来说,性质判断的推理(词项逻辑)是基于对性质判断逻辑性质的分析,包括性质判断各自的真值表、相互间的真假关系以及主、谓项的周延性等,最终落实在对量项、联项的逻辑分析和对概念间一般逻辑关系的分析上;复合判断的推理(命题逻辑)是基于对复合判断逻辑性质的分析,包括各种复合判断的真值表、相互间的真假关系(特别是等值关系)等,最终落实在对联结词的逻辑分析上;简单判断的推理(谓词逻辑)是基于命题逻辑和对简单判断逻辑性质的分析,最终落实在对谓词、量词、个体词的逻辑分析上;模态推理(模态逻辑)基于非模态逻辑和对模态判断逻辑性质的分析,最终落实在对模态词的逻辑分析上,等等。

因此,从概念的正确使用到判断的正确使用,再到推理的正确使用,在演绎逻辑中是一脉相承的。由此决定了演绎推理的逻辑性表现在:基于判断的逻辑性质及其相互之间的逻辑关系,前提和结论之间具有必然的逻辑联系(即蕴涵关系)的,是逻辑上正确的推理,否则便是逻辑上不正确的推理。这正是所谓推理(形式)有效性的问题。

一个演绎推理是形式有效的,是指当且仅当其推理形式在任何解释下,都能保证由真前提必得真结论,否则便是形式无效的。

☞**练一练**

根据推理有效性的定义,应该怎样判定一个推理是否有效?是否可行?

例如:推理"所有等边三角形都是等角三角形,所以,所有等角三角形都是等边三角形"的推理形式是"所有 S 是 P,所以,所有 P 是 S"。尝试对该推理形式进行解释,以"大学生"取代 S,以"学生"取代 P,可得推理"所有大学生都是学生,所以,所有学生都是大学生"。该推理的前提真而结论假,说明该推理形式不能保证由真前提必得真结论,因而是形式无效的。

又如:推理"凡遵纪守法的人都不是犯罪分子,因此,凡犯罪分子都不是遵纪守法的人"的推理形式是"所有 S 不是 P,所以,所有 P 不是 S"。这个推理形式就是有效的,因为无论对其怎样进行解释,只要前提是真的,结论就一定是真的。

形式有效的演绎推理,有时也被称为"有效的推理"、"形式正确的推理"、"合乎逻辑的推理”、“具有保真性的推理”，有时候也被称为“必然性推理”。①

值得注意的是：“形式有效”意味着与内容无关，具有普遍的、一般的意义，即在任何解释(情况)下都有效，都具有保真性；而在其个别解释下(具体推理中)的有效性，则可视为从上述普遍的有效性推导出来的。也许这才是演绎推理“从一般到个别”的真正含义。例如：“有的人是怕苦的，所以，有的人不是不怕苦的。”这个推理表面上是从关于部分对象的断定导出了关于同一部分对象的断定，是从特殊到特殊。然而事实上，人们先是从逻辑上确立了其推理形式“有的S是P，所以，有的S不是非P”的普遍有效性②，确认其在任何解释下都能保证由真前提必得真结论，之后才明确了在这一具体解释下，由前提“有的人是怕苦的”到结论“有的人不是不怕苦的”具有保真性。

(2)推理的正确性

在实际思维中，人们运用推理主要是为了获得真实的结论。为此，仅靠推理形式有效是不够的。因为一个形式有效的推理，只能保证当前提为真时，得到的结论是真实的；但当前提不真实的时候，得到的结论就不一定真实了。因此，为了确保能获得真实的结论，推理必须且只需满足两个条件，即：第一，形式有效；第二，前提真实。这样的推理叫做正确的推理。显然，推理的正确性与有效性是两个不同的概念。一个正确的推理不可能得出假结论，而一个有效的推理则有可能得出假结论。

事实上，前提和结论都有真假之分，而推理形式则有有效与无效之别，故三者的任意组合情况共有八种。除了前提真、形式有效而结论假的情况不可能出现以外，其余七种情况都有可能出现。如下表所示：

<table>
<tr><th>前　提</th><th>形　式</th><th>结　论</th><th>序　号</th></tr>
<tr><td rowspan="3">真</td><td>有效</td><td>真</td><td>①</td></tr>
<tr><td rowspan="2">无效</td><td>真</td><td>②</td></tr>
<tr><td>假</td><td>③</td></tr>
<tr><td rowspan="4">假</td><td rowspan="2">有效</td><td>真</td><td>④</td></tr>
<tr><td>假</td><td>⑤</td></tr>
<tr><td rowspan="2">无效</td><td>真</td><td>⑥</td></tr>
<tr><td>假</td><td>⑦</td></tr>
</table>

表中情况①、④、⑤表明：当推理形式有效时，由真前提必得真结论，由假前提可得真结论、也可得假结论。前提与结论之间具有形式上的必然联系。

例如：根据概念间的一般逻辑关系，不难验证推理形式“所有S是P，所以，有的

① 有的论著将推理分为必然性推理和或然性推理，并认为演绎推理是必然性推理，归纳推理和类比推理是或然性推理。有基础的读者不妨思考一下这种做法是否合适。

② 参见第十一章的换质法推理部分。

S 是 P”是有效的。下面的三种解释分别对应于上述情况①、④、⑤：

①′所有的人都是会死的，所以，有的人是会死的。

④′所有的人都是会跑的，所以，有的人是会跑的。

⑤′所有的人都是会飞的，所以，有的人是会飞的。

表中情况②、③、⑥、⑦表明：当推理形式无效时，由真前提可得真结论，也可得假结论；由假前提同样可得真结论，也可得假结论。总之，前提与结论之间不具有形式上的必然联系。

例如：无效推理式“所有 S 是 P，所以，所有 P 是 S”的以下四种解释分别对应于上述情况②、③、⑥、⑦：

②′所有等边三角形都是等角三角形，所以，所有等角三角形都是等边三角形。

③′所有金子都是闪光的，所以，所有闪光的都是金子。

⑥′所有学生都是大学生，所以，所有大学生都是学生。

⑦′所有动物都是水生的，所以，所有水生的都是动物。

3. 归纳推理的逻辑性

归纳推理的合理性基础与演绎推理完全不同。一个归纳推理是否(在逻辑上)可接受，并不取决于其中所包含的判断的逻辑性质，而是取决于另外一些理性原则。总的来说，归纳推理是基于人类认识不断上升、前进的自然趋势，从特殊性中概括、推导出普遍性的认识活动。例如：

完全归纳推理：既然每个对象都考察了并且都具有某种属性(数量有限时)，或虽然只考察了部分对象，但其他对象可以证明其不可能不具有某种属性(数学归纳法)，那么当然可以推出所有对象都具有该属性的结论。这几乎是由人类对于“所有”这个词的共同理解所完全决定的。

不完全归纳推理之简单枚举法：既然考察了尽可能多的对象而又始终没有遇到反例，那么出于人类认识自然的客观需要，由此作出推断至少不是十分冒失的。只要在之后的实践中，能够以理性的态度对待反例，不害怕出现、更不刻意隐瞒反例，甚至有意识地去寻找反例，并坚持一遇到反例就推翻或修改上述结论，那么其理性的成分就又多了几分。最后，只要不把可能为假的结论当做绝对正确的东西来看待，而是对其抱着存疑的态度、诉诸更多的实践不断地加以检验，那么在不可能求得像演绎推理那样的绝对可靠性的情况下，人类理智所能够达到的理智程度在这里也就无以复加了。

关于归纳法的可靠性的哲学争论从古至今都在延续着，但是从日常生活到科学研究，归纳法从古至今也都在被广泛地使用并不断取得可喜的认识成果。这显示出归纳法的生命力在于：第一，人类的认识离不开它；第二，它还是比较可信的。

4. 类比推理的逻辑性

类比推理的合理性基础与归纳推理、演绎推理都不相同。类比推理依据的是客观事物之间的同一性和相似性。正是基于同类对象之间的同一性和相似性，人们才能在不同的对象之间做出比较，并从其已知的相同、相似之处推断其未知的相同、相似属性，亦即进行类推。在这里，对象之间已知的某些相同、相似属性(前提)，正是将其视为同类对象的依据，相当于进行了一次潜在的归纳；而推出未知的相同、相似属性(结论)，则相当于从同类对象之间的同一性、相似性出发，进行了一次潜在的演绎。类比推理的可靠性主要取决于第一步，即已知的相同、相似属性是否为本质属性，能否导出其同类对象。若是如此，则类推可靠或比较可靠，否则类推便不可靠。

由于已知的相同、相似属性是否为本质属性，这一点恰恰是未知的，而且即使是同类对象的不同个体之间，也往往存在着这样那样的差别，因此，类比推理即使前提为真，结论也不一定为真，亦即只能是一种或然性推理。类比推理的作用主要在于启发人们举一反三、触类旁通，从而找出探求未知世界的新思路(可能性)或者理解未知事物的新方法。

第四节　论　　证

一、论证的概述

论证有广义、狭义之分。本书所说的“论证”，是指广义的论证，即证明和反驳的统称。狭义的“论证”仅指证明，其根据在于：反驳 p 实际上是在证明非 p。

1. 什么是论证

论证是根据某个或某些判断的真实性，确定另一个判断的真实性或虚假性的思维形态(或思维过程)。① 其中，确定一个判断的真实性的论证叫做证明，也叫立论；确定一个判断虚假性的论证叫做反驳，也叫驳论。例如：

①“人的正确思想是从哪里来的？是从天上掉下来的吗？不是。是自己头脑里固有的吗？不是。人的正确思想，只能从社会实践中来。”②

②不能说“人人都是自私的”，因为雷锋就不是自私的。

论证由论题、论据和论证方式三个部分组成。

(1)论题

论题是指论证中需要确定其真实性或虚假性的判断，它回答“论证什么”的问题。在上例中，①的论题是“人的正确思想从社会实践中来”，②的论题是“人人都是自私的”。

一篇文章、一个报告，有时只有一个论题，但也可以有几个论题。有的复杂论证往往在一个中心论题之下又设分论题和支论题，各个分论题、支论题都是为中心论题服务的。

---

① “思维形态”的说法是从静态的角度来理解论证，与“论证的种类”相应；而“思维过程”的说法则是从动态的角度来理解论证，与“论证的方法”相应。两种说法是内在一致的。判断、推理、定义、划分等的定义均有此义。

② 《毛泽东著作选读》(下册)，人民出版社 1986 年版，第 839 页。

(2) 论据

论据是指用来确定论题真实性或虚假性的判断，它回答“用什么论证”的问题。在上例中，①的论据是“人的正确思想不是从天上掉下来的，也不是自己头脑里固有的”，另外还有一个省略了的论据“人的正确思想或者是从天上掉下来的，或者是自己头脑里固有的，或者是从社会实践中来的”；②的论据是“雷锋不是自私的”，另外还有一个省略了的论据“雷锋是人”。

论据有事实论据与理论论据之分：事实论据是指引用已被确认的有关事实作为论据；理论论据是指用公理、原理和科学概念的定义作论证的理由或根据。在实际思维中，人们常把两者结合起来运用，以加强论证的效果。

(3) 论证方式

论证方式是指论题和论据的联系方式，它回答“怎样论证”的问题。论证实际上是一个从论据到论题的推演过程。换言之，论证是由推理组成的。因此，论证方式实际上是论证过程中所运用的推理形式(的总和)。在上例中，①的论证方式是“或者 p 或者 q 或者 r，非 p 并且非 q，所以，r”；②的论证方式是“这个 S 不是 P，所以，有的 S 不是 P；有的 S 不是 P，所以，并非所有 S 是 P”。

简单的论证只包含一个推理，只有一层推出关系，因此，前者的论证方式也就是后者的推理形式。复杂的论证则可能包含两个或两个以上的推理，具有多层推出关系，因此，其论证方式也就是后者的推理形式的线型或网状组合，需要根据因果联结词及其前后语义上的关联，从整体上予以分析和把握。在语言形式上，一个论证可能是一个因果复句或一个句群，也可能是一篇论文、一场演说等。

2. 论证与推理

论证与推理是密切联系的。论证必须运用推理，不借助推理就无法进行论证。特别是对于只包含一个推理的论证，在逻辑上将其视为论证与视为推理没有什么实质的差别。从结构上说，论证的论题相当于推理的结论，论据相当于推理的前提，论证方式相当于推理的形式，两者之间存在着明显的对应关系。但并非任何推理都是论证，两者之间的区别在于：

(1) 思维的程序不同

论证是先有论题后找论据，再用论据对论题进行论证，相当于从未知到已知；而推理则是先有前提，然后根据有关规则推出结论，是从已知到未知。两者的思维方向大致相反。

(2) 要求的重点不同

论证是推理的应用，目的在于达到正确的认识，因此不但要求论据与论题之间有逻辑联系，而且要求论据是真实的。推理是论证的基础，逻辑学研究推理的目的在于确立从已知到未知的可靠、可信的推导方式，因此并不要求前提必须为真。

(3) 逻辑结构的繁简不同

论证往往由几个不同的推理构成，形式结构往往非常复杂；而推理的结构则通常比较简单，由若干判断一次联结而成。

3. 论证的作用

(1)预测作用

逻辑论证可先于实践探索真理。例如，20世纪30年代，科学家们发现原子核被带负电荷的电子环绕着。通过逻辑论证，提出了这是由具有“强力”和“核胶”性质的光子的存在而产生的假说。这个认识后来被科学实验证实了。

(2)建构作用

逻辑论证是建立科学体系、阐明科学原理的必要工具。例如，早在几何学体系建立前的古埃及，许多几何定理就已为人们所认识并为实践所检验。但那时它还是零散的、片段的几何知识，只有通过逻辑论证建立严谨的几何学系统，人们才会有完整的、系统的几何知识。欧几里得的《几何原本》对此，就作出了巨大的贡献。

(3)说服作用

逻辑论证是宣传真理、反驳谬误的重要手段。领导干部宣传方针政策、教师传授科学文化知识，都要经常使用逻辑论证的手段，使听者不但知其然，而且知其所以然。同时，对于错误的认识，则需要进行反驳，以正视听。

(4)辅助检验作用

实践检验真理离不开逻辑论证的辅助。例如，我国要在长江建三峡工程，施工前必须进行全面的、严谨的论证，以防止因盲目施工而产生不良后果。施工过程中一旦发现问题，就需要重新进行论证，及时修正方案。而在施工完成之后，则需要进行评估，总结经验教训，因而也需要进行论证。

二、论证的逻辑性

1. 论证的逻辑特征

论证有两个基本的逻辑特征，即：

第一，总是有所论证，即从某个或某些已知为真的论据确立了某个论题的真实性或虚假性，具有完整的逻辑结构。论证是由推理组成的。和推理的前提可能被部分省略一样，论证的一部分论据，甚至某些推理环节都可能被省略。这就使得完整地分析论证结构成为一件难能可贵的事情，特别是在面对复杂论证的时候；没有足够的推理知识准备和足够的耐心，不经过大量的训练，往往是很难胜任这项工作的。

第二，总有其规则，即鉴别其好、坏的理性标准。一般来说，论证的目的在于追求真理(证明)，驳斥谬误(反驳)。但并不是所有的论证都能达到这样的目的，而有些论证的目的本身就有问题，其本身就是诡辩。因此，逻辑学研究论证的主要目的就是确立鉴别好、坏论证的理性标准，确保论证的逻辑性。

论证的逻辑性，也叫论证性，通俗地说就是论证的好坏，或其合乎逻辑的程度。它包括论题、论据的真实性(可信度)，以及论据对论题的支持程度。一个具体的论证，其论证性可能很强，也可能很弱。论证性愈强，则说服力愈强；论证性愈弱，则说服力愈弱。

2. 论证的规则

论证的规则来自逻辑学家对好的论证的经验总结和对谬论、诡辩的深刻反思，包括论题的规则、论据的规则和论证方式的规则三个组成部分。

第一，论题必须明确。否则，就会犯“论题不清”或“论题歧义”的逻辑错误，使论证缺乏明确的方向，从而缺乏论证性和说服力。例如，有时人们发现某人振振有词，洋洋万言，然而东拉西扯，叫人不知所云，听不出他讲的中心意思是什么，他所要论证的题目是什么。这就是论题不清的错误。又如，“吸烟多有害”这个判断作为论题就是不恰当的。因为这句话有歧义，它所断定的思想不确定，既可以理解为“吸烟有诸多害处”，也可以理解为“吸烟多了会有害处”。

第二，论题必须保持同一。否则，就会犯“转移论题”或“偷换论题”的逻辑错误，从而使论证丧失确定性，影响其理性思维的进程。例如，有人在名为《文凭小议》的作文中这样写道：“有文凭就有水平吗？否。高尔基没文凭，他是俄国伟大的文学家；华罗庚没文凭，他是我国伟大的数学家；张海迪没文凭，她是 80 年代我们青年学习的榜样。”这段话，本应证明“并非有文凭就有水平”，但实际上证明的却是“没文凭也会有水平”。

“转移论题”往往是以相似但不等值的论题取代了原论题。有两种情况：一种是所证之论题蕴涵原论题，称为“论证过多”。比如，如果原论题是“李某的行为是犯罪行为”，而实际证明的却是“李某的行为是故意犯罪”。一种是所证之论题为原论题所蕴涵，称为“证明过少”。比如，在证明“青年人必须树立共产主义理想”时，只证明了“青年人应该有理想”。此外，“转移论题”还有“答非所问”、“顾左右而言他”等具体表现形式。

第三，论据必须已知为真。否则，就会犯“虚假理由”或“预期理由”的逻辑错误，从而使论证因丧失可靠的基础而达不到确定论题真、假的目的。例如：信奉上帝创世的人常说：“宇宙在时间上是有开端的，因为宇宙是上帝创造的，被上帝创造之后它才存在，当然在时间上就有开端。”这段议论中的“宇宙是上帝创造的”就是一个假论据。又如：“24 是两个质数的和，因为哥德巴赫猜想告诉我们，凡是大于 2 的偶数都是两个质数的和，24 当然就不能例外啦！”这就是“预期理由”的错误表现，因为哥德巴赫猜想尚未得到证实。

第四，论据的真实性不应依赖于论题。否则，就会犯“循环论证”或“窃取论题”的逻辑错误，使论题的真实性反过来依赖于自身，从而相当于什么也没有论证。例如，“四人帮”经常残酷迫害革命干部，随便定罪关押。他们先是说“××反对毛泽东思想，因为××是走资本主义道路的当权派”。当被问及凭什么说“××是走资本主义道路的当权派”时，他们则回答：“因为××反毛泽东思想。”

第五，论据与论题必须有逻辑联系。否则，就会犯“推不出”的逻辑错误，使论题的真实性或虚假性得不到论据的有力支持。“推不出”的错误表现形式多种多样，常见的有：

违反推理规则。演绎论证也好，归纳论证、类比论证也好，其所使用的推理都必须遵守相应的规则，否则便“推不出”。例如：“是金属，就会导电。不是金属，怎么会导电呢?”这个演绎论证就违反了充分条件假言推理的规则。

论据不足。论据与论题之间有一定的相关性，但不是充分的，论据不蕴涵论题。比如有人这样批评他的儿子：“谁都知道，只要学习方法得当并且刻苦用功，就能取得好成绩。你的成绩这么糟，可见你是既没有好方法，又不肯刻苦用功。”

理由不相干。论据虽然真实，但与论题风马牛不相及。比如“四人帮”叫嚷的“红旗要落地，因为卫星上了天”就是这样。

三、论证的种类(或方法)

论证除了有证明与反驳之分，还可以进行以下简单分类：

1. 元论证和一般论证

元论证：即对于论证的论证，旨在根据论证的规则检验、评估某个论证是不是一个好的论证。元论证的论题称为元论题。元论题只有一个，即：该论证是一个好的论证。

一般论证：即确定某个判断(不包括元论题)的真实性或虚假性的论证。

下面先讨论元论证，然后再分门别类讨论一般论证：

①元证明：通过元证明确定元论题的真实性时，必须根据论证的规则逐一进行检验和说明。例如：“不能说人人都是自私的，因为雷锋就不是自私的。”这个论证的论题“人人都是自私的”含义很明确，在整个论证过程中也保持了同一，即该论证符合关于论题的规则；现有的论据“雷锋不是自私的”与省略了的论据“雷锋是人”均已知为真，且真实性不依赖于论题，即该论证符合关于论据的规则；从论据到论题运用的是一个有效的对当关系推理式，即“这个 S 不是 P，所以，并非所有 S 是 P”，即该论证也符合关于论证方式的规则。由此可知，该论证是一个好的论证。

②元反驳：通过元反驳确定元论题的虚假性时，只要说明其违反了某一条规则，犯了某一种逻辑错误，即可达到反驳的目的。因此，元反驳的方法有反驳论题、反驳论据与反驳论证方式之分。但在实际思维中，各种元反驳的方法可以结合使用，以使反驳更有力度、更加彻底。

反驳论题。论题是一个论证的核心，反驳论题有“擒贼擒王”之效。具体方法包括反驳论题的内容和指出其违反关于论题的论证规则两种。前者与一般论证的反驳无异，后者如：某高管在公司例会上东拉西扯讲了大半天，员工们却私下嘀咕道：“他究竟想说什么呀?”

反驳论据。例如：在红军转战陕北行军途中，有一位警卫战士对毛泽东说：“新四旅打仗很厉害，因为里面河北人多，河北人能打仗。”毛泽东反驳道：“河北人不一定都能打仗吧！三国时候，河北名将颜良、文丑不是叫山西人关云长给杀了嘛！能不能打仗，不在于是哪个省的人。”

反驳论证方式。例如：有人诡辩说：“你说甲生疮，甲是中国人，你就是说中国人生疮了。”这是一个三段论，但违反了“前提中不周延的项，在结论中不得周延”的三段论规则，犯有“小项扩大”的逻辑错误。指明这一点，便是对对方论证方式的反驳。

显然，驳倒论据、驳倒论证方式或者仅从论题的规则驳倒论题，虽然都可驳倒对方的论证，确定其不是一个好的论证。但却都不等于确定了对方论题的虚假性，而只能确定对方论题的真实性还是待证的。

2. 演绎论证、归纳论证和类比论证

演绎论证：指运用演绎推理的有效式来确定某个判断的真实性或虚假性的论证。由于演绎推理的前提与结论之间具有必然的逻辑联系，前提蕴涵结论，结论不超出前提的断定范围，因而当论据真实、论证方式有效时，对论题的真实性的确定是完全有效的。例如：

> “什么是恒星？简单地说，恒星是质量很大，而且自己能发光的星球。太阳自己能够发出的光和热，它的质量很大，是地球质量的 33 倍。对整个太阳系来说，太阳质量占整个太阳系质量的 99. 86%，它以压倒性优势成为太阳系的中心天体。因此，我们说太阳是一颗恒星。”

这就是一个演绎论证。为了确定“太阳是一颗恒星”这一论题的真实性，运用了三段论第一格 AAA 式推理。其推理过程是：

质量很大、自己能发光的星球是恒星，
太阳是质量很大、自己能发光的星球；
———————————————
所以，太阳是恒星。

归纳论证：指运用归纳推理的形式，由论据的真实性确定论题的真实性或虚假性的论证。例如，毛泽东说：

> “一切反动派都是纸老虎。看起来，反动派的样子是可怕的，但是实际上并没有什么了不起的力量。从长远的观点看问题，真正强大的力量不是属于反动派，而是属于人民。在一九一七年俄国二月革命以前，俄国国内究竟哪一方面拥有真正的力量呢？从表面上看，当时的沙皇是有力量的；但是二月革命的一阵风，就把沙皇吹走了。归根结底，俄国的力量是在工农兵苏维埃这方面。沙皇不过是一只纸老虎。希特勒不是曾经被人们看作很有力量的吗？但是历史证明了他是一只纸老虎。墨索里尼也是如此，日本帝国主义也是如此。”①

这就是一个归纳证明。其中运用了一个不完全归纳推理：由沙皇、希特勒、墨索里尼、日本帝国主义这些反动派具有纸老虎的性质，推出了“一切反动派都是纸老虎”的

① 《毛泽东著作选读》(下册)，人民出版社 1986 年版，第 616—617 页。

结论。

类比论证：指运用类比推理的形式，由论据的真实性确定论题的真实性或虚假性的论证。例如：北京市首届“十佳律师”田文昌在一次办案中接手了一桩经济案件，被告被指控诈骗了20万元，理由是被告人制造了两个假文件。而所谓“假文件”，其实是内容已经证明完全真实，只是无法查清怎么出来的两封便函。公诉人和法官都一口咬定这是假文件，田文昌在百口莫辩的情况下，急中生智作了一个类比：

> “私生子是不是假孩子？如果公诉人认为私生子就是假孩子，那么认定这两个文件是假文件似乎情有可原，否则就没有理由认定这两个文件是假文件。私生子无非是程序不合法，但生出来的仍然还是人，除非是狸猫换太子，才能说是假孩子，只要生出来的是人，你就不能说孩子是假的。”

正是这个类比的使用，使得法庭辩论峰回路转，法官终于采纳了田文昌的辩护理由。

由于不完全归纳推理和类比推理都是或然性推理，前提为真时结论不一定为真，因此，类比论证和运用不完全归纳推理的归纳论证一般只能起到辅助论证的作用。

3. 直接论证和间接论证

(1)直接论证

直接论证是指从论据的真实性出发，直接确定论题的真实性或虚假性的论证。

例如：“我们不能落后。因为，落后就要挨打，而我们不想挨打。”这就是一个直接论证。“我们不能落后”是论题，其他的两个判断是论据。论题的真实性是运用充分条件假言推理的否定后件式，从论据的真实性直接推出的。

(2)间接论证

间接论证是指通过论证与论题相关的另一个(或一些)判断的真实性或虚假性，间接地确定论题的真实性或虚假性的论证。间接论证有间接证明与间接反驳之分，具体方法各有多种，常见、常用的有：

①间接证明之反证法。反证法是指通过论证反论题(即与论题具有矛盾或下反对关系的另一个判断)的虚假性，进而根据排中律①，间接地确定论题的真实性的间接证明方法。例如：

> “我们必须大力发展教育。如果不这样，就不能迅速提高整个中华民族的文化素质，就不能满足改革开放事业对各种人才的需要，‘四化’建设就会成为一句空话。”

这里就运用了反证法。论题：我们必须大力发展教育。论证过程：第一步，找到反

① 参见第三章的第四节。

论题，即：我们不必大力发展教育。第二步，论证反论题假：以反论题为前件构成一个充分条件假言推理的否定后件式，从而推出反论题是假的。第三步，根据排中律，由反论题为假，确定论题为真。这也是反证法应用的一般程序。

②间接证明之选言证法。选言证法也叫排除法，即通过论证与论题并列的其他可能性判断(选言判断的其他选言支)都为假，进而确定论题真实性的一种间接证明方法。例如：

> "对待历史文化遗产，必须采取批判继承的态度。因为对待历史文化遗产只有三种态度，即要么批判继承，要么全盘否定，要么全盘肯定。全盘否定，割裂了文化的历史，违背了文化发展的规律，不利于文化的发展，这种态度是不可取的；全盘肯定，不分精华和糟粕，不能推陈出新，同样不利于文化的发展，这种态度也是不可取的。"

这里就运用了选言证法。论题："对待历史文化遗产必须采取批判继承的态度"。论证过程：第一步，以选言判断的形式列出包括论题内容在内的对待历史文化遗产的所有可能的态度；第二步，分别论证除论题以外的对各种可能情况的判断均不能成立(此处过程已省略)；第三步，根据选言推理的否定肯定式，确定论题的真实性。

③间接反驳之独立证明法。独立证明法是指通过确定另一个与被反驳判断具有矛盾关系或反对关系的判断的真实性，进而根据矛盾律①，间接地确定被反驳判断的虚假性的一种间接反驳方法。例如：

> 有一次，汉武帝到上林苑游玩，看见一棵好树，问东方朔叫什么名字。东方朔随口答道："叫善哉!"武帝让人记下这棵树。过了几年又问这棵树叫什么名字，东方朔随口答道："叫瞿所!"武帝有些不高兴地说："你已经欺骗我很长时间了——同一棵树，为什么前后名字不一样呢?"东方朔答道："马，大的时候叫'马'，小的时候叫'驹'；鸡，大的时候叫'鸡'，小的时候叫'雏'；牛，大的时候叫'牛'，小的时候叫'犊'；人，刚生下来不久叫'儿'，年纪大了称'老人'；这棵树以前叫'善哉'，现在叫'瞿所'。长幼生死，万物成败，难道是固定不变的吗?"汉武帝心悦诚服地笑了。

这里就运用了独立证明法。在汉武帝看来，事物的名字应该是固定不变的(论题)。所以，当听到同一棵树前后名字不一样时，会认为东方朔在欺骗他。东方朔在为自己进行辩解的时候，没有直接理会"事物的名字应该是固定不变的"这个他想要反驳的判断，而是列举了马、鸡、牛、人等一系列例子，从而确定了一个与他想要反驳的判断具有矛盾或反对关系的判断("事物的名字可以不是固定不变的")的真实性。于是根据矛盾律，自然就确定了论题的虚假性。

---

① 参见第三章的第三节。

④间接反驳之归谬法。归谬法是指从某种假定出发，经过合乎逻辑的推导，得出明显荒谬的结果，从而否定该假定(即确定其虚假性)的逻辑论证方法。归谬法用于反驳时，有以下三种具体形式：

第一种，从被反驳的判断中引申出假判断。例如：

有人说“原始人的石斧就是资本”，这是根本不能成立的。如果原始人的石斧就是资本，那么，早在原始社会就会出现资本家。可是，资本家是在封建社会后期才出现的。所以，原始人的石斧决不是资本。

这里，被反驳的论题是“原始人的石斧就是资本”。论者先从假定被反驳论题为真出发，推出“原始社会就会出现资本家”这个判断；然后通过“资本家是在封建社会后期才出现的”这个论据，确定其虚假性；最后根据充分条件假言推理的否定后件式，确定被反驳的论题是虚假的。

第二种，从被反驳的判断中引申出与其自身矛盾的判断。例如：

古希腊学者克拉底鲁宣称：“我们对任何事物所作的肯定或否定都是假的”。亚里士多德反驳说：“克拉底鲁的话等于说：‘一切命题都是假的’，而如果一切命题都是假的，那么，这个‘一切命题都是假的’命题也是假的。”

这里，假定被反驳的论题是“一切命题都是假的”为真，那么由于其本身也是一个命题，因而也应该是假的。这就引申出了与其自身相矛盾的判断，由此，便否定了被反驳的论题。

第三种，从被反驳的判断中引申出两个相互矛盾的判断。例如：

亚里士多德曾经断言：“物体自由下落的速度与其重量成正比。”伽利略反驳说：如果一块轻石头 A 加在一块重石头 B 上让它们自由下落，那么根据“物体越重下落速度越快”的判断，就会导致如下两个矛盾的结论：一是 A+B 比 B 重，因此，A+B 的下落速度比 B 快；一是速度慢的 A 拖住速度快的 B，会减低 B 的下落速度，因此，A+B 的下落速度比 B 慢。

这样，从“物体自由下落的速度与其重量成正比”的命题出发，引申出了两个相互矛盾的判断，由此，便否定了被反驳的论题。

归谬法本身是一种间接反驳的方法，但也可用于间接证明，作为反证法的一个组成部分，即在反证法的第二步运用归谬法，从反论题导出荒谬结果，从而确定反论题的虚假性。

☞想一想

排除法和归谬法能否视为直接论证？为什么？

练 习 题

1. 用文恩图表示下列各组概念间的外延关系。

(1)概念←————————→判断

(2)工业←————————→重工业

(3)抢劫犯←———————→盗窃犯

(4)机动车←———————→非机动车

(5)非优质产品←—————→非劣质产品

(6)宪法←————————→国家的根本大法

2. 分析下列语句中标有横线的语词所表达的概念的种类。

(1)谦虚是人的美德。

(2)非司机开车要处以罚金。

(3)西沙群岛的海域内有丰富的资源。

(4)谁不讲卫生，谁就不配做一个杭州人。

(5)世界著名的群岛有阿留申群岛、夏威夷群岛等。

(6)从达尔文主义的观点来看，人是由猿进化而来的。

3. 下列语句是否表达判断？为什么？

(1)不成功，则成仁。

(2)这花好香呵！

(3)祝你一路平安！

(4)什么是民主？

(5)欲加之罪，何患无辞？

(6)珍稀动物应依法加以保护。

4. 推敲下列各组判断间的真假关系。

(1)明天有雨。	明天无雨。
(2)此鸟会飞。	并非此鸟不会飞。
(3)有人怕辣。	有人不怕辣。
(4)被告都无辜。	被告都有罪。
(5)3 大于 2。	x 大于 2。
(6)地球是方的。	某物是方的。

5. 尝试将下列推理符号化，并分析其逻辑性。

(1)有的人不是自私的，所以，并非人人都是自私的。

(2)凡不劳动者不得食，故凡得食者皆劳动者。

(3)停电，则灯不亮；灯亮，所以未停电。

(4)小李或者爱吃苹果，或者爱吃香蕉。既然他爱吃苹果，那他一定不爱吃香蕉。

(5)我们班李明 18 岁，王兰 18 岁，陈刚 18 岁……所以，我们班所有同学都是 18

岁。

(6)人的头盖骨具有如下属性：颅形、形薄、体轻、多块构成、坚固。某建筑物顶部也具有如下属性：颅形，形薄，体轻，多块构成。所以，该建筑物顶部也具有坚固的属性。

6. 分析下列论证的结构、种类及其逻辑性。

(1)某人的话是不会错的，因为据说他是听他爸爸说的，而他爸爸是一个治学严谨、造诣很深、世界著名的科学家。

(2)有一年，某省中专入学考试的数学试题中有这样一道题目："有一个三角形，它的三条边分别为3cm、4cm、5cm。请问：这是个什么三角形?"许多考生都知道这是个直角三角形。不少考生是这样思考的：根据勾股定理，凡直角三角形都是斜边的平方等于其他两边平方之和，这个三角形斜边的平方等于其他两边平方之和，所以，这个三角形是直角三角形。

(3)某初中即将举行春季运动会，校长办公室在布告栏里张贴了一个通知：本校全体师生员工必须参加运动会的开幕式。在布告栏前，小马发表议论说，我们学校的运动会是一个学校的运动会，如果一个学校的运动会要一个学校的全体人员参加开幕式，那么，奥林匹克运动会是全世界的运动会，就该让全世界所有的人都参加开幕式，而这是不可能的，因此，我们学校的全体人员都参加开幕式也是不必要的。

(4)甲、乙二人有一天辩论起"爸爸和儿子哪一个更聪明"的问题，分别论证如下：

甲：我可以证明儿子一定比爸爸聪明，因为创立"相对论"的是爱因斯坦，而不是爱因斯坦的爸爸。

乙：恰恰相反，这个例子只能证明爸爸比儿子聪明，因为创立"相对论"的是爱因斯坦，而不是爱因斯坦的儿子。

(5)有人论证说："地球是不自转的。因为如果地球自转，那么，它由西向东转，地球上就会有一股持久的东风；或者由东向西转，地球上就会有一股持久的西风。而实际上地球上既没有持久的东风，也没有持久的西风。为什么这样呢?这是因为地球不自转。"

(6)鲁迅先生在《论辩的魂灵》一文中，概括了当时反动派的奇谈怪论："你说甲生疮，甲是中国人，你就是说中国人生疮了。既然中国人生疮，你是中国人，就是你也生疮了。你既然也生疮，你就和甲一样。而你只说甲生疮，是说诳也。卖国贼是说诳的，所以你是卖国贼。我骂卖国贼，所以我是爱国者。爱国者的话是最有价值的，所以，我的话是不错的。我的话既然不错，你就是卖国贼无疑了!"

第三章 思维规律

第一节 概　　述

一、思维规律

思维规律是人类思维中某些共性、良性特征的体现。这种共性特征表现在，思维规律与思维内容无关，因而普遍适用于一切思维活动。只要是同一格式的三段论，那么其推理形式有效就是有效，无效就是无效，决不会因其思维内容的变化而变化。而其良性特征则在于，思维规律本质上是对人类思维实践的经验总结，是作为逻辑谬误的对立面而存在的。逻辑史的研究表明，逻辑学正是在与谬误和诡辩作斗争的过程中发展起来的，而诡辩不过是被故意制造出来的逻辑谬误。

思维规律是思维形式应用的规律，不是事物本身或认识运动的规律。但不能认为思维规律是先验的东西，也不能认为它们是约定俗成的结果，更不是为了思维的方便而主观臆断出来的。所有的思维规律都客观地存在于人类的思维实践中。

作为逻辑学重点探究的对象，思维规律有的已经被人们发现，有的尚待进一步探索和研究。现有的逻辑学理论虽然是关于思维规律的科学体系，但并没有穷尽所有的思维规律，也因此才有不断发展的必要和可能。

☞想一想

你是否赞同思维规律是逻辑谬误的对立面这个说法？为什么？

二、一般规律和特殊规律

思维规律有一般规律和特殊规律之分，其中一般规律也称为逻辑基本规律。

所谓逻辑基本规律，是指普遍适用于一切思维形式或一切思维过程的那些逻辑规律。一般认为，逻辑基本规律包括同一律、矛盾律、排中律和充足理由律四条。它们构成理性思维最基本的前提与预设，分别用来保证思维的确定性、一致性、明确性和论证性。逻辑基本规律直接体现了二值逻辑的基本特征：任何个体要么属于A，要么不属于A；任何判断要么是真的，要么是假的；任何推理，要么是合乎逻辑的，要么是不合乎逻辑的，从而排除了一切两可或两不可等不确定性。

所谓特殊规律，是指仅仅适用于某一部分思维形式或某一部分思维过程的逻辑规律。例如：一切好的定义的共性特征就是下定义的特殊规律，而这些规律仅仅适用于下定义的场合。必须明确，逻辑学中充斥着特殊规律，尽管它们往往没有名字，甚至没有被明确表述出来。例如，性质判断间的真假关系，各种复合判断的真值表，各种推理规则背后的依据，归纳、类比的合理性基础，等等。

相比较而言，一般规律对特殊规律起着主导与统摄的作用，前者制约着后者；而特殊规律则是一般规律的补充和引申，和一般规律一起构成逻辑学的规律体系。同时，无论一般规律还是特殊规律，都是人类正确、合理性思维的经验总结，都是人类正常的思维活动所必须遵守的。一旦违反了这些规律，就会出现形形色色的逻辑错误，从而影响人类思维的正常进行及其相互间的有效交流。

此外，特殊规律都有各自的适用范围，离开特定的范围便会失去意义。一般规律虽然适用范围最广，但同样要受到一定的限制，否则便不成立。事实上，四大规律成立的共同的前提条件是：在同一思维过程中。这意味着三个同一，即：同一对象、同一时间、同一方面(或者说在同一关系下)。例如，说“鸟会飞，鱼不会飞”显然并不矛盾，因为是不同的对象；说“这孩子去年坐火车还是半票，现在已经是全票了”也不矛盾，因为是不同的时间；说“某黑社会头目心狠手辣，罪大恶极，但对其儿女却非常慈爱，是一个尽职尽责的好父亲”也不矛盾，因为是不同的方面或在不同的关系下。

☞**想一想**

怎样理解“逻辑学是关于思维规律的学说和理论”？

三、逻辑规律和逻辑规则

1.“体”和“用”

逻辑规律与逻辑规则之间存在着深刻的对应关系。形象地说，前者是“体”，即后者的本体；后者是“用”，即前者的应用形式。两者是“一而二，二而一”的关系，如影随形，密不可分。

在表达方式上，逻辑规律说的是(正确、合理性思维)“必然……”、“总是……”、“一定会……”或“一定不会……”，用来陈述正确、合理性思维在形式结构方面的共性特征；而逻辑规则说的则是(要保证思维的正确性、合理性)“必须……”、“应该……”、“不得……”或“不能……”，用来陈述理性思维在形式结构方面的使用规范。两者之间的区别虽然细微，但却是不容忽视的，否则很容易造成理解和表达方面的障碍。

例如，“凡是好的定义，其定义项与被定义项的外延一定是相等的”，这是下定义的一条规律，是“体”；与之相应的定义规则是，“要保证下定义的正确性，定义项与被定义项的外延必须相等”，这是“用”。

2.“显”和“隐”

在逻辑学的规律体系中，逻辑基本规律占有特殊重要的地位，以至于人们通常提到思维规律，往往指的是逻辑基本规律。而特殊规律则常常并不以“规律”的名义出现，而是直接转化成了逻辑规则。从这一点上说，一般规律和特殊规律之间还存在着一种“显”和“隐”的关系。

例如：定义的规则、划分的规则、判断变形的规则、三段论的规则以及各种复合判断的推理规则等，都是根据相应的逻辑规律制定的。在这些具体的应用场合，逻辑规律虽然没有以“规律”的名义出现，甚至始终没有被明确表述出来，但它们却是根本性的东西，起着决定性的作用。

就一般规律而言，四大基本规律都有“内容”和“要求”两个方面。在表达方式上，“内容”的格式为：“正确、合理性思维的基本特征之一是……总是(或一定不会)……”；而“要求”的格式则为：“正确、合理性思维的基本要求之一是……必须(或不能)……”。

其中“内容”是其本体部分，是规律；而其“要求”则是其应用形式，亦即最最基本的逻辑规则。在这里，规律和规则依然是相互对应的。只不过出于某种表达习惯，基本规则没有以“规则”的名义出现而已。这可视为逻辑规则的“显”和“隐”的问题。

此外，“显”和“隐”还有另一层含义。作为思维规律的对立面，逻辑谬误的表现形式是多种多样的。其中有的很容易弄清楚其所违反的是什么逻辑规律，如各种形式的谬误；而有的谬误现象则十分令人费解，人们往往是“知其然而不知其所以然”，或者众说纷纭，莫衷一是。但可以肯定的是，逻辑谬误的产生一定是在思维形式使用过程中违反思维规律的结果，因此，对逻辑谬误的研究，很可能导致新的思维规律的发现和新的逻辑规则的制定。

☞**想一想**

怎样制定规律对应的规则？怎样找出规则背后的规律？

四、“合乎逻辑”和“讲逻辑”

所谓“合乎逻辑”，也就是合乎相应的逻辑规律和逻辑规则的意思；换言之，也就是具备相关逻辑规律所表述的一般特征、合乎相关逻辑规则的具体要求的意思。类似的说法是“讲逻辑”或“讲究逻辑性”，比如人们常说的“说话、写文章要讲究逻辑性”。

这里，“逻辑性”可以理解为合乎逻辑的表现、合乎逻辑的程度，通常指一本书、一篇文章或一段话等在形式结构方面(亦即与内容无关)的某些总体特性，如：系统性、一致性、条理性、概括性、确定性、明确性、论证性等。与“逻辑性”密切相关的，是“逻辑力量”这个说法，可理解为论证性和说服力。“逻辑力量”与“逻辑性”是正相关的。逻辑性愈强，则逻辑力量愈强；反之亦然。

可以看出，所谓“讲逻辑”、“合乎逻辑”等，实际上是一些概括的、笼统的甚至是模糊的说法。尝试对此进行梳理应该是有意义的。但这关系到对逻辑规律和逻辑规则本身的理解，从根本上说乃是一个逻辑观的问题。

在笔者看来，所谓“讲逻辑”、“合乎逻辑”等，至少是或可以在以下四种意义上使用：

1. “推理要合乎逻辑”

在实际思维中，狭义的“讲逻辑”、“合乎逻辑”仅就演绎推理而言。典型的说法便是“推理要合乎逻辑”，意思是演绎推理必须遵守其特定的规则，以保证其推理形式的有效性，亦即保证其结论是“必然地得出”的。

一种观点认为，“必然地得出”是从亚里士多德到现代逻辑一脉相承的思想，是千百年来逻辑学赖以产生和发展的、一以贯之的内在机制，“失去这种东西，逻辑就会名存实亡”。① 这是一种比较狭隘的逻辑观，是所谓“小逻辑”。按照这种观点，凡不以演绎推理为研究对象的逻辑理论统统不是逻辑，而是伪逻辑，包括归纳逻辑、辩证逻辑、语言逻辑等。

2. 合乎逻辑的“成文法”

由于逻辑规则并不限于演绎推理的规则，因此，“讲逻辑”、“合乎逻辑”在广义上并不限于演绎推理，而是泛指一切理性思维均应合乎一切有明文规定的逻辑规则。除了各种演绎推理的规则，还包括定义、划分的规则，论证的规则，特别是逻辑基本规律的“要求”等。总之，凡是逻辑学中已经确立的规则，理所当然都是一切理性思维所要“讲”的、所要“合乎”的。

3. 合乎逻辑的“不成文法”

如果把上面提到的逻辑规则视为逻辑的“成文法”，那么事实上逻辑还有很多“不成文法”，即没有被明文规定或精确表述出来的“潜规则”，它们在实际思维中同样发挥着无可替代的作用。比如说“概念要明确”，虽然没有以规则的名义出现，但却不失为正确思维的基本法则之一。又如，对归纳推理和类比推理来说，“考察的对象越多、越有代表性”，“要正确地对待反例”，“不能把结论视为必然真”，等等，这些模糊的理性原则决非可有可无的东西，而冠之以“规则”之名又似不妥。甚至是“合乎逻辑”这个说法本身，从某个角度看，由于一切正确、合理性思维都是合乎逻辑的思维，都具备“合乎逻辑”的形式特征，因此，“合乎逻辑”这一点本身便相当于一个比四大基本规律更基本的思维规律，而“思维要合乎逻辑”则相当于比四个基本规律的“要求”更基本的理性原则，相当于逻辑学的“元规则”，它是理性思维和非理性思维的分界线。

此外，像“思维要清晰而有条理，要有系统性和概括性”，“不能强词夺理，胡搅蛮缠”，等等，既是一切好的思维的共性特征，又与思维内容无关，将其视为逻辑的“不成文法”、理性思维的“潜规则”显然不失为一种可取的策略。事实上很多时候，人们说一篇文章或一本书的“逻辑性”很强，往往就包括其很有条理性、系统性、概括性等的意思。

---

① 王路：《逻辑方圆》，北京大学出版社 2009 年版，第 26 页。

因此，“讲逻辑”的意思还可以理解为：既要讲“显规则”，又要讲“潜规则”。于是“合乎逻辑”的意思就成了：既要合乎逻辑的“成文法”，又要合乎逻辑的“不成文法”。而“推理要合乎逻辑”则包括所有的推理，即演绎推理、归纳推理和类比推理。只要是合乎理性原则的推理，就可以说是“合乎逻辑”的。

4. 合乎逻辑的信念

如前所述，作为思维规律的对立面，有些逻辑谬误的发生机制尚待进一步探索。此外，休谟问题等还在困扰着人类，种种悖论的存在也直接昭示着人类思维的某些固有缺陷。种种迹象表明，现有的逻辑理论还远远没有穷尽所有的思维规律，而那些尚待发现的思维规律肯定也无法自己转化为逻辑规则。尤其是当一个人作为个体来思考问题的时候，其所了解的思维规律和规则势必更加有限。但人们无论作为个体还是群体，却又绝对不会因为现有认识水平的局限而停止其追求“合乎逻辑”的步伐。这意味着“讲逻辑”、“合乎逻辑”实际上还(可以)有超出现有逻辑理论的含义，实际上变成(或可以成为)一种对逻辑、对理性的形而上的信念。

例如，某种逻辑谬误可能无法用现有的逻辑理论予以恰切的解释(尤其是对很多个体的人来说)，那么只要能够确定其逻辑谬误的性质(这一点往往要容易得多)，即不妨把禁止这种谬误的用法确立为一条新的逻辑规则。

特别值得一提的是，始于苏格拉底“批判性对话”的批判性思维，其在人类文明进程中所发挥的作用是无与伦比的。但与其说批判性思维主要依靠的是各种具体的逻辑理论，不如说其首先依靠的是对真理、对理性的一种信念，一种理性精神、理性原则，譬如坚持说真话，哪怕像苏格拉底那样付出生命的代价。事实上苏格拉底在世的时候，逻辑学尚未创立，他的逻辑知识在今天看来极为有限；而千百年来批判性思维的实践者中，究竟有多少人精通当时的逻辑理论，这一点其实也很值得怀疑。

总之，在后面这两层意义上，“逻辑”实际上相当于“理性”的代名词，尽管“理性”本身的定义和原则具有明显的不确定性。这样的理解会导致现有理论边界的模糊，却也会使逻辑学植根于更加广袤的思维田野，从而获得更加旺盛的生命力。

☞**想一想**

你是否赞同从上述四个层面理解“合乎逻辑”这个说法？为什么？

第二节　同　一　律

同一律是反映正确、合理性思维普遍具有的确定性特征的逻辑基本规律。

《墨经·经下》篇：“正名者，彼彼此此可。彼彼止于彼，此此止于此。”柏拉图在《斐多篇》中指出：思维必须与其自身一致，而我们所有的确信都必须彼此一致。①

① A. Dumitriu. *History of Logic*, Abacus Press, Roumania, 1977, Vol. 1, p. 120。

一、同一律的要求

同一律的要求：在同一思维过程中，每种思想都必须保持自身同一。

1. 同一律对概念使用的要求

在同一思维过程中，任一概念都必须保持自身同一。也就是说，相同语词（或概念变项）的不同出现必须始终表达同一个概念，其内涵和外延不能随意更改。否则，就会犯“混淆概念”或“偷换概念”的逻辑错误。其中，“混淆概念”指无意中违反了同一律对概念使用的要求，而“偷换概念”则指故意违反同一律对概念使用的要求。

例如：“氢是化学元素，而化学元素有一百多种，因此，氢有一百多种。”这里，语词“化学元素”的两次出现，前一次表达非集合概念，后一次表达集合概念。

2. 同一律对判断使用的要求

在同一思维过程中，任一判断都必须保持自身同一。也就是说，相同语句（或判断变项）的不同出现必须始终表达同一个判断，其判断的内容和真值不能随意变化。

在同一论证过程中，论题必须保持自身同一。也就是说，论题是哪个判断就应该始终是哪个判断，论据必须始终为同一论题服务，不能随意更改。这正是论证的规则之一，是同一律在论证中起作用的表现。否则，就会犯“转移论题”或“偷换论题”的逻辑错误。其中，“转移论题”指无意中违反了同一律对判断使用的要求，而“偷换论题”则指故意违反同一律对判断使用的要求。

例如：在1860年6月30日英国举行的一次著名的辩论会上，牛津大主教威尔勃福斯指责进化论说：“谁看见而且正确地证明过一些物种转化为另一些物种了呢？难道可以相信菜园里的芜菁都能变成人吗？”并向代表进化论一方的赫胥黎教授发难说：“赫胥黎先生就坐在我的身旁，他是想等我一坐下就把我撕成碎片，因为照他的信仰，人是由猿猴变来的嘛！不过，我倒要问问，究竟是你的祖父是由猿猴变来的，还是你的祖母是由猿猴变来的？”这就是典型的偷换论题：前者把需要经历漫长年代的“物种进化”偷换成了短期的、可用肉眼观察的“物种转化”，后者把“人类由猿猴进化而来”偷换成了“某个人由猿猴变来”。

☞**想一想**

同一律的要求和同一律的内容区别何在？

二、同一律的作用

1. 保证思维的确定性

同一律的作用在于保证思维的确定性。思维只有具有确定性才能正确反映客观世界，人们也才能进行正常的思想交流。如果违反同一律的逻辑要求，在同一思维过程中，所使用的概念、判断时而是一种含义，时而是另一种含义，思维、语言就会发生混乱，从而造成认识和交流方面的障碍。

2. 有助于澄清谬误

有些人由于认识上的模糊，在表达和论证思想的过程中会出现混淆概念或转移论题的逻辑错误。这时我们可以运用同一律，对他们在思维过程中出现的逻辑错误加以分析、说明。

3. 有助于揭露诡辩

诡辩论者经常使用偷换概念、偷换论题的手法，以达到混淆是非的目的。掌握了同一律，就能自觉、主动地根据思维确定性的原则，识别、揭露诡辩者的伎俩。

☞**想一想**

试举例说明同一律怎样帮助人们澄清谬误、驳斥诡辩。

三、正确理解同一律

同一律归根结底是一个关于正确思维的思维规律。公式“A = A”的意思仅仅是说，为了保证思维的正确性、合理性，任一思想 A 必须保持自身同一。因此，同一律有别于否认事物发展变化的旧形而上学观点。

此外，同一律要求思维具有确定性，并不是说思维只能沿着一条思路、一个话题机械地进行下去，而不能中途进行转换。实际上，同一律的要求仅仅是对同一思维过程中而言的。在需要转换思路、话题的情况下，可以及时中止一个思维过程，而重新开始另一个。为此，只需明确作出交待即可，比如说“现在我们开始讨论另一个问题……”，“几年后……”，“从另一个角度来看……”，等等，这叫做“明换”。反之，如果没有作出明确交待，却忽然转移了思路、话题，并由此导致概念的混淆、论题的转移，那就叫做“潜替”、“偷换”。这才是同一律所要反对和禁止的。

☞**想一想**

试举例说明什么是“明换”，什么是“潜替”、“偷换”。

第三节　矛　盾　律

矛盾律也叫不矛盾律，是反映正确、合理性思维普遍具有的一致性特征的逻辑基本规律。

《墨经·经上》云：“彼，不两可、两不可也。”《墨经·经说上》云：“或谓之牛，或谓之非牛，是争彼也。是不俱当，必或不当。”亚里士多德指出：“对立的陈述不能同时为真。”“对于同一事物相反的主张决不能是真的。”①

一、矛盾律的要求

矛盾律的公式：A 不是非 A，或$\neg(A\wedge\neg A)$。其中 A 表示任一概念或任一判断，非 A 表示与 A 具有矛盾或反对关系的另一个概念或判断。

矛盾律的要求：在同一思维过程中，两个互相对立的思想不能都加以肯定，必须至少否定其中之一。

1. 矛盾律对概念使用的要求

在同一思维过程中，反映同一对象的概念是 A 就不能是非 A(即 A 的矛盾或者反对概念)，A 与非 A 两者不能并存。换言之，说一个对象是 A，就不能再说它是非 A，即决不能说一个对象既是 A 又是非 A；否则，就会犯“(概念使用中)自相矛盾”的逻辑错误。例如，“蓝色的”与“红色的”两个概念具有反对关系，外延互相排斥，客观上没有任何对象既是“蓝色的”又是“红色的”。因此，在同一思维过程中，二者不能都被用来反映同一对象，说“某物既是蓝色的，又是红色的”；否则便是自相矛盾。也不能都被用来限定同一概念，形成“蓝色的红宝石”这样的自毁概念(即包含逻辑矛盾的概念)。此外：“方的圆”、“黑的白”、“有四条边的三角形”等，也都是自毁概念。

2. 矛盾律对判断使用的要求

在同一思维过程中，断定 p 是真的，就不能再断定非 p(即 p 的矛盾或者反对判断)是真的，p 与非 p 两者不能并存。也就是说，肯定 p 这句话，就不能再肯定非 p 这句话，亦即不能同时肯定 p 与非 p 这两句话；否则，就会犯“(判断使用中)自相矛盾”的逻辑错误。例如，人们不能既断定“火星上有人”，又断定“火星上没有人”，否则便是自相矛盾。因为这两个判断是互相矛盾的，客观上不可能同时为真。如果都加以肯定，就会产生逻辑矛盾。

“自相矛盾”的逻辑错误，有时也称为“两可”，意即同时断定或认可两种相互对立的思想。在实际思维中，很明显地直接表现出来的逻辑矛盾并不多，但思想深处蕴涵着逻辑矛盾的现象却不鲜见。这就需要经过认真、仔细的分析和推敲，才能将它们揭示出来。由此往往导致重要的科学发现和认识成果。例如：伽利略反对亚里士多德“物体自由下落的速度与其重量成正比”的断言，就是因为他发现其中包含着逻辑矛盾。据说后来还进行了一次著名的实验，即比萨斜塔实验，来证实他的推测。

☞练一练

试举例说明如何区分两种类型的“自相矛盾”。

---

① 苗力田主编：《亚里士多德全集》第 7 卷，中国人民大学出版社 1993 年版，第 106、248 页。

二、矛盾律的作用

1. 保证思维的一致性

矛盾律的作用在于保证思维的一致性，也叫无矛盾性。思维只有具有一致性才能正确反映客观世界，人们也才能进行正常的思想交流。如果违反矛盾律的逻辑要求，在同一思维过程中，前后观点相互抵触，不能自圆其说，就会陷入思维混乱，令人不知所云。因此，任何正确、合理性思维都不会容许逻辑矛盾的存在。如《韩非子·难一》云：

> 楚人有鬻盾与矛者，誉之曰："吾盾之坚，物莫能陷也。"又誉其矛曰："吾矛之利，于物无不陷也。"或曰："以子之矛，陷子之盾，何如?"其人弗能应也。夫不可陷之盾与无不陷之矛，不可同世而立。

这个楚国人同时作出了两个断定：①没有东西能刺穿我的盾，即：任何东西都不能刺穿我的盾；②没有东西我的矛不能刺穿，即：我的矛能刺穿任何东西。由此可以分别推出：①′我的矛不能刺穿我的盾；②′我的矛能刺穿我的盾。两者的矛盾关系十分明显。说明这个楚国人自己的观点和自己的观点在打架，思维陷入了混乱状态，从而无法与之进行理性的交流。

☞想一想

为什么不具有一致性便不可能是好的思维?

2. 确立了二值逻辑的基本原则

矛盾律反映了二值逻辑的一个基本特征，确立了二值逻辑的一个基本原则，即：p与非p不可同真，必有一假。许多逻辑规律的成立都依赖于这一基本原则。

3. 是归谬法和间接反驳的理论基础

首先，当某个假定蕴涵着一对逻辑矛盾 $p \land \neg p$ 时，这假定自身就被否定了；因为根据矛盾律，逻辑矛盾永远是假的，而否定了后件就可以否定前件。同样，任一假定如果蕴涵着自己的否定，也就相当于蕴涵了逻辑矛盾，因而也就被否定了。

其次，要反驳论题"p"，可以先证明它的反论题"非p"为真。于是根据矛盾律，就可以从"非p"的真，确定"p"的假。这正是间接反驳的独立证明法。

三、正确理解矛盾律

1. 矛盾律的客观基础

作为一个正确思维的基本规律，矛盾律只能要求人们不能说、不能认为一个对象既是A又是非A，而不能规定一个对象本身不能既是A又是非A。事实上，A与非A之间的全异关系是一种客观存在，是矛盾律成立的前提条件。正是因为客观上不存在既是A又是非A的对象，矛盾律才要求人们不能说一个对象既是A又是非A，否则便会失去现实的基础，从而陷入非理性。

同理，判断p与非p不可同真并不是由矛盾律决定的，而是一种客观存在。正是因为相互矛盾或反对的p与非p客观上不可同真，矛盾律才要求人们在同一思维过程中，不能同时断定p与非p为真；否则的话，主观就会违背客观，从而陷入非理性。

2. 悖论是一种特殊的逻辑矛盾

悖论是指这样的判断：由其真可以推出它的假，由其假又可以推出它的真。所谓“悖”，即自相矛盾、不可能为真之意。《墨经·经下》云：“以言为尽悖，悖，说在其言。”又如古希腊著名的“说谎者悖论”：“我正在说的这句话是假的。”

悖论问题，是一个涉及逻辑、数学、哲学和语言学的复杂问题，并不简单地是一些违反矛盾律的谬误，因此单靠逻辑学是解决不了的。而且不同的悖论，形成的原因也不一样，解决的方法自然也不相同。在现代逻辑中，逻辑学家和数学家通过对悖论产生的根源及解决方法的深入研究，取得了一定的成果，但悖论理论的真正成熟，尚有待时日。

3. 逻辑矛盾不同于客观世界的矛盾

矛盾律是思维形式应用的规律，其所要排除的逻辑矛盾是思维过程中出现的一种逻辑错误、一种思维混乱的现象，而并非也不可能是客观事物之间的矛盾。客观世界的矛盾是无处不在、无时不有的，矛盾律只能帮助人们正确地去反映它们，而不可能否认它们的存在，更不可能试图加以排除。

☞**练一练**

请上网搜索更多的悖论，并尝试理解和破解它们。

第四节 排 中 律

排中律是反映正确、合理性思维普遍具有的明确性特征的逻辑基本规律。

《墨经·经上》云：“彼，不两可、两不可也。”亚里士多德指出：“在对立的陈述之间不允许有任何居间者，而对于同一事物必须要么肯定要么否定其某一方面。”①

排中律的公式：A或者非A。其中A表示任一概念或任一判断，非A表示与A具有矛盾或下反对关系的另一个概念或判断。

① 苗力田主编：《亚里士多德全集》第7卷，中国人民大学出版社1993年版，第106页。

一、排中律的要求

排中律的要求：在同一思维过程中，两个互相对立的思想不能都加以否定，必须至少肯定其中之一。

1. 排中律对概念使用的要求

在同一思维过程中，必须或者用概念A去反映某一对象，或者用概念非A(即A的矛盾或者下反对概念)去反映该对象，A与非A两者必(须)居其一。换言之，必须或者说一个对象是A，或者说它是非A，而不能说它既不是A又不是非A。否则，就会犯(概念使用中)“两不可”的逻辑错误。

例如，“51岁以下的人”与“15岁以上的人”两个概念具有下反对关系，外延之和等于论域“人”，客观上没有任何一个人既不是“51岁以下的人”，又不是“15岁以上的人”。因此，在正确、合理性思维中，或者说某个人是“51岁以下的人”，或者说他是“15岁以上的人”，而不能说他“既不是51岁以下的人，又不是15岁以上的人”。

2. 排中律对判断使用的要求

在同一思维过程中，必须或者断定p是真的，或者断定非p(即p的矛盾或者下反对判断)是真的，p与非p两者必(须)居其一。也就是说，必须或者肯定p这句话，或者肯定非p这句话，而不能同时否定p与非p这两句话。否则，就会犯(判断使用中)“两不可”的逻辑错误。

例如，在同一正确、合理性思维过程中，人们不能既否定“世上有鬼”，又否定“世上无鬼”。因为这两个判断之间具有矛盾关系，客观上不可能同时为假。又如，“有的人是好人”和“有的人不是好人”这两个判断之间具有下反对关系，客观上也不可能同时为假。因而在同一正确、合理性思维过程中，一定不能同时加以否定。

“两不可”的逻辑错误，有时也表现为“模棱两可”或“不置可否”。如：甲问乙：“你出版过学术专著吗?”乙回答：“我写过点东西。”又如：某厂几位工人搞技术革新，厂长对他们说：“我们厂人力、资源有限，你们搞技术革新若不成功，就会影响生产、浪费资金。我看还是以后再说吧。”工人们问：“那么，你是不同意我们搞技术革新了?”厂长回答：“我没有说不同意啊!”“那么，你是同意我们搞了?”“我也没说同意嘛!”

☞**练一练**

试举例说明如何区分两种类型的“两不可”。

二、排中律的作用

1. 保证思维的明确性

排中律的作用在于保证思维的明确性。排中律不允许对两个互相矛盾或下反对的判断既不肯定，也不否定，骑墙居中，左右摇摆，而必须明确地肯定其中的一个为真。这就保证了理性的认识活动不会停留在混沌状态，保证了理性的思维交流不会因为立场、观点的模糊而中断。

☞想一想

思维中和生活中的“模棱两可”有何关系？怎样区别对待？

2. 确立了二值逻辑的基本原则

排中律反映了二值逻辑的另一个基本特征，确立了二值逻辑的另一个基本原则，即：p 与非 p 不可同假，必有一真。许多逻辑规律的成立都依赖于这一基本原则。

3. 排中律是反证法的基础

在证明论题“p”为真时，如果从正面论证比较困难，就可以先找出与论题“p”相矛盾的反论题“非 p”，然后再把“非 p”反驳掉。于是根据排中律，由“非 p”的假即可确定“p”的真，从而使论题“p”的真实性得到证明。

三、正确理解排中律

1. 排中律的客观基础

作为一个正确思维的基本规律，排中律只能要求人们不能说、不能认为一个对象既不是 A 又不是非 A，而不能规定一个对象本身不能既不是 A 又不是非 A。事实上，A 与非 A 之间的满域关系是一种客观存在，是排中律成立的前提条件。正是因为客观上不存在既不是 A 又不是非 A 的对象，排中律才要求人们不能说一个对象既不是 A 又不是非 A，因为否则便会失去现实的基础，从而陷入非理性。

同理，判断 p 与非 p 不可同假并不是由排中律决定的，而是一种客观存在。正是因为相互矛盾或下反对的 p 与非 p 客观上不可同假，排中律才要求人们在同一思维过程中，不能同时断定 p 与非 p 为假；否则，主观就会违背客观，从而陷入非理性。

☞想一想

为什么不具有明确性便不可能是好的思维？

2. 排中律与矛盾律

两个规律既相互独立，又互相补充，相辅相成。矛盾律指出两个互相对立的思想不能并存，排中律指出两个互相对立的思想必居其一。二者在内容、要求、适用范围、相应的逻辑错误等方面都是对称、对偶的，如矛盾律适用于矛盾关系和反对关系，而排中律则适用于矛盾关系和下反对关系；违反矛盾律的逻辑错误是“两可”，而违反排中律的逻辑错误则是“两不可”。

3. 关于未知事物和中间状态

排中律只要求不能同时否定两个具有矛盾或者下反对关系的思想，但并不要求立即作出非此即彼的回答，尤其是当事物情况尚未探明之前。例如：“有外星人”和“无外星人”，“火星上有生物”和“火星上没有生物”，“某甲是罪犯”和“某甲不是罪犯”，等等。

排中律并不否认客观世界中的亦此亦彼现象(第三种可能性)，以及种种过渡状态或中间环节。如：鸭嘴兽介于卵生和胎生之间，两栖动物既非陆生动物亦非水生动物，下棋、比赛可能既未赢也未输，等等。所有这些事物间的关系本身就不是不能并存的，反映它们的思想之间是反对关系而非下反对关系。

4. 关于“复杂问语”

所谓复杂问语，是指问语中隐含着对方尚未明确承认的预断。对于这种问语，无论正面回答“是”或“否”，实际上都等于承认了其中的预断为真。因此，当预断为假并且关系重大时，就会使复杂问语成为陷阱。例如，古希腊有一个诡辩派的哲学家有一天忽然问哲学家梅内德谟说：“你是否已经停止打你的父亲了?”这个问题迫使梅内德谟陷入困境。因为这个问语中隐含着“你曾经打过父亲”这个预断，因此无论正面回答“是”或“否”都会上当。

对待这种“复杂问语”一定要沉着冷静，机敏地抓住其中预先埋伏的预断进行反驳，而不能简单、草率地从正面答之以“是”或者“否”。这样做并不违反排中律，因为预断的存在已使问语本身表面化。

☞练一练

请找出更多的“复杂问语”实例，并体会其破解之道及其与排中律的关系。

第五节　充足理由律

充足理由律是反映正确、合理性思维普遍具有的论证性特征的逻辑基本规律。

《墨经·大取》云：“夫辞以故生。立辞而不明于其所生，妄也。”柏拉图指出：我们的断定必须从理由中产生。仅仅当其根据是已知的时候，知识在性质上才是科学的。①

充足理由律的内容：正确推论的基本特征是，一个思想被断定为真，总是具有充足理由的。

充足理由律是一个关于推论正确性的思维规律。所谓推论，是指确定一个思想(判断)真实性的思维过程。

① A. Dumitriu. *History of Logic*, Abacus Press, Roumania, 1977, Vol. 1, p. 120。

充足理由律的公式是：B 真，因为 A 真并且 A 蕴涵 B。其中的“B”表示被断定为真的那个判断，称为推断。“A”表示用来确定“B”真的根据(它可以是一个已知判断，也可以是一组已知判断)，称为理由。“A 蕴涵 B”表示理 A 和 B 之间有逻辑联系，从 A 真可以推出 B 真。整个公式的意思是：判断 B(推断)之所以被确定为真，是因为还存在着另一个(或一组)真判断“A”(理由)，并且由“A”真可以合乎逻辑地推出“B”真。这样的理由，我们称之为充足理由。

这里，“推论”实际上一个概括的说法，是“推理”和“论证”的统称。“理由”、“推断”及其联系方式(“推论方式”)也是如此，见下表：

推论	推理	论证
理由	前提	论据
推断	结论	论题
推论方式	推理形式	论证方式

关于推理的充足理由律：正确推理的基本特征是，结论 B 为真，总是因为前提 A 真，并且推理形式合乎逻辑。事实上，推理“正确性”的概念即由此而来。例如：“凡金属皆导电，故凡不导电的皆非金属。”这就是一个正确的推理，因为前提“凡金属皆导电”为真，推理形式是 A 判断的完全换质位(有效)，此时结论一定为真。

关于论证的充足理由律：正确论证的基本特征是，论题 B 为真(证明)或为假(反驳)，总是因为论据 A 真，并且论证方式合乎逻辑。例如：“我们不能落后，因为落后就要挨打，而我们不想挨打。”这就是一个正确的论证，因为两个论据皆为真，论证方式是充分条件假言推理的否定后件式(有效)，此时论题的真实性得到了充分的支持。

一、充足理由律的要求

1. 违反充足理由律要求的逻辑错误

充足理由律的要求实际上包括三点，相应的逻辑错误也有区别，即：

第一，必须提供理由。即必须做到“持之有故”，“以理服人”；否则，就会犯“无理由”(“持之无故”)的逻辑错误，这是典型的非理性表现。如“文革”时的一首歌曲唱道：“文化大革命就是好，就是好……”。至于为什么好，没有讲，似乎也不需要讲。

第二，理由必须已知为真；否则，就会犯“理由虚假”或“预期理由”的逻辑错误。例如，昆剧《十五贯》中，肉商尤葫芦借到本金十五贯，深夜醉归。赌徒娄阿鼠图财杀死尤葫芦，嫁祸尤的养女苏成娟和小吃店伙计熊友兰。无锡知县过于执在审案时，错判苏、熊通奸谋杀尤葫芦死罪，理由是：“看她艳若桃李，岂能无人勾引？年正青春，怎会冷若冰霜？她与奸夫情投意合，自然要生比翼双飞之意。父亲拦阻，因之杀其父而盗其财。此乃人之常情。这案情就是不问，也已明白十之八九的了。”这就是典型的“预期理由”。

第三，理由与推断之间必须有逻辑联系；否则，就会犯“推不出”的逻辑错误。例如，甲对乙说：“如果有可能，我希望我们天天在一起。”乙说：“哼！看来你并不希望和我天天在一起。”甲吃惊地问：“为什么这么说呀?”乙说：“因为我们显然不可能天天在一起嘛!”这里，乙实际上就犯了“推不出”的逻辑错误，因为她使用的是充分条件假言推理的否定前件式(无效)。又如，某研究生对导师说：“你要是想让我学习刻苦，最好是给我所有的课程都判优，因为学习成绩全优的学生学习都很刻苦。”这也是“推不出”的逻辑错误，读者朋友不妨自己想一想为什么。

2. 充足理由律对推理的要求

正确推理的基本要求是，为了推出真结论 B，必须做到：第一，前提 A 已知为真；第二，推理形式合乎逻辑。

例如：“所有的人都会跑，所以，我也会跑。”就不是一个正确的推理，因为其前提“所有的人都会跑”是一个假判断。又如：“所有的大学生都是学生，所以，所有的学生都是大学生。”就不是一个正确的推理，因为其推理形式“所有 S 是 P，所以，所有 P 是 S”无效。

3. 充足理由律对论证的要求

正确论证的基本要求是，为了确定论题 B 为真(证明)或为假(反驳)，必须做到：第一，论据 A 已知为真；第二，论证方式合乎逻辑。事实上，这正是论证规则中的两条。

例如：“这台机器错不了，因为它是进口的。”就不是一个正确的论证，因为其省略了的论据“凡是进口的机器都错不了”是一个假判断。如果将其省略前提补充为“有的进口的机器是好的”，这就是一个真判断，但推理形式却变成了三段论第一格的 IAA 式(无效)，因而同样是理由不充足。

二、充足理由律的作用

充足理由律的作用在于保证思维的论证性和说服力。充足理由律反映了一切正确、合理性思维普遍具有的论证性特征，即凡事讲理由，做到以理服人。据此对思维活动提出的“持之有故”、理由真实、推论方式合乎逻辑等的要求，正是理性思维最基本的原则。一切科学的、哲学的、民主的、正义的理论思维，只有做到以理服人，才能真正使人信服，才真正具有生命力。

充足理由律的作用具体表现在对推理和论证的规范上。对推理来说，只有做到前提真实、推理形式合乎逻辑，才能保证结论的可靠性(演绎)、可信性(归纳)或可能性(类比)，从而由已知出发，有效地探索未知世界。对论证来说，只有论据真实，论证方式合乎逻辑，才能对论题的真实性(证明)或虚假性(反驳)提供充分的支持，从而产生强大的逻辑力量，以便更好地坚持真理、澄清谬误和驳斥诡辩。事实上，论证的规则主要是建立在充足理由律之上的，是充足理由律逻辑要求的具体化。

是否习惯于讲理由是一个人(一个社会)是否理性的重要标志，而是否善于讲理由则是一个人(一个社会)思维水平高低的重要标志。

☞**练一练**

试结合实例谈谈培养讲理由的习惯有何重要意义。

三、正确理解充足理由律

1. 关于理由的真实性

充足理由律要求理由已知为真，这只是一个纯逻辑的要求。在一个具体的推论中，理由究竟真实与否，这并不是一个逻辑问题，而是有待于生活实践和各门具体科学去解决的问题。

2. 是否逻辑基本规律

充足理由律是关于正确推论的逻辑规律，其所直接针对的对象是推理和论证。这种情况与前面的同一律、矛盾律和排中律有所不同，因为三大规律一般是直接作用于概念和判断的，以至于人们在任何思维场合都要受它们制约。但由于概念的形成和判断真值的确定都离不开推论，人们的思维也决不会停留在形成孤立概念和作出简单判断的阶段，因此，充足理由律同所有的逻辑形式，包括概念、判断、推理和论证都是密切相关的。这正是我们把充足理由律视为逻辑基本规律的主要原因。

3. 与前三大基本规律的关系

一方面，充足理由律是前三条基本规律的重要补充，它们所反映的都是正确、合理性思维的基本特征，它们的要求都是人们在实际思维中所必须遵守的理性原则。另一方面，前三大规律确实更基本。违反三大规律中的任何一条都必然违反充足理由律。因为如果思想不确定，自相矛盾，前后不一贯，那就根本谈不上思维的论证性。但是反过来，违反充足理由律却有可能并不违反三大规律中的任何一条。

练　习　题

1. 分析下列议论中是否存在违反逻辑基本规律的错误。

(1)四方台以前从来没有人上去过，上去的人从来没有回得来的。

(2)经验主义不能一概都反对，例如工作经验、生产经验等，就不应该反对。

(3)我从不参与有无鬼神的争论，因为他们的两种观点我都不赞成。

(4)被告伤人，既非故意，又非过失，可给予训诫处分。

(5)这次试验一定会成功，当然，也有失败的可能。

(6)我不认为一切金属都是固体，也不认为一切金属都不是固体。

(7)这次考试我一定能通过，因为我这次信心十足，家里人也都鼓励我、支持我。

(8)妻子："我知道让你一下子戒酒很困难，你先戒掉一半行不?"丈夫："好吧，我听你的。以前西凤酒和汾酒我都喝，以后就只喝西凤酒吧!"

(9)一青年参加植树，见到"植树造林，造福后代"的标语，说："造福后代，我连老婆都没有，哪来后代呀?"

(10)郑庄公弟共叔段叛乱，得母姜氏支持。庄公对母发誓说："不及黄泉，无相见也。"不久后悔，便接受大夫颍考叔建议，"阙地及泉，隧而相见"。

(11)某甲要将一婴儿投入江中，婴儿啼哭。别人问某甲为什么这样做，他说："此其父善游。"

(12)很多同志主张写作的时候应当讲究语言形式。我的看法则与之不同，我认为我们应提倡内容与形式的统一，而必须纠正和反对这种形式主义的倾向。

2. 综合题。

(1)有一天，某珠宝店被盗走了一块贵重的钻石。经侦破，查明作案人肯定是赵、钱、孙、李四人中的某一个。在审讯中，他们有以下口供：

赵：我不是作案的。　　　　　　钱：李是罪犯。

孙：钱是盗窃这块钻石的罪犯。　　李：作案的不是我。

假定这四句话中只有一句为真，那么请问：这个案子里谁是罪犯?

(2)已知下面的三句话中只有一句为真，请问：甲班50人中有多少人通过了英语四级考试?

① 甲班有学生通过了英语四级考试。

② 甲班有学生没有通过英语四级考试。

③ 甲班所有的学生没有通过英语四级考试。

(3)已知下面的三句话中只有一句为真，请问：第几句话为真? 甲是什么地方的人?

① 甲不是北京人。

② 如果乙是上海人，那么甲是北京人。

③ 如果甲是北京人，那么乙是上海人。

第四章 思维方法

第一节 明确概念的逻辑方法

一、限制和概括

1. 概念内涵和外延间的反变关系

概念的内涵和外延是相互依存、相互制约的。具有属种关系的概念，其内涵和外延之间存在着反变关系，即：外延愈大，内涵愈少；外延愈小，内涵愈多。

例如："科学"、"思维科学"和"研究抽象思维的科学"这三个概念，愈靠前面的概念外延愈大、内涵愈少，而愈靠后面的概念则外延愈小、内涵愈多。

2. 概念的限制

概念的限制，就是通过增加内涵以缩小外延，从而由属概念过渡到种概念的逻辑方法。限制的作用在于，通过缩小对象的范围(外延)，使一般概念具体化，从而达到明确概念的目的。

限制可以连续进行。例如："人"→"中国人"→"中国工人"；"律师"→"青年律师"→"中国青年律师"；"杀人罪"→"故意杀人罪"→"直接故意杀人罪"。

限制的极限是单独概念。因为单独概念没有种概念，所以不能进行限制。如"天安门"→"雄伟的天安门"就不是限制。

限制必须在有属种关系的概念之间进行。如"湖北省"→"武汉市"就不是限制，因为两者是整体和部分的关系，并非属种关系。

限制必须增加新的属性。如果增加的属性本来就蕴涵在原来的概念中，那就不叫限制。例如，"金属"→"导电的金属"，外延仍然是"金属"，这就不是限制。

3. 概括

概念的概括，就是通过减少内涵以扩大外延，从而由种概念过渡到属概念的逻辑方法。概括和限制是互逆的。概括的作用在于，通过揭露对象的普遍本质(内涵)，使具体概念一般化，从而达到明确概念的目的。

概括也可以连续进行。例如："数学"→"自然科学"→"科学"。从"数学"这个概念出发，去掉"研究现实世界的空间形式和数量关系"这个属性，就过渡到外延较大的概念——“自然科学”，再去掉“研究自然界的各种物质和现象”这个属性，就过渡到外延更大的概念——“科学”。

概括的极限是最大类概念。因为最大类概念没有属概念，所以不能进行概括。如“对象”、“客体”。

概括必须在有属种关系的概念之间进行。如“树木”→“森林”就不是概括，因为两者是整体和部分的关系，并非属种关系。

二、定义

1. 什么是定义

定义是揭示概念内涵的逻辑方法。例如：“所谓公民权，就是在政治上享有自由和民主的权利。”这就是揭示“公民权”这一概念内涵的定义。

定义由被定义项、定义联项和定义项组成。被定义项就是其内涵有待于明确的那个概念，通常记为 D_S；定义项就是用来揭示被定义项内涵的那个概念，记为 D_P。定义联项通常用“是”、“就是”、“叫做”、“称为”或“当且仅当”来表示。定义的一般格式为：$D_S = D_P$。

在上例中，“公民权”就是被定义项，“在政治上享有自由和民主的权利”就是定义项，它们是定义的主体部分。定义联项是“就是”。又如：“运用电子元件制作的音乐称为电子音乐。”

2. 定义的种类

(1)属加种差定义

属加种差定义是最常见的一种定义形式，因其定义项 D_P 具有“种差+邻近属概念”的结构而得名。

例如：“商品是用于交换的劳动产品。”这里，定义项中的“劳动产品”就是所谓邻近属概念，即属概念中外延最小的那一个；而“用于交换的”则是所谓种差，即使被定义项区别于同一属中其他种概念的属性。

在属加种差定义中，如果种差是概念所反映对象的性质，就叫做性质定义。例如：“犯罪是依照法律应当受到刑罚处罚的危害社会的行为。”

如果种差是概念所反映对象的产生、形成方面的特点，就叫做发生定义。例如：“月蚀是地球运行于月球和太阳之间、三者成一直线时引起月球失光的天文现象。”

如果种差是概念所反映对象的功能或者作用，就叫做功用定义。例如：“图书馆就是搜索、整理、收藏和流通图书资料，以供读者进行学习和参考研究的文化机构。”

如果种差是对象所处的特定关系，就叫做关系定义。例如：“偶数就是能被 2 整除的数。”

(2)描述性定义

有些定义无法或不方便采用属加种差定义的形式，只能把对象所处的语境或其相关的操作程序等描述出来作为定义项，称为描述性定义。例如：

"对象泛指一切能被思考的客体。"

"x是酸类，当且仅当将x与石蕊试纸接触时，石蕊试纸会呈现出红色。"

3. 定义的规则

要达到明确概念的目的，定义必须遵守以下规则：

(1)定义项必须与被定义项具有全同关系

如果定义项的外延大于被定义项，所犯的逻辑错误称为"定义过宽"。例如："法律就是人的行为规范。"

如果定义项的外延小于被定义项，所犯的逻辑错误称为"定义过窄"。例如："杀人罪就是故意非法剥夺他人生命的行为。"

(2)定义项不能直接或间接地包含被定义项

如果定义项直接包含了被定义项，所犯的逻辑错误叫做"同语反复"。例如："浮力就是漂浮之力。""生命就是有生命的物体的存在方式。"

如果定义项间接地包含了被定义项，所犯的逻辑错误叫做"循环定义"。例如："直系亲属就是旁系亲属之外的亲属。"由于"旁系亲属"需依据"直系亲属"来定义，于是便形成了循环。

(3)定义不能使用否定句，正概念的定义项也不应是负概念

定义要揭示被定义项的内涵，就要从正面回答对象"是什么"的问题，而否定句却只能回答对象"不是什么"的问题，不能满足定义的需要。例如："辩证法不是形而上学。"同理，正概念的定义项也不能是负概念，因为负概念所说的仍然是对象不具有某种属性。例如："偶数就是非奇数。"

(4)定义不能含糊其辞，也不能使用比喻

定义是为了明确概念，因此定义项必须使用清楚确切的语言。如果使用了含混的言词，则它本身就是不明确的，因而不可能据此达到揭示被定义项内涵的目的。如杜林曾经给"生命"下了这样一个定义，他说："通过塑造出来的模式化而进行的新陈代谢，总是真正生命过程独具的特性。"该比喻虽然富于形象性和启发性，却并没有揭示事物的本质属性，因而也不能用作定义。例如："儿童是祖国的花朵。""建筑是凝固的音乐。"

4. 语词定义

语词定义是用来规定或说明语词意义的一种类似定义。语词定义的对象是语词而非概念，因而并非真正的定义。与语词定义相比，前面所讲的定义叫做实质定义。

在语词定义中，用来规定语词意义的叫做规定的语词定义。例如："五讲四美，就是指讲道理、讲文明、讲礼貌、讲秩序、讲卫生；做到心灵美、语言美、行为美、环境美。"用来说明语词意义的叫做说明的语词定义，语言词典上的定义大多属于此种类型。

例如："羝，就是公羊。""耄耋之年，是指八九十岁的年纪。"

三、划分

1. 什么是划分

划分是揭示概念外延的逻辑方法。如"工业分为轻工业、重工业"就是一个划分。

划分有三个要素，即：母项、子项和划分标准。其中：母项是指被划分的那个概念。子项是指划分所得到的概念。划分标准是指对母项进行划分的根据。上例中，"工业"是母项，"轻工业"、"重工业"是子项，划分标准是生产的产品是否为重型机械。

同一个母项，根据不同的划分标准，可以得到不同的子项。例如："法律"根据其表现形式不同，可分为"成文法"和"不成文法"；根据其规定的内容不同，可分为"实体法"和"程序法"；根据其适用范围的不同，可分为"国际法"和"国内法"。

划分与分解不同。划分是把大类分为小类，由属概念得到种概念，用以明确属概念的外延。划分后的子项仍然具有母项的属性。如"人"可分为"中国人"和"外国人"，无论说"中国人是人"还是说"外国人是人"都很自然。而分解则是把整体分为部分，用以明确整体的构成。分解后的部分通常不具有整体的属性。如"树"可分解为"树根"、"树干"、"树枝"、"树叶"等部分，说"树枝是树"或"树叶是树"显然不合适。

2. 划分的种类

(1)一次划分和连续划分

一次划分，即一次可以完成的划分。一次划分的结果只有母项和子项两个层次。如把"概念"分为"正概念"和"负概念"。

连续划分，即需要不止一次划分才能完成的划分。例如："实数可分为有理数和无理数，有理数又可分为整数和分数，整数又可分为正整数、负整数和零。"

(2)二项划分和多项划分

二项划分，也叫二分法，即将母项分为两个子项的划分。例如："人民法院可分为最高人民法院和地方人民法院。"狭义的"二分法"仅指根据对象是否具有某种属性，而将一个属概念分为一个正概念和一个负概念。例如："人的行为可分为合法行为和非法行为。"

多项划分，也叫多分法，即将母项分为三个或三个以上子项的划分。例如："文学作品可分为小说、诗歌、散文和戏剧四种。"

(3)科学划分和一般划分

科学划分，即根据对象的本质属性进行的划分。科学划分又叫分类，往往具有长期的稳定性。例如化学中关于化学元素的分类。

一般划分，即根据对象的非本质属性而进行的划分。一般划分通常是临时性划分，往往具有较大的随意性。例如乘车前把行李分为贵重行李和一般行李。

3. 划分的规则

为了达到明确概念的目的，划分必须遵守以下规则：

(1)诸子项外延之和必须等于母项

违反这条规则，如果划分后子项外延之和小于母项，就叫做“遗漏子项”或“划分不全”。如：“文学作品可分为小说、诗歌和散文。”这里就漏掉了“戏剧”这个子项。

如果划分后子项外延之和大于母项，就叫做“多出子项”。如：“化学元素分为金属元素、非金属元素和塑料。”这里就多出了“塑料”这个子项。

(2)一次划分只能有一个划分标准

违反这条规则，就会犯“标准不同一”的逻辑错误。例如，“电视机可分为彩色的、进口的、国产的。”

在连续划分中，不同层次的划分标准可以是不相同的，但每一次划分必须依据同一标准进行。

(3)子项的外延必须互相排斥

违反这条规则，就会犯“子项相容”的逻辑错误。例如：“干部分为汉族干部、少数民族干部、地方干部和中央干部。”显然，子项相容是由标准不同一造成的。

(4)科学划分必须分层次逐级进行

违反这条规则，就会犯“越级划分”的逻辑错误。例如：“实数可分为整数、分数和无理数。”显然，越级划分也是由标准不同一造成的。

第二节 探求因果联系的逻辑方法

因果联系是客观世界普遍联系和相互制约的表现形式之一。无论什么现象，总是由某一种或某一些现象所引起的，并且又总会引起另一种或另一些现象。如果某个现象的存在必然引起另一个现象发生，那么这两个现象之间就具有因果联系。其中，引起某一现象产生的现象，称为原因；而被引起的现象，则称为结果。显然，原因和结果是相对的。例如，对液体加热，就会加快液体的蒸发。于是对液体加热就是原因，而蒸发加快就是结果。

原因和结果在时间上总是先后相继的，前因后果是因果联系的基本特征。因此，为了探索某一现象的原因，必须在该事物现象的先行现象中去找寻。但是，如果仅仅根据两个现象在时间上前后相继，就断定它们之间具有因果联系，就会犯“以先后为因果”的逻辑错误。

探求现象间的因果联系，是一个复杂的认识过程。既包括通过观察、实验和调查以搜集事实材料，又包括对事实材料进行比较和分析，运用推理作出结论，最后还要经过实践的检验。在不同的科学研究领域中，探求因果联系的具体方法往往各有千秋。下面介绍的是传统归纳逻辑中探求因果联系的所谓“穆勒五法”，因为由英国人穆勒在总结前人成果的基础上提出而得名，主要针对一因一果的情况，是一些比较简单的又具有一般意义的方法。因其总是在逐步排除不相关情况的基础上探求因果联系，因此也被统称为“排除归纳法”。

一、求同法

求同法，也叫契合法，它是这样来探求因果联系的：如果在被研究现象出现的若干场合中，只有一个情况是共同的，那么这个唯一的共同情况就是被研究现象的原因(或结果)。

例如：人们发现用不同物质材料做的不同形状的钟摆，在摆动时具有同一摆动周期。要搞清具有共同周期这一现象的原因，就必须找出该现象出现的各个不同场合所共有的条件。研究结果表明，在具有共同摆动周期的所有钟摆中，尽管物质材料不同，形状不同，但有一个共同的条件，就是摆长相同。由此可以断定，摆长相同是钟摆的摆动周期相同的原因。

求同法可用图式表示如下：

场合	先行(或后行)情况	被研究现象
(1)	A、B、C	α
(2)	A、D、E	α
(3)	A、F、G	α
⋮	⋮	⋮

所以，A是α的原因(或结果)。

求同法的特点是异中求同，即通过排除现象间不同的因素，找出其共同点，来确定被研究现象的原因(或结果)。使用求同法要注意以下两点：

第一，各个场合中只能有一个共同的情况。因为如果还有另一个隐藏着的共同情况，那么被研究现象的真正原因就有可能恰恰是它。例如，人们刚开始寻找疟疾病的原因时发现，住在低洼潮湿地带的人容易患这种病，于是推测低洼潮湿的环境是引起疟疾病的原因。经过长期的探索，后来人们才弄清楚，疟原虫才是引起疟疾病的真正原因。但疟原虫主要是通过蚊子传播给人，而蚊子则很容易滋生在低洼潮湿的环境。

第二，进行比较的场合要尽可能多。比较的场合越多，表面上相同的情况就越容易被“过滤”掉，结论就越可靠。例如，旧时迷信的说法，认为日食、月食、彗星的出现会引起人间的动乱和灾祸。这就是把少数场合中偶然出现的相同情况当做动乱和灾祸发生的原因，可以说是滥用求同法的结果。

二、求异法

求异法，也叫差异法，它是这样来探求因果联系的：如果在被研究现象出现和不出现的两个场合中，只有一个情况不同，其他情况完全相同，并且这个唯一不同的情况在被研究现象出现的场合中出现，在被研究现象不出现的场合中也不出现，那么这个唯一不同的情况就是被研究现象的原因(或结果)。

例如，有人为了检验音乐是否对庄稼有促进生长的作用做了以下的实验：把大豆种子撒在两块土壤、面积都相同的田地上，在一块田地旁边的电线柱上装上播送音乐用的扩音器，这块田地称为“音乐区”；另一块田地则无音乐播送，称为“静寂区”。试验结果：收获的结果是“音乐区”每亩比“静寂区”多收获20多斤。由此可见，音乐对庄稼具有促进其生长的作用。

求异法可用图式表示如下：

场合	先行(或后行)情况	被研究对象
(1)	A、B、C	α
(2)	–、B、C	–

所以，A是α的原因(或结果)。

求异法的特点是同中求异，即通过排除两个场合的许多现象之中的相同情况，找出相异之处，来寻找被研究现象的原因(或结果)。使用差异法应该注意以下两点：

第一，两个场合中只能有一个差异情况。如果还有另一个差异情况B，那么被研究现象的真正原因就有可能恰恰是这个B。例如，一学生每到上课就头痛，不上课就不头痛，他以为头痛的原因是上课听讲。后经医生检查，发现引起他头痛的真正原因在于，他在上课时才戴的那副近视眼镜不合适。

第二，通过求异法得到的原因，有可能只是被研究现象的部分原因。如果被研究现象的原因是复合的，而且各部分原因的单独作用是不同的，那么，当总原因的一部分情况消失时，被研究现象也就不出现。例如，植物光合作用的过程，其原因是复合的。植物吸收太阳光的能、空气中的二氧化碳和水分制作碳水化合物，如果没有阳光的辐射供给能量，植物的光合作用过程就会中断。但是，阳光的辐射供给能量仅仅是引起光合作用的部分原因，并不是总原因。在这种情况下，只有继续探求被研究现象的总原因，才能把握这种因果联系的整体。

三、求同求异并用法

求同求异并用法，也叫契合差异并用法，它是这样来探求因果联系的：如果在被研究现象α出现的若干场合(正事例组)中只有一个共同的情况A，而且这个唯一共同的情况A在被研究现象α不出现的若干场合(负事例组)中都不存在，那么这个唯一共同的情况A就是现象α的原因(或结果)。

例如，人们很早就观察到，在种过豆类植物如豌豆、黄豆、蚕豆等的土壤里不仅不需要施氮肥，而且豆类植物还可以使土壤增加氮；而种植其他植物如小麦、油菜、高粱则没有这种现象。经过研究，人们发现所有豆类植物的根部都长有根瘤。于是由此得出结论：豆类植物的根瘤是土壤中含氮量增加的原因。

契合差异并用法可用图式表示如下：

<table>
<tr><th></th><th>场合</th><th>先行(后行)情况</th><th>被研究现象</th></tr>
<tr><td rowspan="3">正事例组</td><td>(1)</td><td>A、B、C</td><td>α</td></tr>
<tr><td>(2)</td><td>A、D、E</td><td>α</td></tr>
<tr><td>(3)</td><td>A、F、G</td><td>α</td></tr>
<tr><td rowspan="3">负事例组</td><td>(1)</td><td>–、B、C</td><td>–</td></tr>
<tr><td>(2)</td><td>–、D、E</td><td>–</td></tr>
<tr><td>(3)</td><td>–、F、G</td><td>–</td></tr>
<tr><td colspan="4">--
所以，A 是 α 的原因(或结果)。</td></tr>
</table>

求同求异并用法的特点是两次求同，一次求异。即：第一步，先把被研究现象 α 出现的场合(正事例组)按求同法进行比较，得出结论：A 出现是 α 出现的原因(或结果)；第二步，再把被研究现象 α 不出现的场合(负事例组)按求同法进行比较，得出结论：A 不出现是 α 不出现的原因(或结果)；第三步，再把前两步所得的结果再按求异法进行比较，根据 A 出现 α 就出现，A 不出现 α 就不出现，得 A 是 α 的原因(或结果)。即此可见，求同求异并用法是不同于求同法和求异法相继运用的一种独立的方法。

应用求同求异并用法要注意以下两点：第一，正、负事例组的场合要尽可能多。因为考察的场合越多，就越能排除偶然或不相干的因素，从而找到真正的原因。第二，负事例组场合的情况要尽可能近似于正事例组场合的情况。因为负事例组的场合事实上有无穷多，它们对于问题的研究并不都是有意义的。

四、共变法

共变法是这样来探求因果联系的：在被研究现象发生变化的各个场合中，如果其他情况完全相同并且不发生变化，只有一个情况发生变化，那么这个唯一发生变化的情况就是被研究现象的原因(或结果)。

例如，在伦敦举行过一次学术讨论会，内容是讨论因船舶遇难而落水的人在水中最多能坚持多长时间的问题。据有关事实，人在水中坚持的时间与水温有关，当水温在 0℃时，人可以在水中坚持 15 分钟；而水温在 2. 5℃时，人可以坚持 30 分钟；当水温在 5℃时，人可以坚持 1 小时；当水温为 10℃时，人在水中可以坚持 3 小时；而当水温为 25℃时，人可以在水中活一昼夜以上。由此可以得出结论：水温是人在水中耐受时间长短的原因。

共变法可用下列图式表示：

场合	先行(或后行)情况	被研究现象
(1)	A_1、B、C	α_1
(2)	A_2、B、C	α_2
(3)	A_3、B、C	α_3
⋮	⋮	⋮

所以，A是α的原因(或结果)。

共变法是以因果联系的量的确定性作为客观根据的。应用共变法要注意以下两点：第一，只能有一个情况变化而被研究现象随之变化，其他情况应保持不变。如果其他情况也变化，那就难以确定引起被研究现象发生变化的原因，甚至得出错误结论。第二，现象间的共变关系可能会有一定的限度。超过一定的限度，共变关系就可能消失。

原因和结果的共变可能有几种情况，有的是同向共变，如“火上加油”，油加得越多，火焰越大。有的是异向共变，如“火上加水”，水加得越多，火焰越小。有的是既有同向又有异向的共变，即先是同向变化，超过一定的限度，就转化为异向变化。例如，施肥能使农作物增产。在合适的限度内，多施肥，农作物增产也较多；但是超过合适的限度，多施肥，反会使农作物减产。

共变法和求异法关系密切，共变法可说是一种数量上的求异法。在其变化中如把两个具有共变关系的现象，改变到极限，就出现质的差异，而得到差异法所要求的条件。例如，在盛有空气的容器中摇铃，随着空气多少的变化，就能引起铃声大小的变化。这是共变法的运用。如果把容器中的空气全部抽掉，摇动铃子的声音就听不到了，那就是差异法的应用。

五、剩余法

剩余法是这样来探求因果联系的：如果已知一复合现象与另一复合现象有因果关系，且其对应的一部分之间也有因果关系，则其剩余的对应部分之间也有因果关系。

例如，科学家曾经做过一个实验：将苜蓿切细，埋在秧苗两边，结果这些秧苗长出的果实比其他秧苗的果实又多又好。科学家知道苜蓿中含有氮、磷、钾等成分，但是仅靠这些是不可能产生如此明显效果的。于是推测苜蓿里还有未知的营养元素。后来果然从苜蓿中分离出三十烷醇。

剩余法可用图式表示如下：

被研究现象f(a、b、c、d)的复合原因是F(A，B，C，D)，
B是b的原因，
C是c的原因，
D是d的原因，

所以，A是a的原因。

应用剩余法要注意以下两点：

第一，必须确定复合现象 F 的剩余部分 A 不是 b、c、d 的原因，而 b、c、d 的原因 B、C、D 也不可能是复合现象 f 的剩余部分 a 的原因。否则就无法得出 A 是 a 的原因这个结论。第二，复合现象 f 的剩余部分 a 的原因有可能不是一个单一情况，而是一个复杂情况。

以上介绍的是探求因果联系的五种逻辑方法，有时还可以相互结合，并联系不同的推理方法加以运用，以获得更加可靠的结论。由于这些推测方法的前提直接依赖于使用者的已备知识，而其结论又不是必然由前提得出来的，因此这些方法都不是可以充分置信的推理。尽管如此，求因果的逻辑方法也同其他归纳法一样，仍然是人类在探索未知世界、认识真理的过程中不可缺少的工具。历史上也不乏这样的幸运者，他们自觉或不自觉地用这些逻辑方法获得了重大的新发现。如物理学中镭的发现、天文学中海王星的发现，都应用了剩余法。

第三节　假说演绎法

假说演绎法，又称为假说演绎推理，是指在观察和分析的基础上，通过推理和想象提出假说，然后根据假说演绎出关于已知事实的解释和关于未知事物的预测，进而通过实践检验这些演绎结论，以确定假说的科学性、合理性的思维方法。这是现代科学研究中常用的一种方法，在科学发现以及科学理论的创立和发展方面都有重要作用。

一、假说

假说，是依据已有的事实材料和科学原理，对未知事物、规律性或因果关系所作的猜测性、假定性解释。简言之，假说是指科学的猜测或设想。一个已形成的假说应包括两个部分：一是假说的核心部分，另一个是假说的推论部分。其基本特征是：

第一，科学性。假说不是随意的幻想和毫无根据的空想，而是根据已有的科学知识或经验知识，在一定事实材料的基础上，通过一定的逻辑方法提出来的。

第二，推测性。假说是在不完全或不充分的经验事实基础上推导出来的，是还未经过实践检验、尚存在疑问的思想形态。因此，假说总是带有一定成分的想象与推测。

第三，预见性。它是对事物的本质、内在联系、规律性的猜测和推断，已具有一定的预见性。当然，这种预见性不一定准确。

第四，可验证性。假说应具有可验证性，无法验证的，不能称其为假说。

第五，多样性。在科学研究中，对同一现象及其规律可以作出多种不同的假说，以供比较研究。

假说是对观察到的现象做出的初步解释。作为科学假说，这样的解释必须有能够被验证的预测。如果预测结果不符，原有假说就必须抛弃或修正。如果一系列验证结果都跟预测相符，假说就成了已被证实的科学理论。如果一个科学理论的核心部分经过了无数检验，都只有支持的结果，而没有任何抵触之处，不抱偏见的人都会接受它，研究者也不觉得有必要特地再去寻找证据，那么，这个理论核心，就成了一个科学事实。比如，哥白尼当初提出“地球绕太阳转动”时，只是一个科学假说。以后一系列的观察支持这个假说，它就成了科学理论。最终，只有愚昧的人才会不承认“地球绕太阳转动”这个科学事实。

二、溯因推理

溯因推理是根据一般规律性的知识，推测事件发生原因的逻辑方法。如产品滞销，推测可能是广告没有做好，因为根据一般规律性知识，如果广告没做好，那么产品就会滞销。

溯因推理可用公式表示如下：

E，

如果H，那么E，

所以，H可能真。

其中，“E”表示已发生的事件或观察到的现象，“如果H，那么E”表示一般规律性知识，“H”表示根据前二者推测出来的事件原因。整个推理的结构是充分条件假推理的肯定后件式，逻辑上是无效的，因此结论只具有推测的性质，其正确性尚有待于检验。如看到室内电灯忽然灭了，推测可能是保险丝断了。但究竟是否这个原因，要经过检验才能确定。

为了提高溯因推理结论的可靠程度，必须尽可能地推测事件发生的各种原因（H_1，H_2，…，H_n），然后逐个检验、试错，逐步逼近，最后才可能找到事件发生的真正原因。如看到马路上是湿的，推测可能是天刚下过雨，也可能是洒水车刚经过，还有可能是刚才有人泼过水。然后进行验证，如果前两种可能性都被否定了，那么第三种就比较有可能是真的。但也不一定，因为还可能是别处的水流到了马路上。

三、假说演绎法

溯因推理可以说是假说演绎法的雏形。当溯因推理中的事件比较复杂，需要从理论上进行推测性解释时，溯因推理的结论便会成为科学假说。这时，人们不但要通过假说解释已经观察到的现象（已发生的事件），还要对未知事物做出预测，进而在探索未知事物的同时，检验假说的科学性、合理性。这便是假说演绎法的由来。因此，假说演绎推理是在溯因推理的基础上进行的。如果说溯因推理是一种发现（假说）的方法，那么假说演绎推理就主要是一种验证（假说）的方法。

假说演绎推理也可用公式表示为：

如果H，那么E，

E，

所以，H可能真。

其中，H表示所提出的假说，E表示对未知事物的预测；“如果H，那么E”表示从假说演绎出对已知事物的解释或未知事物的预测。

和溯因推理一样，假说演绎推理前提和结论之间的联系是或然的，前提并不蕴涵结论。前提真，结论未必真。无论是某一个事实E与实验的结果相符合，还是一系列的事实(E_1，E_2，…，E_N)与观察实验的结果相符合，逻辑上都不能必然地断定结论(假说)H是真实的。如医生给病人诊断后提出假说：该病人患有肺炎。在此基础上，医生进一步演绎出病人有发烧、咳嗽、呼吸困难等现象，尽管这些现象可能都是事实，但并不能必然地得出病人患有肺炎的结论，因为存在这些现象的病人也可能患有别的疾病。因此，假说演绎推理结论(假说)只能是某种程度的确证。

使用假说演绎法，必须注意以下几点：

第一，前提中从假说能够演绎地解释的已知事实越多，结论(假说)就越可靠。就上例来说，如果病人除了有发烧、咳嗽、呼吸困难等现象外，还存在胸痛、吐铁锈色的痰等现象，那么患者得了肺炎的假说(结论)就获得了更有力的证据支持，也就更为可靠。

第二，前提中从假说能够演绎出关于未知事实的预测越多，并且后来都被证实，则结论(假说)的可靠性就越大，其概率就越高。如“大陆漂移”假说能够进一步预言大西洋两岸的距离正在逐渐增大，格陵兰岛由于连续向西移动，它与格林威治之间的距离正在增大等，后来这些预言的被证实都在不同程度上提高了“大陆漂移”假说的可靠性程度。

第三，前提中用来确证假说的经验事实越具有严格性和严峻性，结论(假说)就越具可靠性。

第四，前提中演绎出来的对现有事实的解释或对未知事实的预测，如果与观察实验的结果不相符合或相违背，则结论(假说)的可靠性程度就会降低，甚至有可能被推翻。

假说演绎法在科学认识中具有重要作用。在历史上，哥白尼的日心说、牛顿的力学理论、达尔文的进化论、门捷列夫的化学元素周期表、爱因斯坦的相对论等，起初都是以假说演绎推理的形式创立的。

第四节　形式化方法

一、什么是形式化

1. 形式化的前身——公理化

公理化方法是一种构造演绎理论体系的方法，这种方法包括两个要点：①区分初始概念和被定义概念，并明确规定从前者到后者的定义规则，从而得到一个理论的严格定义了的概念体系；②区分出发命题(即公理)和被证命题(即定理)，并明确规定从前者到后者的演绎规则(推演规则)，从而不断地证明新的定理，构成整个理论系统。通过公理化方法构造的系统称为公理系统，如欧氏几何。

在古典的公理系统中，初始概念不加定义，出发命题(公理)也不予证明，即被默认是不证自明的。其所诉诸的是人们的经验和直觉。

在现代的公理系统中，公理不再具有不证自明的性质。人们关心的仅仅是公理的集合是否满足某些特定的性质，主要包括：①一致性，即保证不会从中推出矛盾。这关系到整个公理系统的合法性，是最基本的。②独立性，即公理之间不存在推导关系。这意味着公理的采用是最经济的。③完全性，即可以推出该理论中的一切真命题。这意味着系统的推演能力足够强。一个演绎系统的公理集至少要具有一致性，但最好同时具有独立性和完全性。

古典的公理系统是非形式化的，因此也称实质公理系统。现代的公理系统是形式化的，因此也叫形式公理系统，简称形式系统。公理系统的这种演变，正是公理化方法向形式化方法发展的结果。

2. 形式化的概念

所谓形式化(方法)，是指将特制的人工符号(形式语言)应用于演绎体系以使其严格化、精确化的程序和方法。

通过形式化，一个理论中的概念就转换成了形式语言中的抽象符号，命题(判断)就转换成了符号公式，推理和论证就转换成了符号公式的有穷序列。这样，对原理论中具体概念、命题(判断)、推理、论证的研究，就转化成了对抽象的符号系统的研究。通过形式化方法构造的系统就是形式系统，如现代逻辑中的命题演算系统、谓词演算系统。

3. 形式化的特点

(1)抽象性

形式系统仅仅是一个抽象的符号系统。其中的符号本身没有任何意义，而整个系统除了表示符号之间的关系外，也不表达任何别的意义。这种抽象的符号系统，是逻辑学对思维形式研究的极致，其所追求的乃是客观世界中更为深刻的普遍性。

事实上，通过对形式系统中的符号赋予意义，也就是进行语义解释，建立模型，它便可以刻画具体的对象世界。但是对同一个形式系统，往往可以进行不同的解释，建立不同的模型，从而刻画表面上迥然不同的对象世界。例如抽象布尔代数，经过不同的解释，就可以分别得到命题演算系统、类演算系统、开关电路系统等。

(2)严格性

在一个形式系统中，一个符号是否有意义，一个公式(符号序列)是不是公理或定理，一个有穷的公式序列是不是一个正确的推演过程，都是可以在有穷步骤内精确判定的。而一个形式系统除了这些，便不再接纳任何别的东西，无论其存在的合理性与真实性在人们的经验和直觉中多么天经地义。这就排除了可能来自语境、语义和经验、直觉等的一切干扰，使得形式推演的每一个环节都极为清晰、严格、精确，使形式推演成为一种纯形式的机械方法，比一般的数学推导还要严格。

二、形式化的基本概念

1. 形式语言和形式系统

形式系统包括四个部分，即：

①初始符号。除此之外，系统不允许出现任何别的符号。

②形成规则。即规定什么样的符号序列才有意义，才是系统认可的公式。

③公理。即系统默认的不加推导即予以断定的公式。

④推演规则。即规定从已经断定的公式(公理或已证定理)，如何合法地推出新的被断定公式(定理)。

其中，初始符号和形成规则的作用分别类似于字母表和语法规则的作用，因而实际上定义了一种符号语言，即形式语言。而公理和推演规则的作用则相当于在该形式语言上定义了一个演绎装置。整个形式系统就是由一个形式语言和定义其上的一个演绎装置构成的。

形式系统随其形式语言和演绎装置的具体构成不成而不同。如有的公理系统中初始符号、公理多一些，而有的系统则少一些。

需要指出的是，公理集为空(即没有公理)的形式系统又叫自然推理系统。如命题演算和谓词演算系统都有不同的自然推理系统。

2. 对象语言和元语言

一个形式系统的形式语言，就是其对象语言。这意味着，该形式系统只“认识”且只能处理其形式语言。除此之外，什么也没有，什么也不能做。

但是，仅有对象语言是不够的。因为像“初始符号”、“形成规则”、“公理”、“定理”、“推演规则”、“证明”这些语词或语句，还有另外一些特别选用的符号，它们并不属于对象语言，但对构造形式系统，甚至定义对象语言本身来说，又都是必不可少的。这便是系统的元语言。

3. 逻辑语法和逻辑语义

逻辑语法，即形式系统的语法学，是处理和研究形式系统内部符号与符号之间关系的理论。形式系统是一个抽象的符号系统，其本身只具有语法的意义，包括两个方面：一是用于系统构成的基本语法，如形成规则和推演规则；二是用于系统评价的理论语法，如一致性研究、完全性研究。

逻辑语义，即形式系统的语义学，是处理和研究形式系统中的符号与其所刻画的对象之间关系的理论。语义学解决形式系统的解释、应用问题。

4. 内定理和外定理

内定理是指形式系统内部，由对象语言表达、可在系统内得到证明的定理。

元定理则是指形式系统以外，由元语言表达、用来刻画系统性质的定理，如一致性定理、完全性定理。

5. 对象理论和元理论

形式系统本身是用形式语言（对象语言）表达的，可称为对象理论。而由元语言表达的、以形式系统为对象的理论，则称为该系统的元理论。元理论从语法、语义两个角度研究整个系统的性质，主要包括一致性、独立性、完全性、可靠性、可判定性等。

三、形式系统的实例：命题演算 P^N

1. 初始符号

（1）命题变项：p、q、r、s、t、……

（2）真值联结词：¬、→、ə。

（3）技术符号：(、)。

2. 形成规则

（1）任一命题变项（p、q、r、s、t、……）是命题公式（原子命题）。

（2）如果 A 是公式，则¬A 是公式。

（3）如果 A、B 是公式，则 A→B 是公式。

（4）只有按以上方式形成的符号串才是公式。

3. 公理

（1）A→（B→A）。

（2）（¬A→¬B）→（（¬A→B）→A）。

（3）（A→（B→C））→（（A→B）→（A→C））。

4. 推演规则

⊢A，⊢A→B，则⊢B。

5. 形式推演

包括无前提推演（即定理的证明）和有前提推演（即推理形式的证明）。（详略）

练　习　题

1. 下列概念的概括和限制是否正确？为什么？

(1)学生	概括：知识分子。	限制：中学生。
(2)北京大学	概括：高等院校。	限制：北京大学哲学系。
(3)金属元素	概括：元素。	限制：塑料。
(4)勇敢	概括：勇敢的行为。	限制：勇敢的战士。
(5)松树	概括：松树林。	限制：松树枝。
(6)喜马拉雅山	概括：山。	限制：珠穆朗玛峰。

2. 下列语句作为定义是否正确？为什么？

(1)建筑是凝固的音乐。

(2)所谓心理学就是关于人的心理活动的科学。

(3)期刊就是每周或每月定期出版的出版物。

(4)商品不是生产者用来自己消费的产品。

(5)宗教信仰自由就是信仰某种宗教的自由。

(6)所谓"理性"，就是人区别于动物的高级神经活动；而所谓"高级神经活动"，就是人的理性活动。

3. 下列语句作为划分是否正确？为什么？

(1)一年可分为春、夏、秋、冬四季。

(2)交通工具可分为空中的、陆上的、水中的。

(3)句子可分为陈述句、疑问句、感叹句和祈使句。

(4)树可分为树根、树干、树枝、树叶。

(5)生物可分为动物和植物。

(6)警察可分为户籍警、交通警、民警、特警。

4. 分析探求因果联系的逻辑方法在下列研究活动中的应用。

(1)20世纪初，科学家为了了解甲状腺肿大的原因，对这种疾病流行的地区进行了调查研究、分析、比较，结果发现这些地区的人口、气候、地理位置等各不相同，但有一个共同的情况，就是这些地区的饮水中缺碘，土壤水流中都缺碘。

(2)腐烂的肉会突然长出蛆来，于是人们很自然地认为蛆是肉变成的。1668年，意大利医生雷地试图通过实验来验证这个观点。他把一块块肉放在一个个容器里，有些容器盖上细布，有的不盖，苍蝇能自由进到那些不盖细布的容器里。结果表明，只有这些不盖细布的容器里的肉才生蛆。

(3)美国在25个州统计了其他情况大致相同的100万人，每天吸烟1—9支的，平均减寿4.6岁；每天吸烟10—19支的，平均减寿5.5岁；每天吸烟20—29支的，平均减寿6.2岁；每天吸烟40支以上的，平均减寿8.3岁。

(4)我国古代著名的医学家孙思邈注意到，得脚气病的往往是富人，穷人患此病的很少。他通过进一步的观察、比较后发现，穷人的劳作、生活等情况各有差别，但穷人的食物中多米糠、麸皮；富人的生活情况各有差别，但富人吃的精面、白面都是把米糠、麸皮去得一干二净的。

(5)我国科学家发现：当太阳上的黑子大量出现时，长江流域的雨量就大，当太阳上的黑子出现得不那么多时，长江流域的雨量就不那么多，当太阳上的黑子很少出现时，长江流域的雨量也就少。

5. 分析溯因推理和假说演绎法在下列研究活动中的应用。

(1)1986年7月31日，S市发生了一起中华人民共和国成立后罕见的特大盗窃黄金首饰案，价值24万元的黄金首饰被人盗走。公安人员迅即展开调查，根据现场留下的痕迹不多(如没有发现指纹)，罪犯作案目标不明确(曾翻弄现场专放洗涮用具和换洗衣服的牛津包)，初步推测：罪犯是一个盗窃老手，此案是一个外盗案件。由此缩小了侦察范围，结果不到三天便侦破了此案。

(2)人们早就发现，蝙蝠能在黑夜快速飞行，而不会撞到障碍物。这个现象如何解释呢？眼睛是视觉器官。根据这个认识，生物学家曾提出一个假说，蝙蝠能在黑夜避开障碍物是由于它有特别强的视力。这个假说对不对？如果是对的，那么，要是把蝙蝠的眼睛蒙上，照理它就会撞到障碍物。为了验证这个推论，有个科学家设计了一个实验：在一个暗室中系上许多条纵横交错的钢丝，并在每条钢丝上系上一个铃。将一些蝙蝠蒙上眼睛，放在这个暗室中飞行。实验结果，蝙蝠仍然能作快速飞行而没有撞在钢丝上。这个事实推翻了以上假说。

(3)法国博物学家拉马克在人们还无法解释生物进化的原因时，曾经提出环境使有机体产生变异，而变异又遗传给它们的后代的观点。他认为，有一种羚羊经常靠吃高处的树叶而使颈部变长，此特征代代相传，羚羊就变成了长颈鹿。拉马克的这一设想遇到了一个难题，就是长颈鹿身上的斑皮无法解释。这个问题，曾经促使德国生物学家魏斯曼进行认真思考，他怀疑拉马克的这种解释，提出“种质连续性”即细胞原生质遗传的假设。此外，达尔文提出了“自然选择”理论，认为长颈鹿并非伸长脖子的结果，而是因为某些长颈鹿生来脖子就比其同伴长些，而脖子长些的个体，获得食物的机会也多些，通过“自然选择”，长颈的种胜利了。达尔文的观点同样能够解释长颈鹿身上的斑皮，斑马的毛皮同阳光照耀下的草木相混，因而有更多机会逃脱强敌的袭击。

第五章　逻辑谬误

第一节　逻辑谬误概述

一、什么是谬误

广义的谬误，指不符合客观实际的认识，与真理相对。狭义的谬误，指违反逻辑规律或规则而发生的逻辑错误，亦即本章所要讨论的逻辑谬误，简称谬误。

谬误是人类思维与生俱来的、始终挥之不去的附属品。它妨碍人们正确地认识客观世界，有效地进行相互交流，因此一开始就是人类思维力图避免和克服的对象。正是为了适应与谬误做斗争的需要，才诞生了旨在规范人类思维的科学——逻辑学。在中国古代的名辩之学中，谬误被称为“悖”(悖谬)、“惑”(迷惑)等；在古印度的因明中，谬误被称为“妄”(虚妄)、“过”(过失、过错)等。古希腊的亚里士多德在其《辩谬篇》中，将谬误分为依赖语言的和不依赖语言的两大类，集中进行了剖析。

与谬误密切相关的，是所谓诡辩，即有意识地违反逻辑规律或规则，为某个错误观点而进行的似是而非的论证。这里的“诡”有诡诈、怪异、虚妄之意。诡辩者为售其奸，往往采用新奇、怪异的形式，利用理智或语言方面的技巧刻意伪装、打扮自己，因而具有一定的欺骗性。黑格尔指出：“诡辩这个词通常意味着以任意的方式，凭借虚假的根据，或者将一个真的道理否定了，弄得动摇了，或者将一个虚假的道理弄得非常动听，好像真的一样。”①

此外，还有狡辩、巧辩、强辩之说。狡辩与诡辩相近，指狡黠、诡诈的论证。巧辩有一定的褒义，指巧妙的论证。而强辩则指强词夺理、胡搅蛮缠的论证。

具体的谬误形式花样繁多，有人曾概括出一百多种。如此众多的谬误形式可以从不同角度，分为不同的类型。下面是两种典型的分类方法：

1. 语形、语义、语用谬误

这是从符号学角度，对谬误进行的分类。

①语形谬误，指违反演绎推理规则的谬误。如：“那个人讲日本话，一定是个日本人。”加上省略的前提“日本人讲日本话”，这个推理使用的是三段论第二格的 AAA 式，因违反三段论一般规则的第二条，犯了“中项两次不周延”的逻辑错误。

---

①　[德]黑格尔：《哲学史讲演录》第 2 卷，生活・读书・新知三联书店 1957 年版，第 7 页。

②语义谬误，指与语言形式的意义有关的谬误。如："运动是能增强人们体质的，学习雷锋运动是一种运动，所以，学习雷锋运动是能增强人们体质的。"这里，前一个"运动"指的是体育运动，而后一个则指的是社会活动，两者的意义完全不同。

③语用谬误，指与语言的使用者和语境有关的谬误。古汉语中有"夔一足"的说法。本来的意思是，舜的大臣重黎再次向他推荐整理音乐的人，因为之前推荐的一个名叫"夔"的人已经很得力，舜便对他说"有夔一个人就够了"。可是后来时间一长，有的人却将其误解成了"夔是只长着一只脚的怪人"这样的意思。

2. 形式谬误与非形式谬误

这是一种比较通行的分类方法，后面两节就是从此开始细分的。

①形式谬误，相当于上面的语形谬误，包括各种演绎推理的无效式所包含的逻辑错误。如："感冒了就会发烧。小明在发烧，一定是感冒了。"这是充分条件假言推理的肯定后件式(无效)。

②非形式谬误，相当于上面的语义、语用谬误，统称形式谬误以外的其他谬误。如："人的血型要么是 A 型，要么是 B 型，要么是 AB 型。既然老张的血型不是 A 型，也不是 B 型，那么他的血型一定是 AB 型。"这是所谓"选言支不穷尽"的谬误，因涉及语境，故属于语用型谬误。

二、谬误的避免

怎样避免和克服逻辑谬误，以保证思维的正确性、合理性，这是逻辑学要着重解决的课题。但这个课题事实上是极其复杂的，可以说整个逻辑学产生、发展的过程，就是一个人类思维不断地同谬误作斗争的历史。虽然在不同的历史阶段，人们都取得了一定的成果，制定了越来越详细的逻辑规则以规范其思维活动，使得逻辑学在人类文明进程中发挥着越来越重要的作用，但是迄今为止，人们还没有找到可以"包治(思维)百病"的"万应灵丹"，甚至无法提供一张包罗万象的逻辑谬误一览表。因此，对逻辑谬误的研究还在不断的努力之中。

站在个体的角度，要避免逻辑谬误，在现阶段可以从两个方面着手：其一是加强逻辑知识的学习，根据逻辑的"成文法"，自觉地规避逻辑学已经明确指出的各种逻辑谬误；其二是关注谬误理论，了解谬误的分类常识及典型案例，同时尽可能地多做练习，以提高识别和避免逻辑谬误的能力。

第二节　形式谬误

根据演绎推理理论的不同，形式谬误可分类举例(各限五个)如下：

一、简单判断推理中的形式谬误

①错误的对当关系推理。如："有的人是恐怖分子，所以，并非有的人不是恐怖分子。"

②错误的判断变形推理。如："所有的白马都是马，所以，所有的马都是白马。"

③错误的三段论推理。如："鹅吃大白菜，你也吃大白菜，所以，你是鹅。"

④错误的三段论推理。如："所有的金属都导电，湿抹布不是金属，所以，湿抹布不导电。"

⑤错误的关系推理。如："王丽的母亲是王兰，王兰的母亲是王慧，所以，王丽的母亲是王慧。"

二、复合判断推理中的形式谬误

①错误的否定前件式。如："停电的话，机器就会停止运转。现在人没有停电，机器怎么会停止运转呢?"

②错误的肯定后件式。如："吃了腐败食物，就会使人感到恶心。你感到恶心，一定是吃了腐败食物。"

③错误的肯定否定式。如："鲁迅或者是文学家，或者是思想家。既然鲁迅是著名的文学家，那么他一定不是什么思想家。"

④错误的负判断等值推理。如："并非不是李白就是杜甫写的那首诗，所以，那首诗如果不是杜甫写的，就一定是李白写的。"

⑤错误的二难推理。如："如果乔某犯了抢劫罪，那么他应该受到法律的惩罚；如果乔某犯了盗窃罪，那么他也应当受到法律惩罚。现已知乔某或者没有犯抢劫罪，或者没有犯盗窃罪，因此，乔某不应当受到法律的惩罚。"

三、模态判断推理中的形式谬误

①错误的模态对当关系推理。如："李鬼不一定是小偷，所以，李鬼一定不是小偷。"

②错误的规范对当关系推理。如："欧提勒士可以不交另一半学费，所以，欧提勒士应该不交另一半学费。"

③错误的模态三段论。如："经济犯罪可能是贪污罪，魏某的罪是经济犯罪，所以，魏某的罪一定是贪污罪。"

④错误的规范三段论。如："自诉案件的被告人在诉讼过程中，可以对自诉人提起反诉。李强是这起自诉案件的被告人，所以，李强应该对自诉人提起反诉。"

⑤错误的复合模态推理。如："罪犯可能是成年人，也可能是未成年人，因此，罪犯可能既是成年人，又是未成年人。"

四、命题逻辑中的形式谬误

①$(\neg p\rightarrow\neg q)\wedge(\neg q\rightarrow r)\Rightarrow(p\rightarrow\neg r)$。如："如果不经常锻炼身体，那么身体就不会健康；如果身体不健康，那么就会影响工作；所以，如果经常锻炼身体，就不会影响工作。"

②$((p\wedge q)\rightarrow r)\wedge\neg r\Rightarrow\neg p\wedge\neg q$。如："如果同时提高工资和物价，就会发生通货膨胀。事实上没有发生通货膨胀，可见，既没有提高工资，也没有提高物价。"

③$(p\to(q\to r))\wedge\neg r\Rightarrow\neg p$。如："如果一本书写得好，那么，若我阅读了它，我就会喜欢它。我不喜欢那本书，可见它写得不好。"

④$(p\vee q)\Rightarrow(p\to\neg q)$。如："鲁迅或者是文学家，或者是思想家。所以，鲁迅是文学家，就不是思想家。"

⑤$((p\to q)\wedge(r\to s))\Rightarrow(q\vee s)\to(p\vee r)$。如："如果一个人自觉地散布谣言，那么，他就是别有用心；如果一个人不自觉地散布谣言，那么，他就是愚昧无知；所以，如果一个人别有用心，或者愚昧无知，他就会自觉或者不自觉地散布谣言。"

五、谓词逻辑中的形式谬误

①$\exists xA(x)\wedge\exists xB(x)\Rightarrow\exists x(A(x)\wedge B(x))$。如："有的自然数是偶数，有的自然数是奇数，所以，有的自然数既是偶数，又是奇数。"

②$\forall x(A(x)\vee B(x))\Rightarrow\forall xA(x)\vee\forall xB(x)$。如："袋子里所有的球或者是红色的，或者是黄色的，所以，或者袋子里所有的球都是红色的，或者或者袋子里所有的球都是黄色的。"

③$\forall x\,\exists yRyx\Rightarrow\exists y\,\forall xRyx$。如："对任一自然数 x，都存在一个自然数 y，使得 y 大于 x。所以，存在一个自然数 y，对任一自然数 x，都有 y 大于 x。"

④$\forall x(Sx\to\exists y(Py\wedge Ryx))\Rightarrow\exists x(Sx\wedge\forall y(Py\to Ryx))$。如："所有的候选人都有选举者投票，所以，所有的选举者都投了所有的候选人的票。"

⑤$(\forall xA(x)\to\forall xB(x))\Rightarrow\forall x(A(x)\to B(x))$。如："如果所有的自然数都是偶数，那么所有的自然数都是奇数。所以，对任一自然数来说，只要它是偶数，它就是奇数。"

第三节　非形式谬误

一、歧义性谬误

1. 概念混淆

概念混淆指由于自然语言的多义性和模糊性而产生的非形式谬误。如："凡故意杀人者当处死刑，刽子手故意杀人，故刽子手当处死刑。"

又如，三个秀才进京赶考，途中请一算命先生卜卦。算命先生给他们起了一卦，然后伸出一个手指头，神秘兮兮地说了个"一"，便再不出声。

又如："蚂蚁是动物，所以，大蚂蚁是大动物。"

又如：广告用语之"买一送一"。

2. 构型歧义

构型歧义指由于句子语法结构的不确定而产生的歧义性谬误。如算命先生给人算卦说："父在母先亡。"实际上可以左右逢源地进行各种不同的解释。

3. 错置重音

错置重音指由于同一个句子强调部分的不同而导致的歧义性谬误。如“我们不应背后议论我们的朋友”这句话把重读音节放在“背后”和“我们的朋友”上。

另如，有的广告上用大字体标出低价，却用小字体附加一个“起”字或各种限制条件。

4. 合举

合举指把整体中各部分的属性误推至整体。如：“这台电脑的每一个配件性能指标都很高，所以，这台电脑的性能一定很好。”

又如：“某球队的球员个个都很优秀，因此，其整体表现也一定很好。”

5. 分举

分举指把整体的属性误推至其中的某一部分。如：“鲁迅的著作不是一天能读完的，《阿Q正传》是鲁迅的著作，所以，《阿Q正传》不是一天能读完的。”

又如：“中国人口占世界人口的四分之一，我们班同学是中国人，所以，我们班同学占世界人口的四分之一。”

二、假设性谬误

所谓假设性谬误，是指由于推理或论证过程中暗含着不正确的假定、预设而导致的逻辑错误。

1. 非白即黑

非白即黑也叫“错误的两刀论法”，或“虚假的二难推理”，指在本来有更多选择的情况下，却要求人们做出非此即彼的选择。如，美国在遭到“9·11”恐怖袭击之后，对整个世界摆出了一副异常强硬的姿态：“或者跟我们站在一起反恐，那么你是我们的朋友；或者不与我们站在一起反恐，那么你就是我们的敌人。”

2. 杂问语

杂问语指问语中包含有不正确的预断，或者捆绑了其他问题，使得对问题的正面回答很容易掉入对方有意无意布下的陷阱。如：“你现在是不是还在打你老婆？”“你是否赞成对这个项目追加投资两千万元？”“你是否赞成对婚外恋者处一年以上有期徒刑？”

3. 以全概偏

以全概偏也叫“偶性错误”，指把一般情况下为真的说法当做是在所有情况下为真，也就是把有条件的真当成了无条件的真。如“人是有理性的，所以，疯子也是有理性的。”

4. 以偏概全

以偏概全也叫“特例概括”、“轻率概括”、“逆偶性错误”，指把某种或某些特殊情况当成了一般情况。如：“网络聊天除了能给无聊的男女寻找‘一夜情’提供方便，简直没有任何用途！”

5. 混淆因果

混淆因果也叫“虚假原因”、“以先后为因果”、“因果倒置”等。如：“你的老板比你拥有更多的词汇，这就是为什么他是老板、而你是雇员的原因。”又如：“在某些国家，无神论传播很广，自杀率也很高，所以，失去对上帝的信仰就是导致自杀的原因。”

6. 虚假类比

虚假类比也叫“机械类比”，指把两个或两类很不相同的事物强做类比，从而得出荒谬的结论。如：“为什么我们要因为人的行为而惩罚他们？他们所做的事情都是他们的本性的表达，他们禁不住要这样做。我们难道要对石头下落、洪水上涨感到愤怒吗？”

又如：“音乐也许是最流畅、最有感染力的艺术形式，尽管它没有述说任何故事。抽象的绘画和雕塑位于人类创造力最辉煌的作品之列，尽管它们都没有述说任何故事。所以，小说或戏剧所讲述的故事，对它们作为艺术形式是否优秀、卓越，毫无贡献可言。”

又如：“婚前性行为可以说势在必行。无论如何，在买鞋之前，你总不能不让人先试一下吧？”

又如，欧洲中世纪有神学家论证说，宇宙是由许多部分构成的一个和谐整体，正如钟表是由许多部分构成的一个和谐整体一样。而钟表有一个制造者——钟表匠，所以宇宙也有一个创造者，这就是上帝。

7. 预期理由

预期理由指论证中误用真实性尚待证明的命题充当论据。如2008年10月28日中国政法大学发生“弑师案”之后，网上热议沸腾。不少网友在案情尚未查明并公布之前，便根据网络传言，推断某教授“道德败坏”，更有人据以推断当今中国师道尊严已经不复存在。这就是典型的预期理由。

三、关联性谬误

所谓关联性谬误，是指论证中误用了语言、心理上有关而逻辑上无关的论据，也叫“不相干谬误”。

1. 诉诸人身

诉诸人身指通过对一个人的人格、品质、处境等的评价来论证其言论的对错，因人立言或因人废言。具体又有多种表现形式：

①人格人身保护。

②人格人身攻击，也叫恶意诋毁。如："你们不要相信他的话，他因乱搞男女关系受过处分。"这等于在人们要喝井水之前给井里下毒，因此也叫"给水井投毒谬误"。

又如，在集市上，一位女顾客对一位女商贩说："喂，老太婆，你卖的鸡蛋是臭的呀!"女商贩听后大发雷霆，说："什么？我的鸡蛋是臭的？你敢这样说我的蛋？我看你才臭呢！你？要是你爸爸没有在大路上给虱子吃掉，你妈妈没有跟法国人相好，你奶奶……还是补一补你袜子上的那个窟窿去吧!"

③处境人身保护。指以某人处境优越为理由，诱使他人相信自己的推断。如说某人是搞美学的，因此他的作品一定合乎美的原则；某人是搞逻辑的，因此他的话一定逻辑性很强。

④处境人身攻击。即通过某个人所处的特定位置，来推断其言论的错误。如："该银行总裁坚持认为，富人的个人所得税不应提高。对于一个有巨额收入并且贪婪地渴望获得更多的人，你还能指望他有什么别的观点呢？"

又如：甲："你该戒烟了。"乙："看谁在说话呢！你不是正在抽烟吗？"

2. 诉诸情感

诉诸情感指通过煽动众人的情绪来代替对某个论题的论证。

①诉诸公众。如："我所主张的只不过是大多数公众的观点，你反对我，就是在与公众作对。不信你问一问在场的人!"

②诉诸怜悯。如，有的犯罪嫌疑人在法庭上痛哭流涕地说："我上有年迈的失去自理能力的老母，下有一个正在上小学的孩子，如果给我判刑，将我投入监狱，他们可该怎么办呀？"

3. 诉诸权威

严格地说是"诉诸不适当的权威"。例如，在欧洲中世纪，亚里士多德及其学说享有崇高的地位。一位经院哲学家不相信人的神经在大脑里会合的结论。一位解剖学家请他去参观人体解剖，让他亲眼看到了这一事实。解剖学家问他："这回你应该相信了吧？"他却这样回答："你这样清楚明白地使我看到了这一切，假如亚里士多德的著作里说人的神经在心脏中会合的话，那我一定会承认这是真理了。"

4. 诉诸强力

诉诸强力指通过威胁、恫吓甚至使用棍棒和武力，迫使对方接受自己的观点或放弃他本人的观点。所谓"强权胜于公理"，"打棍子、扣帽子、抓辫子、装袋子"，"秀才遇见兵，有理讲不清"，以及刑讯逼供、屈打成招等，都带有诉诸强力的意思。诉诸强力实际上意味着放弃人的理性，对强势一方来说等于承认自己输了理，对弱势一方来说则意味着遭到了思想绑架，丧失了最起码的人权——言论自由。

如意大利有个法西斯哲学家曾经这样说："我们可以有很多不同的工具来彻底说服对方，讲道理是其中一种，大棒子是另外一种。一旦对方真正给说服了，用什么工具也就无所谓了。"

又如："你承认不承认偷了商场的东西？不然你今天就别想走！"

5. 诉诸无知

诉诸无知指做出某个推断的理由是别人无法证明它不正确。例如："我坚信世上有鬼，不然那些怪事怎么解释？"

又如："我相信上帝是存在的，因为没有证据表明上帝不存在。"

诉诸无知与法律上的"无罪推定"原则并不矛盾。"无罪推定"是说，只要不能有力地证明某个人有罪，那么法庭就必须按无罪处理。显然这只是一种避免伤害无辜的策略，而并不是说，因为不能有力地证明某个人有罪，就可以断定这个人一定无罪。

6. 诉诸起源

诉诸起源指通过某个理论、观点、事物的来源好或不好，来论证其对不对或好不好。如："麻将是中国文化的产物，而中国文化都有正面价值，所以我们应该推广打麻将运动。"

又如："这段话是马克思主义经典作家说的，怎么会不对呢？"

7. 不据前提的推理

不据前提的推理指罗列了一些不相干的数据、命题，作为对某个推断的论证。如："素食主义是有害健康和不卫生的实践。如果所有人都素食者，那么经济就会遭受严重的影响，许多人将失去工作。"

又如，古代有一家的祖孙三代中，爷爷经过寒窗苦读，由农民子弟考中状元，做了大官。不料他的儿子却游手好闲，一事无成，但他的孙子却考上了探花。于是爷爷就经常抱怨自己的儿子，说他们家就他一个人不争气。但他的儿子却说："你的父亲不如我的父亲，你的儿子不如我的儿子，我比你还争气呢！"

8. 窃取论题

窃取论题也叫循环论证，指间接引用论题作为论据的论证错误。如："所有基督徒都是品行端正的，因为所谓基督徒就是品行端正的人。"

又如，鲁迅在《论辩的魂灵》中，就揭露了顽固派的这种诡辩手法："你说谎，卖国贼是说谎的，所以你是卖国贼。我骂卖国贼，所以我是爱国者。爱国者的话是最有价值的，所以我的话是不错的。我的话既然不错，你就是卖国贼无疑了。"

9. 稻草人谬误

稻草人谬误指在论辩过程中，通过歪曲对方的观点来反驳对方，或者通过把某种极端荒谬的观点强加给对方来丑化对方的诡辩手法。因其类似于竖起一个稻草人，并自欺欺人地认为只要打倒了这个稻草人，也就打倒了对方而得名。“稻草人谬误”本质上是“偷换论题”，即违背同一律的表现。在某些政治运动中，“稻草人谬误”曾被运用到登峰造极的地步，其无论在逻辑上还是道德上都是令人不齿的。

《孟子·滕文公下》云：“杨氏为我，是无君也。墨氏兼爱，是无父也。无父无君，是禽兽也。”在这里，杨朱学派“为我”思想的含义本来是重视个人生命的保存，反对别人对自己的侵夺，也不侵夺别人，孟子却将其说成是“无君”(即目无君主)；墨家学派“兼爱”思想的含义本来是普遍平等地爱人，不受等级贵贱和血缘亲疏的局限，孟子却将其说成是“无父”(即目无父亲)。进而将其统统斥为“禽兽”。这就是古老而又典型的一个“稻草人谬误”。

练 习 题

1. 指出下列各段议论中的逻辑谬误，并分析其实质和种类。

(1)你拥护政府关于泰米尔人的可耻的政策吗?

(2)每一个跑的东西都有脚，河流在跑动，所以，河流有脚。

(3)人们有选择的自由，因为没有人能够证明我们没有这种自由。

(4)这部机器所有零部件都很轻。所以，这部机器组装以后一定也很轻。

(5)某人的哲学不值一信，因为他曾因接受过不正当馈赠而被免除一切官职。

(6)公共汽车耗油量大于小汽车，因为一辆公共汽车耗油量大于一辆小汽车。

(7)所有缺乏人文关怀的人都不会有美感，因为所有有美感的人都颇具人文关怀。

(8)某学生数学考试没考好，他找到老师说：“您如果让我不及格，我的奖学金就没了。”

2. 指出下列各段议论中的逻辑谬误，并分析其实质和种类。

(1)大多数交通事故发生在中速行驶中，极少数发生在高速行驶中。由此可见，高速行驶比中速行驶更安全。

(2)一个人对朋友发牢骚：“我妻子绝对不理解我，你妻子呢?”“不知道，我从未和她谈论过你。”朋友答道。

(3)人们移动火把以便照亮房子，而不是移动房子以便让火把照亮。故可得出结论：是太阳围绕地球转，而不是地球围绕太阳转。

(4)老师：“你爸爸也是教师，可是你的成绩怎么这么差?”学生：“老师，王小明的爸爸是医生，可是为什么他也会生病?”

(5)也许，对李鬼的指控没有一个得到证实。但是，凡有烟处必有火。如果李鬼是完全清白的，那么就不会有这些针对他的指控了。

(6)当你有清楚的证据表明，亚里士多德曾断言：所有元素包括空气都有重量，只是除开火以外，你还能怀疑空气有重量吗？

(7)成功男人的妻子都穿高档名牌服装。所以，一位妻子帮助她丈夫成功的最好办法就是去花大笔钱买高档名牌服装。

3. 指出下列各段议论中的逻辑谬误，并分析其实质和种类。

(1)一位青年留了长发，父亲见了说："你快去把长发剪掉，不然别进这个家门！"儿子说："那我剃光了行吗？"

(2)顾某对何某说："您的姓是荷花的荷，还是河水的河啊？"何某对顾某说："您的姓是坚固的固，还是故旧的故？"

(3)每一件发生的事情都有一个原因，因为如果某件事情的发生没有原因，那么它就是由它本身所引起的，而这是不可能的。

(4)一位游客在参观了北京大学之后，看到了大量的学院、图书馆、运动场、博物馆、各学科系所和管理办公室，却感到不解：大学到底在哪里呢？

(5)某国国会开会讨论一个提案，议员们由于不赞成提案，在一片叫骂声中全体愤然起立，主持人见状宣布说："赞成者请起立！好！因为全体赞成，所以本案通过！"

(6)《墨子》中有《明鬼》篇，意在证明鬼神是存在的。其根据是入一乡一里而问之，鬼神为众人之所同见，众人之所同闻，并且周、郑、燕、宋、齐等诸侯国的《春秋》(历史书)中都记载有活灵活现的神鬼故事。

(7)一个旅行者走进一位有钱的下野高官的书斋，看见有很多名贵的砚台，便说中国是"文雅的国度"；一个观察者到上海去了一下，在街头买到几本猥亵的书和图画，便说中国是"色情的国度"。

(8)一位父亲晚饭后到大街上散步，突然发现小儿子在抽烟，于是生气地对儿子说："好啊！你竟敢背着我抽烟？！回家再说！"儿子却对父亲说："爸！您别生气！以后抽烟我一定不背着您！"

第六章　批判性思维

第一节　什么是批判性思维

一、批判性思维的由来

批判性思维是国内、外各种能力型考试的一个最重要的关键词。能力型考试的设计是基于批判性思维的理念之上的。

批判性思维是英语中“critical thinking”一词的直译，在英语中指的是那种能抓住要领、善于质疑辨析、基于严格推断、富于机智灵气、清晰敏捷的日常思维。

批判性思维是一种基于充分的理性和客观事实而进行理论评估与客观评价的能力与意愿，它不为感性和无事实根据的传闻所左右。具有批判性思维的人能在辩论中发现漏洞，并能抵制毫无根据的想法。在现代社会，批判性思维被普遍确立为教育特别是高等教育的目标之一。养成批判性思维的能力和精神气质，对于应付复杂多变的世界，提升现代社会生活的人文精神，都是必要的。

在西方，批判性思维的渊源可以追溯到古希腊苏格拉底和柏拉图的批判性对话传统，以及亚里士多德用于“智力训练、交际会谈和增加哲学素养”①的逻辑教学与研究传统。

近现代以来，数理逻辑不断发展壮大，并在哲学、数学、计算机等领域发挥着日益重要的作用。与此同时，数理逻辑形式化(符号化、演算化)的特征也使其逐渐偏离日常思维的实际需要。部分地由于这种原因，早在20世纪40年代，批判性思维就成了美国教育改革的主题，其中反形式化的倾向十分明显。

作为现代逻辑的一个发展方向，从20世纪70年代起，在西方(主要是北美)出现了一场被称为“新浪潮”的批判性思维运动。批判性思维课程于70年代末首先在北美，继而在世界范围内陆续进入大学课堂。起初，批判性思维是作为记忆和反刍老师或教科书所说的那种复制性的、低层次学习的矫正方法而出现，旨在变“海绵式思维”为“淘金式思维”。在西方的历史文化背景下，这种诉求很快引起了强烈的反响。那时，美国到处盛行关于越战、妇女地位、民权等问题的辩论。学生们的抗议活动并不限于政治和社会主题。在大学里，学生们呼吁课程应与他们作为公民的需要相关联的呼声日益高涨，使得批判性思维热持续不断地高涨，先后催生了一大批倡导批判性

① 苗力田主编:《亚里士多德全集》第1卷，中国人民大学出版社1993年版，第355页。

思维的专著、教材和课程。

经过三十多年的教学研究实践，批判性思维课程已经发展成为一门内容丰富的思维训练课程，作为与符号逻辑、逻辑导论并驾齐驱的逻辑课程而在西方大行其道。与此同时，对批判性思维的重视也逐渐成为一种全民的共识，批判性思维被认为是当今社会的一项至关重要的技能。

二、批判性思维是什么

关于批判性思维，目前并没有公认的、统一的定义。事实上，批判性思维不仅是逻辑学培养和训练的目标，同时也是心理学、教育学和哲学等学科所关注和倡导的对象。人们在使用“批判性思维”这一术语时，各自的理解往往是含混的，甚至是不一致的。

根据一般的理解，所谓批判性思维，指的是思维过程中洞察、分析、评估和重建的过程，它包括为了得到肯定的判断而进行的可能为有形的或者无形的思维反应过程，并使科学的根据和日常的常识相一致。这个定义概括了对批判性思维的以下几种理解：

①批判性思维首先是一个洞察、辨析他人和自我的思想与决定的思维过程，体现的是一种分析、理解的思考技能。换言之，批判性思维首先是一种“分析性思维”(analytical thinking)。离开了对实际思维的洞察、分析能力，便谈不上什么批判性思维。

②批判性思维又是一种审验、评估他人和自我的思想与决定的批判性反映方式(reflective thinking)，体现的是质疑一切、审思一切的理性精神和生活态度，所谓“把一切送上理智的法庭”。只有在分析、理解的基础上，进一步提出问题并进行反省、反思，仔细考量现有思想、观点的合理性基础及其所指向的目标，才能变“海绵式思维”为“淘金式思维”。

③批判性思维还是一个综合、重建的思维过程，体现的是“面对做什么或相信什么而做出合理性决定的一系列思考技能和策略”。① 其中的“合理性决定”(reasonable decision)指的是通过理智(reason)和推理(reasoning)的运用对做什么或者相信什么所做出的决定，而理智(reason)则指的是运用经过训练的智力解决问题的能力，推理(reasoning)指的是运用经过训练的智力解决问题或确定行动方针的过程。这种解释特别强调理智的人文性和训练性特征，突出了逻辑工具在智力训练中的作用，强化了亚里士多德的“智力训练”传统。这也是批判性思维最基本的含义。

④批判性思维是一种基于好的理由(good reason)做出合理性论证(rational argument)以说服自己和他人的思考技能。由于好的理由不只是合理的，还应是正当的，因此，合理性不只是一个逻辑性的概念，而且是一个社会性和文化性的概念，论证与说服(persuasion)之间很难划清界限。这种解释强调论证的说服力和听众的接受力，把批判性思维的视野扩展到交际会谈领域，强化了亚里士多德把对论证的研究用于“交际会谈”的传统。

---

① Joel Rudinow and Vincent E. Barry, *Invitation to Critical Thinking*, Fort Worth: Harcourt Brace College Publishers, 4ed, 1999, pp. 6-9.

⑤"批判性思维是我们建立良性商议交往的工具性艺术。"①这种解释关注的是商议(deliberation)与对话(dialogue)过程，强调论证不只是一方说服另一方的手段，更重要的是对话双方进行沟通、发现共同的目标和愿望、解决分歧和冲突的工具。同时，从人的社会性和文化性的角度看，人是在特定的社会和文化土壤中被嵌入而使之实体化的，人的知识不是在这里或者那里被发现的，而是在对话和交往中相互促成的，即知识是人们通过对各自经验和观点的相互理解与沟通而建构起来的。因此，批判性思维也是一种通过对话和交流建构知识的理想模式。这种解释把批判性思维的视野扩展到对话沟通领域，继承了苏格拉底和柏拉图批判性对话的传统，同时也强化了亚里士多德把对论证的研究用于"交际会谈"的传统。

⑥哈贝马斯还将批判性思维等同于"解放性学习"(emancipatory learning)，即学会从阻碍人们洞察新趋势，支配自己的生活、社会和世界的那些个人的、制度的或环境的强制力中解放出来。

总之，尽管人们对批判性思维理解和解释的侧重点各不相同，但在对批判性思维的性质和作用的认识上却没有大的分歧。批判性思维的实质是人们恰当地提出问题和做出好的推理、论证的能力。批判性思维的技能指的是对一系列与恰当提问和论证评估相关联的方法和技巧的运用能力。这些技能必须结合日常思维实际，经过一定的训练才能获得，就如同厨师和足球运动员的技能必须经过训练一样。在这些基本问题上，人们的见解是一致的。

三、批判性思维不是什么

了解批判性思维不是什么，有助于正确理解批判性思维是什么。

① 批判性思维不是简单地"否定一切"。"批判性"(critical)的意思是有洞察力的、有辨别力的、有判断力的，还有敏锐、精明的意思。批判性思维虽然包括发现错误、查找缺陷、弱点等否定性含义，但它同样包括关注优点和长处等肯定性含义，因而并不等于我们平常意义上的批判和挑剔，不等于简单地揭示阴暗面。批判性精神有着丰富的内涵，它包括思想的开放性和独立性、好奇心和探究欲、自信心和对理性的信念。同时，还包括对他人的尊重和宽容，并要求破中有立，具有建设性和创造性。

在学术研究中，批判性思维意味着有根有据的学术批判和探讨，意味着一种敢于怀疑和挑战权威的治学态度，而不等于对异己观点的全盘否定，更不包括对陌生领域的不屑一顾。

② 批判性思维不是思想控制的手段。相反，批判性思维是个人自治的基础。一个自主的人是自我管理的(控制的)或自我指示的。自治会使一个人较少依赖并因此较少受他人的规定、指示和影响。

③ 批判性思维不是逆反思维。刻意地"与人对着干，你说东我偏说西，你要我做什么我偏不做什么"，这样的逆反思维是一种反理性思维，恰恰是批判性思维的对

① Josina M. Makan and Debian L. *Marty*, *Cooperative Argumentation: A Model for Deliberative Community*. Illinois: Waveland Press, Inc, 2001, p. 7.

立面。

④ 批判性思维也不是纯争胜性思维，而旨在求真。一切强词夺理的争辩，漫无目的和原则的“抬杠”，都不属于批判性思维的范畴。

第二节　批判性思维的目的、作用和意义

一、批判性思维的目的

批判性思维本身只是一种思维过程，一种思维方式，或一种思维的“技能和策略”。因此，与其说批判性思维有什么目的，不如说人们刻意倡导批判性思维、发展批判性思维理论有什么目的。

1. 培养批判性思维的态度和习惯

发展批判性思维首先是为了树立一种批判的态度和观念，如：“随时准备对所面对的各种观点和主张进行评估以便确定什么样的信念最适合我们已经形成的准则；不断发展我们用来提高对周围世界进行理解的阐释，积极地探索对所提供的阐释可能提出质疑的信息；对信息进行分析综合以便更有效地做出决定和选择。”①

其次，为发展批判性思维而自觉进行的各种训练和大量的重复性实践，旨在把批判性思维的品格(包括“对世界有好奇心、能提出建设性和创造性问题”等)内化为一种良好的思维习惯，特别是批判性地进行阅读和聆听的习惯，自觉地对所接收到的信息做出系统的分析和评估，并据以得出自己的结论。批判性地阅读和聆听不但能通过“淘金式思维”提高甄别和接收信息的效率，而且能提高人们运用好理由进行论证的能力，以及通过独立思考，找出正当而充分的理由，决定采纳何种信念或采取何种行动的能力。

2. 培养批判性思维的核心技能

按照费希纳的观点②，批判性思维的核心技能包括如图 6-1 所示六点：

①解释(Interpretation)。它包括识别作者的目的、主题或观点，区分文本中的主要观点和次要观点，没有偏见地识别或描述一个问题，用自己的话来解释别人的观点，澄清符号、表格或图形的意义等认知技能。

②分析(Analysis)。它包括检查观点、问题、描述及其有目的的推论关系，识别论证和分析论证等认知技能。

---

① Thomas McKay. *Reasons, Explanations, and Decisions: Guidelines for Critical Thinking*. Belmont, CA: Wadsworth/Thomson Learning, 2000, p. 2.

② Peter A. Facione. “Critical Thinking: What It Is and Why It Counts”, in Peter A. Facione, *Critical Thinking: A Statement of Expert Consensus for Purposes of Educational Assessment and Instruction*. The California Academic Press, Millbrae, CA, 1990.

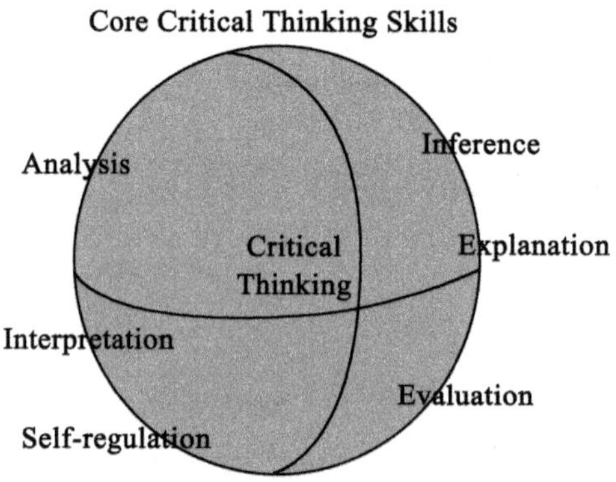

图 6-1　批判思维的核心技能

③评估(Evaluation)。它包括对陈述、描述、问题或其他表达形式的可信度的评估，以及对其间推论关系的逻辑强度的评价等认知技能。

④推论(Inference)。它包括识别和保护推论的主体因素、推测相关信息以及从已有的数据、陈述、原则、证据、信念等得出结论的技能。

⑤说明(Explanation)。它包括陈述推理的结果，还原其推论过程并证明其合理性的认知技能。

⑥自我校准(Self-regulation)。它包括自觉地监控自己的认知活动，检查其推论的根据和推导的结果，以及纠正自己对推论的使用和评价过程可能存在的问题等认知技能。

虽然这六种认知技能为绝大多数人所不同程度地拥有，但只要还没有在实际思维中充分地加以运用，就不能说一个人已拥有批判性思维。

3. 改善和提高人们的日常思维素质

在日常思维中，司空见惯的是海绵吸水式的学习方式，事先拟定标准答案的考试方式，针对现成答案的提问，在需要做出理智决定时任凭情感愿望的参与，把自己的价值观和社会交往方式强加于人(如父母对子女择业、交友之类社会问题的干涉)，如此现象足以说明改善和提高日常思维素质的迫切性和重要性。

因此，发展批判性思维更重要的目的是培养基本的理性思维素质，从根本上克服盲从、迷信的思维习惯和专制、僵硬的教化模式，即：面对世界和人生带来的种种疑问，通过合乎逻辑的分析和推理，深入思考其究竟是为什么；进而对现有的答案进行审验和评估，从中找出接受或者拒绝某种信念、决定做什么或不做什么的根据和理由。

通过批判性思维的训练，松软板结的思维土壤，激活僵死的思考系统，增强思维空间的兼容性，使思维流畅、有序而又生动活泼地进行，使人们可以多角度地、灵活地、深入地提出和思考问题，这对人们做出正当合理的选择和决定，以及进行思想、观念的创新、革新，无疑是非常重要的。

二、批判性思维的作用

1. 改进思维模式

人们通常具有的思维模式是一元的，其特征是：喜欢寻找或制定可以将好与坏严格区别开来"客观标准"，不但自己信奉不疑，还要求周围的人也忠诚于它。喜欢去模仿别人，尤其是"成功人士"、"著名人士"或者具有"理想人格"的模范、伟人、完人。对一个超出自己原有认知的事物，态度很明朗：要么赞成，要么反对，却不太关心为什么要赞成或反对。喜欢追求"至高"、"至大"、"至全"的"完美境界"，乐意在一个方向上不断追求，直到无法继续为止。会经常面临激烈的冲突和矛盾，从而很容易遇到"极限"，觉得自己"忍无可忍"，除了针锋相对的斗争或其他极端的做法自己别无选择。

思维模式是一种文化的深层的根。一个社会里主流思维模式的缺陷对其文化的破坏力是巨大的，可能造成极为严重的后果。批判性思维本质上是二元的乃至多元的、超元的，其特征是换位思考以及"超然物外"的多元思维。提倡批判性思维可以从根本上弥补这种僵化思维模式的缺陷，从而对整个社会的发展起到积极的促进作用。

2. 塑造精神品格

批判性思维的精神品格(参见图 6-2)，事实上是具有批判性思维的人的精神品格，主要包括：

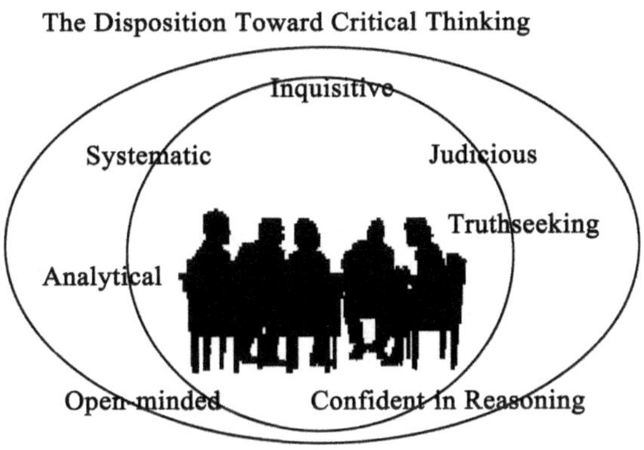

图 6-2　批判思维的精神品格

①求真的(Truthseeking)。
②思想开放的(Open-minded)。
③分析的(Analytical)。
④系统的(Systematic)。
⑤自信的(Confident in Reasoning)。

⑥好奇的(Inquisitive)。

⑦明智的(Judicious)。

3. 促进世界观的形成、发展和应用

有学者认为：世界观就是人们对世界或者它的某些方面所具有的一系列信念的总和，它意味着陈述这一系列信念的一组命题被人们认为是真实的。世界观形成、发展与应用的模式如图 6-3、图 6-4 所示：

图 6-3　世界观的形成与发展

图 6-4　世界观的应用

在上述模式中，提出恰当的问题和进行好的推理或者论证既是批判性思维的核心，也是世界观形成、发展与应用的关键。① 由于一个人的世界观是不断发展变化的，所以，批判性思维的能力与水平会影响一个人生活的各个方面。

三、批判性思维的意义

1. 知识社会前进的动力

知识经济时代是需要批判性思维的时代，因为它是推动知识经济社会前进的一种动力。多拉·豪维尔提出："批判性思维和创造性思维是推动知识社会前进的主要动力。"②这是因为知识源于问题的发现和解决，因而需要创造性思维。创造性思维是能引发新的或更好的解决问题方法的思维方式。而知识的真理性特质，只有通过外在化的批判性检验才能获得。批判性思维是对所提供的解决问题的方法进行检测，以保证其有效力的思维方式。

同时，创造性思维需要在非常相似的事物中敏锐地发现其细微的不同，进而通过抽象思维来创造新颖的、独特的概念，用新的方法解决新的问题。发展创造性思维的策略包括：置身于有多种发展可能性的真实的问题之中，而问题的本身并没有固定答案，因而只能借助于批判性思维来甄别优劣，以便做出最好的选择。

---

① Josina M. Makan and Debian L. Marty. Cooperative Argumentation: A Model for Deliberative Community, Illinois: Waveland Press, Inc, 2001, p. 7。

② ［美］多拉·豪维尔：《批判性思维和创造性思维——推动知识社会前进的主要动力》，王爽译，载《全球教育展望》，引自"中国教育和科研网综合研究栏目"。

对于当代大学生来说，批判性思维的能力和水平是其综合素质的一个重要体现，也是其能够适应知识经济时代发展需要的一个重要条件。因此，当代大学生不但要具备批判性思维，而且要能够运用批判性思维。只有通过培养批判性思维能力，提高自己的认知水平和分析、归纳能力，才能在复杂的社会生活中，及时、有效地做出恰切的分析、评价和正确的判断、选择，从而为推动知识经济社会的发展作出自己应有的贡献。

2. 合格公民的基本素质

亚里士多德说，只有具有理性讨论公共利益能力的人，才适合成为公民。人必须经过自我塑造才能担当起公民的角色。

批判性思维是现代民主政治中合格公民的基本素质，是现代人具有一颗开放性心灵的标志。充分发扬民主是社会主义和谐社会的第一要求，民主要求公民具备思想开放的批判性思维气质。

批判性思维的基本理论预设是：任何观点或思想都可以并且应该受到质疑和批判；任何观点或思想都应该通过理性的论证来为自身辩护；在理性和逻辑面前，任何人或思想都没有对于质疑、批判的豁免权。

批判性思维是诉诸人的理性根基的思维方式。它所提倡的是怀疑精神，要求人们不迷信、不盲从，有一个明辨是非的智慧头脑，遇事多问为什么。要求在社会生活中，把所有的观点包括自己的观点公平地摆在理性的法庭面前进行评估。通过批判性思维，人们可以理性地商讨和解决问题。

3. 人生幸福的重要保障

“未经审视的生活是不值得过的”，这是柏拉图在其《申辩篇》中记载的苏格拉底的一句格言。

苏格拉底认为美德是需要进行探讨的知识，人间没有什么是不可以质疑和挑战的。任何以往或现实的道德认识和行为都不是最高权威，人们可以而且应该运用自己的智慧对它们进行审查。人既要看到历史和现实光辉的一面，但也要知道历史和现实总是不如人的理想。去除了缺点才有可能完善，批判错误是对美好的追求。

事实上，人的一生会面临无数的关于相信什么和做什么的决定。这些选择决定着人一生的方向和道路，也从根本上决定着人一生的幸福和成就。可是假如一个人缺乏真正的思考能力，那么面对纷纭复杂的世事，面对种种选择，又将何以做出自己的决定？可以想象：他只能依靠别人，包括自己的父母、亲朋，也包括政客、广告商和各式各样的骗子。这样，可以说他的一生都是在为别人活着的，因为他只是别人思想的傀儡，而没有真正的自我。这样的人生，是不是很荒谬、很可悲？

批判性思维作为一种思考和解决问题的方式，虽然不能替人做出哪种信念应该接受、什么事情值得去做的各种具体决定，也不能使人直接产生创新的思想和观念；但是它却可以为创新思维提供良好的环境，为做出各种具体决定提供直接、有效的帮助。学会这样的思维方式，才算学到了真正的学习方式，具备了真正的学习能力，才会使自己的一生真正受益无穷，无论自己将来做什么。

第三节　批判性思维的培养和训练

一、批判性思维的逻辑基础

1. 逻辑学之于批判性思维

逻辑学包括形式逻辑和非形式逻辑，一起构成批判性思维的理论基础。这里的“形式逻辑”一般指演绎逻辑，特别是以符号化、演算化为特征，可以构造形式系统的现代逻辑理论，如命题逻辑、谓词逻辑、模态逻辑等，当然也包括传统的词项逻辑和命题逻辑。其余的逻辑理论，统称“非形式逻辑”，主要包括概念理论、论证理论、逻辑规律、逻辑谬误等。

非形式逻辑是批判性思维最直接的理论基础。因为它们都以经验的和日常生活中用自然语言表述的实际论证为主要关注和研究对象，包括论证的分析、解释、评价、批评和建构。但那种将批判性思维等同于非形式逻辑的观点是不足取的，因为非形式逻辑毕竟是逻辑，其所关注和研究的主要是论证过程和论证形式的识别、抽取、评估和重建；而批判性思维所关注和研究的，则主要是论证的日常应用问题，因而不可避免地会涉及许多非逻辑的因素，可视为非形式逻辑的应用形式。非形式逻辑理论对批判性思维具有重要的指导意义。

形式逻辑同样构成批判性思维的理论基础。在批判性思维的研究过程中，很多人总是有意无意地回避形式逻辑、回避符号和形式化的方法。这在操作层面上是没有问题的，因为有一个受众选择的问题，受过形式逻辑系统训练的毕竟是少数人。然而实际上，复杂论证结构的分析，离开符号会显得非常困难；论证的好与坏，不借助于形式逻辑早已严格定义了的可靠性、真值性和有效性等概念也将无从谈起；而对复杂演绎论证的有效性评估，更是离不开形式推演系统的支持。

虽然形式逻辑符号化、演算化的倾向，使其在一定程度上偏离了实际思维，令很多人望而生畏。但就其作为逻辑学的有机组成部分来说，它终究不过是为了研究复杂推理、论证的需要以及追求理论的可靠性而发展起来的逻辑理论，归根结底还是批判性思维所必不可少的，因为推理分析能力的强弱与批判性思维水平的高低总体上是一种正相关的关系。

2. 批判性思维之于逻辑学

批判性思维是逻辑学的“活的灵魂”。从素质教育的角度来看，其宗旨便是培养和训练批判性思维。

在知识、技术层面上，逻辑学是一个关于思维规律、思维形式和思维方法的理论体系。但这些知识从何处来？是怎样产生的、具有什么性质？逻辑史的研究表明，逻辑知识无非是对人类思维实践的经验、教训的总结，是苏格拉底、柏拉图、亚里士多德、芝诺、培根、墨翟、公孙龙、韩非等先哲和近现代思想家们思维智慧的结晶。因此，在另一个层面上，逻辑学实际上还承载着人类理性思维的习惯、能力、模式以及精神、信仰和价值追求，也就是我们现在用"批判性思维"一词来主要概括的那些东西。换言之，批判性思维作为一种良好的思维习惯、能力和思维方式，正是逻辑知识的应用形式。

因此，逻辑教学在本质上是一种思维教育，是为培养和训练批判性思维而存在的。但这并不意味着，逻辑知识的教学等同于批判性思维的训练。因为批判性思维的训练是一种操作性很强的教学活动，需要有一个长期的实践过程，而且实际上还涉及很多非逻辑的内容。即使简单地将其视为逻辑知识应用能力的培养，则其与逻辑知识教学毕竟也是同一问题的两个方面，或者同一件事的两个不同阶段。

在课时充裕的情况下，当然可以尝试一边进行基础知识教学，一边进行应用能力训练，将二者融为一体。但在课时有限的情况下，则理应首先突出基础知识教学，在打下一定的知识基础之后，再接着进行批判性思维训练。反之便是本末倒置了。

也就是说，以培养批判性思维为目标的逻辑教学，实际上包括两个方面的任务，或者说该分为两个阶段：首先是逻辑基础知识教学，这是基本功训练；然后才是批判性思维的专项训练。只有这两个方面或者两个阶段的任务都圆满完成了，逻辑教学的目标才算真正达到了，一个人也才算接受了比较完整的逻辑教育。

在这个问题上，必须明确的是，离开逻辑知识的系统学习，直接进行批判性思维的培养和训练是不得要领的。因为批判性思维的核心技能，如解释、分析、评价、推论、说明和自我调节等，无一不需要扎实的逻辑基础。没有一定的思维素质，批判性思维的实现是不可能的。然而，其他学科虽然也有训练思维素质的作用，但是相比较而言，逻辑学好比思维的"体育运动"，其训练思维素质的目的和作用是直接的和全面的；而其他学科则好比思维的"体力劳动"，其训练思维素质的目的是间接的、不系统的。

二、批判性思维的培训方法和途径

教育应该是一个连续、完整的过程，否则便很难达到教育的目的，思维教育也不例外。一个人在通过逻辑基础知识的学习，完成了思维的基本功训练之后，如果能接着上一门批判性思维课程，接受系统的批判性思维训练，这当然是最理想的。但在大学没有开设独立的批判性思维课程之前，批判性思维的训练就会在很大程度上依赖于自学、自修。当然，现有的逻辑课程也有义务在这方面给予指导和帮助，并尽可能直接提供一些训练的机会。

这是问题的两个方面，我们分别给出一些建议：

1. 自学、自修的方法和途径

①选择并阅读若干本关于批判性思维的教材或专著，包括国内外的，如《学会提问——批判性思维指南》、《走出思维的误区》等。尽可能独立地完成其中的练习，必要时可以和同学进行讨论。

②从互联网上搜索、阅读与批判性思维有关的论文、解释、讨论等，以及其他与思维训练有关的文章、讨论等，多多益善，越新、越近越好。碰到特别有教益的，就收藏

起来，并与大家相互分享、讨论。

③注意反省自己的思维训练过程，哪些步骤、内容已经做到了，哪些还比较欠缺。一般来说，应先从思维训练的基本功抓起，系统学习逻辑基础知识，不要不会走就想跑、想飞。但是当逻辑知识学习、积累到一定程度，就一定要有意识地开始进行思维训练。

④在学习逻辑知识的过程中，注意多做课本上的练习，同时经常反思所学的每一部分逻辑知识究竟有什么用、应该怎样应用，把基本功尽量做得扎实一些。

⑤关注网络热点新闻及其相关评论，并有意识地运用所学的逻辑知识和批判性思维训练技巧进行分析，积极参与讨论。

⑥结合各种能力型考试的辅导材料进行有针对性的训练。不妨制订一个量化的训练目标，譬如做1000道练习题。

最要紧的是要明白并牢记：思维训练乃是一种功夫、一种修养，需要一定的悟性和耐心。它主要是为了提高自己，也主要依靠自己。它不可能一蹴而就，也不会一劳永逸，而是要和自己的生活、自己的人生密切地结合起来，形成良性互动，使自己的思维品质和生活品质相得益彰。

2. 逻辑教学中的针对性训练

①通过介绍批判性思维的作用、意义及其与逻辑学的关系，帮助学生树立正确的逻辑观和明确的学习目标，引导学生把逻辑基础知识学习和批判性思维训练兼顾起来，“两手都要抓，两手都要硬”。

②在课堂教学中，注意介绍各部分逻辑知识的应用价值，并尽可能地多做练习，帮助学生打好逻辑知识应用的基本功，为通过批判性思维训练进一步提高思维素质做准备。

③向学生推荐批判性思维方面的书籍、论文、网站等，尽可能地为学生的自学创造条件，并给予力所能及的指导和帮助。

④选用谬误和诡辩实例，让学生运用逻辑知识进行分析、批判。这些谬误、诡辩可以是网络上的，可以是现实生活中的。由于谬误往往显得生动、直观，而诡辩是一种似是而非的错误论证，往往具有一定的隐蔽性和欺骗性，因此，对诡辩的分析、批判，通常更能引起学生的兴趣，也更有针对性和实用价值。

⑤选用网络上的热点新闻及其网友评论、评论文章作为典型案例，引导学生运用逻辑原理进行分析。对这些案例，首先可以引导学生从多个不同的角度进行分析、评论，得出自己的结论；同时参考其他网友的评论，注意其思考问题的特殊角度，并作出评价。对有关评论文章，可以选用写得很好的，也可以选用存在某些问题的，以利于学生进行比较、分析。在一些学生进行分析评价后，其他学生还可以对这些学生的评价进行分析，甚至可以提出不同的观点，通过辩论使认识更加全面、深入。

⑥在有条件的情况下，可以考虑组织演讲、辩论会，让参加者围绕主题进行深度辨析，并选择恰当的论证和表达方式，让旁观者运用逻辑知识分析演讲、辩论中的经验、教训。这样，不但可以大面积地调动学生参与的积极性，而且更富有真实感和针对性。

通过这种面对面的交流和辩论，无疑可以有效地锻炼和提高学生应用批判性思维的能力。

最后，可以有意识地引导、鼓励学生们关注各种能力型考试，多看例题，多做习题，并将其与逻辑知识的学习有机地结合起来，形成一种良性的互动。

练　习　题

结合下例，体会一下善于提问在苏格拉底“批判性对话”中的作用。

(1)论善行：

青(青年)：苏格拉底，请问什么是善行？

苏(苏格拉底)：盗窃、欺骗、把人当奴隶贩卖，这几种行为是善行还是恶行？

青：是恶行。

苏：欺骗敌人是恶行吗？把俘虏来的敌人卖作奴隶是恶行吗？

青：这是善行。不过，我说的是朋友而不是敌人。

苏：照你说，盗窃对朋友是恶行。但是，如果朋友要自杀，你盗窃了他准备用来自杀的工具，这是恶行吗？

青：是善行。

苏：你说对朋友行骗是恶行，可是，在战争中，军队的统帅为了鼓舞士气，对士兵说，援军就要到了。但实际上并无援军，这种欺骗是恶行吗？

青：这是善行。

(2)劝失恋者：

苏(苏格拉底)：孩子，为什么悲伤？

失(失恋者)：我失恋了。

苏：哦，这很正常。如果失恋了没有悲伤，恋爱大概就没有什么味道。可是，年轻人，我怎么发现你对失恋的投入甚至比对恋爱的投入还要倾心呢？

失：到手的葡萄给丢了，这份遗憾，这份失落，您非个中人，怎知其中的酸楚啊。

苏：丢了就是丢了，何不继续向前走去，鲜美的葡萄还有很多。

失：等待，等到海枯石烂，直到她回心转意向我走来。

苏：但这一天也许永远不会到来。你最后会眼睁睁地看着她和另一个人走了。

失：那我就用自杀来表示我的诚心。

苏：但如果这样，你不但失去了你的恋人，同时还失去了你自己，你会蒙受双倍的损失。

失：踩上她一脚如何？我得不到的别人也别想得到。

苏：可这只能使你离她更远，而你本来是想与她更接近的。

失：您说我该怎么办？我可真的很爱她。

苏：真的很爱？

失：是的。

苏：那你当然希望你所爱的人幸福？

失：那是自然。

苏：如果她认为离开你是一种幸福呢？

失：不会的！她曾经跟我说，只有跟我在一起的时候她才感到幸福！

苏：那是曾经，是过去，可她现在并不这么认为。

失：这就是说，她一直在骗我？

苏：不，她一直对你很忠诚。当她爱你的时候，她和你在一起，现在她不爱你，她就离去了，世界上再没有比这更大的忠诚。如果她不再爱你，却还装得对你很有情谊，甚至跟你结婚、生子，那才是真正的欺骗呢。

中　编

传统逻辑

第七章　简单判断

第一节　性质判断

一、什么是性质判断

性质判断，也叫直言判断，就是断定对象具有或不具有某种性质的判断。例如：

① 哥白尼是日心说的创立者。
② 所有正当防卫都不是违法行为。
③ 有的证据是伪造的。

这些判断都是性质判断。例①断定“哥白尼”这一个对象具有“日心说的创立者”这一性质，例②断定“正当防卫”这一类对象中的所有对象都不具有“违法行为”这一性质，例③断定“证据”这一类对象中有一部分具有“伪造的”这一性质。

从结构上看，性质判断一般由四个部分组成，依次为：量项、主项、联项、谓项。其中：

主项表示所断定的对象，如例①中的“哥白尼”、例②中的“正当防卫”、例③中的“证据”。

谓项表示所断定的性质，如例①中的“日心说的创立者”、例②中的“违法行为”、例③中的“伪造的”。

性质判断中的主项和谓项，统称为词项。它们是性质判断中的变项，习惯上分别用大写字母 S、P 来表示。

量项表示对象被断定的数量或范围。量项有全称、特称和单称之分。其中全称量项表示断定了一类事物的全部对象，一般用“所有”或“任一”表示；特称量项表示断定了一类事物的部分对象，一般用“有的”或“有”表示；单称量项表示断定了一类事物中的某个对象，一般用“这个”表示。

联项表示所作的断定，即肯定或否定。其中肯定联项表示肯定，即对象具有谓项所陈述的性质，一般用“是”表示；否定联项表示否定，即对象不具有谓项所陈述的性质，一般用“不是”表示。

量项和联项是性质判断中的逻辑常项，它们决定着性质判断的逻辑性质和逻辑类型。其中，量项反映了性质判断量的一面，量项的类型也称为性质判断的量；联项反映了性质判断质的一面，联项的类型也称为性质判断的质。

二、性质判断的种类

1. 按量分

(1)全称判断

全称判断就是断定一类事物的全部对象都具有或不具有某种性质的判断。其逻辑形式为：

所有S是(不是)P。

例如："所有天鹅都是白色的。""所有公民都是受法律保护的。"

全称判断的量项是全称量项。在日常语言中，表示全称量项的语词有"所有"、"一切"、"任何"、"任一"、"每一"、"个个"、"凡"、"百分之百"等。例如：

① 我们班个个都是好样的。
② 凡金属皆导电。
③ 一切犯罪都具备犯罪构成的四个要件。

此外，全称量项在语言表达中有时可以省略，有时则可以通过双重否定的方式来表达。例如：

① 规律是不以人的意志为转移的。
② 全国人民莫不欢欣鼓舞。
③ 没有什么人是不受法律约束的。

(2)特称判断

特称判断就是断定一类事物的部分对象具有或不具有某种性质的判断。其逻辑形式为：

有的S是(不是)P。

例如："有的名牌产品是优质产品。""有的法官不是公正的。"

特称判断的量项是特称量项。在日常语言中，表示特称量项的语词有"有的"、"有些"、"某些"、"大多数"、"极少数"、"个别"、"一些"、"50%"、"80%"等。

值得注意的是，特称量项"有的"与自然语言中的"有的"并不完全同义。在自然语言中，当我们说"有的S是P"时，往往还意味着"其余的S不是P"。如说"有的干部是好人"，意思往往是"有的干部是好人，而其余的干部却不是好人"。在这种情况下，

“有的S是P”实际上表示“有的S是P并且有的S不是P”，亦即超出了其字面上的含义。但在另外一些场合，当我们说“有的S是P”时，却并不意味着“其余的S不是P”。例如：当人们考察了某种基本粒子，发现它有内部结构，而对其余的基本粒子是否有内部结构尚不清楚时，就可以作出这样的断定：“有的基本粒子是有内部结构的。”这时，“有的”一词并未超出其字面上的含义，“有的S是P”并不排除其余S也是P的可能性。显然，上述“有的S是P”的两种含义中，前一种断定得多，较强；后一种断定得少，较弱。在逻辑学中，特称量项“有的”采取的是后一种断定得较少的含义，可解释为“至少一个，也许全部”，以使其更具有概括性、灵活性。从另一个角度讲，“至少一个，也许全部”还有一层断定对象存在的意思，相当于“有S是P”，即“存在着S，这S是P”。因此特称判断又称存在判断。

(3)单称判断

单称判断就是断定一类事物的某个对象具有或不具有某种性质的判断。其逻辑形式是：

这个S是(不是)P。

单称判断的量项是单称量项。在日常语言中，单称量项一般用指示词“这个”、“那个”、“该”、“某”等表示。例如：

① 那个人是新来的。
② 该合同是无效的。

单称判断的主项如果是用专名或摹状词表示的单独概念，则前面实际上没有单称量项。此时，可将其视为“那个名叫……的S”或“那个是……的S”。例如：

① 鲁迅是《阿Q正传》的作者。
② 我们的班主任老师不是武汉人。

2. 按质分

(1)肯定判断

肯定判断就是断定对象具有某种性质的判断。其逻辑形式是：

所有(有的、这个)S是P

例如：

① 凡金属都是导电的。

② 有的音乐是美妙的。

③ 这本书是我新买的。

肯定判断的联项是肯定联项，一般用“是”表示。但在自然语言中，肯定联项“是”有时可以省略，如：“今天星期六。”

(2)否定判断

否定判断，就是断定对象不具有某种性质的判断。其逻辑形式是：

所有(有的、这个)S是P。

例如：

① 机器人不是真正的人。

② 有的法官不是公正的。

③ 地球不是宇宙的中心。

否定判断的联项是否定联项，一般用“不是”表示。在自然语言中，否定联项“不是”中的“是”字可以省略。如“这个教室不是太大的”可以表述为“这个教室不太大”。对于后者，有时也可将其分析为肯定判断，即“这个教室是不太大的”。

3. 按质量结合分

按照质、量结合的方式，性质判断可分为以下六种：

①全称肯定判断：逻辑形式是“所有S是P”。可简单表示为SAP，或A。其逻辑含义为：S类的全部对象都具有P性质。例如：“所有商品都是有价值的。”

②全称否定判断：逻辑形式是“所有S不是P”。可简单表示为SEP，或E。其逻辑含义为：S类的全部对象都不具有P性质。例如：“所有公民都不是不受法律保护的。”

③特称肯定判断：逻辑形式是“有的S是P”。可简单表示为SIP，或I。其逻辑含义为：S类的部分对象具有P性质。例如：“有的社会规律是统计规律。”

④特称否定判断：逻辑形式是“有的S不是P”。可简单表示为SOP，或O。其逻辑含义为：S类的部分对象不具有P性质。例如：“有的伤害行为不是故意的。”

⑤单称肯定判断：逻辑形式是“这个S是P”。可简单表示为SA′P，或A′。其逻辑含义为：S类的这个对象具有P性质。例如：“北京是中华人民共和国首都。”

⑥单称否定判断：逻辑形式是“这个S不是P”。可简单表示为SE′P，或E′。其逻辑含义为：S类的这个对象不具有P性质。例如：“亚里士多德不是中国人。”

在传统逻辑中，单称判断往往被当做全称判断来处理。这样做的理由是：单称判断是对某一具体对象的反映，相对于反映该对象的单独概念来说，它和全称判断一样断定了概念的全部外延。这样，性质判断就只有A、E、I、O四种形式。这种做法显然比较简便，但有时却是行不通的，因为单称判断和全称判断的逻辑性质并不完全相同。

三、性质判断主、谓项的周延性

1. 什么是周延性

周延性理论是建立性质判断推理理论的基石之一，它从量的方面研究了性质判断的逻辑特征。

一个性质判断的主项(或谓项)称为周延的，当且仅当该判断从逻辑上断定了该主项(或谓项)的全部外延；否则，该主项(或谓项)就称为不周延的。

关于周延性理论，首先要明确，任一概念本身是无所谓周延与否的，只有当一个概念充当性质判断的主项或谓项时，才会产生周延性问题。例如，“法律”的外延是古今中外的一切法律，由于没有被断定，因而也就无所谓周延与否。

其次，词项的周延性是一种逻辑性质，因而完全由性质判断的形式结构所决定。换言之，词项的周延性取决于性质判断中的逻辑常项(即量项和联项)，而与反映思维内容的变项(即主项、谓项)无关。这是由逻辑学只研究思维形式而不研究思维内容的立场所决定的。由此可知，同一种性质判断中主(谓)项的周延情况是相同的，不会因为具体判断的不同而变化。

2. 各种性质判断中主、谓项的周延情况

(1)全称判断的主项是周延的

全称判断“所有S是(不是)P”中，量项“所有”表明断定了主项S的全部外延。其中SAP断定S的全部外延包含于P的外延之中，SEP断定S的全部外延与P的外延相排斥。因此，SAP和SEP的主项都周延。

(2)特称判断的主项是不周延的

特称判断“有的S是(不是)P”中，量项“有的”表明没有断定主项的全部外延。其中SIP只是断定S类中至少有一个对象包含于P的外延之中，而没有断定S类的全部对象都包含于P的外延之中；SOP只是断定S类中至少有一个对象与P的外延相排斥，而没有断定S类的全部对象都与P的外延相排斥。因此，SIP与SOP的主项S都不周延。

(3)单称判断的主延是周延的

单称判断“这个S是(或不是)P”中，量项“这个”与主项S实际上是不能分开的，它们一起构成一个单独概念，表示一个确定的对象。在这种情况下，单称判断对主项的断定也就是对主项全部外延的断定，因而其主项总是周延的。

(4)否定判断的谓项是周延的

否定判断“所有(有的、这个)S不是P”中，联项“不是”表明断定了谓项的全部外延。其中SEP断定S的全部外延和P的全部外延相排斥，SOP断定S类中至少有一个对象与P的全部外延相排斥，SE′P断定S中某个具体的对象与P的全部外延相排斥，因此它们的谓项P都是周延的。

(5)肯定判断的谓项是不周延的

肯定判断“所有(有的、这个)S是P”中，联项“是”的含义是“包含于”。“包含于”是一种复合关系，包括“真包含于”和“全同”两种情况；其中“真包含于(P)”没有断定P的全部外延，“全同(于P)”断定了P的全部外延。但对具体的某个性质判断来说，究竟“包含于”属于哪一种情况，这是由其思维内容而非思维形式决定的。由于从思维形式的角度来看，“包含于(P)”并不必然断定P的全部外延，因此，逻辑学认为肯定判断的谓项不周延。例如：

① 所有大学生都是学生。
② 所有等边三角形都是等角三角形。
③ 有的青年是律师。
④ 有的科学是思维科学。
⑤ 上海是大城市。
⑥ 北京是中华人民共和国首都。

这里，①和②的判断类型都是SAP，都断定S的全部外延包含于P的外延之中；从思维内容来看，①中“大学生”与谓项“学生”是真包含于关系，②中“等边三角形”与谓项“等角三角形”是全同关系。

③和④的判断类型都是SIP，都断定S类中至少有一个对象包含于P的外延之中；从思维内容来看，③所断定的部分“青年”重合于谓项“律师”的部分外延，④所断定的部分“科学”重合于谓项“思维科学”的全部外延。

⑤和⑥的判断类型都是SA′P，都断定S中某个对象包含于谓项P的外延之中；从思维内容来看，⑤中主项“上海”与谓项“大城市”是真包含于关系，⑥中主项“北京”与谓项“中华人民共和国首都”是全同关系。

由于①和②、③和④、⑤和⑥的上述区别都是由思维内容而非思维形式所决定的，形如②、④、⑥的性质判断中谓项P被断定全部外延并不具有必然性，因此，逻辑学认为上述判断的谓项P都不周延。那种认为肯定判断的谓项“有时周延有时不周延”的观点是不正确的。

综上所述，六种性质判断形式中主、谓项的周延情况可列表如下：

判断形式	SAP	SEP	SIP	SOP	SA′P	SE′P
主项	周延	周延	不周延	不周延	周延	周延
谓项	不周延	周延	不周延	周延	不周延	周延

可以看出，单称判断主、谓项的周延性和全称判断完全相同。因此，传统逻辑在研究推理(主要是三段论)时，因其只涉及词项的周延性这一逻辑性质，所以把单称判断

归入全称判断来处理，从而使问题得到很大程度的简化。

四、性质判断间的真假关系

1. 性质判断的真值

性质判断是断定S类对象具有或不具有P性质的判断，而任何性质又总是一定对象的性质。因此，性质判断实际上断定的是两类对象S和P之间的某种关系。具体来说，S类对象具有P性质，即包含于P类之中；不具有P性质，即不包含于P类之中。

从逻辑上看，一个性质判断所断定的，实际上是其主项S和谓项P之间的某种外延关系。因此，如果一个性质判断所断定的外延关系与其主、谓项客观上具有的外延关系相符，则该判断就是真的，否则就是假的。

任意两个概念S和P之间的外延关系，在不考虑是否满域的情况下，实际上只有五种，即：全同、真包含于、真包含、交叉和全异。在这五种外延关系中，六种性质判断的真假值如下表所示（文恩图略去了论域）：

S、P的外延关系 判断的真假 判断形式	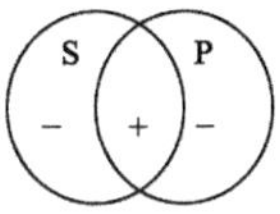	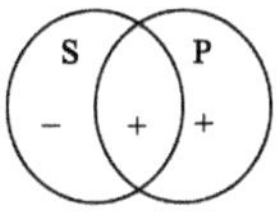	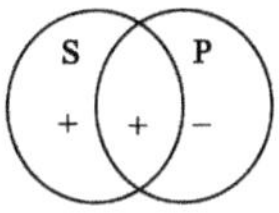	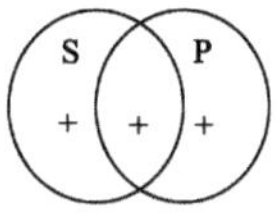	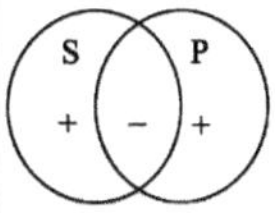
SAP	真	真	假	假	假
SEP	假	假	假	假	真
SIP	真	真	真	真	假
SOP	假	假	真	真	真
SA′P	真	真	假/真	假/真	假
SE′P	假	假	真/假	真/假	真

这种表示判断真假值的表格，逻辑上称为真值表。表中的A、E、I、O、A′、E′是所谓同素材（即主项相同并且谓项相同）的六种性质判断，五个文恩图分别表示S和P两个概念间可能具有的五种外延关系。可以看出，在S和P的各种外延关系下，同素材的六种性质判断的真值是相对确定的。因此，其相互之间的真假关系也是确定的。

2. 性质判断间的真假关系

同素材性质判断间的真假关系，是建立性质判断推理理论的又一个重要依据。对上面的真值表进行纵向分析，可知六种同素材性质判断之间的真假关系共有以下四种、十五对：

(1)矛盾关系：A 与 O、E 与 I、A′与 E′之间，共三对。

(2)反对关系：A 与 E、A 与 E′、A′与 E 之间，共三对。

(3)下反对关系：I 与 O、I 与 E′、O 与 A′之间，共三对。

(4)差等关系：A 与 I、E 与 O、A 与 A′、A′与 I、E 与 E′、E′与 O 之间，共六对，且每一对中，前者是上位判断，后者是下位判断。

3. 反映真假关系的逻辑方阵

为了帮助记忆，传统逻辑将同素材的 A、E、I、O 之间的真假关系用一个正方形表示如下：

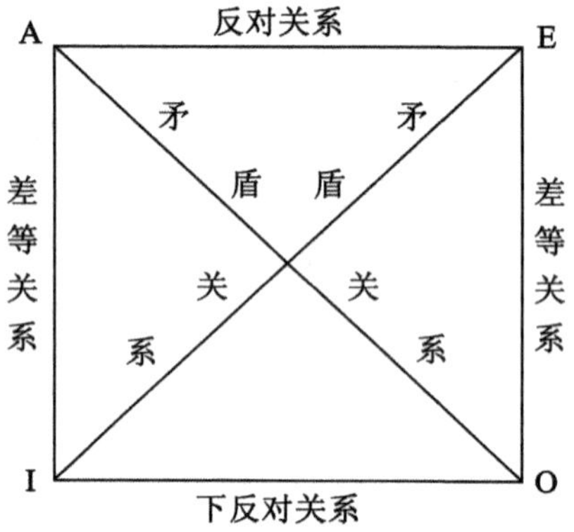

这个图形叫做性质判断逻辑方阵。由于 A、E、I、O 四种性质判断在逻辑方阵中各占一个角，四个角遥遥相对、彼此呼应，因此性质判断间的真假关系又称为对当关系。

在考虑单称判断时，上面的逻辑方阵还可以扩充为反映 A、E、I、O、A′、E′六种同素材性质判断间对当关系的逻辑方阵。如下图所示：

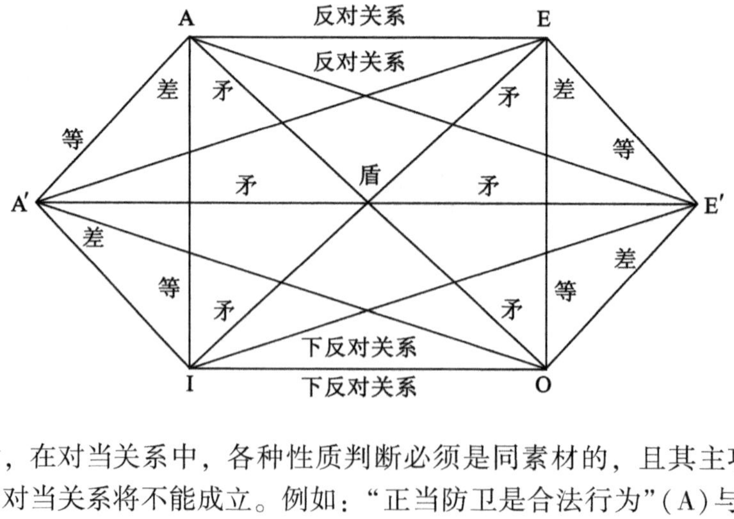

必须注意，在对当关系中，各种性质判断必须是同素材的，且其主项不能是虚概念，否则有的对当关系将不能成立。例如：“正当防卫是合法行为”(A)与“正当防卫不

是非法行为”(E)并非反对关系，因为它们不是同素材的；“有的仙女是美丽的”(I)与“有的仙女不是美丽的”(O)可以同假，因为它们的主项是虚概念。此外，单称判断不能归入全称判断来处理；因为SA′P与SE′P之间是矛盾关系，而SAP与SEP之间则是反对关系，二者显然有所不同。

第二节　关系判断

一、什么是关系判断

关系判断就是断定对象之间具有或不具有某种关系的判断。例如：

① 3大于2。
② 张三和李四是朋友。
③苏州位于南京和上海之间。

这些都是关系判断。其中①断定“3”和“2”两个对象之间具有“大于”关系，②断定“张三”和“李四”两个对象之间具有“朋友”关系，③断定“苏州”、“南京”和“上海”三个对象之间具有“……位于……和……之间”的关系。

关系判断由个体项、关系项和量项三个部分组成。

1. 个体项

关系判断中反映各个对象的概念，叫做个体项，也叫个体词。它们是关系判断的主项，表示关系的承担者。显然，在关系判断中，个体项不是唯一的。如①中的个体项是“3”和“2”，②中的个体项是“张三”和“李四”，③中的个体项是“苏州”、“南京”和“上海”。

个体项有个体常项和个体变项之分。个体常项表示论域中确定的对象，通常用小写字母a、b、c等表示。个体变项表示论域中不确定的对象，通常用小写字母x、y、z等表示。论域，也叫个体域，通常是一定对象所组成的类或者集合。例如：在关系判断“张三打败了所有的对手”中，个体域是包含所有人在内的集合{人}，“张三”是个体常项，“对手”是个体变项。

2. 关系项

关系判断中反映对象间关系的概念，叫做关系项。它相当于关系判断的谓项。如①中的关系项是“……大于……”，②中的关系项是“……和……是朋友”，③中的关系项是“……位于……和……之间”。

关系有不同的类型。存在于两个对象间的关系，称为二元关系；存在于三个对象之间的关系，称为三元关系。一般而言，存在于n个对象之间的关系，称为n元关系。其中，三元及三元以上的关系又称为多元关系。如①和②中的关系都是二元关系，而③中的关系则是三元关系。

关系项通常用大写字母 F、H、R 等表示。一般而言，个体常项 a、b 之间具有二元关系 R 可表示为 R(a，b)，a、b、c 之间具有三元关系 R 可表示为 R(a，b，c)，a_1，a_2，…，a_n之间具有 n 元关系 R 可表示为 R(a_1，a_2，…，a_n)。

3. 量项

关系判断中反映对象数量或范围的概念，叫做量项。例如："有的参观者欣赏所有的展品"中，"有的"和"所有的"就是量项。与性质判断的情况相类似，关系判断的量项也有全称量项、特称量项之分，但没有单称量项之说。这是因为当个体项是单独概念时，其所表示的是确定的对象，因而都是个体常项，而个体常项是不需要使用量项的。如上面①、②、③中的个体项都是单独概念，因而都不包含量项。

涉及个体域、反映多元关系或者包含量项的关系判断，情况比较复杂，需要留给现代逻辑的谓词逻辑专门研究。以下我们只讨论不涉及个体域、不包含量项的二元关系判断。

二、二元关系的性质

1. 自返性

关系的自返性是指任一对象与其自身是否具有某种关系。据此，关系可分为以下三种：

自返关系：若个体域中的任一对象与其自身都具有 R 关系，则称 R 为自返关系。例如，"……等于……"就是实数域上的一个自返关系，因为任一实数都与其自身相等。

反自返关系：若个体域中的任一对象与其自身都不具有 R 关系，则称 R 为反自返关系。例如，"……大于……"关系就是实数域上的一个反自返关系，因为任何一个实数都不大于它自身。

非自返关系：若个体域中有的对象与其自身具有 R 关系，有的对象与其自身不具有 R 关系，则称 R 为非自返关系。

例如，"……信任……"就是一个非自返关系，因为有的人自信，有的人不自信。

断定对象之间具有或不具有上述三种关系的判断可分别称为自返关系判断、反自返关系判断和非自返关系判断。

2. 对称性

关系的对称性是指当对象 x 和对象 y 具有某种关系时，倒过来，对象 y 和对象 x 是否具有此种关系。据此，关系可分为以下三种：

对称关系：若个体域中，任意对象 x 和 y 具有 R 关系时，反过来，y 和 x 也一定具有 R 关系，则称 R 为对称关系。例如，概念间的交叉关系就是一个对称关系，因为只要概念 S 和 P 具有交叉关系，反过来，P 和 S 就一定具有交叉关系。

反对称关系：若个体域中，任意对象 x 和 y 具有 R 关系时，反过来，y 和 x 一定不具有R关系，则称R为反对称关系。例如，数值间的“……大于……”关系就是一个反对称关系，因为当x大于y时，倒过来，y一定不大于x。

非对称关系：若个体域中，任意对象x和y具有R关系时，反过来，y和x可能具有、也可能不具有R关系，则称R为非对称关系。例如，“……喜欢……”就是一个非对称关系，因为当张三喜欢李四时，李四不一定喜欢张三。

断定对象之间具有或不具有上述三种关系的判断可分别称为对称关系判断、反对称关系判断和非对称关系判断。

3. 传递性

关系的传递性是指，当对象x和对象y具有R关系，并且对象y和对象z也具有R关系时，对象x和对象z是否具有R关系。据此，关系可分为以下三种：

传递关系：若个体域中，任意对象x和y、y和z都具有R关系时，x和z一定具有R关系，则称R为传递关系。例如，概念间的真包含于关系就是一个传递关系，因为只要概念S真包含于P、概念P真包含于Q，则概念S一定真包含于Q。

反传递关系：若个体域中，任意对象x和y、y和z都具有R关系时，x和z一定不具有R关系，则称R为反传递关系。例如，对人来说，母女关系就是一个反传递关系；因为当x是y的母亲、并且y是z的母亲时，x一定不是z的母亲。

非传递关系：若个体域中，任意对象x和y、y和z都具有R关系时，x和z可能具有R关系，也可能不具有R关系，则称R为非传递关系。例如，“……认识……”就是一个非传递关系，因为当张三认识李四、李四认识王五时，张三不一定认识王五。

断定对象之间具有或不具有上述三种关系的判断可分别称为传递关系判断、反传递关系判断和非传递关系判断。

练 习 题

1. 下列判断各属何种性质判断？其主、谓项的周延情况如何？

(1)摩托罗拉不是国产品牌。

(2)人民群众是历史的创造者。

(3)没有一个人身上没有惰性。

(4)有些动物不是用鳃呼吸的。

(5)没有人会相信这样的弥天大谎。

(6)无论什么困难都不是不可克服的。

(7)我班有些同学数学考试成绩不理想。

(8)每个人都是自己生活道路的选择者。

2. 用文恩图表示并举例说明在下列情况下，性质判断主、谓项之间的外延关系。

(1)“有S是P”为真。

(2)“有S不是P”为真。

(3)“所有S是P”为真。

(4)“所有 S 不是 P”为真。
(5)“有 S 是 P”为假。
(6)“所有 S 是 P”为假。
(7)“有 S 不是 P”为假。
(8)“所有 S 不是 P”为假。
3. 已知下列判断为真，请根据逻辑方阵指出同素材的其他性质判断的真假。
(1)我们班所有同学都不会彻夜上网。
(2)这个社区有的人家联上了宽带网。
(3)N 市街心公园有些果木不是名贵的。
(4)这架飞机上的乘客都是去英国旅游的。
4. 已知下列判断为假，请根据逻辑方阵指出同素材的其他性质判断的真假。
(1)有的国家税收很重。
(2)这个马戏团所有的演员都不是法国人。
(3)这个商店所有的商品都是通过正规渠道进货的。
(4)今天早上在中山公园打太极拳的有些不是老年人。
5. 根据性质判断间的对当关系，选择相应的真判断来反驳下列假判断。
(1)所有成功者都是一帆风顺的。
(2)β 星系中的所有的星都不是双子星。
(3)有些昆虫不是六只脚的。
(4)有些人是可以一辈子依靠父母的。
(5)所有的科学家都不是自学成才的。
(6)凡是能言善辩的人都不是老实人。
6. 从对称性的角度，分析下列判断各属何种关系判断。
(1)田路和王洲同岁。
(2)张三欺骗了李四。
(3)这次比赛甲队战胜了乙队。
(4)甲判断和乙判断是矛盾的。
7. 从传递性的角度，分析下列判断各属何种关系判断。
(1)张某控告了王某，王某控告了刘某。
(2)北京在杭州以北，杭州在广州以北。
(3)学生们尊敬吴老师，吴老师尊敬王校长。
(4)甲判断和乙判断矛盾，乙判断和丙判断矛盾。

第八章　复合判断

第一节　复合判断概述

一、什么是复合判断

复合判断，就是包含着成分判断的判断。例如：

① 并非所有天鹅都是白色的。

② 如果 x 是偶数，那么 x^2 也是偶数。

③ 鲁迅不但是伟大的文学家，而且是伟大的思想家和伟大的革命家。

④ 本案主犯或者是张三，或者是李四，或者是王五。

⑤ 并非只要对外开放，就要全盘西化。

⑥ 亲身参加实践，就能获得第一手材料；不亲身参加实践，就不能获得第一手材料。

这些都是复合判断。例①中包含着一个成分判断“所有天鹅都是白色的”，例②中包含着两个成分判断“x 是偶数”和“x^2 是偶数”，例③中包含着三个成分判断“鲁迅是伟大的文学家”、“鲁迅是伟大的思想家”和“鲁迅是伟大的革命家”，例④中包含着三个成分判断“本案主犯是张三”、“本案主犯是李四”和“本案主犯是王五”。

包含在复合判断中的成分判断，叫做支判断。显然，复合判断中的支判断，可能只有一个(如例①)，也可能有两个(如例②)或两个以上(如例③、例④)。在复合判断中，支判断表示具体的事物情况。因而在复合判断的逻辑形式中，支判断是逻辑变项，通常用小写字母 p、q、r、s、t 等表示。

联结支判断以构成复合判断的逻辑成分，叫做逻辑联结词，简称联结词。上面例①中的“并非……”，例②中的“如果……那么……”，例③中的“不但……而且……”，例④中的“或者……或者……或者……”，例⑤中的“并非……”和“只要……就……”，例⑥中的“(只要)……，就……；(并且)(只要)不……，就不……”，就分别是这些复合判断中的联结词。

它们都是自然语言中常见、常用的关联词语，用来联结分句以组成复句，因而也叫日常联结词。由于逻辑学所关心的主要是这些关联词语的逻辑性质(如真值、真假关系)，因此才称之为逻辑联结词。不同种类的关联词语，逻辑性质往往大相径庭。其中有的表示推理，称为因果联结词；其余的统称为非因果联结词，用来表示复合判断。

在复合判断的逻辑形式中，联结词是逻辑常项，其含义是相对固定的。不同类型的联结词，反映了支判断之间不同的逻辑关系，决定着复合判断的不同类型及其不同的逻辑性质。

二、复合判断的真值

复合判断的真值取决于支判断的真值和逻辑联结词的性质。

复合判断是对支判断所述事物情况的存在性或事物情况间条件关系的断定。从逻辑上看，也就是对支判断的真值或其间真假关系的断定。因此，当且仅当一个复合判断通过逻辑联结词所断定的支判断真值或真假关系与其客观情况相符时，该复合判断为真，否则便为假。

由于支判断可以表示任意的事物情况，因此，逻辑上假定其可以为真，也可以为假。这样，当复合判断只包含一个支判断时，客观情况就分为两种，即：{1}和{0}；当包含两个支判断时，客观情况就分为四种，即：{1，1}、{1，0}、{0，1}和{0，0}。同理，当包含三个支判断时，分为八种；四个时，分为十六种，其余以此类推。

各种复合判断与其支判断之间的真假关系可通过真值表得到反映。例如：上面例①的逻辑形式是“并非 p”，其真值表如下：

p	并非 p
1	0
0	1

三、复合判断的种类

1. 联言判断、选言判断、假言判断和负判断

非因果联结词根据其逻辑性质的不同，可以分为联言联结词、选言联结词、假言联结词和否定词四种类型。相应地，复合判断可以分为联言判断(例③⑥)、选言判断(例④)、假言判断(例②)和负判断(例①⑤)四种类型。

选言联结词根据其逻辑性质的不同，又可细分为相容选言联结词和不相容选言联结词两种，因而选言判断又可细分为相容选言判断和不相容选言判断两种。

假言联结词根据其逻辑性质的不同，又可细分为充分条件假言联结词、必要条件假言联结词和充分必要条件假言联结词三种，因而假言判断又可细分为充分条件假言判断、必要条件假言判断和充分必要条件假言判断三种。

2. 基本复合判断和多重复合判断

复合判断的成分判断可以是简单判断，也可以是复合判断。包含着复合判断作为成分判断的复合判断，称为多重复合判断。如上面的例⑤中，包含着一个复合判断作为成分判断，即“只要对外开放，就要全盘西化”；而例⑥则包含着两个复合判断作为成分

判断，即“亲身参加实践，就能获得第一手材料”和“不亲身参加实践，就不能获得第一手材料”。

只包含简单判断作为成分判断的复合判断，称为基本复合判断。如上面的例①、②、③、④。逻辑学在研究复合判断及其推理时，一般不再分析作为支判断的简单判断的内部结构，而将其作为最小的真值取值单位来看待，并称之为原子命题。

对多重复合判断则可以进行不同层次的分析，因为多重复合判断的支判断中还有复合判断，因而总可以继续分析下去，直到所有的支判断都是原子命题。

第二节　联言判断

一、什么是联言判断

联言判断是断定若干事物情况都存在的复合判断。例如：

① 中国是社会主义国家，并且是发展中国家。

② 所有的法官都进行判断，但不是所有的法官都有判断力。

③ 鲁迅不但是伟大的文学家，而且是伟大的思想家和伟大的革命家。

联言判断的支判断叫做联言支，联结词叫做联言联结词。在现代汉语中，联言联结词常用下列语词表示：“……并且……”、“既……又(也)……”、“不但……而且……”、“虽然……但是……”、“一方面……另一方面……”等。它们分别是并列复句、递进复句、转折复句的关联词语，但都具有相同的逻辑性质，其差别是非逻辑的。

习惯上，用“……并且……”作为联言联结词的代表，以包含两个联言支的情况为例，将联言判断的逻辑形式表示为：

p 并且 q。

现代逻辑用合取符“∧”(读作“合取”)来代替“并且”，于是二支联言判断的逻辑形式还可以写成：

$$p \wedge q。$$

这叫做一个合取式。其逻辑含义是：p、q 所说的两种事物情况都存在，或 p、q 都是真的。

联言判断的真值取决于其所断定的事物情况的存在性(或联言支的真值)与客观情况是否相符。以二支为例，可用真值表表示如下：

p	q	$p \wedge q$
1	1	1
1	0	0
0	1	0
0	0	0

可以看出，由于 $p \wedge q$ 断定 p、q 都是真的，因而当且仅当客观上 p、q 都为真时，$p \wedge q$才为真，反之都为假。多支的情况与此类似。

这就是说，一个联言判断为真，当且仅当其各个联言支都为真。

二、联言判断的应用问题

1. 联言判断的省略问题

当各个联言支均为性质判断且其主项或谓项相同时，在自然语言中往往只保留其中之一而省略其余。在进行逻辑分析时，应予补全。例如：

① 曹操、曹丕、曹植都是历史上著名的文学家。

② 曹操不但是著名的文学家，而且是杰出的政治家。

③ 曹操、曹丕都既是著名的文学家，又是杰出的政治家。

例①有三个联言支，都是性质判断，且其谓项都是“历史上著名的文学家”，但相同的谓项只表述了一次。这叫联主同谓式。

例②有两个联言支，都是性质判断，且其主项都是“曹操”，但相同的主项只表述了一次。这叫同主联谓式。

例③有四个联言支，都是性质判断，且两个主项、两个谓项各表述了一次，各省略了一次。这叫联主联谓式。

联言支中被省略的主项或谓项，在进行逻辑分析的时候，应该补充出来，使其成为完整的性质判断。如例②的两个支判断补充完整就是：“曹操是著名的文学家”、“曹操是杰出的政治家”。

类似的情形，在其他复合判断的语言表述中也会出现。如“人的血型或者是 A 型，或者是 B 型，或者是 AB 型，或者是 O 型”。其处理办法与此处相似，以后就不再说明了。

2. 联言判断的逻辑、非逻辑含义

从逻辑上看，$p \wedge q$ 断定了 p、q 都是真的，因而当且仅当 p、q 客观上都为真时，$p \wedge q$ 为真，否则便为假。也就是说，$p \wedge q$ 与其联言支 p、q 之间都只有逻辑上的真值联系，而没有任何别的意义关联。这至少意味着：

① p、q 的意义可以毫不相关。如“雪是白的，并且 3 大于 2”，虽然两个联言支的意义毫不相关，但由于它们二者皆为真，因而整个联言判断也就为真。

② p、q 的先后顺序可随意调整。如“我军屡战屡败”与“我军屡败屡战”的修辞效果虽然有所不同，但在逻辑上却是等值的。又如：“彭友梅的丈夫冯应洲在犯罪服刑期间越狱潜逃回家，向彭友梅索要路费打算远走高飞。彭友梅想要报警又无法脱身，便以借路费为由，与冯应洲一起来到冯应洲姐姐家，偷偷将实情都告诉了冯应洲的姐姐，并让她想法去派出所报案。冯应洲的姐姐非常不理解，并说：“冯应洲虽然犯了法，但他毕竟是你丈夫呀!”彭友梅则毫不含糊地回答：“冯应洲虽然是我的丈夫，但他毕竟犯了法!”

另如：“老王登上了天安门，并且到了北京”、“小李和小张生了孩子并且结了婚”等表达联言判断的语句，虽然听起来似乎都不如交换其联言支顺序后的意思更通顺，但前后两种说法在逻辑上却并无差别。

类似的情况，在其他复合判断中也存在。如“或者地球是方的，或者 3 大于 2”，“如果地球是方的，我以后就倒着走路”。在这一点上，强调复合判断与其支判断间的真值联系，而忽略其非逻辑的种种意义关联。这是逻辑学的一贯立场，后不赘述。

第三节　选言判断

一、什么是选言判断

选言判断是断定若干事物情况中至少有一种存在的复合判断。例如：

①他发烧，或者是由于感冒，或者是由于肺炎，或者是由于肺结核。

②国际争端要么用武力方式解决，要么用和平方式解决。

例①断定了“他发烧”的三种可能的原因至少有一种存在。例②断定了解决“国际争端”的两种可能的方式至少有一种存在。它们都是选言判断，都是通过选择复句来表达的。

选言判断的成分判断，叫做选言支。选言判断的联结词，叫做选言联结词。选言判断就是通过选言联结词断定若干事物情况中至少有一种存在的，如上面例①中的“或者……或者……”、例②中的“要么……要么……”。

根据其所用以断定的事物情况中是否可以有不止一种存在，选言联结词可分为相容、不相容两种。相应地，选言判断也可分为相容、不相容两种。如上面的例①就是一个相容选言判断，而例②则是一个不相容选言判断。

二、相容选言判断

相容选言判断是断定若干事物情况中至少有一种存在，并且可以有不止一种存在的选言判断。例如：

①这部作品或者思想上有缺点，或者艺术上有缺点。

②胜者或因其强，或因其指挥得当。

这些都是相容选言判断。其所分别断定的两种事物情况都可以并存，或者说，都是相容的。

相容选言判断的联结词，称为相容选言联结词。在现代汉语中，相容选言联结词常用下列语词表示："或者……或者……"、"不是……就是……"、"也许……也许……"、"可能……可能……"等。

习惯上，用"或者……或者……"作为相容选言联结词的代表，以包含两个选言支的情况为例，将相容选言判断的逻辑形式表示为：

或者 p，或者 q。

可简写为：p 或者 q(或：p 或 q)。

现代逻辑用析取符"∨"(读作"析取")来代替"或者"，于是二支相容选言判断的逻辑形式还可以写成：

$$p \vee q。$$

这叫做一个析取式。其逻辑含义是：p、q 所说的两种事物情况至少有一种存在，并且可以都存在。或者：p、q 至少有一个为真，并且可以都为真。

相容选言判断的真值取决于其所断定的事物情况的存在性(或选言支的真值)与客观情况是否相符。以二支为例，可用真值表表示如下：

p	q	p∨q
1	1	1
1	0	1
0	1	1
0	0	0

可以看出，由于 p∨q 断定 p、q 至少有一个为真，并且可以同真，因而当且仅当客观上 p、q 都为假时，p∨q 才为假，反之都为真。多支的情况与此类似。

这就是说，一个相容选言判断为假，当且仅当其各个选言支都为假。

三、不相容选言判断

不相容选言判断是断定若干事物情况中至少有一种存在，并且只能有一种存在的选言判断。例如：

①要么站着死，要么跪着生。

②不是打败对手，就是被对手打败。

这些都是不相容选言判断。其所分别断定的两种事物情况都不可以并存，或者说，都是不相容的。

不相容选言判断的联结词，称为不相容选言联结词。在现代汉语中，不相容选言联结词常用下列语词表示："要么……要么……"、"不是……就是……"等。

习惯上，用"要么……要么……"作为不相容选言联结词的代表，以包含两个选言支的情况为例，将不相容选言判断的逻辑形式表示为：

要么 p，要么 q。

可简写为：p 要么 q。

现代逻辑用严格析取符"$\dot{\vee}$"（读作"严格析取"）来代替"要么"，于是二支不相容选言判断的逻辑形式还可以写成：

$$p \dot{\vee} q。$$

这叫做一个严格析取式。其逻辑含义是：p、q 所说的两种事物情况至少有一种存在，并且只能有一种存在。或者：p、q 至少有一个为真，并且只能有一个为真。

不相容选言判断的真值取决于其所断定的事物情况的存在性（或选言支的真值）与客观情况是否相符。以二支为例，可用真值表表示如下：

p	q	$p \dot{\vee} q$
1	1	0
1	0	1
0	1	1
0	0	0

可以看出，由于 $p \dot{\vee} q$ 断定 p、q 至少有一个为真，并且只能有一个为真，因而当且仅当客观上 p、q 有且只有一个为真时，$p \dot{\vee} q$ 才为真，反之都为假。多支的情况与此类似。

这就是说，一个不相容选言判断为真，当且仅当其选言支中有且只有一个为真。

四、选言判断的应用问题

1. 关于选言联结词的种类

在现代汉语中，“或者……或者……”和“不是……就是……”都既可以用作相容选言联结词，表示事物情况可以并存，又可以用作不相容选言联结词，表示事物情况不可以并存。如：

① 小王或者爱好体育，或者爱好文艺。
② 小王或者是武汉人，或者是南京人。
③ 不是小李没考及格，就是小张没考及格。
④ 不是小李得了冠军，就是小张得了冠军。

这里，例①、③中的事物情况都可以并存，因而是相容选言判断；例②、④中的事物情况都不可以并存，因而是不相容选言判断。也就是说，日常语言中的“或者……或者……”与“不是……就是……”究竟是哪一种选言联结词，需要根据具体的语境加以识别。

日常语言中的“或者……或者……”与作为相容选言联结词代表的“或者……或者……”是不同的，后者只能表示相容而不能表示不相容。在严格的表述中，为了避免产生歧义，“或者……或者……”经常带上“或者兼而有之”或“二者不可得兼”等后缀，分别表示其为相容和不相容选言联结词。如“鱼，吾所欲也；熊掌，亦吾所欲也。二者不可得兼。”在进行逻辑分析时，应注意不要把后缀作为一个独立的选言支来看待。

2. 关于“选言支不穷尽”

选言判断是对可能存在的事物情况的断定。因此，当选言支穷尽所有可能的事物情况时，选言判断一定为真。反之则可能为假，如“小王或者爱好体育，或者爱好文艺”就可能是一个假判断。

在实际应用中，特别是在公安人员侦查案情时，如果漏掉了不该漏掉的事物情况，致使认识活动发生偏差，人们就会说这是犯了所谓“选言支不穷尽”的逻辑错误。如说“张三的血型要么是A型，要么是B型，要么是AB型。既然已经证实张三的血型不是A型，也不是B型，那么他的血型一定是AB型”。但事实上张三的血型恰恰是被漏掉了的O型。

严格地说，选言支穷尽与否并非逻辑问题，“选言支不穷尽”也并非逻辑错误。但由于其在选言判断的实际应用中极其典型又极易发生，因而又很受传统逻辑的关注。

第四节 假言判断

一、什么是假言判断

假言判断是断定事物情况之间条件关系的复合判断，因此也称为条件判断。例如：

① 只要帝国主义还存在，战争就是不可避免的。
② 只有正视自己的无知，才能扩大自己的知识。
③ 人不犯我，我不犯人；人若犯我，我必犯人。

这些都是假言判断。例①断定了“帝国主义存在”是“战争不可避免”的充分条件；例②断定了“正视自己的无知”是“扩大自己的知识”的必要条件；例③断定了“人犯我”是“我犯人”的充分必要条件。

假言判断由两个有先后顺序的支判断构成。习惯上把其中表示条件的支判断称为前件，用p表示；另一个支判断称为后件，用q表示。在上面的三个例子中，前面的支判断均为前件；后面的支判断均为后件。但这并不意味着在所有的假言判断中，前件都在前面，后件都在后面。例如：

① 世上无难事，只要肯登攀。
② 高分不易拿，除非下苦功。

假言判断所断定的条件关系是事物情况间的一些必然联系，共有三种，即：充分条件、必要条件、充分必要条件(可简称充要条件)。设p、q各代表一种事物情况，则：

①p是q的充分条件，当且仅当：p所说情况存在，则q所说情况一定存在。换言之，p真，q一定真。例如，“天下雨”存在，则“路面湿”一定存在，因此“天下雨”就是“路面湿”的充分条件。

②p是q的必要条件，当且仅当：p所说情况不存在，则q所说情况一定不存在。换言之，p假，q一定假。例如，“温度适宜”不存在，则“鸡蛋孵出小鸡”一定不存在，因此“温度适当”就是“鸡蛋孵出小鸡”的必要条件。

③p是q的充要条件，当且仅当：p所说情况存在，则q所说情况一定存在；并且，p所说情况不存在，则q所说情况一定不存在。换言之，p真，q一定真，并且p假，q一定假。例如，“三角形等角”存在，则“三角形等边”存在；“三角形等角”不存在，则“三角形等边”不存在，因此，“三角形等角”是“三角形等边”的充要条件。容易看出，p是q的充要条件，等于说p既是q的充分条件，又是q的必要条件。

此外，若p既不是q的充分条件，也不是q的必要条件(更不可能是充分条件)，则称p、q之间为非条件关系。例如，“心灵美”存在，“语言美”可能存在也可能不存在；“心灵美”不存在，“语言美”也可能存在也可能不存在。因此，“心灵美”和“语言美"之间不存在任何条件关系，或者说是非条件关系。

假言判断的联结词，叫做假言联结词。假言判断正是通过三种不同类型的假言联结词，分别表示三种不同类型的条件关系，并区分为三种不同类型的。

二、充分条件假言判断

充分条件假言判断是断定一种事物情况存在是另一事物情况存在的充分条件的假言判断。例如：

① 如果水温降到零度以下，那么水将会结冰。
② 如果一个人骄傲自满，那么他就会落后。

这些都是充分条件假言判断。例①断定"水温降到零度以下"这种事物情况的存在，是"水结冰"这种事物情况存在的充分条件。例②断定"一个人骄傲自满"这种事物情况的存在，是"这个人落后"这种事物情况存在的充分条件。它们的联结词都是"如果……那么……"。

在现代汉语中，充分条件假言联结词常用下列语词表示："如果……那么……"、"假设……那么……"、"倘若……则(必)……"、"(只要)……就……"、"若……则……"等。

习惯上，用"如果……那么……"作为充分条件假言联结词的代表，用 p 表示前件、q 表示后件，将充分条件假言判断的逻辑形式表示为：

如果 p，那么 q。

在现代逻辑中，常用蕴涵符"→"(读作"蕴涵")来表示"如果……那么……"。于是，上述逻辑形式就成了下面的所谓蕴涵式：$p \to q$ 。其逻辑含义是：p 所说情况存在，则 q 所说情况一定存在；或：p 真，则 q 一定真。

充分条件假言判断的真值取决于其所断定的事物情况之间的条件关系(或者说前、后件之间的真假关系)与客观情况是否相符。可用真值表表示如下：

p	q	p→q
1	1	1
1	0	0
0	1	1
0	0	1

可以看出，由于 $p \to q$ 断定了 p 真 q 一定真，相反的情况只有一种，即 p 真 q 不一定真(亦即可能为假)，因而当且仅当客观上 p 真 q 假时，$p \to q$ 为假，反之都为真。

这就是说，一个充分条件假言判断为假，当且仅当其前件真而后件假。

三、必要条件假言判断

必要条件假言判断是断定一种事物情况存在是另一事物情况存在的必要条件的假言判断。例如：

① 一个人只有年满18岁，才有公民选举权。

② 只有高速度地发展生产力，才能迅速地提高人民的生活水平。

这些都是必要条件假言判断。例①断定“一个人年满18岁”这种事物情况的存在，是“这个人有公民选举权”这种事物情况存在的必要条件。例②断定“高速度地发展生产力”这种事物情况的存在，是“迅速地提高人民的生活水平”这种事物情况存在的必要条件。它们的联结词都是“只有……才……”。

在现代汉语中，必要条件假言联结词常用下列语词表示：“只有……才……”、“必须……才……”、“除非……就不……”、“没有……就没有……”、“不……(就)不……”、“无……必无……”等。

习惯上，用“只有……才……”作为必要条件假言联结词的代表，用p表示前件、q表示后件，将必要条件假言判断的逻辑形式表示为：

只有p，才q。

在现代逻辑中，常用逆蕴涵符“←”(读作“逆蕴涵”)来表示“只有……才……”。于是，上述逻辑形式就成了下面的所谓逆蕴涵式：p←q。其逻辑含义是：p所说情况不存在，则q所说情况一定不存在；或：p假，则q一定假。

必要条件假言判断的真值取决于其所断定的事物情况之间的条件关系(或者说前、后件之间的真假关系)与客观情况是否相符。可用真值表表示如下：

p	q	p←q
1	1	1
1	0	1
0	1	0
0	0	1

可以看出，由于p←q断定了p假q一定假，相反的情况只有一种，即p假q不一定假(亦即可能为真)，因而当且仅当客观上p假q真时，p←q为假，反之都为真。

这就是说，一个必要条件假言判断为假，当且仅当其前件假而后件真。

四、充分必要条件假言判断

充分必要条件假言判断，简称充要条件假言判断，就是断定一种事物情况的存在是另一事物情况存在的充分必要条件的假言判断。例如：

① 当且仅当一个三角形是等边的，则它是等角的。

② 如果一个理论经得起实践检验，那么它就是真理；反之，如果一个理论经不起实践检验，那么它就不是真理。

这些都是充要条件假言判断。例①断定“一个三角形是等边的”这种事物情况的存在，是“该三角形是等角的”这种事物情况存在的充要条件。例②断定“一个理论经得起实践检验”这种事物情况的存在，是“这个理论是真理”这种事物情况存在的充要条件。

在现代汉语中，充要条件假言联结词常用下列语词表示：“当且仅当……才(则)……”、“有而且只有……就(或才)……”、“如果……那么……；并且只有……才……”、“如果……那么……；并且如果不……那么不……”等。

习惯上，用“当且仅当……才……”作为充要条件假言联结词的代表，用 p 表示前件、q 表示后件，将充要条件假言判断的逻辑形式表示为：

当且仅当 p，才 q。

在现代逻辑中，常用双向蕴涵符“$\leftrightarrow$”(读作“等值”或“双向蕴涵”)来表示“当且仅当……才……”。于是，上述逻辑形式就成了下面的所谓双蕴涵式：$p\leftrightarrow q$。其逻辑含义是：p 所说情况存在，则 q 所说情况一定存在；并且 p 所说情况不存在，则 q 所说情况一定不存在。或：p 真，则 q 一定真；并且 p 假，则 q 一定假。

充要条件假言判断的真值取决于其所断定的事物情况之间的条件关系(或者说前、后件之间的真假关系)与客观情况是否相符。可用真值表表示如下：

p	q	$p\leftrightarrow q$
1	1	1
1	0	0
0	1	0
0	0	1

可以看出，由于 $p\leftrightarrow q$ 断定了“p 真 q 一定真，并且 p 假 q 一定假”，相反的情况只有两种，即：p 真 q 不一定真(亦即可能为假)；p 假 q 不一定假(亦即可能为真)。因而当且仅当客观上 p、q 真值相等(亦即同真或同假)时，$p\leftrightarrow q$ 为真，反之则为假。

这就是说，一个充要条件假言判断为真，当且仅当其前、后件真值相等。

五、假言判断的应用问题

1. 防止误用条件关系

首先，条件关系是必然性联系，只存在于密切相关并有一定因果联系的事物情况之间。如果误把非条件关系当做条件关系，进而随意作出断定，就会犯所谓“强加条件”的逻辑错误。比如说“只有心灵美，才有语言美”、“只要是星期一，天就不会下雨”。

其次，充分条件和必要条件有严格的区别。实际应用中，不能把两者混淆起来。比如，“认识错误”不存在，则“改正错误”一定不存在；但“认识错误”存在，“改正错误”却不一定存在。这说明“认识错误”是“改正错误”的必要条件，但不是充分条件。此时如果作出“只要认识错误，就能改正错误”的判断，就会犯“强加条件”的逻辑错误。

2. 假言判断间的等值变换

在确保真值相等的前提下，不同的假言判断之间是可以进行某些相互转换的。例如：

(1)(如果 p，那么 q)⇔(只有 q，才 p)

这个公式也可以表示为：$(p\rightarrow q)\Leftrightarrow(q\leftarrow p)$。公式的左边表示 p 是 q 的充分条件，右边表示 q 是 p 的必要条件。整个公式表示，p 是 q 的充分条件和 q 是 p 的必要条件完全等值。换言之，充分条件和必要条件是互逆的：任意两个事物情况，如果其中一个是另一个的充分条件，那么另一个就是前一个的必要条件；反之亦然。

例如，“如果某物是金属，那么此物导电”与“只有某物导电，它才会是金属”等值，可以相互转换。又如，“只有温度适宜，鸡蛋才能孵出小鸡”与“如果鸡蛋孵出了小鸡，那么温度一定适宜”等值，也可以相互转换。

(2)(如果非 p，那么非 q)⇔(只有 p，才 q)

这个公式也可以表示为：$(\neg p\rightarrow\neg q)\Leftrightarrow(p\leftarrow q)$。公式左边也可以是“没有 p，就没有 q”或“不 p，就不 q”，表示 p 的存在对 q 来说是必要的，没有 p 就没有 q。根据必要条件的定义，很容易了解这个公式的正确性。

例如，“不认识错误，就不能改正错误”与“只有认识错误，才能改正错误”等值，可相互转换。“只有按客观规律办事，才能做好工作”与“不按客观规律办事，就不能做好工作”等值，也可相互转换。另如，关于“不入虎穴，焉得虎子”，有人认为这是一个必要条件假言判断，意思是：“只有入虎穴，才能得虎子。”有人认为这是一个充分条件假言判断，意思是：“如果不入虎穴，就不能得虎子。”不难看出，这两种理解都是正确的。

(3)(如果 p，那么 q)⇔(如果非 q，那么非 p)

这个公式也可表示为：$(p\rightarrow q)\Leftrightarrow(\neg q\rightarrow\neg p)$。这也就是中学数学中所讲的逆否定律。如，“如果水温降到零度以下，水将会结冰”与“如果水不会结冰，那么水温一定没有降到零度以下”等值，可以相互转换。

同理，(只有 p，才 q)⇔(只有非 q，才非 p)也是一个等值变换公式，只是不太常用而已。

第五节　负　判　断

负判断是否定某种事物情况存在的复合判断。例如：

① 并非所有天鹅都是白色的。

② 并非只要改革开放，就要全盘西化。

这些都是负判断。例①否定的是"所有天鹅都是白色的"这种事物情况，例②否定的是"只要改革开放，就要全盘西化"这种事物情况，其联结词都是"并非……"。

从逻辑上看，负判断是由于否定一个判断而得到的新判断，也就是一个判断的否定。如"天鹅不都是白色的"，"法官不都是公正的"。这有别于简单判断中的否定判断，如"天鹅都不是白色的"，"法官都不是公正的"。

负判断的成分判断只有一个，称为原判断。原判断可以是一个简单判断，如例①；也可以是一个复合判断，如例②。负判断的联结词，称为否定词。负判断通常是由原判断加上否定词构成的。

在现代汉语中，否定词常用下列语词或方式表达："并非……"、"并不……"、"不是……"、"不能说……"、"不能认为……"、"说……是不对的"、"……不是真的"等。

习惯上，用"并非……"作为否定词和否定方式的代表，用 p 表示原判断，将负判断的逻辑形式表示为：

并非 p。

在现代逻辑中，常用否定符"¬"(读作"并非")来替换"并非"。于是负判断的逻辑形式就成了下面的所谓否定式：$\neg p$。其逻辑含义是：p 所说的情况不存在；或 p 是假的。

负判断的真值，取决于其所断定的事物情况的存在性(或者说原判断的真值)与客观情况是否相符。可用真值表表示如下：

p	$\neg p$
1	0
0	1

可以看出，由于$\neg p$ 断定了 p 是假的，因而当且仅当客观上 p 为假时，$\neg p$ 为真，反之则为假。这就是说，一个负判断为真，当且仅当其原判断为假。

第六节 多重复合判断

一、多重复合判断的层级

一个多重复合判断至少可以分为两个层次，亦即其联结词至少构成两层嵌套关系。如：

① 并非只要年满十八岁，就有公民选举权。
② 若一个推理的前提并且形式有效，则结论一定真。
③ 直言命题 SAP 为真，当且仅当概念 S 和 P 具有全同关系或真包含于关系。
④ 若 x、y 是实数，则或者 $x < y$，或者 $x=y$，或者 $x>y$。

显然，这些都不是基本复合判断。从结构上看，它们都有里、外两个层次，或称两个层级。

一般而言，一个多重复合判断最外层的联结词，称为主联结词。主联结词从总体上决定着整个多重复合判断的判断类型和逻辑性质。如例①中的“并非……”，例②、④中的“若……则……”，例③中的“当且仅当……(则)……”。

如果从外向内进行结构分析，把主联结词所决定的层级称为第一层级，则第一层级的支判断(子公式)中必有复合判断。这些复合支判断的联结词所决定的层级，称为第二层级。如例①中的“只要……就……”、例②中的“……并且……”、例③中的“……或……”、例④中的“……(并且)……”和“……或……或……”。如果第二层级的支判断中还有复合判断，就可以继续分析下去，得到第三层级。其余以此类推，直到最后得到第 n 层级($n\geqslant2$)，所有的支判断都是简单判断(原子命题)为止。

显然，一个多重复合判断的层级越多，则其结构也越复杂。如果其最高层级是 n 层($n\geqslant2$)，则可称其为 n 重复合判断。与此相应，基本复合判断可视为一重复合判断。

如上面的例④，就是一个二重复合判断，总体结构为：$(p\land q)\rightarrow(r\lor s\lor t)$。

又如推理：“如果一个人是好公民，那么他会遵纪守法；如果一个人是好学生，那么他会勤奋学习。所以，如果一个人不遵纪守法或者不勤奋学习，那么他或者不是一个好公民，或者不是一个好学生。”前提是一个二重复合判断，结论是一个三重复合判断，整个推理形式为：$((p\rightarrow q)\land(r\rightarrow s))\Rightarrow((\neg q\lor\neg s)\rightarrow(\neg p\lor\neg r))$。当把其中的推理符“$\Rightarrow$”转化为蕴涵符“$\rightarrow$”时，就成了一个四重复合判断：

$((p\rightarrow q)\land(r\rightarrow s))\rightarrow((\neg q\lor\neg s)\rightarrow(\neg p\lor\neg r))$。

二、假言联结词的复合

这里讨论几个复合结构的假言联结词。它们的特殊性在于，既可以从整体上视为一个联结词，又可以等价地分析为假言联结词和其他联结词的复合，用来构成一个多重复合判断。

1.（不是 p，就是 q）⇔（或者 p，或者 q）

左边的完整形式为“如果不是……那么就是……”，因此还可分析为一个二重复合判断：（$\neg p \rightarrow q$）。如：“不是小李是土家族人，就是小王是土家族人。”

2.（不 p，就不 q）⇔（只有 p，才 q）

左边的完整形式为“如果不 p，那么就不 q”，等价的说法还有“没有 p，就没有 q”、“无 p，必无”等，因此还可分析为一个二重复合判断：（$\neg p \rightarrow \neg q$）。如：“不是小李（立了大功），这次比赛我们就不会赢。”

3.（若 p，则 q；并且只有 p，才 q）⇔（当且仅当 p，才 q）

左边是充要条件假言判断的分述方式。其中的“若……则……”可以替换成任一充分条件假言联结词，“只有……才……”可以替换成任一必要条件假言联结词或其等价说法。从结构上看，很明显是一个二重复合判断：（$p \rightarrow q$）∧（$p \leftarrow q$）。

例如，“人不犯我，我不犯人；人若犯我，我必犯人”，等值于“当且仅当人犯我，则我必犯人”。“亲身参加实践，就能获得第一手材料；不亲身参加实践，就不能获得第一手材料”，等值于“当且仅当亲身参加实践，才能获得第一手材料”。

4. 并非（只要 p，就 q）⇔（即使 p，也不 q）

左边很明显是一个二重复合判断：$\neg$（$p \rightarrow q$）。右边的“即使……也不……”可视为假言联结词的复合、变异形式，进行整体分析。如“并非只要温度适宜，鸡蛋就能孵出小鸡”，等值于“即使温度适宜，鸡蛋也不一定能孵出小鸡”。

5. 并非（只有 p，才 q）⇔（即使不 p，也 q）

左边很明显是一个二重复合判断：$\neg$（$p \leftarrow q$）。右边的“即使不……也……”可视为假言联结词的复合、变异形式，进行整体分析。如“并非只有天下雨，马路才会湿”，等值于“即使天不下雨，马路也会湿”。

三、假言联结词的变异

这里主要讨论“即使”、“除非”、“否则”的用法，三者均可视为假言联结词的异化形式。它们的不同组合形式，对初学者来说往往是容易令人感到困惑的，兹一并简要分析如下：

1. 即使……也（不）……

- （即使 p，也不 q）⇔$\neg$（$p \rightarrow q$）

同以上第 4 种情况。又如，“即使考上大学，也不一定有光明前途”，等值于“并非只要考上大学，就会有光明的前途”。又如，“即使他是武汉人，也不一定能讲武汉话”，“伊朗称即使核问题提交安理会，也不放弃核能研究”。

- （即使 p，也 q）$\Leftrightarrow \neg(p \rightarrow \neg q)$

如，“即使爸爸在，也会有危险”，等值于“并非只要爸爸在，就不会有危险”。又如，“即使你是他的朋友，他也照样欺骗你”，“即使只有一个人浏览网页，也有广告价值”，“即使你还是一个学生，也可为环保尽力”。

2. 即使不……也（不）……

- （即使不 p，也 q）$\Leftrightarrow \neg(p \leftarrow q)$

同以上第 5 种情况。又如，“即使不生病，他也会逃课”，等值于“并非只有生病，他才逃课”。又如，“即使不是自己的孩子，她也会善待他”，等值于“并非只有是她自己的孩子，她才会善待他”。

- （即使不 p，也不 q）$\Leftrightarrow \neg(p \leftarrow \neg q)$

如，“本周即使不下雨，也不会开运动会”，等值于“并非只有本周下雨，才不开运动会”。

3. 除非……就（不）

一般来说，“除非……”=“如果不……”。即：

- （除非 p，就不 q）$\Leftrightarrow (p \leftarrow q)$

这是因为，（除非 p，就不 q）$\Leftrightarrow$（不 p，就不 q）$\Leftrightarrow (\neg p \rightarrow \neg q) \Leftrightarrow (p \leftarrow q)$。如，“除非一个人做了亏心事，他就不会害怕半夜有人敲门”，等值于“只有一个人做了亏心事，他才会害怕半夜有人敲门”。

- （除非 p，就 q）$\Leftrightarrow (p \leftarrow \neg q)$

这是因为，（除非 p，就 q）$\Leftrightarrow$（不 p，就 q）$\Leftrightarrow (\neg p \rightarrow q) \Leftrightarrow (p \leftarrow \neg q)$。如，“除非发生意外，刘翔就一定会拿下冠军”，等值于“只有发生意外，刘翔才不会拿下冠军”。又如，“除非发生大的自然灾害，财政赤字将会减少”，“这篇文章让你心如刀绞，除非你不是中国人”，等等。

4. 若要（不）……除非（不）……

- （若要 p，除非 q）$\Leftrightarrow (p \rightarrow q) \wedge (q \leftarrow p)$

这是因为，（若要 p，除非 q）$\Leftrightarrow$（若要 p，就要 q；并且除非 q，就不 p）$\Leftrightarrow (p \rightarrow q) \wedge (q \leftarrow p)$。可以看出，“若要 p，除非 q”这种结构之所以具有良好的修辞效果，是因为它一方面把两个联结词“若要……就要……”和“除非……就不……”各省略了一半，使得结构异常简洁、紧凑；另一方面又进行了同义重复，从而起到了强调作用，因为“若要 p，就要 q”和“除非 q，就不 p”实际上是等值的。

如，“若要得瓜，除非种瓜”；“若要真本领，除非下苦功”；“若道中华果亡，除非湖南人尽死”；“马良行拒绝杨一民劝退暗示：要我下课除非开除我”。

- （若要不 p，除非不 q）$\Leftrightarrow (\neg p \rightarrow \neg q) \wedge (\neg q \leftarrow \neg p)$

理由同上。由于加入了否定，使得整个句子显得更加铿锵有力。如，“若要人不知，除非己莫为”，等值于“若要人不知，就要己莫为；并且除非己莫为，就不会人不知”。另如，“若要不落后，除非不懒散”，“若要不挨骂，除非不做官”，等等。

5. ……否则……就(不)……

“否则……”=“(并且)如果不……”。用于否定转折，常出现在假言联结词的后面。其具体否定对象有一定的灵活性，需要结合语境进行分析。如：

- p，否则，(就)q

逻辑形式：$p\wedge(\neg p\rightarrow q)$。如，“大连队将获得今年的甲A冠军，否则，冠军就是北京队”。

- 如果p，那么q；否则，(就)r

逻辑形式：$(p\rightarrow q)\wedge(\neg p\rightarrow r)$。如，“如果各队发挥正常的话，大连队将获得今年的甲A冠军，否则，冠军就是北京队”，又如，“如果某物是金属，那么它一定导电；否则的话，就有可能导电，也可能不导电了”。

- 如果p，那么q；否则，就不p

逻辑形式：$(p\rightarrow q)\wedge(\neg q\rightarrow\neg p)$。用于重复、强调充分条件关系，因为两个分句在逻辑上等值。如，“想当三好生，就拿出好成绩；否则的话，就甭想当了”。

- 只有p，才q；否则，就不q

逻辑形式：$(p\leftarrow q)\wedge(\neg p\rightarrow\neg q)$。用于重复、强调必要条件关系，因为两个分句在逻辑上等值。如，“只有勤学苦练，才能掌握电脑技术；否则的话，是不可能学好电脑的”。

6. 其他组合形式

- 如果p，那么q，除非r

主联结词是“如果……那么……”。逻辑形式：$p\rightarrow(\neg r\rightarrow q)$。如，“如果我们提高税收并且削减政府开支，那么财政赤字将会减少，除非发生大的自然灾害”。

- 如果p，那么q，即使r

主联结词是“如果……那么……”。逻辑形式：$p\rightarrow\neg(r\rightarrow\neg q)$。如，“如果你是草，那么羊会站在你的身上，践踏你，啃食你，即使你是它的亲人，或者朋友”。

- 即使p，也不q，除非r

主联结词是“除非……(就)……”。逻辑形式：$\neg r\rightarrow\neg(p\rightarrow q)$。如，“即使我们提高税收，财政赤字也不会减少，除非我们削减政府开支”。

练 习 题

1. 下列判断在实际应用中各存在什么问题？

(1)只有心灵美，语言才美。

(2)只要温度适宜，鸡蛋就能孵出小鸡。

(3)火车只有跑上错误的轨道，才会车毁人亡。

(4)或者讲真话而孤独地活着，或者讲假话而昧心地活着。

(5)一个人只有念了大学，才能适应当今信息时代的需要。

(6)如果开车时遵守了交通规则，就不会发生重大交通事故。

2. 下列各组中的两个联言判断的修辞意义有什么不同?

(1)我部屡战屡败// 我部屡败屡战。

(2)第三组今年成绩很大，但还有很多问题// 第三组还有很多问题，但今年成绩很大。

(3)他虽然已经认识了错误，但却没有改正错误// 他虽然还没有改正错误，但却已经认识了错误。

3. 下列判断各属何种选言判断?

(1)甲、乙、丙三人中至少有一个人看过《牛虻》。

(2)不是甲队，就是乙队将获得“五一杯”网球赛的冠军。

(3)执政党不是实行正确的政策，就是实行错误的政策。

(4)这些作品或者政治上有错误，或者艺术上有缺点，或者两方面兼而有之。

(5)在本书的成书过程中，他们或者给予指导，或者给予鼓励，或者提供资料。

(6)解决台湾问题，或者是通过和平方式，或者是通过非和平方式，二者必居其一。

4. 下列判断各属何种假言判断?

(1)己不正，焉能正人?

(2)当且仅当 x 大于 y 时，y 小于或等于 x。

(3)只有正视自己的无知，才能扩大自己的知识。

(4)科学一旦插上幻想的翅膀，它就能赢得胜利。

(5)不经过生活的磨炼，就不能真正懂得生活的真谛。

(6)一个医生要想实施脑死亡诊断，他就必须是脑神经的专家。

5. 写出下列多重复合判断的逻辑形式。

(1)若要人不知，除非己莫为。

(2)即使不下雨，马路上也会湿。

(3)方老师只有生病或有急事才不来上课。

(4)如果我喜欢一本书，那么我会自己保存它，或者把它送给朋友。

(5)如果你是参天大树，羊会仰望你，赞美你，无论你是残疾还是孩子。

(6)即使前行的路上没有旅伴，只要有小草、山花相伴，我就不会感到孤寂。

(7)如果发生通货膨胀，则议会必须采取措施加以限制，否则人民将遭受损失。

(8)如果我们提高税收并且削减政府开支，那么财政赤字将会减少，除非发生大的自然灾害。

第九章　简单判断的推理

简单判断的推理就是前提或结论中包含着简单判断，并依据其逻辑性质进行推演的演绎推理。本章主要介绍性质判断的推理，包括直接推理和间接推理，它们属于传统的词项逻辑；同时简单介绍关系判断的推理以及性质判断推理的文恩图判定法。

第一节　性质判断直接推理

直接推理是指已知一个判断，推出一个新判断的演绎推理。性质判断直接推理是指从一个已知性质判断，推出一个新的性质判断的演绎推理。依其逻辑根据的不同，性质判断直接推理可分为对当关系推理和判断变形推理。

一、对当关系推理

依据性质判断间的真假关系（即对当关系）进行的直接推理，称为对当关系推理。其显著特征是，前提和结论是同素材的性质判断，即：**S-P ⇒S-P**。

如“所有商品都是有价值的，因此，并非有的商品不是有价值的”，逻辑形式为：**SAP ⇒¬SOP**。因前提和结论同素材，故可简写为：**A ⇒¬O**，下同。

1. 反对关系直接推理

依据反对关系（如 **A**、**E** 之间），由一个判断的真可以推断另一个的假，但由一个判断的假却不能推断另一个的真假。故此处有且只有下列推理公式：

（1）**A**、**E** 之间：　**A ⇒¬E**　　　　**E ⇒¬A**

例如：“凡金属皆导电，故并非凡金属皆不导电”。

（2）**A′**、**E** 之间：　**A′⇒¬E**　　　　**E ⇒¬A′**

例如：“拉登是恐怖分子，故并非所有人都不是恐怖分子。”

（3）**A**、**E′**之间：　**A ⇒¬E′**　　　　**E′⇒¬A**

例如：“小吴不是汉族人，故并非所有同学都是汉族人。”

2. 下反对关系直接推理

依据下反对关系（如 **I**、**O** 之间），由一个判断的假可以推断另一个的真，但由一个判断的真却不能推断另一个的真假。故此处有且只有下列推理公式：

（1）**I**、**O** 之间：　**¬I ⇒O**　　　　**¬O ⇒I**

例如：“并非有的人是会飞的，所以，有的人不是会飞的。”

(2) **I**、**E′**之间：　$\neg I \Rightarrow E'$　　　　$\neg E' \Rightarrow I$

例如："并非有的人是会飞的，所以，拉登不是会飞的。"

(3) **O**、**A′**之间：　$\neg A' \Rightarrow O$　　　　$\neg O \Rightarrow A'$

例如："并非拉登是会飞的，可见，有的人不是会飞的。"

3. 差等关系直接推理

依据差等关系(如 **A**、**I** 之间)，由上位判断的真可以推断下位判断的假，由下位判断的假推断上位判断的真；但不可以由上位判断的假推断下位判断的真假，也不可以由下位判断的真推断上位判断的真假。故此处有且只有下列推理公式：

(1) **A**、**I** 之间：$A \Rightarrow I$　　　　$\neg I \Rightarrow \neg A$

例如："凡人皆会死，故有的人会死。"

(2) **E**、**O** 之间：$E \Rightarrow O$　　　　$\neg O \Rightarrow \neg E$

例如："并非有的同学不是左撇子，故并非所有同学都不是左撇子。"

(3) **A**、**A′**之间：$A \Rightarrow A'$　　　　$\neg A' \Rightarrow \neg A$

例如："凡人皆会死，故苏格拉底会死。"

(4) **A′**、**I** 之间：$A' \Rightarrow I$　　　　$\neg I \Rightarrow \neg A'$

例如："并非有的人会飞，故并非苏格拉底会飞。"

(5) **E**、**E′**之间：$E \Rightarrow E'$　　　　$\neg E' \Rightarrow \neg E$

例如："所有的人都不是倒着走路的，所以拉登也不是倒着走路的。"

(6) **E′**、**O** 之间：$E' \Rightarrow O$　　　　$\neg O \Rightarrow \neg E'$

例如："雷锋不是自私的，可见，有的人不是自私的。"

4. 矛盾关系直接推理

依据矛盾关系(如 **A**、**O** 之间)，由一个的真可以推断另一个的假，由一个的假可以推断另一个的真。故此处有且只有下列推理公式：

(1) **A**、**O** 之间：$A \Rightarrow \neg O$　$O \Rightarrow \neg A$　$\neg O \Rightarrow A$　$\neg A \Rightarrow O$

例如："有的人不会说话，故并非所有的人都会说话。"

又如："并非凡金属皆固体，故有的金属不是固体。"

(2) **I**、**E** 之间：$I \Rightarrow \neg E$　$E \Rightarrow \neg I$　$\neg E \Rightarrow I$　$\neg I \Rightarrow E$

例如："有的同学有电脑，故并非所有同学都没有电脑。"

又如："并非有的宗教是科学，故凡宗教都不是科学。"

(3) **A′**、**E′**之间：$A' \Rightarrow \neg E'$　$E' \Rightarrow \neg A'$　$\neg E' \Rightarrow A'$　$\neg A' \Rightarrow E'$

例如："小吴不是汉族人，故并非小吴是汉族人。"

又如："今天星期一，故并非今天不是星期一。"

在习惯上，$A \Rightarrow \neg O$ 与 $\neg O \Rightarrow A$ 可一并简写成 $A \Leftrightarrow \neg O$，并称之为 **A** 与 $\neg O$ 之间的所谓等值推理。从判断的角度来看，这实际上是 **A** 与 $\neg O$ 之间的等值关系式。类似地，这里还有：

$\neg A \Leftrightarrow O$　$E \Leftrightarrow \neg I$　$\neg E \Leftrightarrow I$　$A' \Leftrightarrow \neg E'$　$\neg A' \Leftrightarrow E'$

二、判断变形推理

依据性质判断主、谓项的周延性而进行的直接推理，称为判断变形推理。其显著特征是，前提和结论是非同素材的性质判断，结论可视为前提进行判断变形(即改变形式结构)的结果。此外，单称判断可以按全称判断来处理，即只需考虑 A、E、I、O 四种判断类型。

例如，“凡科学思维都是逻辑思维，所以，凡科学思维都不是非逻辑思维”，前提肯定，结论否定，进行了换质。又如，“真理不是教条，所以，教条不是真理”，结论的主、谓项分别是前提的谓项和主项，进行了换位。

事实上，从 S-P 格式的性质判断(前提)出发，共可以推出八种格式的结论，即：S-P、S-$\overline{P}$、P-S、$\overline{P}$-S、$\overline{P}$-$\overline{S}$、P-$\overline{S}$、$\overline{S}$-P、$\overline{S}$-$\overline{P}$，其中 $\overline{S}$、$\overline{P}$ 分别表示 S、P 的矛盾概念，即“非 S”、“非 P”。除了 S-P ⇒S-P 是对当关系推理，其余的七种都是判断变形推理。为了简便起见，一般只为其中最常用的两种(即换质法和换位法)分别建立推理规则，而把其余的五种都视为前两者结合运用、交替进行的结果。

1. 换质法推理：S-P ⇒S-$\overline{P}$

换质法推理就是通过改变一个性质判断的联项(即所谓换质)，从而推出一个新的性质判断的推理。

换质法推理有两条规则，即从前提到结论：

【规则一】主项不变，主、谓项位置不变，谓项变为矛盾概念。

【规则二】量项不变，联项改变(肯定变否定或否定变肯定)。

根据以上规则，A、E、I、O 四种性质判断均可进行换质法推理：

(1)**SAP ⇒SE $\overline{P}$**

例如：所有公民都是受法律保护的，所以，所有公民都不是不受法律保护的。

(2)**SEP ⇒SA $\overline{P}$**

例如：凡宗教都不是科学，所以，凡宗教都是非科学。

(3)**SIP ⇒SO $\overline{P}$**

例如：有的人是怕苦的，所以，有的人不是不怕苦的。

(4)**SOP ⇒SI $\overline{P}$**

例如：有的法官不是公正的，所以，有的法官是不公正的。

不难发现，如果连续两次换质，A、E、I、O 中的每一个判断都将变回自身。这说明换质法推理是一种等值推理，即有：

SAP ⇔SE $\overline{P}$　SEP ⇔SA $\overline{P}$

SIP ⇔SO $\overline{P}$　SOP ⇔SI $\overline{P}$

2. 换位法推理：S-P ⇒P-S

换位法推理就是通过调换一个性质判断主、谓项的位置(即所谓换位)，从而推出一个新的性质判断的推理。

换位法推理有三条规则，即从前提到结论：

【规则一】主、谓项的位置改变；

【规则二】联项不变，量项不变或适当改变；

【规则三】换位前不周延的项，换位后不得周延。

根据以上规则，A、E、I 三种性质判断可以进行换位法推理，而 O 判断则不能。

(1) **SAP ⇒PIS**(限制换位)

例如：凡金子都是闪光的，所以，有的闪光的是金子。

(2) **SEP ⇒PES**(简单换位)

例如：真理不是教条，所以，教条不是真理。

(3) **SIP ⇒PIS**(简单换位)

例如：有的教师是律师，所以，有的律师是教师。

(4) **SOP ⇒?**

SOP 不能换位。因为：根据规则一，主项 S 换位后要变成结论的谓项。根据规则二，结论还应是否定判断，故其谓项周延。于是，S 在前提中不周延，在结论中却变成了周延的，恰恰违反了规则三。

不难发现，如果连续两次换位，A 判断只能推出其下位判断 SIP，而 E、I 两种判断则都能变回自身，这说明只有从 E、I 开始的换质法推理是等值推理。即有：

SEP ⇔PES　SIP ⇔PIS

3. 不完全换质位推理：S−P ⇒$\overline{\text{P}}$−S

不完全换质位推理就是通过对一个性质判断进行一次换质，再进行一次换位，从而推出一个新的性质判断的直接推理。

由于可视为换质法和换位法结合使用、交替进行的结果，不完全换质位推理不需要建立独立的推理规则，必须而且只需在其导出过程中，换质时遵循换质的规则，换位时遵循换位的规则即可。下面的完全换质位、换位质、不完全戾换和完全戾换同此，不再赘述。

根据不完全换质位推理的特点，A、E、O 均可进行不完全换质位推理，而 I 判断则不能：

(1) **SAP ⇒$\overline{\text{P}}$ES**

证明：SAP ⇒SE $\overline{\text{P}}$⇒$\overline{\text{P}}$ES

例如：凡金属皆导电，所以，凡不导电的都不是金属。

(2) **SEP ⇒$\overline{\text{P}}$IS**

证明：SEP ⇒SA $\overline{\text{P}}$⇒$\overline{\text{P}}$IS

例如：凡宗教都不是科学，所以，有的非科学是宗教。

(3) **SOP ⇒$\overline{\text{P}}$IS**

证明：$SOP \Rightarrow SI\overline{P} \Rightarrow \overline{P}IS$

例如：有的中国人不是党员，所以，有的非党员是中国人。

(4) **SIP** $\Rightarrow$?

由于 SIP 换质后得到的是 $SO\overline{P}$，而 $SO\overline{P}$不能换位，故 SIP 不能进行不完全换质位推理。

不难发现，A、O 的不完全换质法推理都是等值推理，即有：

$\mathbf{SAP \Leftrightarrow \overline{P}ES}$　　$\mathbf{SOP \Leftrightarrow \overline{P}IS}$

4. 完全换质位推理：$\mathbf{S-P \Rightarrow \overline{P}-\overline{S}}$

完全换质位推理就是通过对一个性质判断进行一次换质、一次换位，再进行一次换质，从而推出一个新的性质判断的直接推理。

根据完全换质位推理的特点，A、E、O 均可进行完全换质位推理，而 I 判断则不能：

(1) $\mathbf{SAP \Rightarrow \overline{P}A\overline{S}}$

证明：$SAP \Rightarrow SE\overline{P} \Rightarrow \overline{P}ES \Rightarrow \overline{P}A\overline{S}$

例如：凡金属皆导电，所以，凡不导电的都是非金属。

(2) $\mathbf{SEP \Rightarrow \overline{P}O\overline{S}}$

证明：$SEP \Rightarrow SA\overline{P} \Rightarrow \overline{P}IS \Rightarrow \overline{P}O\overline{S}$

例如：所有的人都不是会飞的，所以，有的不会飞的不是非人。

(3) $\mathbf{SOP \Rightarrow \overline{P}O\overline{S}}$

证明：$SOP \Rightarrow SI\overline{P} \Rightarrow \overline{P}IS \Rightarrow \overline{P}O\overline{S}$

例如：有的中国人不是党员，所以，有的非党员不是外国人。

(4) **SIP** $\Rightarrow$?

由于 SIP 换质后得到的是 $SO\overline{P}$，而 $SO\overline{P}$不能换位，故 SIP 不能进行不完全换质位推理，也不能进行完全换质位推理。

不难发现，A、O 的完全换质位推理都是等值推理，即有：

$\mathbf{SAP \Leftrightarrow \overline{P}A\overline{S}}$　　$\mathbf{SOP \Leftrightarrow \overline{P}O\overline{S}}$

5. 换位质推理：$\mathbf{S-P \Rightarrow P-\overline{S}}$

换位质推理就是通过对一个性质判断进行一次换位，再进行一次换质，从而推出一个新的性质判断的直接推理。

根据换位质推理的特点，A、E、I 均可进行换位质推理，而 O 判断则不能。

(1) $\mathbf{SAP \Rightarrow PO\overline{S}}$

证明：$SAP \Rightarrow PIS \Rightarrow PO\overline{S}$

例如：凡中共党员都是中国人，所以，有的中国人不是非中共党员。

(2)**$SEP \Rightarrow PA\overline{S}$**

证明：$SEP \Rightarrow PES \Rightarrow PA\overline{S}$
例如：凡中共党员都不是外国人，所以，凡外国人都是非党员。

(3)**$SIP \Rightarrow PO\overline{S}$**

证明：$SIP \Rightarrow PIS \Rightarrow PO\overline{S}$
例如：有的中共党员是好人，所以，有的好人不是非党员。
(4)**$SOP \Rightarrow ?$**
SOP 不能换位，当然也不能进行换位质推理。
不难发现，E、I 的换位质推理都是等值推理，即有：

$SEP \Leftrightarrow PA\overline{S}$　$SIP \Leftrightarrow PO\overline{S}$

6. 戾换法推理：$S-P \Rightarrow \overline{S}-P(\overline{S}-\overline{P})$

戾换法推理就是通过对一个性质判断交替进行换质、换位，从而推出一个以主项的矛盾概念为主项的新的性质判断的直接推理。其中，谓项保持不变的，称为不完全戾换；谓项也变为矛盾概念的，称为完全戾换。

根据戾换法推理的特点，A、E 均可进行戾换法推理，而 I、O 则不能。

(1)**$SAP \Rightarrow \overline{S}I\overline{P}$**(完全戾换)

证明：$SAP \Rightarrow SE\overline{P} \Rightarrow \overline{P}ES \Rightarrow \overline{P}A\overline{S} \Rightarrow \overline{S}I\overline{P}$
例如：凡金属皆导电，所以，有的非金属是不导电的。

(2)**$SAP \Rightarrow \overline{S}OP$**(不完全戾换)

证明：$SAP \Rightarrow SE\overline{P} \Rightarrow \overline{P}ES \Rightarrow \overline{P}A\overline{S} \Rightarrow \overline{S}I\overline{P} \Rightarrow \overline{S}OP$
例如：凡金属皆导电，所以，有的非金属不是导电的。

(3)**$SEP \Rightarrow \overline{S}IP$**(不完全戾换)

证明：$SEP \Rightarrow PES \Rightarrow PA\overline{S} \Rightarrow \overline{S}IP$
例如：凡中共党员都不是外国人，所以，有的非中共党员是外国人。

(4)**$SEP \Rightarrow \overline{S}O\overline{P}$**(完全戾换)

证明：$SEP \Rightarrow PES \Rightarrow PA\overline{S} \Rightarrow \overline{S}IP \Rightarrow \overline{S}O\overline{P}$
例如：凡中共党员都不是外国人，所以，有的非中共党员不是中国人。

第二节　性质判断间接推理——直言三段论

性质判断间接推理是已知两个或两个以上的性质判断，从而推出一个新的性质判断的演绎推理。其中已知两个性质判断的，即所谓直言三段论，简称三段论；已知三个或三个以上性质判断的，可视为三段论的复合形式，即所谓复合三段论。

“三段论”有广义、狭义之分。狭义的“三段论”，仅指由三个性质判断组成的直言三段论。广义的“三段论”，至少包括由三个模态判断组成的模态三段论和由三个假言判断组成的假言三段论。但除非特别说明，“三段论”一般均指直言三段论。

一、三段论的结构

一个有效的三段论一定包含并且只能包含三个不同的词项(参见后面一般规则一的说明)。因此，人们习惯上把三段论直接定义为：

三段论就是借助于一个共同的词项把两个已知的性质判断联系起来，从而推出一个新的性质判断的演绎推理。例如：

① 凡人皆会死，苏格拉底是人，所以，苏格拉底会死。

② 凡金属都是导电的，橡胶不导电，所以，橡胶不是金属。

③《红楼梦》是优秀小说，《红楼梦》是古典小说，所以，有的古典小说是优秀小说。

其中，两个前提中共同的词项称为中项，如上例中的“人”、“导电的”、“《红楼梦》”；结论的主项称为小项，如上例中的“苏格拉底”、“橡胶”、“优秀小说”；结论的谓项称为大项，如上例中的“会死”、“金属”、“优秀小说”。

此外，组成三段论的三个性质判断中，除了结论以外，包含大项的已知判断叫做大前提，包含小项的已知判断叫做小前提。如果有单称判断，一律按全称判断处理。

为了直观、方便起见，人们习惯上把小、中、大项分别用S、M、P表示，并按大前提在上、小前提居中、结论在下的顺序写成竖式。这样，例①的逻辑形式就是：

所有M是P	MAP
所有S是M	SAM
∴所有S是P	∴SAP

例②的逻辑形式是：

所有P是M	PAM
所有S不是M	SEM
∴所有S不是P	∴SEP

例③的逻辑形式是：

所有M是P	MAP
所有M是S	MAS
∴有的S是P	∴SIP

二、三段论的种类

按照中项在前提中的不同位置组合以及前提和结论的判断类型，三段论可以分为不同的格和式。

1. 三段论的格

在三段论的大、小前提中，中项既可以作主项（在前），也可以作谓项（在后）。这样，中项在前提中就有四种不同的位置组合。由此决定的不同的三段论形式，称为三段论的格。按照前面约定的书写格式，四个格的三段论可分别图示如下：

M——P	P——M	M——P	P——M
S——M	S——M	M——S	M——S
∴ S——P	∴ S——P	∴ S——P	∴ S——P
（第一格）	（第二格）	（第三格）	（第四格）

第一格：$\mathbf{M—P \wedge S—M \Rightarrow S—P}$。中项在大前提中作主项，在小前提中作谓项。如上面的例①，又如：

凡绿色植物都有光合作用，柳树是绿色植物，所以，柳树有光合作用。

第二格：$\mathbf{P—M \wedge S—M \Rightarrow S—P}$。中项在大、小前提中都作谓项。如上面的例②，又如：

凡作案者都有作案时间，李某没有作案时间，所以，李某不是作案者。

第三格：$\mathbf{M—P \wedge M—S \Rightarrow S—P}$。中项在大、小前提中都作主项。如上面的例③，又如：

牛是动物，牛是四条腿的，所以，有的动物是四条腿的。

第四格：$\mathbf{P—M \wedge M—S \Rightarrow S—P}$。中项在大前提中作谓项，在小前提中作主项。例如：

凡中学教师都是教师，凡教师都是脑力劳动者，所以，有的脑力劳动者是中学教师。

2. 三段论的式

由 A、E、I、O 四种性质判断在大、小前提和结论中的不同组合所决定的三段论的不同形式，叫做三段论的式。例如：AAA 式、EAE 式、IAI 式、OAO 式等。式中的三个字母，按照顺序，依次表示大前提、小前提和结论的判断类型。如上面例①的式为 AAA，例②的式为 AEE，例③的式为 AAI。由于大、小前提和结论都可以是 A、E、I、O 四种性质判断中的任何一种，因此三段论的式共有：$4\times4\times4=64$ 个。

3. 三段论的格(和)式

三段论的格和式是相互独立的。只有格和式相结合，一个三段论的形式结构才能唯一地确定下来。如上面例①的格式为第一格 AAA 式，例②的格式为第二格 AEE 式，例③的格式为第三格 AAI 式。

每个格都有 64 个式，每个式都有四个格。因此，从理论上说，三段论的格式共有：$64\times4=256$ 种。也就是说，按照格、式结合的方式划分，三段论共可以分为 256 种之多。然而事实上，其中绝大部分格式是无效的。例如，各个格的 EEE 式、OOO 式、III 式，显然都是无效的。根据三段论规则，很容易加以排除。

三、三段论的一般规则

三段论的规则有一般规则和特殊规则之分，其中一般规则普遍适用于一切三段论，特殊规则分别适用于各个格的三段论。

三段论的一般规则共有七条，其中前五条是基本规则，具有不证自明的公理性质；后两条是导出规则，可用基本规则加以证明。遵守三段论的一般规则，是三段论形式有效的充分必要条件。

【规则一】包含并且只能包含三个不同的词项。

这是因为，在一个有效的三段论中，第一，结论中的两个词项一定都在前提中出现。否则，结论对新词项的断定将成“无源之水，无本之木”，即必定无效。第二，结论中的两个词项不能来自同一个前提。否则，另一个前提将不起作用，因而并非间接推理。第三，两个已知的性质判断一定包含一个共同的词项。否则，前提将是 $\mathbf{S}-\mathbf{M}\wedge\mathbf{N}-\mathbf{P}$ 的格式，且结论中的两个词项各来自一个前提，如 **S**、**P**，此时 **S**、**P** 在前提中本无联系，故结论对 **S**、**P** 外延关系的断定，也将成为“无源之水，无本之木”。由此可知，一个有效的三段论，一定包含并且只能包含三个不同的词项。

在实际思维中，明显违背这条规则的逻辑错误一般不会发生。容易发生的是，表面上是三个不同的词项，实际上却表达了四个概念，俗称“四概念”或“四名词”。例如：

①	②
金子是名贵的，	化学元素有一百多种，
这种笔尖含有金，	氢是化学元素，
∴ 这种笔尖是名贵的。	∴ 氢有一百多种。

例①中“金子”和“含有金”在语义上虽有联系，但显系两个不同的概念；例②中“化学元素”在大前提中是集合概念，在小前提中是非集合概念，也属于一词多义。这些推

理都犯了“四概念”的逻辑错误，因而都是无效的。

【规则二】中项必须至少周延一次。

违反这条规则，所犯的逻辑错误叫做“中项两次不周延”（或简称“中项不周延”）。

在一个三段论中，中项是联系大项和小项的媒介和桥梁。如果中项在大、小前提中都不周延，就意味着中项在两个前提中都没有被断定全部外延，大项和小项都只是与中项的一部分外延发生联系。这样，就无法确保中项至少有一部分外延同时和大、小项存在关系，亦即无法确保大、小项在前提中有任何必然性的联系。例如：

凡作案者都有作案动机，

这些人都有作案动机，

———————————

∴ 这些人都是作案者。

在这个推理中，中项“有作案动机”两次不周延，不能把小项“人”和大项“作案者”有机地联系起来。因此，即使前提真，结论也不可靠。

【规则三】前提中不周延的项，在结论中不得周延。

这条规则是对大、小项的规定：它们如果在前提中不周延，那么在结论中也不得周延。违反这条规则，就要犯“大项扩大”或“小项扩大”的逻辑错误。

一个项在前提中不周延而在结论中周延，意味着它在前提中只被断定了部分外延，而在结论中却被断定了全部外延，结论所断定的范围超出了前提所断定的范围。这样的结论当然不具有必然性。例如：

①抢劫罪是故意犯罪，

贪污罪不是抢劫罪，

———————————

∴ 贪污罪不是故意犯罪。

②诈骗罪是侵犯财产罪，

诈骗罪是故意犯罪，

———————————

∴ 凡故意犯罪都是侵犯财产罪。

例①中，大项“故意犯罪”在前提中不周延，在结论中周延，这是“大项扩大”；例②中，小项“故意犯罪”在前提中不周延，在结论中周延，这是“小项扩大”。这两个推理都是无效的。事实上，它们都由真前提推出了假结论。

【规则四】两个否定前提不能得结论。

否定判断，从外延的角度来看，实际上是断定主、谓项外延的相应部分互相排斥。如果一个三段论的两个前提都是否定判断，那就意味着中项与大、小项外延的相应部分都是互相排斥的。这样，大、小项就不能借助中项的作用建立起必然的联系，因而也就不能必然地推出结论。例如：

抢劫罪不是贪污罪，

纵火罪不是抢劫罪，

———————————

∴ 纵火罪……？

【规则五】当且仅当有一个前提是否定的，则结论必须是否定的。

这条规则有两层意思：①如果有一个前提是否定的，那么结论必须是否定的；②如果结论是否定的，那么必须有一个前提是否定的。

一个形式有效的三段论，如果前提中有一个是否定判断，则另一个必为肯定判断。这样，中项与大、小项外延的相应部分必然是一个互相排斥、一个互相重合，于是大、小项之间只能建立互相排斥的外延关系，因而只能推出否定的结论。反过来，如果结论是否定判断，那就意味着大、小项外延的相应部分是互相排斥的。由于这种互相排斥的外延关系是通过中项建立起来的，因而中项与大、小项外延相应部分的关系必然有一个是互相排斥的，这也就是说，前提中必定有一个是否定判断。例如：

①凡作案者都有作案动机，	②凡阔叶树都不是常绿树，
某甲没有作案动机，	梧桐树是阔叶树，
∴某甲不是作案者。	∴梧桐树不是常绿树。

【规则六】两个特称前提不能得结论。

这条规则可以归纳证明如下：两个前提均为特称时，如果不区分大、小前提的话，无非是三种组合，即：II、IO、OO。

(1)II：两个前提都是I判断。由于I判断主、谓项均不周延，因此中项在大、小前提中均不周延。根据规则二，不能得结论。

(2)IO：一个前提是I判断，一个前提是O判断。由于I判断主、谓项均不周延，O判断主项不周延、谓项周延，因此两个前提中只有一个项次周延。如果这个项不是中项，那么中项两次不周延，根据规则二，不能得结论。如果这个项是中项，那么大项在前提中不周延。但是根据规则五，前提中有一个是否定判断，则结论是否定判断；结论是否定判断，则大项在结论中周延。这样，就犯了“大项扩大”的逻辑错误，根据规则三，也不能得结论。

(3)OO：两个前提都是O判断。根据规则四，两个否定前提不能得结论。

【规则七】如果有一个前提是特称的，那么结论只能是特称的。

这条规则可以归纳证明如下：

一个形式有效的三段论，如果有一个前提特称，那么根据规则六，另一个前提必然全称。据此，在不区分大、小前提的情况下，两个前提共有以下四种组合，即：AI、AO、EI、EO。其中第四种组合EO(两个前提均为否定)根据规则四应予排除，于是只剩下三种组合：

(1)AI：一个前提是A判断，一个前提是I判断。由于A判断主项周延、谓项不周延，I判断主、谓项均不周延，因而两个前提中只有一个项次周延。根据规则二，这个周延项必须是中项。于是大、小项在前提中均不周延。根据规则三，小项在前提中不周延，在结论中也不得周延。故结论只能是特称判断。

(2)EI：一个前提是 E 判断、一个前提是 I 判断。由于 E 判断主、谓项都周延，I 判断主、谓项都不周延，因而两个前提中共有两个项次周延。根据规则二，其中一个周延项必须是中项。另外，因为有一个否定前提，根据规则五，结论应为否定判断，故其谓项即大项周延。大项在结论中周延，根据规则三，在前提中亦应周延。于是，小项在前提中不周延。根据规则三，小项在结论中也不得周延，故结论只能是特称判断。

(3)AO：一个是 A 判断，一个是 O 判断。与前一种组合一样，两个前提中共有两个项次周延，并且有一个是否定判断。因此上述证明也完全适用于此，故结论也只能是特称判断。

四、三段论的特殊规则

三段论的四个格都有自己的特殊规则。它们是一般规则在各个格中的具体化。各个格的特殊规则的背后，便是各个格有效三段论的共性特征(特殊规律)，由此决定了各个格的特殊应用价值。

1. 第一格的特殊规则

[规则一]小前提必肯定。

[规则二]大前提必全称。

先用反证法证明第一条：在第一格中，如果小前提否定，那么一方面，根据一般规则四，大前提必肯定，因而大项在前提中不周延；另一方面，根据一般规则五，结论必否定，因而大项在结论中周延。于是，就违反了一般规则三，犯了“大项扩大”的逻辑错误。因此，小前提不能是否定的，即必须是肯定的。

再证第二条：在第一格中，根据“小前提必肯定”的特殊规则，故中项在小前提中不周延。根据一般规则二，中项必须至少周延一次，故其在大前提中必须周延。而中项又是大前提的主项，因此，大前提必须是全称判断。例如：

① 凡金属都导电，湿木头不是金属，所以湿木头不导电。

② 小李是大学生，因为小李是青年，而很多青年是大学生。

这两个三段论都是第一格。例①违反了特殊规则一，例②违反了特殊规则二，因而都是无效的。

第一格的特殊规则表明：第一格有效三段论的大前提必然全称，故可用来断定一般情况，陈述一般原理。小前提必然肯定，故可用来断定具体情况，将特殊和个别归入一般，从而得出关于该事物情况的特殊或个别性的结论。这种从一般原理推出特殊或个别结论的思维方法，最明显、最自然地体现了三段论的演绎推理性质。同时，只有第一格才能推出 A、E、I、O 四种类型的结论，特别是只有第一格才能推出 A 判断的结论，而 A 判断是最具有认识论意义的。因此，第一格被称为“典型格”、“完善格”，在实际思维中的用途最为广泛。

在司法工作中，司法审判普遍采用第一格的形式，即通过全称的大前提引述法律条文，通过肯定的小前提陈述具体案情，进而推出关于诉讼的判决作为结论。这样的推理显然符合司法工作“以法律为准绳，以事实为依据”的原则，因此，第一格又被称为“审判格”。例如：

“凡非法侵吞公共财产，金额达到十万元人民币者，处5年以上有期徒刑；张三非法侵吞公共财产，金额在十万元以上，所以，张三应处5年以上有期徒刑。”

2. 第二格的特殊规则

[规则一]结论必否定。

[规则二]大前提必全称。

先用反证法证明第一条：在第二格中，假设结论不是否定的，那么根据一般规则四，前提中将没有一个否定判断，即两个前提都是肯定的。这样，中项作为两个肯定前提的谓项，将“两次不周延”，即违反一般规则二。因此，结论必须是否定的。

再证第二条：在第二格中，根据特殊规则一，结论必否定，则大项在结论中周延。于是根据一般规则三，大项在前提中也必须周延。而大项又是大前提的主项，因此，大前提必须全称。例如：

①日本人会讲日本话，这个人会讲日本话，可见这个人是日本人。

②这个人不是案犯。因为案犯多是男性公民，而这个人不是男性公民。

这两个三段论都是第二格。例①违反了特殊规则一，例②违反了特殊规则二，因而都是无效的。

第二格的特殊规则表明：第二格有效三段论只能得出否定结论。因此，第二格三段论常被用来区别不同的对象，被称为“区别格”。例如：

凡金属皆导电，此物不导电，此物不是金属。

3. 第三格的特殊规则

[规则一]小前提必肯定。

[规则二]结论必特称。

第一条规则与第一格的第一条规则内容相同，证明过程完全可以照搬。

第二条规则证明：在第三格中，根据特殊规则一，小前提必肯定，故小项在小前提中不周延。根据一般规则三，小项在结论中也不得周延。于是，以小项为主项的结论就必须是特称的。例如：

①有的武汉人不是中国人。因为张三是中国人，而张三不是武汉人。

②爱因斯坦是犹太人，爱因斯坦是科学家，可见所有的科学家都是犹太人。

这两个三段论都是第三格。例①违反了特殊规则一，例②违反了特殊规则二，因而都是无效的。

第三格的特殊规则表明：第三格有效三段论只能得出特称结论。因此，根据逻辑方阵中的矛盾关系，第三格三段论常被用来反驳全称判断，被称为“反驳格”。同时，根据第三格的特点，中项在大、小前提中均作主项，正好可以用来举例说明问题，因此又被称为“例证格”。例如：

①老张是无辜的，
　老张是被告，
————————
∴有的被告是无辜的。

②雷锋不是自私的，
　雷锋是人，
————————
∴有的人不是自私的。

例①举“老张”为例，例②举“雷锋”为例，分别通过第三格三段论进行存在概括，得出了特称结论。这是第三格的例证作用。

例①的结论可用来反驳“凡被告都不是无辜的”这种错误观念，例②的结论可用来反驳“人人都是自私的”这种错误观念，这是第三格的反驳作用。

4. 第四格的特殊规则

[规则一]若大前提肯定，则小前提必全称；
[规则二]若结论否定，则大前提必全称；
[规则三]若小前提肯定，则结论必特称；
[规则四]前提不能是特称否定判断；
[规则五]结论不能是全称肯定判断。

下面仅对第四条规则进行归纳证明：

首先，在第四格中，假设大前提是特称否定判断，那么第一，由于大前提特称，可知大项在大前提中不周延；第二，由于大前提否定，根据一般规则五，可知结论必否定，因而大项在结论中周延。这样，就违反了一般规则三，犯了“大项扩大”的逻辑错误。因此，大前提不能是特称否定判断。

其次，在第四格中，假设小前提是特称否定判断，那么第一，由于小前提特称，可知中项在小前提中不周延；第二，由于小前提否定，根据一般规则四，大前提必肯定，于是中项在大前提中也不周延。这样，就违反了一般规则二的要求，犯了“中项两次不周延”的逻辑错误。因此，小前提也不能是特称否定判断。

第四格的特殊规则表明：第四格有效三段论乏善可陈，又最不自然，因此，在实际思维中用得较少，通常只具有理论意义，被称为“无名格”。例如：

凡承担刑事责任的行为都是犯罪行为，

凡犯罪行为都是违法行为，

∴ 有的违法行为是承担刑事责任的行为。

这个三段论如果把大、小前提调换一下，得出“所有承担刑事责任的行为都是违法行为”，就会成为第一格三段论的 AAA 式，从而显得非常自然，但现在的情况则恰恰相反。

五、三段论的公理系统

1. 三段论的有效格式

根据三段论规则，排除无效的三段论格式以后，剩下的有效格式共有 24 个。它们均匀地分布在四个格中，如下表所示：

第一格	AAA	AII	EAE	EIO	(AAI)	(EAO)
第二格	AEE	EAE	EIO	AOO	(AEO)	(EAO)
第三格	AAI	AII	EAO	EIO	IAI	OAO
第四格	AAI	AEE	EAO	EIO	IAI	(AEO)

表中带括号的五个格式是所谓弱式，即根据规则可以得出全称结论而只得出了特称结论的格式。弱式也是有效式。但由于其本来可以得出全称的结论，成为所谓强式，因而可视为相应强式的导出式，因此实用意义不大，常被忽略不计。这样，有效的三段论格式实际上只剩下 19 个。

2. 三段论的公理

在传统逻辑中，所有有效的三段论格式曾被构造成一个演绎系统。其中作为公理的是第一格的 AAA 式和 EAE 式，其余的有效格式都可以从这两个推导出来。

公理作为一个演绎系统的初始依据，通常要求具有直观上明显的真理性，以至于可以作为不证自明的东西被接受下来。它们是推理的出发点，而不是推理的结果。三段论演绎系统的公理也是如此。

三段论公理的直观含义是：对一类对象的全部有所断定，则对它的部分也可作出同样的断定。换言之，断定一类对象(M)的全部具有或不具有某种性质(P)，就可以断定其部分(S)也具有或不具有该性质。如图 9-1、图 9-2 所示：

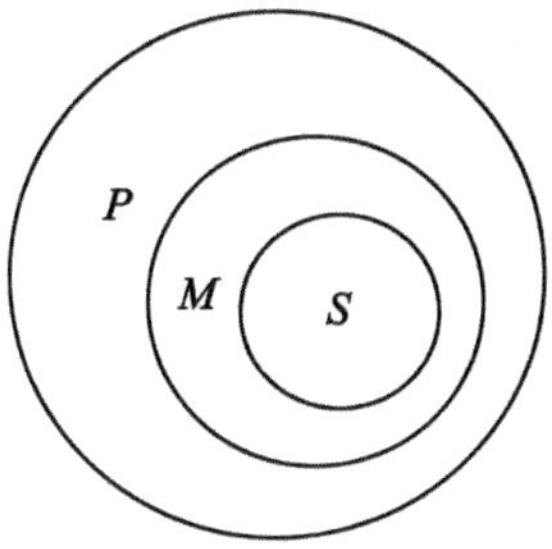

图 9-1　P、M、S 关系(一)

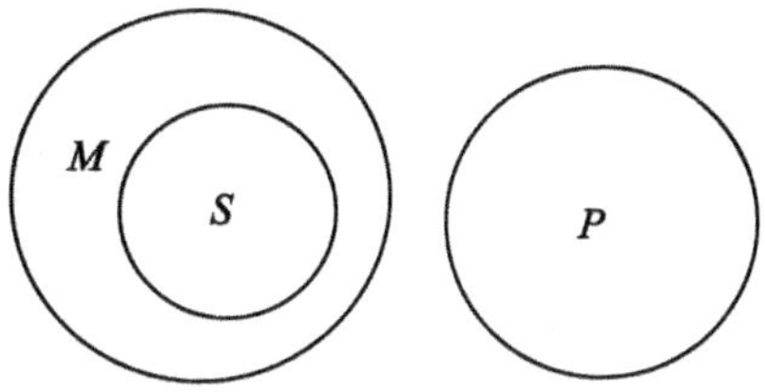

图 9-2　P、M、S 关系(二)

在图 9-1 中，所有的 M 类对象都具有 P 属性，且 S 类对象是 M 类对象的一部分，由此显然可以推出 S 类对象也具有 P 属性。即：所有 M 是 P，所有 S 是 M，所以，所有 S 是 P。这正是三段论第一格的 AAA 式。同理可知，图 9-2 所反映的正是第一格的 EAE 式。

3. 三段论的演绎和化归

从反映三段论公理的这两个有效格式出发，可以推导出其他 17 个有效的三段论格式，从而组成一个演绎系统。

例如：第一格 EAE 式的完整形式是：$MEP \wedge SAM \Rightarrow SEP$。由于 $MEP \Leftrightarrow PEM$，因此，由第一格 EAE 式有效，可得如下有效形式：$PEM \wedge SAM \Rightarrow SEP$。这正是第二格 EAE 式。进一步，由于 $SEP \Leftrightarrow PES$，因此，由上式有效还可推出如下有效形式：$SAM \wedge PEM \Rightarrow PES$。这则是第二格的 AEE 式。

反过来，其他所有有效的三段论格式也都可以通过对当关系、换质、换位推理及其他一些逻辑工具转化为三段论第一格的 AAA 式或 EAE 式，这称为三段论的化归或者还原。

例如：第二格 AEE 式的完整形式是：$PAM \wedge SEM \Rightarrow SEP$。由于 $PAM \Leftrightarrow \overline{M}A\overline{P}$(换质、换位再换质)，$SEM \Leftrightarrow SA\overline{M}$(换质)，$SEP \Leftrightarrow SA\overline{P}$(换质)，因此，第二格 AEE 式可化为：$\overline{M}A\overline{P} \wedge SA\overline{M} \Rightarrow SA\overline{P}$。这正是第一格的 AAA 式。

反映三段论公理的两个有效格式都是第一格，且其他格的三段论都可以化归为第一格。这是三段论第一格被称为“典型格”和“完善格”的另一个原因。

六、省略三段论

1. 什么是省略三段论

一个完整的三段论，由大前提、小前提和结论三个性质判断组成。但在语言表达中，为了力求精练，在不影响语义的前提下，也常常省去其中的某个部分，使其看上去只包含两个性质判断，这就是所谓省略三段论，或三段论的省略式。省略三段论只是语言表达上有所省略，其逻辑结构仍然是完整的。

根据其所省略的部分不同，省略三段论可分为三种情况：

①省略大前提。此时大前提往往是众所周知的普遍原理，因而无须明言。例如："住房也是商品，当然也是有价值的。"

②省略小前提。此时往往是某一事实和一般原理的联系非常明显，因而无须赘言。例如："任何人都免不了犯错误，法官也不例外。"这就是一个省略了小前提的三段论。

③省略结论。此时往往是为了让读者或听者自己从给定的前提中得出结论，以收到比直接说出来更好的表达效果。例如："他们都是英国人，英国人怎么会不懂英语呢？"

省略三段论的优点是简明有力，但却不一定是正确的，而且错误的省略三段论往往因为省略而使其错误被隐藏起来，令人不易察觉。这些错误可能是前提虚假，也可能是形式无效。例如："张三故意杀人，因此应判死刑。"这显然是一个省略了大前提的三段论。其省略的大前提"凡故意杀人的都应判死刑"是虚假的。因为按照我国刑法有关条文规定，犯故意杀人罪的，判死刑、无期徒刑或二十年以上的有期徒刑。但是由于省略，便在一定程度上掩盖了这个推理的不正确性。

又如："我又不想当翻译，何必学外语呢？"这也是一个省略了大前提的三段论。其被省略的大前提"凡是想当翻译的都要学外语"虽然真实，但其推理形式却是第一格的AEE式，而第一格AEE式却是无效的！

2. 省略三段论的恢复和检验

对于省略三段论，必须善于鉴别其推理的正确性。为此，首先要将其恢复成完整的形式，然后再检验其推理是否正确。具体步骤如下：

首先，确定结论是否被省略。在结论前，通常有"因此"、"所以"等关联词语。根据是否有这些关联词语，可以确定已有的两个性质判断之间是并列关系还是推出关系，从而断定结论是否已被省略。例如：

① 他有作案动机，所以，他是罪犯。
② 你的主要任务是学习，因为大学生的主要任务就是学习。
③ 所有金属都是导电的，铅也是金属嘛！

可以看出，例①中有"所以"，例②中有"因为"，说明它们的结论都没有被省略。而例③中则没有这样的关联词语，说明它的结论被省略了。

其次，在结论未被省略时，根据结论确定大、小项，进而确定已有的前提(即未省略的前提)是何种前提，被省略的是何种前提。如上面例①中的结论是"他是罪犯"，因此"他"是小项，已有的前提是小前提，被省略的前提是大前提。例②中的结论是"你的主要任务是学习"，因此"学习"是大项，已有的前提是大前提，被省略的是小前提。

最后，把被省略的部分补充起来，使其成为完整的三段论。当结论被省略时，把大、小前提中不相同的那两个词项(大、小项)联系起来，根据三段论规则写出结论。反之，如果被省略的是大前提，就把结论的谓项(大项)和中项联系起来，写出大前提；如果被省略的是小前提，就把结论的主项(小项)和中项联系起来，写出小前提。

在恢复省略三段论时，一般可以考虑将其恢复为第一格。但如果结论是否定的，也可考虑将其恢复为第二格；如果结论是特称的，也可考虑将其恢复为第三格。此外，还应注意不要违反三段论的原意。所补充的判断应尽可能是真实的，尽可能用全称判断，并尽可能符合三段论规则。

如上面例①中被省略的大前提可按第一格补充为“凡是有作案动机的都是罪犯”，例②中被省略的小前提可按第一格补充为“你(的主要任务)是大学生(的主要任务)”，例③中被省略的结论可按第一格补充为“(所以,)铅是导电的”。

恢复为完整的三段论以后，就可根据正确推理的两个条件(即前提真实和推理形式有效)判定其正确与否。

如例①补充的大前提“凡是有作案动机的都是罪犯”是虚假的，因此，尽管推理形式有效(第一格 AAA 式)，仍然不是一个正确的三段论。例②和例③补充完整以后，前提都是真实的，推理形式都是有效(第一格 AAA 式)，因此都是正确的三段论。

此外，例①中省略的大前提还可以按第二格补充为“凡罪犯都有作案动机”。这样，两个前提就都成了真实的，但推理形式却变成了第二格 AAA 式，而第二格 AAA 式存在“中项两次不周延”的错误，因而是无效的，于是整个三段论仍然是不正确的。可见，一个省略三段论可以有不止一种恢复方法。但只要其包含错误，那么恢复以后就总会暴露出来。

七、复合三段论

复合三段论也叫联锁三段论，是性质判断间接推理的复杂形式。它包含三个或三个以上已知的性质判断，其中相邻的两个判断分别借助于一个共同的词项联系起来，所有的已知判断环环相扣，形成一个连续不断的链条结构，从而推出一个新的性质判断作为结论。

从结构上看，这样的推理相当于两个或两个以上直言三段论的复合，其推理有效性也由后者来保证，即：当且仅当各个三段论都是有效的，由它们复合而成的那个联锁三段论才是有效的。例如：

凡科学都是客观真理，　　(1)
凡思维科学都是科学，　　(2)
____
∴ 逻辑学是思维科学。　　(3)

这个复合三段论包含三个直言前提，一个直言结论，共四个性质判断。其中前提(1)和(2)包含共同词项“科学”，前提(2)和(3)包含共同词项“思维科学”，三个前提环环相扣，形成一个有机联系的链条结构，从而推出结论“逻辑学是客观真理”。从结构上看，这个推理可视为两个第一格 AAA 式三段论的复合，其有效性是显而易见的，即：

凡科学都是客观真理，　　(1)
凡思维科学都是科学，　　(2)

———————————

∴ 凡思维科学都是客观真理。
逻辑学是思维科学，　　(3)

———————————

∴ 逻辑学是客观真理。

联锁三段论可视为“类三段论”，根据其中性质判断的数量，可分别称为“四段论”、“五段论”等等。一般而言，N 段论（$N\geq4$）共有（$N-1$）个直言前提，由（$N-2$）个直言三段论复合而成。

例如：上例相当于一个四段论，共有三个直言前提，由两个第一格 AAA 式三段论复合而成。若在其中加入“凡客观真理都不是教条”这样一个前提，再把结论改成“逻辑学不是教条”，上述四段论就会变成包含四个直言前提的五段论，可视为三个第一格 EAE 式三段论或两个第一格 AAA 式三段论和一个第一格 EAE 式三段论的复合。又如：

“每一个头脑清醒的人都能够学逻辑，没有神经错乱的人适合担任陪审员，你的儿子没有一个能够学逻辑，因此，你的儿子没有一个适合担任陪审员。”

这个推理可整理为如下的标准形式：

所有适合担任陪审员的人都是头脑清醒的人，
所有头脑清醒的人都是能够学逻辑的人，

———————————

∴ 你的儿子没有一个是能够学逻辑的人。

可以看出，这个四段论相当于一个第一格 AAA 式三段论和一个第二格 AEE 式三段论的复合，由于两个三段论都是有效的，因而这个四段论也是有效的。

第三节　关系判断的推理

关系判断的推理简称关系推理，就是已知若干关系判断，推出一个新的关系判断的简单判断推理。

传统逻辑对关系推理的研究还处于初步阶段。以下只讨论不涉及个体域、不包含量项的二元关系判断的推理。

一、自返性关系推理

1. 自返关系推理

自返关系断定任一对象与其自身必然具有某种关系。因此，已知关系 R 是自返关系，就可推知任一个体对象 x 与其自身具有 R 关系，即有：

R 是一个自返关系，

∴ R(x，x)(x 为任一个体对象)。

例如：概念间的全同关系是一个自返关系，因此，概念“金属”与其自身全同。

2. 反自返关系推理

反自返关系断定任一对象与其自身必然不具有某种关系。因此，已知关系 R 是反自返关系，就可推知任一个体对象 x 与其自身不具有 R 关系，即有：

R 是一个反自返关系，

∴ ¬R(x，x)(x 为任一个体对象)。

例如：数值间的“大于”关系是一个反自返关系，因此，876543 不大于 876543。

二、对称性关系推理

1. 对称关系推理

对称关系断定，当任意对象 x 与 y 具有某种关系时，反过来 y 与 x 也必然具有此种关系。因此，已知任意对象 x 与 y 具有 R 关系，就可推知 y 与 x 也具有 R 关系，即有：

R 是一个对称关系，
R(x，y)(x、y 为任意个体对象)，

∴ R(y，x)。

例如：张三是李四的朋友，所以，李四也是张三的朋友。(省略前提：朋友关系是一个对称关系)

2. 反对称关系推理

反对称关系断定，当任意对象 x 与 y 具有某种关系时，反过来 y 与 x 必然不具有此种关系。因此，已知任意对象 x 与 y 具有 R 关系，就可推知 y 与 x 不具有 R 关系，即有：

R 是一个反对称关系，
R(x，y)(x、y 为任意个体对象)，

∴ ¬R(y，x)。

例如：老张是小张的爸爸，所以，小张一定不是老张的爸爸。(省略前提：父子关系是一个反对称关系)

三、传递性关系推理

1. 传递关系推理

传递关系断定，当任意对象 x 与 y、y 与 z 之间都具有某种关系时，x 与 z 也必然具有此种关系。因此，已知任意对象 x 与 y、y 与 z 之间都具有 R 关系，就可推知 x 与 z 也具有 R 关系，即有：

R 是一个传递关系，
R(x，y)(x、y 为任意个体对象)，
R(y，z)(y 同上，z 为任意个体对象)，

∴ R(x，z)。

例如：8 大于 5，5 大于 3，所以，8 大于 3。(省略前提：大于关系是一个传递关系)

2. 反传递关系推理

反传递关系断定，当任意对象 x 与 y、y 与 z 之间都具有某种关系时，x 与 z 必然不具有此种关系。因此，已知任意对象 x 与 y、y 与 z 之间都具有 R 关系，就可推知 x 与 z 不具有 R 关系，即有：

R 是一个反传递关系，
R(x，y)(x、y 为任意个体对象)，
R(y，z)(y 同上、z 为任意个体对象)，

∴ ¬R(x，z)。

例如：王慧是张静的母亲，张静是丁兰的母亲，所以，王慧一定不是丁兰的母亲。(省略前提：母女关系是一个反传递关系)

第四节　文恩图解法

文恩图除了可以精确表示概念之间的外延关系，还可用来判定各种性质判断推理的有效性。传统逻辑将这种方法称为性质判断推理的文恩图判定法，或文恩图解法。

一、直接推理的判定

1. 二元文恩图

表示两个概念之间外延关系的文恩图，称为二元文恩图。第二章用来表示概念间外延关系的，就是二元文恩图。

在一个二元文恩图中，令两个交叉圆圈分别表示性质判断的主项 S 和谓项 P 的外延，则同素材的 A、E、I、O 四种性质判断对 S、P 外延关系的断定，可分别用二元文恩图表示如下(参见图 9-3—图 9-6)：

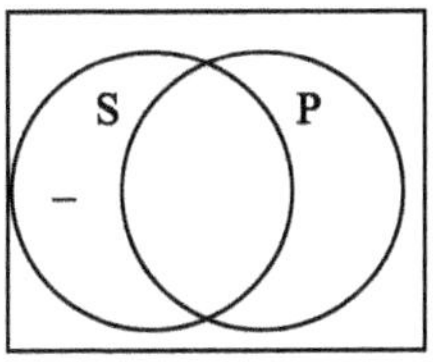

图 9-3　SAP

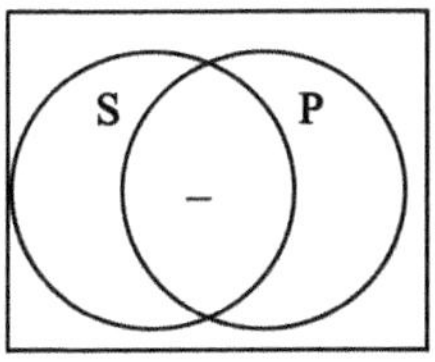

图 9-4　SEP

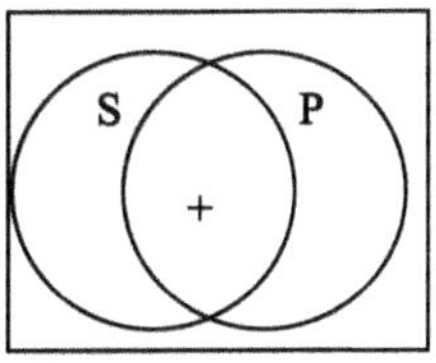

图 9-5　SIP

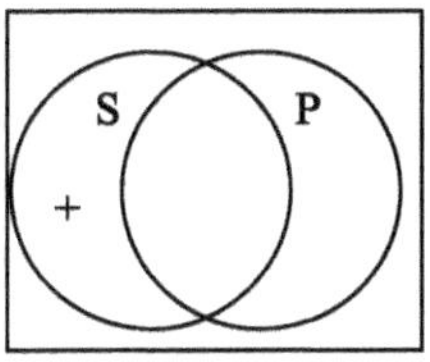

图 9-6　SOP

在 SAP 的文恩图(图 9-3)中，区域 1 是空类，表示没有 S 不是 P，亦即所有 S 都是 P。区域 2、3、4 中对象的存在性均不明确。SEP、SIP 与 SOP 的文恩图，可以此类推。

显然，上列二元文恩图清晰地表示出 SAP 与 SOP 之间、SEP 与 SIP 之间的矛盾关系。因此，¬A、¬E、¬I、¬O 的文恩图分别相当于同素材的 O、I、E、A 的文恩图。

为了在判定过程中表述方便起见，我们引入“预留区”的概念：

所谓预留区，是指文恩图中为表示某个概念的外延而预先为其划定的若干默认区域。

如上述这几图所示，在表示性质判断主、谓项外延关系的二元文恩图内，共有两个圆圈，它们里面的部分即分别是主、谓项的预留区。具体来说，概念 S 有两个预留区，即默认区域 1 和 2；相应地，概念 $\overline{S}$(即“非 S”，下同)的预留区就是默认区域 3 和 4。概念 P 有两个预留区，即默认区域 2 和 3；相应地，概念 $\overline{P}$(即“非 P”，下同)的预留区就是默认区域 1 和 4。

概念的预留区与其所反映的对象类是相互对应的。就是说，概念所反映的对象只能出现在预留区内，而不可能出现在预留区外。但在具体某一个预留区内，对象可能存在，也可能不存在。例如，设论域“U”表示“自然界的物质”，概念“S”表示“金属”，概念“P”表示“导电的”，则S在默认区域1中不存在，因为“不导电的金属”是一个空类；而在默认区域2中存在，因为“导电的金属”是一个非空类。

由此可见，文恩图可以表示空类。这正是文恩图优于欧拉图的地方。因为在欧拉图中，每一个区域内都有对象存在，每个区域都只能表示非空类。

2. 判定原理

在运用文恩图解法判定一个性质判断推理的有效性时，首先要用两个文恩图分别把前提中的已知条件和结论的逻辑含义准确地表示出来，然后再考察前提的文恩图是否蕴涵结论的文恩图即可。

关于文恩图之间的蕴涵关系，是这样理解的：

第一，默认区域的蕴涵。当且仅当在两个文恩图的某个相互对应的区域内，存在性标记完全相同或者前者明确而后者不明确时，称前一个文恩图在该区域的内涵蕴涵后一个文恩图在该区域的内涵。

第二，文恩图的蕴涵。当且仅当一个文恩图在每个默认区域的内涵都蕴涵另一个文恩图在对应区域的内涵时，我们才说前一个文恩图(的内涵)蕴涵后一个文恩图(的内涵)。

第三，推理的有效性。当且仅当前提的文恩图蕴涵结论的文恩图，即后者的内涵不超出前者时，相应的推理才是有效的。

例如，假设前提的文恩图中，已知区域1为空(表示空类)，区域2非空(表示非空类)，区域3、4不明确；而结论的文恩图中，只能确定区域2非空(表示非空类)，区域1、3、4不明确。那么前提的文恩图就蕴涵结论的文恩图，故推理有效。

第四，等值推理的有效性。当且仅当前提的文恩图与结论的文恩图完全等价，亦即其各个对应区域中对象的存在性完全一致，已知的和推出的一样多时，相应的等值推理才是有效的。例如，SAP与¬SOP的文恩图完全相同，故等值推理SAP⇔¬SOP有效。

总体来说，强条件蕴涵弱条件，同等条件相互蕴涵。

此外，传统逻辑预设了性质判断的主项不能是空概念。这相当于性质判断推理的一个默认前提，在文恩图中必须予以明确揭示。

3. 直接推理的判定

运用二元文恩图判定直接推理的有效性，首先要明确：

第一，预设“四概念非空”。由于前提为S-P格式的直接推理中，S、P、$\overline{S}$、$\overline{P}$都可能成为主项，因而传统逻辑关于主项非空的预设，就成了这四个概念一律不能为空。于是在应用文恩图解法判定直接推理的有效性时，必须保证这四个概念在每一个文恩图中都至少有一个预留区非空。

第二，前提的文恩图通常是给定的。直接推理的前提一般是S-P格式的性质判断，在“四概念非空”的前提下，其文恩图都是固定的。因此，文恩图解法对直接推理有效性的判定重在对结论文恩图的分析。在“四概念非空”的条件下，A、E、I、O 四种性质判断的二元文恩图分别如图 9-7—图 9-10 所示：

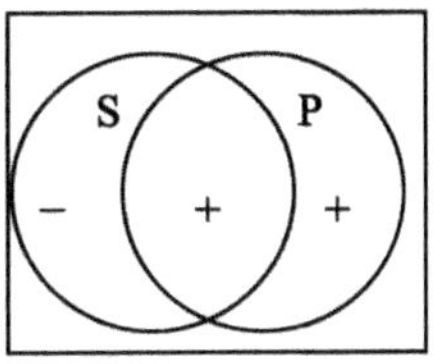

图 9-7　SAP

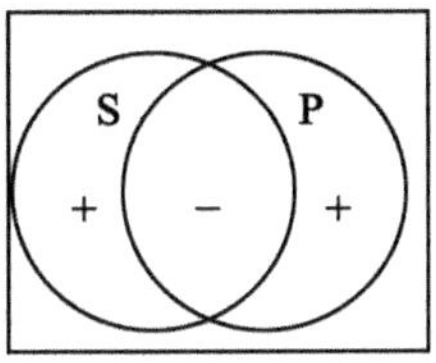

图 9-8　SEP

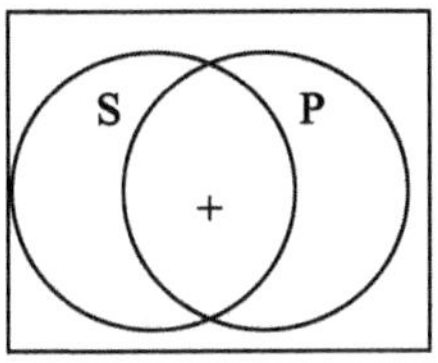

图 9-9　SIP

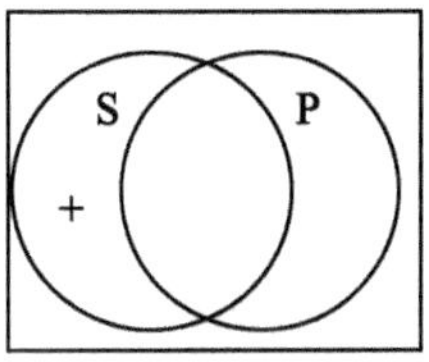

图 9-10　SOP

可以看出，在四概念非空的条件下，SIP 与 SOP 的文恩图(图 9-9、图 9-10)和前面(图 9-5、图 9-6)是一样的。但 SAP 与 SEP 的文恩图则都发生了一定的变化。其中：第一，SAP 的文恩图进一步明确了区域 2、4 非空的性质。这是因为区域 1 是概念 S、$\overline{P}$的预留区，已知区域 1 为空，则 S、$\overline{P}$的另一个预留区即区域 2、4 必然非空。第二，SEP 的文恩图进一步明确了区域 1、3 非空的性质。这是因为区域 2 是概念 S、P 的预留区，已知区域 2 为空，则 S、P 的另一个预留区即区域 1、3 必然非空。

例 9-4-1　用文恩图解法判定对当关系推理 SEP ⇒¬SAP 的有效性。

【解】：前提 SEP 的文恩图是给定的(图 9-8)。以下首先导出结论的文恩图：所有 S 是 P，则区域 1 为空(图 9-3)。并非所有 S 是 P，则区域 1 非空。加上“四概念非空”的预设，不能进一步明确其他各区中对象的存在性。故结论的文恩图，如图 9-11 所示。

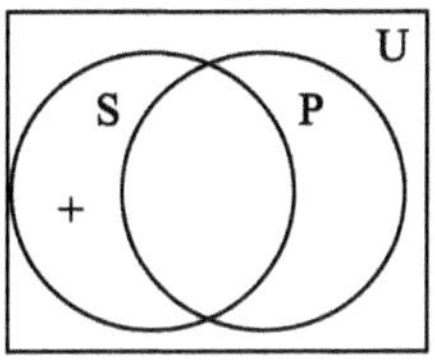

图 9-11　结论¬SAP

容易看出，前提的文恩图蕴涵结论的文恩图，故推理式 SEP ⇒¬SAP 有效。

例 9-4-2　用文恩图解法判定对当关系推理¬SOP ⇒¬SEP 的有效性。

【解】：首先导出前提论的文恩图：有 S 不是 P，则区域 1 非空(图 9-6)。并非有 S 不是 P，则区域 1 为空(图 9-6)。由概念 S、$\overline{P}$非空，可知区域 2、区域 4 非空。如图 9-12 所示。

再导出结论的文恩图：所有 S 不是 P，故区域 2 为空(图 9-4)。并非所有 S 不是 P，故区域 2 非空(图 9-5)。加上“四概念非空”的预设，无法进一步明确其他各区对象的存在性。如图 9-13 所示。

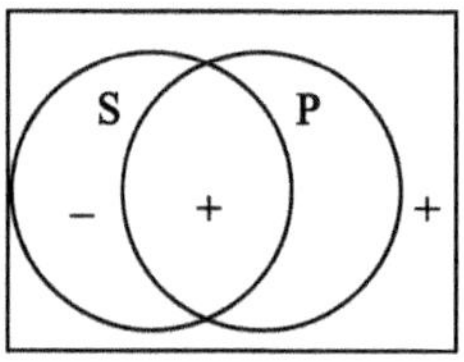

图 9-12　前提¬SOP

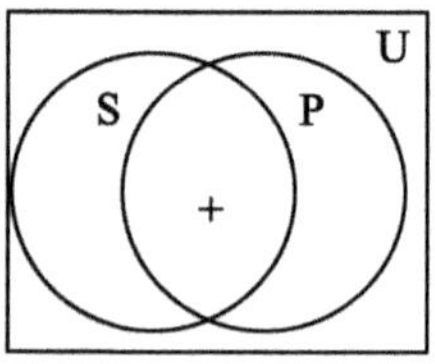

图 9-13　结论¬SEP

容易看出，前提的文恩图明显蕴涵结论的文恩图，故推理式¬SOP ⇒¬SEP 有效。

例 9-4-3　用文恩图解法判定换质法推理式 SEP ⇒SAP 的有效性。

【解】：前提 SEP 的文恩图是给定的，如图 9-8 所示。以下首先导出结论的文恩图：

所有 S 都是$\overline{P}$，则 S 类对象全部集中在 S 和$\overline{P}$的公共预留区 S $\overline{P}$即区域 1 中，故区域 2 必然为空。又由概念 S 非空，可知区域 1 非空。由概念 P 非空，可知区域 3 非空。于是得结论的文恩图，如图 9-14 所示。

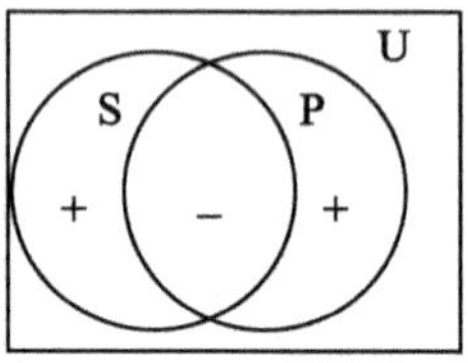

图 9-14

容易看出，前提的文恩图蕴涵结论的文恩图，故推理式 SEP ⇒SA $\overline{P}$有效（事实上两个文恩图是等价的，正好说明 E 判断的换质法推理是有效的等值推理）。

例 9-4-4　用文恩图解法判定换位法推理式 SAP ⇒PIS 的有效性。

【解】：前提 SAP 的文恩图是给定的，如图 9-7 所示。以下首先导出结论的文恩图：

有 P 是 S，则 P、S 的公共预留区 SP 即区域 2 非空。此时概念 S 和 P 非空的条件已经满足，故区域 1、3 中对象的存在性都不明确。由此，区域 4 中对象的存在性也无法明确，故得结论的文恩图，如图 9-15 所示。

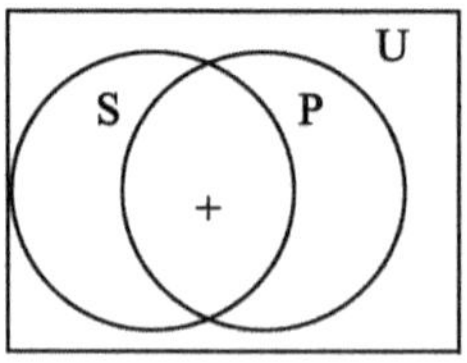

图 9-15

容易看出，前提的文恩图蕴涵结论的文恩图，故推理式 SAP ⇒PIS 有效。

例 9-4-5 用文恩图解法判定换质位法推理式 SAP ⇒PAS 的有效性。

【解】：前提 SAP 的文恩图是给定的，如图 9-7 所示。以下首先导出结论的文恩图：

所有$\overline{P}$是$\overline{S}$，$\overline{P}$类对象全部集中在$\overline{P}$、$\overline{S}$的公共预留区即区域 4 中，因此$\overline{P}$的另一个预留区 S $\overline{P}$即区域 1 必然为空。由概念$\overline{P}$非空，可知区域 4 非空。又由概念 S 非空，可知区域 2 非空。于是得结论的文恩图，如图 9-16 所示。

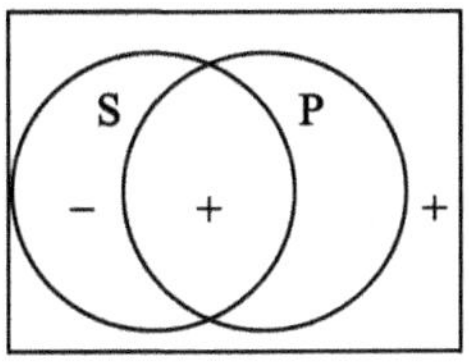

图 9-16

容易看出，前提的文恩图蕴涵结论的文恩图，故推理式 SAP ⇒$\overline{P}$A $\overline{S}$有效(事实上两个文恩图是等价的，正好说明 A 判断的完全换质位推理是有效的等值推理)。

二、三元文恩图

1. 三元文恩图

表示三个概念间外延关系的文恩图，称为三元文恩图。

三元文恩图中有三个两两相交的圆圈，分别表示三个概念 S、M、P 的外延。一般而言，这三个交叉圆圈把表示论域 U 的方框分为八个区域，如图 9-17 所示：

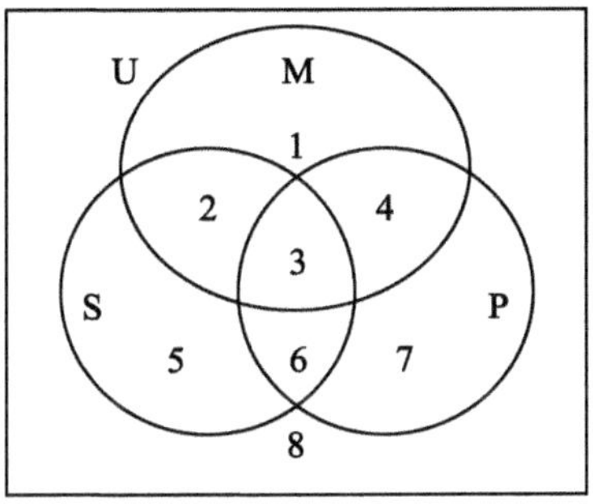

图 9-17

这八个区域就是三元文恩图中的默认区域，下文中将分别称之为“默认区域 1、2、3、4、5、6、7、8”，其位置和记法都是相对固定的。因而在实际应用中，各个区域的默认序号可以不必标注出来。

在判定三段论式的有效性时，三个交叉圆圈 S、M、P 内的区域分别表示三段论中小项、中项和大项的外延，它们里面的部分即分别是小项、中项、大项的预留区。具体来说，概念 S 有四个预留区，即默认区域 2、3、5、6；概念 P 也有四个预留区，即默认区域 3、4、6、7；概念 M 也有四个预留区，即默认区域 1、2、3、4。

在三元文恩图中，对象的存在性也是以默认区域(预留区)为单位的。我们仍以“+”表示对象存在，“-”表示对象不存在，不带“+”、“-”表示默认状态，即对象可能存在、也可能不存在。由于三段论中一般不涉及 S、M、P 的负概念，而区域 8 又不是 S、M、P 中任何一个的预留区，因此在实际应用中，三元文恩图一般不必考虑区域 8 中对象的存在性，表示论域的方框可以不必画出来。

按照上述约定，分别以 S、M、P 作主、谓项的 A、E、I、O 四种性质判断均可用三元文恩图表示出来。下面以 S 作主项、P 作谓项的情况(直言三段论的结论)为例加以说明：

SAP 的三元文恩图(图 9-18)：区域 2、5 表示空类，其余各区中对象的存在性不明确。

SEP 的三元文恩图(图 9-19)：区域 3、6 表示空类，其余各区中对象的存在性不明确。

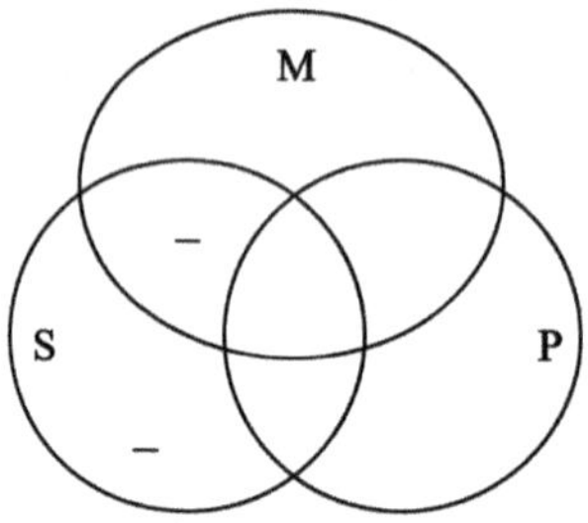

图 9-18　SAP

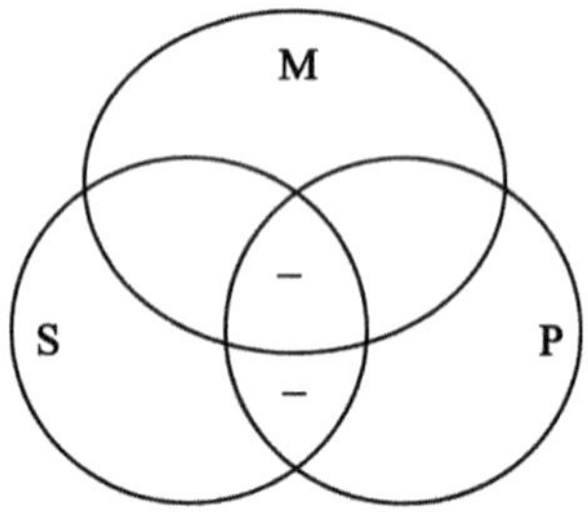

图 9-19　SEP

SIP 的三元文恩图(图 9-20)：区域 3、6 至少有一个非空，可用两个“(+)”标注如图，其余各区中对象的存在性不明确。显然，只要能确定某个文恩图的区域 3、6 中有一个非空，即可构成该文恩图的强条件。

SOP 的三元文恩图(图 9-21)：区域 2、5 至少有一个非空，可用两个“(+)”标注如图，其余各区中对象的存在性不明确。显然，只要能确定某个文恩图的区域 2、5 中有一个非空，即可构成该文恩图的强条件。

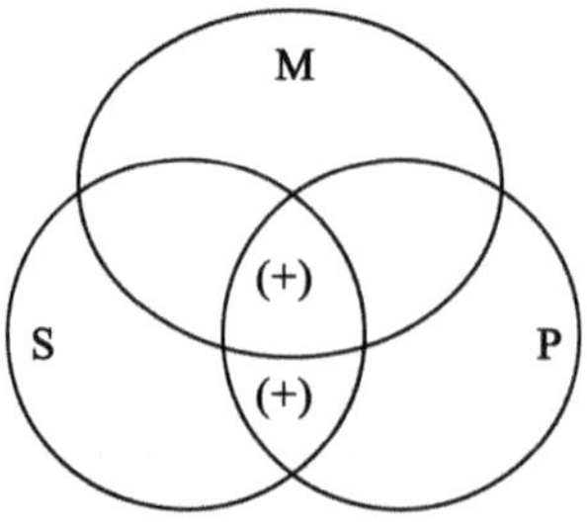

图 9-20　SIP

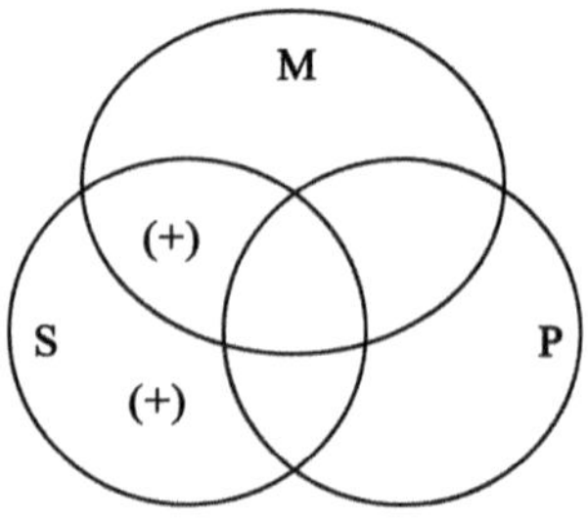

图 9-21　SOP

2. 直言三段论的判定

运用文恩图解法判定直言三段论的有效性，首先要明确：

第一，结论的文恩图是给定的。直言三段论的结论是 S-P 格式的性质判断，这种格式的 A、E、I、O 四种性质判断其三元文恩图是固定的。因此，文恩图解法对直言三段论有效性的判定重在对两个前提中已知条件的综合解析。

第二，预设“三概念非空”。直言三段论中的三个项 S、M、P 都不能是空概念，这是保证直言三段论形式有效的一个前提条件。因此，其各自的四个预留区都不能同时表示空类。

第三，当前提由一个全称命题和一个特称命题组成时，应该先解析全称命题，后解析特称命题。这是因为全称命题的三元文恩图是确定的，即其中某些区域一定表示空类，而特称命题的三元文恩图则是不确定的，即只知其中某两个区域不能同时为空，而不能确定其具体情况。

例 9-4-6　用文恩图解法判定三段论式 SAM∧PEM ⇒SEP 的有效性。

【解】：结论 SEP 的文恩图是给定的，如图 9-19 所示。以下首先导出表示前提中已知条件的三元文恩图：

已知 SAM，即“所有 S 是 M”，故区域 5、6 为空；已知 MEP，即“所有 M 不是 P”，故区域 3、4 为空。此外，由 S 的三个预留区 3、5、6 均为空，可知其另一个预留区(即区域 2)非空；由 P 的三个预留区(区域 3、4、6)均为空，可知其另一个预留区(即区域 7)非空。由此可得表示前提中已知条件的三元文恩图，如图 9-22 所示。

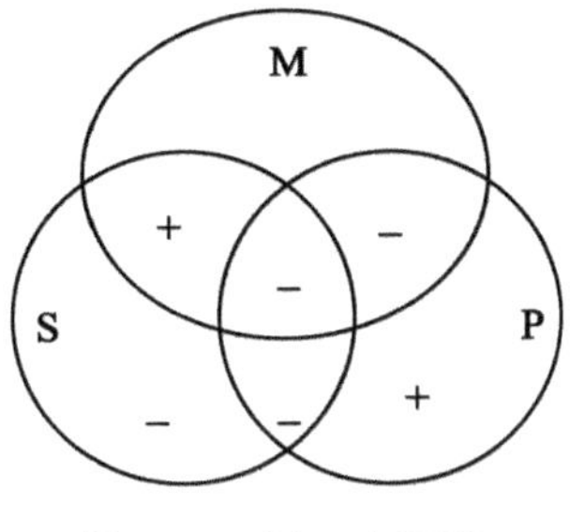

图 9-22　SAM∧PEM

容易看出，前提的文恩图明显蕴涵着结论的文恩图，故三段论式 SAM∧PEM ⇒SEP 有效。

例 9-4-7　用文恩图解法判定三段论形式 MIS∧MEP ⇒SOP 的有效性。

【解】：结论 SOP 的文恩图是给定的，如图 9-21 所示。以下首先导出表示前提中已知条件的三元文恩图：

已知 MEP，即“所有 M 不是 P”，故区域 3、4 为空。已知 MIS，即“有的 M 是 S”，故区域 2、3 至少有一个非空；由区域 3 为空，可知区域 2 非空。由此可得表示前提中已知条件的三元文恩图，如图 9-23 所示。

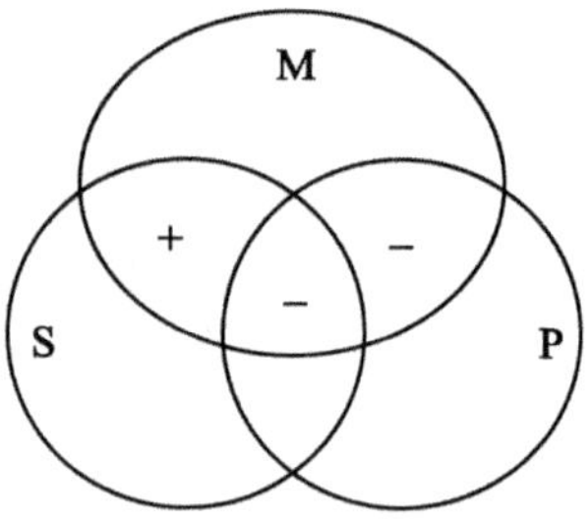

图 9-23

容易看出，前提的文恩图明显蕴涵着结论的文恩图，故三段论式 MIS∧MEP ⇒SOP 有效。

例 9-4-8 用文恩图解法判定三段论形式 MAS∧MEP ⇒SEP 的有效性。

【解】：结论 SEP 的文恩图是给定的，如图 9-19 所示。以下首先导出表示前提中已知条件的三元文恩图：

已知 MEP，即"所有 M 不是 P"，故区域 3、4 为空。已知 MAS，即"所有 M 是 S"，故区域 1、4 为空。此外，由 M 的三个预留区(区域 1、3、4)均为空，可知其另一个预留区(即区域 2)非空。由此可得表示前提中已知条件的三元文恩图，如图 9-24 所示。

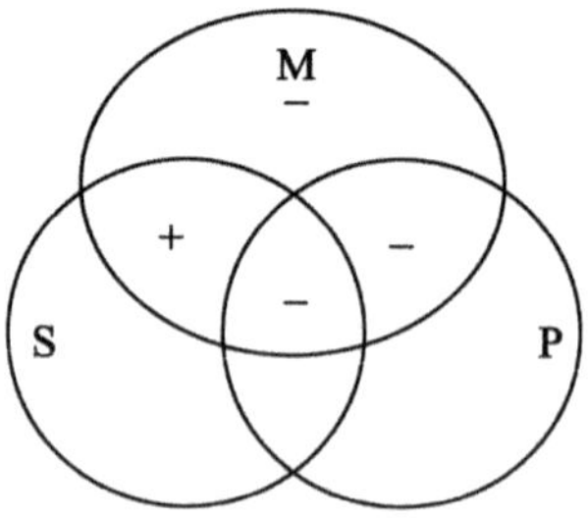

图 9-24

容易看出，前提的文恩图并不蕴涵结论的文恩图，因为前提文恩图的区域 6 中，对象的存在性不明确，而结论文恩图的区域 6 中，对象的存在性是明确的，即一定为空。故三段论形式 MAS∧MEP ⇒SEP 无效。

练　习　题

1. 下列根据对当关系所进行的推理是否有效？为什么？

(1)有些人是自学成才的，所以，有的人不是自学成才的。

(2)并非凡中药都是苦味的，所以，有些中药不是苦味的。

(3)有的被告是无辜的，所以并非所有被告都不是无辜的。

(4)与会者都是中青年教师，所以，并非有的与会者不是中青年教师。

(5)并非所有办公大楼都是五层的，所以，所有办公大楼都不是五层的。

(6)有些参展的车型并不新颖，所以，参展车型都很新颖的说法不符合事实。

2. 尝试对下列性质判断分别进行换质、换位推理，并用公式表示之。

(1)上海是大城市。

(2)所有的鸟都会飞。

(3)所有的人都不会飞。

(4)逻辑学不是不能学好的。

(5)A 歌舞团有些演员不是大学毕业的。

(6)外资企业有些产品是在国内市场销售的。

3. 下列直接推理能否成立，为什么？

(1)不劳动者不得食，所以，有的得食者不是不劳动者。

(2)有些大学生不是南方人，所以，有些南方人不是大学生。

(3)我们班同学都是不学日语的，所以，学日语的都不是我们班同学。

(4)凡绿色植物都是有光合作用的，所以，凡有光合作用的都是绿色植物。

(5)凡是正确的推理都是形式有效的，所以，凡形式无效的推理都是不正确的。

(6)有些大发明家并未受过高等教育，所以，并非未受过高等教育的都不是大发明家。

4. 分析下列三段论的形式结构，写出推理形式。

(1)柳树是树，树总是有根的，所以，柳树是有根的。

(2)鱼都是用鳃呼吸的，鲸不是用鳃呼吸的，所以，鲸不是鱼。

(3)善良的人都不会抢劫，加勒比海盗会抢劫，所以，加勒比海盗不是善良的人。

(4)科学是能造福于人类的，社会科学是科学，所以有的能造福于人类的是社会科学。

(5)瓦特没有受过高等教育，瓦特是大发明家，可见，有些大发明家并未受过高等教育。

(6)住这栋楼的都是大学生，大学生都不是未成年人，因此，住这栋楼的都不是未成年人。

5. 下列三段论是否有效？为什么？

(1)海豚不是鱼，海狮不是海豚，所以，海狮不是鱼。

(2)甲班有多数人游过东湖，李明是甲班同学，所以，李明游过东湖。

(3)有的自然数是偶数，有的自然数是质数，所以，有的质数是偶数。

(4)中学生是在中学学习的，小娜是在中学学习的，所以，小娜是中学生。

(5)中子是一种基本粒子，而中子是不带电的，所以，有些基本粒子不带电。

(6)班干部都要起模范带头作用，我不是班干部，所以，我不要起模范带头作用。

6. 在下列三段论式的空白处填入适当的字母，令其为有效式。

(1)M(　)P ∧ SAM ⇒ SOP

(2)PAM ∧ MAS ⇒ S(　)P

(3)P(　)M ∧ SOM ⇒ S(　)P

(4) $MOP \wedge M(\quad)S \Rightarrow S(\quad)P$

(5) $M(\quad)P \wedge M(\quad)S \Rightarrow SOP$

(6) $(\quad)(\quad)(\quad) \wedge SOM \Rightarrow S(\quad)P$

7. 分析下列省略三段论是否正确。

(1)我又不想入党，何必学习党史呢?

(2)这台机器错不了，因为它是进口的。

(3)毛泽东是湖南人，所以，他不怕吃辣椒。

(4)你也是大学生呀，怎么能不讲公德呢?

(5)所有的人都会犯错误，科学工作者也不例外。

(6)没有文化的军队是愚蠢的军队，而愚蠢的军队是不能战胜敌人的。

8. 下列关系推理是否正确?为什么?

(1)x 能被 y 整除，所以，y 不能被 x 整除。

(2)吕珍认识于桦，所以，于桦也认识吕珍。

(3)A 队战胜了 B 队，所以，B 队没有战胜 A 队。

(4)墨子晚于孔子，孔子晚于老子，所以，墨子晚于老子。

(5)某甲是某乙的父亲，某乙是某丙的父亲，所以，某甲不是某丙的父亲。

(6)李静家离武汉很近，陈蓉家离武汉也很近，所以，李静家离陈蓉家很近。

第十章　复合判断的推理

复合判断的推理就是前提或结论中包含着复合判断，并依据其逻辑性质进行推演的演绎推理。本章介绍的是一些基本类型的复合判断推理，它们属于传统的命题逻辑。

第一节　联言推理

联言推理是前提或结论中包含着联言判断，并依据其逻辑性质进行推演的演绎推理。

根据联言判断的逻辑性质，一个联言判断为真，当且仅当其各个联言支都为真。据此，我们有联言推理的分解式和组合式，其有效性非常直观。

一、分解式

联言推理的分解式是由一个联言判断为真，推出其某个联言支为真的联言推理形式。

以二支的情况为例，其推理形式为：

$$\frac{p \land q}{\therefore p} \quad \text{或} \quad \frac{p \land q}{\therefore q}$$

横写为：$p \land q \Rightarrow p$　或 $p \land q \Rightarrow q$。

例如：小王既有优点，也有缺点，所以，小王是有优点的。

多支的情况与此类似，例如："工、农、兵、知识分子都是我们进行社会主义建设的依靠力量，所以，知识分子是我们进行社会主义建设的依靠力量。"推理形式为：$p \land q \land r \land s \Rightarrow s$。

二、组合式

联言推理的组合式是由一个联言判断的各个联言支均为真，推出该联言判断为真的联言推理形式。

以二支的情况为例，其推理形式为：

$$\frac{\begin{array}{c}p\\q\end{array}}{\therefore p\wedge q}$$

横写为：$(p, q)\Rightarrow p\wedge q$。

其中，括号和逗号表示前提是两个已知判断，而不是一个。

例如：

数的概念是从现实世界中得来的，
形的概念是从现实世界中得来的，

所以，数和形的概念是从现实世界中得来的。

多支的情况与此类似，例如："小李是武汉人，小王是武汉人，小张是武汉人，所以，小李、小王和小张都是武汉人。"其推理形式为：$(p, q, r)\Rightarrow p\wedge q\wedge r$。

第二节　选言推理

选言推理是前提或结论中包含着选言判断，并依据其逻辑性质进行推演的演绎推理。

传统逻辑从实用出发，主要关心的是前提中包含一个选言判断的选言推理。由于仅仅已知一个选言判断不足以推断其选言支的真假，亦即选言推理没有分解式，因此需要在前提中增加已知判断，把已知条件加强。这样一来，前提和结论的真假联系就不那么直观了，因此需要通过推理规则来明确其是否有效。假言推理也有类似的情况，届时将不再重复。

一、相容选言推理

相容选言推理是前提或结论中包含着相容选言判断，并依据其逻辑性质进行推演的演绎推理。

前提中有一个相容选言判断的选言推理，有两条规则：

【规则一】否定一部分选言支，可以肯定另一部分选言支。

【规则二】肯定一部分选言支，不能推断另一部分选言支。

根据规则，这样的选言推理只有一种有效式，即所谓否定肯定式：已知一个相容选言判断为真，且其一部分选言支为假，推出另一部分选言支为真。以二支的情况为例，其推理形式为：

$$\frac{p \vee q \quad \neg p}{\therefore q} \quad 或 \quad \frac{p \vee q \quad \neg q}{\therefore p}$$

横式为：$(p \vee q) \wedge \neg p \Rightarrow q$，或$(p \vee q) \wedge \neg q \Rightarrow p$。

例如："液体沸腾的原因或者是温度升高，或者是压力减小。既然锅里的水温并没有升高，那么其沸腾的原因一定是压力减小了。"

多支的情况与此类似，如："这架飞机失事或者是由于飞行员没有严格遵守操作规程，或者是由于飞机在起飞前没有经过严格的例行技术检查，或者是由于出现了特殊的意外；经调查，这架飞机失事时没有特殊意外发生，因此，这架飞机失事的原因一定是由于飞机在起飞前没有经过严格的例行技术检验，或者飞行员没有严格遵守操作规程。"推理形式为：$(p \vee q \vee r) \wedge \neg r \Rightarrow p \vee q$。

在相容选言推理中，常见的错误是违反规则二，使用了无效的肯定否定式，即：$(p \vee q) \wedge p \Rightarrow \neg q$。如："案件判决错误的原因，或者是定罪不准，或者是量刑不当；现已确认该案定罪不准，所以，该案判决错误的原因不是量刑不当。"

二、不相容选言推理

不相容选言推理是前提或结论中包含着不相容选言判断，并依据其逻辑性质进行推演的演绎推理。

前提中有一个不相容选言判断的选言推理，有两条规则：

【规则一】：否定一部分选言支，可以肯定另一部分选言支。

【规则二】：肯定一部分选言支，可以否定另一部分选言支。

根据规则，这样的不相容选言推理，否定肯定式和肯定否定式都是有效的。

①否定肯定式

以二支的情况为例，其推理形式为：

$$\frac{p \dot{\vee} q \quad \neg p}{\therefore q} \quad 或 \quad \frac{p \dot{\vee} q \quad \neg q}{\therefore p}$$

横式为：$(p \dot{\vee} q) \wedge \neg p \Rightarrow q$，或$(p \dot{\vee} q) \wedge \neg q \Rightarrow p$。

例如："本案当事人的防卫要么是正当防卫，要么是防卫过当；事实证明，本案当事人的防卫行为并非防卫过当，所以，本案当事人的防卫行为属于正当防卫。"

多支的情况与此类似，如："既然张三的血型不是A型，也不是B型，那么他的血型一定是AB型，或者O型。"推理形式为：$(p \dot{\vee} q \dot{\vee} r \dot{\vee} s) \wedge \neg p \wedge \neg q \Rightarrow r \dot{\vee} s$。

②肯定否定式。

以二支的情况为例，其推理形式为：

$$\frac{p \vee q \quad p}{\therefore \neg q} \quad \text{或} \quad \frac{p \vee q \quad q}{\therefore \neg p}$$

横式为：$(p \vee q) \wedge p \Rightarrow \neg q$，或：$(p \vee q) \wedge q \Rightarrow \neg p$。

例如："按照二值逻辑的原则，一个判断要么是真的，要么是假的；既然已经明确这个判断为真，那么它就不可能是假的。"

多支的情况与此类似，如："既然这个单项选择题的选项 A 和 B 具有矛盾关系，两者之中必有一真，那么 C 和 D 肯定都不是正确选项。"推理形式为：$(p \vee q \vee r \vee s) \wedge (p \vee q) \Rightarrow \neg r \wedge \neg s$。

第三节　假言推理

假言推理是前提或结论中包含着假言判断，并依据其逻辑性质进行推演的演绎推理。

一、充分条件假言推理

充分条件假言推理是前提或结论中包含着充分条件假言判断，并依据其逻辑性质进行推演的演绎推理。

前提中有一个充分条件假言判断的假言推理，有四条规则：

【规则一】　肯定前件，就可以肯定后件；

【规则二】　否定后件，就可以否定前件；

【规则三】　否定前件，不能推知后件；

【规则四】　肯定后件，不能推知前件。

根据规则，充分条件假言推理有以下两个有效式：

① 肯定前件式。

$$\frac{p \rightarrow q \quad p}{\therefore q}$$

横式为：$(p \rightarrow q) \wedge p \Rightarrow q$。

例如："如果光对它照射到的物体能产生压力，那么光就具有质量。实验证明，光对它照射到的物体能产生压力，所以，光是有质量的。"

② 否定后件式。

否定后件式要求：前提中否定充分条件假言判断的后件，则结论中否定它的前件。这种推理形式如下：

$$\begin{array}{c} p \rightarrow q \\ \neg q \\ \hline \therefore\ \neg p \end{array}$$

横式为：$(p \rightarrow q) \wedge \neg q \Rightarrow \neg p$。

例如："如果停电，机器就会停止运转。现在机器运转正常，可见没有停电。"

充分条件假言推理如果违反了上述规则，其推理形式就是无效的。例如："沿着这条路一直往前走，就能走到图书馆；他没有沿着这条路一直往前走，所以，他不能走到图书馆。"其推理形式为：$(p \rightarrow q) \wedge \neg p \Rightarrow \neg q$。由否定前件推出否定后件的结论，违反了规则三。

又如："如果一个人是大学生，那么他会经常待在大学校园里。既然李某经常待在大学校园里，那么他一定是大学生。"其推理形式为：$(p \rightarrow q) \wedge q \Rightarrow p$。由肯定后件推出肯定前件的结论，违反了规则四。

二、必要条件假言推理

必要条件假言推理是前提或结论中包含着必要条件假言判断，并依据其逻辑性质进行推演的演绎推理。

前提中有一个必要条件假言判断的假言推理，有四条规则：

【规则一】否定前件，就可以否定后件；

【规则二】肯定后件，就可以肯定前件；

【规则三】肯定前件，不能推知后件；

【规则四】否定后件，不能推知前件。

根据规则，必要条件假言推理有以下两个有效式：

① 否定前件式。

$$\begin{array}{c} p \leftarrow q \\ \neg p \\ \hline \therefore\ \neg q \end{array}$$

横式为：$(p \leftarrow q) \wedge \neg p \Rightarrow \neg q$。

例如："只有水量合适，小麦才长得好。这块地的水量不合适，所以，这块地的小麦长不好。"

② 肯定后件式。

肯定后件式要求：前提中肯定必要条件假言判断的后件，则结论中肯定它的前件。这种推理形式如下：

$$\begin{array}{l} p \leftarrow q \\ q \\ \hline \therefore\ p \end{array}$$

横式为：$(p \leftarrow q) \land q \Rightarrow p$。

例如："只有年满十八岁，才有公民选举权。小李有选举权，所以，小李一定年满十八岁。"

必要条件假言推理如果违反了上述规则，其推理形式就是无效的。例如："只有建立必要的规章制度，生产才能顺利进行。某厂建立了必要的规章制度，所以，某厂的生产能够顺利进行。"其推理形式为：$(p \leftarrow q) \land p \Rightarrow q$。由肯定前件推出肯定后件的结论，违反了规则三。

又如："只有学习成绩好，才能评为三好生。小李没有评上三好生，可见其学习成绩一定不好。"其推理形式为：$(p \leftarrow q) \land \neg q \Rightarrow \neg p$。由否定后件推出否定前件的结论，违反了规则四。

三、充分必要条件假言推理

充分必要条件假言推理是前提或结论中包含着充分必要条件假言判断，并依据其逻辑性质进行推演的演绎推理。

前提中有一个充分必要条件假言判断的假言推理，有四条规则：

【规则一】肯定前件，就可以肯定后件；

【规则二】否定前件，就可以否定后件；

【规则三】肯定后件，就可以肯定前件；

【规则四】否定后件，就可以否定前件。

根据规则，充分必要条件假言推理的肯定前件式、否定前件式、肯定后件式、否定后件式都是有效的。即：

①肯定前件式：$(p \leftrightarrow q) \land p \Rightarrow q$。

例如："当且仅当某物是用于交换的劳动产品，则它是商品。此物是用于交换的劳动产品，所以，此物是商品。"

②否定前件式：$(p \leftrightarrow q) \land \neg p \Rightarrow \neg q$。

例如："当且仅当今天是除夕，明天才是春节。今天不是除夕，所以，明天不是春节。"

③肯定后件式：$(p \leftrightarrow q) \land q \Rightarrow p$。

例如："当且仅当一个三角形等边，则它等角。此三角形等角，所以，此三角形一定等边。"

④否定后件式：$(p \leftrightarrow q) \land \neg q \Rightarrow \neg p$。

例如："当且仅当一个数能被 2 整除，则它是偶数。87654321 不能被 2 整除，所以，87654321不是偶数。”

四、假言易位推理

假言易位推理是指通过调换一个假言判断的前、后件，从而推出一个新的假言判断的假言推理。这里只介绍以下四种形式，基于等值关系式$(p\rightarrow q)\Leftrightarrow(p\leftarrow q)$，我们有：

①$(p\rightarrow q)\Rightarrow(q\leftarrow p)$。

例如：“如果某物是金属，那么此物导电。所以，只有某物导电，它才是金属。”

②$(p\leftarrow q)\Rightarrow(p\rightarrow q)$。

例如：“只有坦白交待，才能从宽处理；所以，要从宽处理，就要坦白交待。”

基于等值关系式$(p\rightarrow q)\Leftrightarrow(\neg q\rightarrow\neg p)$即逆否定律，我们有：

③$(p\rightarrow q)\Rightarrow(\neg q\rightarrow\neg p)$。

例如：“如果某物是金属，那么它一定导电。所以，如果某物不导电，那么它一定不是金属。”

基于①和等值关系式$(\neg p\rightarrow\neg q)\Leftrightarrow(p\leftarrow q)$，我们有：

④$(p\leftarrow q)\Rightarrow(\neg q\leftarrow\neg p)$。

例如：“只有能被2整除，才能被4整除。所以，只有不能被4整除，才不能被2整除。”

五、假言联锁推理

假言联锁推理是指已知两个或两个以上的假言判断，其中相邻的已知判断包含一个共同的支判断，所有的已知判断形成一个环环相扣的链条结构，从而推出一个新的假言判断的假言推理。其所依据的是条件关系的传递性。

在假言联锁推理中，由已知两个假言判断，推出一个假言判断的，就是所谓假言三段论。这里只介绍以下几种形式：

①$(p\rightarrow q)\wedge(q\rightarrow r)\Rightarrow(p\rightarrow r)$。

例如：“要想出国留学，你就得学好外语。要学好外语，你就得在外语上狠下工夫。所以，你要想出国留学，就得在外语上狠下工夫。”

②$(p\leftarrow q)\wedge(q\leftarrow r)\Rightarrow(p\leftarrow r)$。

例如：“只有调查研究，才能使自己的思想合乎实际；只有使自己的思想合乎实际，才能使行动达到预期目的；所以，只有调查研究，才能使行动达到预期目的。”

不难看出，如果对假言三段论的结论进行假言易位，就会得到假言三段论的许多变化形式。如：“要想有所作为，你就得保持健康；要想保持健康，你就得坚持锻炼。所以，不肯坚持锻炼，就是不想有所作为。”推理形式为：$(p\rightarrow q)\wedge(q\rightarrow r)\Rightarrow(\neg r\rightarrow\neg p)$。

又如：“只有实行按劳分配，才能调动广大劳动者的积极性；只有调动广大劳动者的积极性，才能迅速发展经济；所以，要迅速发展经济，就要实行按劳分配。”推理形式为：$(p\leftarrow q)\wedge(q\leftarrow r)\Rightarrow(r\rightarrow p)$。

当假言联锁推理中包含三个或三个以上的已知判断时，虽然结构比较复杂，但其有效性仍然非常直观。例如：

"如果人们滥用滴滴涕，那么它就会向周围的地面和大气扩散开。如果它向周围的地面和大气扩散开，那么它就会随雨水降落到江河湖海中。如果它随雨水降落到江河湖海中，那么浮游生物吞食后就会积蓄在体内。如果浮游生物吞食后积蓄在体内，那么吞食浮游生物的鱼类就会在体内积蓄较高浓度的滴滴涕。如果吞食浮游生物的鱼类在体内积蓄较高浓度的滴滴涕，那么长期食用这些鱼类的人就会发生病变。所以，如果人们滥用滴滴涕，那么长期食用某些鱼类的人就会发生病变。"推理形式为：$(p\to q)\land(q\to r)\land(r\to s)\land(s\to t)\land(t\to u)\Rightarrow(p\to u)$。

又如："如果不制定保护珍稀动物的法律，就会有人任意捕杀珍稀动物；如果有人任意捕杀珍稀动物，许多珍稀动物就会灭绝；如果许多珍稀动物灭绝，生态平衡就会遭到破坏；如果生态平衡遭到破坏，人类的生存就会受到威胁。所以，要使人类的生存不会受到威胁，就要制定保护珍稀动物的法律。"推理形式为：$(p\to q)\land(q\to r)\land(r\to s)\land(s\to t)\Rightarrow(\neg t\to\neg p)$。

第四节　负判断推理

一、什么是负判断的推理

负判断推理是前提或结论中包含着负判断，并依据其逻辑性质进行推演的演绎推理。

根据负判断的逻辑性质，一个负判断为假，当且仅当其原判断为真。据此，我们有负判断推理的下列有效式，其有效性非常直观。

①$p\to\neg\neg p$。

例如："有的人是不讲道德的，所以，并非不能说有的人是不讲道德的。"

②$\neg\neg p\to p$。

例如："说偶数不都能被 2 整除是不对的，所以，偶数都能被 2 整除。"

这两个公式显然可以写成等值推理的形式，即：$\neg\neg p\Leftrightarrow p$。

这就是所谓的双否律，即双重否定等于一次肯定。例如："说'并非没有中国人到过太空'，就等于说，'已经有中国人到过太空'。"

二、简单判断的负判断推理

这里只讨论性质判断的负判断推理。

首先，对 SAP、SEP、SIP、SOP、SA′P、SE′P 六种性质判断分别进行否定，就可分别得到其负判断，即：¬SAP、¬SEP、¬SIP、¬SOP、¬SA′P、¬SE′P。前提或结论中包含这些负判断，并依据其逻辑性质进行推演的，就是性质判断的负判断推理。

其次，这些负判断的逻辑性质既与否定词"¬"有关，也与性质判断本身的逻辑性质（主要是其真假值和真假关系）有关，实际上是一种综合推理。但这种推理在前一章的对当关系推理部分实际上已经出现过。也就是说，凡是涉及性质判断的负判断的对当关系推理，都是这里所说的性质判断的负判断推理。

例如，与¬SAP 有关的对当关系推理，包括：SEP ⇒¬SAP，SE′P ⇒¬SAP，¬SIP ⇒¬SAP，¬SA′P ⇒¬SAP，SOP ⇒¬SAP，¬SAP ⇒SOP。这些都是性质判断 SAP 的负判断推理。但其中最重要的，是 SOP ⇒¬SAP 和¬SAP ⇒SOP。因为把它们联合起来，就会得到¬SAP 的等值推理式：

① **¬SAP⇔SOP**。

这等于在直观地揭示了负判断¬SAP 的逻辑性质，相当于说：“¬SAP”的意思就是“有 S 不是 P”。例如：“说‘并非所有的鸟都会飞’，意思就是‘有的鸟不会飞’。”

同理，下列性质判断的负判断等值推理式也都是特别值得强调的：

② **¬SEP⇔SIP**。

例如：“并非所有的干部都不是好人，换言之，有的干部还是不错的。”

③ **¬SIP⇔SEP**。

例如：“并非有的人是长生不老的，也就是说，所有的人都不是长生不老的。”

④ **¬SOP⇔SAP**。

例如：“并非有的知识不是来源于实践，换句话说，一切知识都来源于实践。”

⑤ **¬SA′P⇔SE′P**。

例如：“并非曹操是现代人，也就是说，曹操不是现代人。”

⑥ **¬SE′P⇔SA′P**。

例如：“并非曹操不是军事家，也就是说，曹操是军事家。”

三、复合判断的负判断推理

这里只讨论各种基本复合判断的负判断推理。

首先，对¬p、p∧q、p∨q、p∀q、p→q、p←q、p↔q 七种基本复合判断分别进行否定，就可分别得到其负判断，即：¬¬p、¬(p∧q)、¬(p∨q)、¬(p∀q)、¬(p→q)、¬(p←q)、¬(p↔q)。前提或结论中包含这些负判断，并依据其逻辑性质进行推演的，就是基本复合判断的负判断推理。

其次，这些负判断都是二重复合判断，其逻辑性质既与外层的否定词“¬”有关，又与里层的另一个联结词有关，因而实际上是一种综合推理。这样的推理事实上是多种多样的，但其中最重要的一种就是这些负判断的等值推理，因为它们是对这些负判断的逻辑性质的直观揭示。例如：

① **¬¬p⇔p**。

例如：“并非不能说法律也有不完善的地方，换言之，法律确实有不完善的地方。”

② **¬(p∧q)⇔¬p∨¬q**。

例如：“说‘并非物美价廉’，就等于说，‘或者物不美，或者价不廉’。”

③ **¬(p∨q)⇔¬p∧¬q**。

例如：“并非不是小李就是小王考过英语六级，也就是说，实际上他俩都没有考过英语六级。"

④ $\neg(p \vee q) \Leftrightarrow (p \wedge q) \vee (\neg p \wedge \neg q)$。

例如："并非要么小李，要么小王得了奖学金，也就是说，或者他俩都得了奖学金，或者他俩都没有得奖学金。"

⑤ $\neg(p \rightarrow q) \Leftrightarrow p \wedge \neg q$。

例如："并非只要考过了英语六级，就算学好了英语，换言之，即使考过了英语六级，也不能算学好了英语。"

⑥ $\neg(p \leftarrow q) \Leftrightarrow \neg p \wedge q$。

例如："并非只有感冒，才会发烧，换句话说，没有感冒也会发烧。"

⑦ $\neg(p \leftrightarrow q) \Leftrightarrow (p \wedge \neg q) \vee (\neg p \wedge q)$。

例如："并非当且仅当一个人心灵美，才会语言美，意思就是说，可能一个人心灵美，语言却不美；也可能一个人心灵不美，语言却很美。"

第五节　复合判断的综合推理

复合判断的综合推理是指前提或结论中包含着两种或两种以上的复合判断，并依据其逻辑性质进行推演的演绎推理。如复合判断的负判断推理，以及部分假言易位推理，均属综合推理。

复合判断的综合推理范围非常广，有些涉及多种复合判断，结构非常复杂，相当于前面的多种基本推理形式的复合，需要运用现代逻辑的方法才能加以分析。本节介绍两种常见的综合推理，即假言联言推理和假言选言推理，包括所谓的二难推理。它们都属于传统逻辑的范畴。

一、假言联言推理

假言联言推理是指前提中包含着若干假言判断和一个联言判断，并依据其逻辑性质进行推演的演绎推理。下面是其常用的几个推理公式：

① $(p \rightarrow q) \wedge (r \rightarrow s) \wedge (p \wedge r) \Rightarrow (q \wedge s)$。

例如：

> 读过一本书，就会知道这本书的内容；
> 看过一本书的评论文章，就会了解评论家对这本书的意见；
> 你既读过这本书，又看过这本书的评论文章；
> ————————————————————
> 所以，你肯定知道这本书的内容，并且了解评论家对这本书的意见。

② $(p \rightarrow q) \wedge (r \rightarrow s) \wedge (\neg q \wedge \neg s) \Rightarrow (\neg p \wedge \neg r)$。

例如：

如果一个人是好学生，那么他会好好学习；
如果一个人是好公民，那么他会遵纪守法。
有的人既不好好学习，也不遵纪守法，

所以，有的人既不是好学生，也不是好公民。

③ $(p\leftarrow q)\land(r\leftarrow s)\land(q\land s)\Rightarrow(p\land r)$。
例如：

只有坚持改革开放，才能发展国民经济；
只有坚持四项基本原则，才能保证社会主义方向；
我们既要发展国民经济，又要保证社会主义方向，

所以，我们既要坚持改革开放，又要坚持四项基本原则。

④ $(p\leftarrow q)\land(r\leftarrow s)\land(\neg p\land\neg r)\Rightarrow(\neg q\land\neg s)$。
例如：

只有发高烧，才会是肺炎；
只有白细胞增多，才会是血癌。
某人既没有发高烧，白细胞也没有增多，

所以，他的病既不是肺炎，也不是血癌。

不难看出，这些公式都是假言推理基本有效式的推广。如公式①的例子实际上是借助于一个二支的联言判断，同时肯定两个充分条件假言判断的前件，从而推出同时肯定其后件的结论，其有效性非常直观。由此不难找出更多的假言联言推理公式。

二、假言选言推理

假言选言推理是指前提中包含着若干假言判断和一个选言判断，并依据其逻辑性质进行推演的演绎推理。下面是其常用的几个推理公式：

① $(p\rightarrow q)\land(r\rightarrow s)\land(p\lor r)\Rightarrow(q\lor s)$。
例如：

如果你同意这个计划，那么你应当认真执行；
如果你不同意这个计划，那么你应当说明反对理由。
你或者同意这个计划，或者不同意这个计划，

总之，你或者应当认真执行，或者应当说明反对理由。

② $(p\rightarrow q)\wedge(r\rightarrow s)\wedge(\neg q\vee\neg s)\Rightarrow(\neg p\vee\neg r)$
例如：

如果一个人是好学生，那么他会好好学习；
如果一个人是好公民，那么他会遵纪守法。
有的人或者不好好学习，或者不遵纪守法，

所以，有的人或者不是好学生，或者不是好公民。

③ $(p\leftarrow q)\wedge(r\leftarrow s)\wedge(q\vee s)\Rightarrow(p\vee r)$。
例如：

只有爱好体育，才能成为运动员；
只有爱好文艺，才能成为艺术家。
这些嘉宾或者是运动员，或者是艺术家，

所以，这些嘉宾或者爱好体育，或者爱好文艺。

④ $(p\leftarrow q)\wedge(r\leftarrow s)\wedge(\neg p\vee\neg r)\Rightarrow(\neg q\vee\neg s)$。
例如：

准备看书，才需要带书包；
准备买东西，才需要带钱包。
我今晚或者不准备看书，或者不准备买东西，

所以，我今晚或者不用带书包，或者不用带钱包。

不难看出，这些公式都是假言推理基本有效式的推广。如公式①的例子实际上是借助于一个二支的选言判断，至少肯定两个充分条件假言判断的一个前件，从而推出至少肯定其一个后件的结论，其有效性也非常直观。由此不难找出更多的假言选言推理公式。

三、二难推理

二难推理是由两个充分条件假言判断和一个二支选言判断作为前提的假言选言推理。由于这种推理结构严谨，构思巧妙，在论辩时能置对手于左右为难的境地，故称二难推理。在传统逻辑中，二难推理以其鲜明的逻辑性而备受推崇。

1. 二难推理的类型

① 复杂构成式：$(p\to q)\land(r\to s)\land(p\lor r)\Rightarrow(q\lor s)$。

即前面假言选言推理的公式①。用于论辩时，该式可以发挥很强的攻击力量。例如：

如果有意制造谣言，那是别有用心；
如果无意传播谣言，那是愚昧无知。
某甲或者有意制造谣言，或者无意传播谣言，

所以，某甲或者是别有用心，或者是愚昧无知。

② 简单构成式：$(p\to q)\land(r\to q)\land(p\lor r)\Rightarrow q$。

该式是复杂构成式的简化导出公式，故称“简单构成式”。其中两个充分条件假言判断的后件相同，结论是对这个公共后件的肯定。所谓“构成式”，是指由肯定前件到肯定后件，得出了肯定结论的意思。例如：

如果你是党员，那么你要遵纪守法；
如果你不是党员，那么你更要遵纪守法。
你或者是党员，或者不是党员，

总之，你都要遵纪守法。

③ 复杂破坏式：$(p\to q)\land(r\to s)\land(\neg q\lor\neg s)\Rightarrow(\neg p\lor\neg r)$。

即前面假言选言推理的公式①。用于论辩时，该式也能发挥很强的攻击力量。例如：

如果你说得对，那就不怕当面对质；
如果你做得好，那就不怕别人知道。
你或是怕当面对质，或是怕别人知道，

所以，或是你说得不对，或是你做得不好。

④ 简单破坏式：$(p\to q)\wedge(p\to r)\wedge(\neg q\vee\neg r)\Rightarrow\neg p$。

该式是复杂破坏式的简化导出公式，故称“简单破坏式”。其中两个充分条件假言判断的前件相同，结论是对这个公共前件的否定。所谓“破坏式”，是指由否定后件到否定前件，得出了否定结论的意思。例如：

> 如果一个人是老实人，他就不会撒谎；
> 如果一个人是老实人，他就不会偷东西。
> 某甲或者撒了谎，或者偷了东西，
> ———————————————
> 总之，他都不是老实人。

2. 二难推理的破斥

二难推理的破斥，也就是对错误的二难推理的反驳，所依据的仍然是充足理由律。根据推理正确性的两个要求，无论是某个前提虚假，还是其推理形式不合乎逻辑，都是错误的二难推理。

针对不同的情况，破斥二难推理可以采用不同的方法：

①指出其推理形式无效。例如：

> 如果一个人是老实人，他就不会撒谎；
> 如果一个人是老实人，他就不会偷东西。
> 此人或者没有撒谎，或者没有偷东西，
> ———————————————
> 总之，此人是老实人。

这个二难推理就是无效的，因为它是由肯定后件到肯定前件，不符合充分条件假言推理的规则。

② 指出其选言前提虚假。例如：

> 如果体育锻炼过量，就会影响身体健康；
> 如果体育锻炼不足，也会影响身体健康。
> 或者体育锻炼过量，或者体育锻炼不足，
> ———————————————
> 总之，体育锻炼都会影响身体健康。

这个二难推理的错误在于选言前提虚假，因为它漏掉了“体育锻炼适量”这一可能的情况，明显属于“选言支不穷尽”。

③ 指出其假言前提虚假。例如：

如果一个人聪明，他就会骄傲自满、不求上进，从而无法取得优异成绩；
如果一个人不聪明，他就会自暴自弃、放弃努力从而无法取得优异成绩。
一个人或者聪明，或者不聪明；

总之，他都无法取得优异成绩。

这个二难推理的错误在于假言前提虚假，因为聪明人不见得会骄傲自满，不聪明的人也不见得会自暴自弃，明显属于“强加条件”。

④ 构造与之相反的二难推理。例如：

如果一个人聪明，他就会热爱学习，并且事半功倍，因而一定能够取得优异成绩；
如果一个人不聪明，他就会笨鸟先飞、将勤补拙，因而也一定能够取得优异成绩。
一个人或者聪明，或者不聪明；

总之，他都一定能够取得优异成绩。

虽然这个二难推理本身也未必正确，然而用来“以子之矛，攻子之盾”，达到破斥的目的还是可以的。

练　习　题

1. 写出下列联言推理的公式。

(1)既然王丹是“三好学生”，那么她的学习成绩一定不错。

(2)汤姆是美国人，汤姆是留学生，所以，汤姆是个美国留学生。

(3)该推理有一个特称否定前提，所以，该推理有一个特称前提。

(4)赵州桥形式优美，赵州桥结构坚固，所以，赵州桥不但形式优美，而且结构坚固。

2. 请运用选言推理的有关知识，回答下列问题。

(1)p 或 q 或 r，r，所以，非 p，非 q。这个选言推理形式是否有效？为什么？

(2)一份统计材料有误，或者是计算有误，或者是原始材料有误。经过核实，这份统计材料计算无误，由此能否通过选言推理得出必然的结论？为什么？

(3)小黄、小蓝、小白是三个好朋友。有一天在上学的路上相遇，他们之中背黄书包的突然说：“今天真的很巧，我们三人的书包一个是白色的，一个是蓝色的，一个是黄色的，但没有谁的姓与她书包的颜色一样。”小蓝想了一下赞同地说：“还真是这样！”请问：三人各背了什么颜色的书包？

(4) 女尸年龄约为五十岁左右，皮下脂肪丰满，并无高度衰老现象，不可能是自然老死。经仔细检查，也未见任何暴力造成的致死创伤，故推测当为病死。但女尸营养状况良好，皮肤未见久卧病床后常见的褥疮，也未见慢性消耗性疾病的证据，而且消化道内还见到甜瓜子。这些情况表明，墓主人当系因某种急性病或慢性病急性发作，在进食甜瓜之后不久死亡的。请问：这段文字中有哪几个选言推理？

3. 请运用假言推理的有关知识，分析下列推理的有效性。

(1) 了解情况，才能避免主观性；此人主观，可见，他不了解情况。

(2) 自信才能快乐，程慧希望自己快乐一些，因此，她一定要自信一些。

(3) 一个正确的三段论，如果它是第一格，那么小前提必然是肯定的。这个三段论的小前提是肯定的，所以，它属于第一格。

(4) 若降落的球不受外力影响，它就不会改变降落的方向。这个球受到了外力的影响，因此，它一定会改变降落的方向。

(5) 只有认识落后，才能改变落后。所以，如果没有改变落后，就是还没有认识落后。

(6) 如果寒潮到来，气温就要明显下降；所以，如果气温没有明显下降，就是寒潮没有到来。

(7) 只有充分发展商品生产，才能把我国的经济搞活；只有把我国的经济搞活，才能加快四化建设的速度。所以，如果要加快四化建设的速度，就要充分发展商品生产。

(8) 要顺利进行四化建设，就要不断克服消极因素；要不断克服消极因素，就要健全我国的法制。所以，如果健全了我国的法制，四化建设就能胜利进行。

4. 请运用复合判断综合推理的有关知识，分析下列推理的有效性。

(1) 如果这是一部好作品，那么它的思想性一定好；如果这是一部好作品，那么它的艺术性一定高。这部作品思想性不好，艺术性也不高，所以，这不是一部好作品。

(2) 如果承认矛可以戳穿盾，这说明盾没有他所夸的那么好；如果承认矛戳不穿盾，这就说明矛没有他所说的那么好。或者矛可以戳穿盾，或者矛不能戳穿盾，总之，他的话都不可靠。

(3) 甲队只有技术高、配合好，才能战胜乙队；现在看来，甲队技术不高，配合也不好。所以，甲队不能战胜乙队。

(4) 不坚持锻炼，身体就不会健康；不努力学习，学业就无法精进。我们既要身体健康，又要精进学业，所以，我们既要坚持锻炼，又要努力学习。

(5) 要建设物质文明，就要大力发展社会生产；要建设精神文明，就要大力加强思想工作。我们既要建设物质文明，又要建设精神文明，所以，我们既要大力发展社会生产，又要加强思想工作。

(6) 一个人自觉地散布谣言，就是别有用心；一个人不自觉地散布谣言，就是愚昧无知。某人或者是自觉地或者是不自觉地散布了谣言，所以，他或者是别有用心，或者是愚昧无知。

第十一章 模态判断及其推理

第一节 模 态 判 断

一、什么是模态判断

模态判断有广义、狭义之分。广义的模态判断，泛指一切含有模态词（如“必然”、“可能”、“应当”、“禁止”、“允许”、“知道”、“相信”等）的判断。狭义的模态判断，仅指含有“必然”、“可能”这种类型的模态词，反映某种事物情况的存在具有必然性或可能性的判断。本节所讨论的模态判断，是指狭义的模态判断。例如：

① 太阳必然从东方升起。

② 执法者可能知法犯法。

这些就是狭义的模态判断。其中例①反映“太阳从东方升起”这种事物情况的存在具有必然性，例②反映“执法者知法犯法”这种事物情况的存在具有可能性。

模态判断由模态词与原判断两部分组成：模态词是表示必然性或可能性的词。如上面两个例于中的“必然”、“可能”。表示必然性的模态词除“必然”外，还有“一定”、“必定”等，表示可能性的模态词则有“可能”、“或许”、“也许”等。原判断是被模态词所限定的判断。如上面两个例子中，前者的原判断是“太阳从东方升起”，后者的原判断是“执法者知法犯法”。

模态判断中的原判断可以是简单判断，如例①；也可以是复合判断，如例②。又如：“处理过轻可能不利于他认识错误和改正错误。”因而便有简单判断的模态判断（也可叫做“简单模态判断”）和复合判断的模态判断（也可叫做“复合模态判断”）之分。但除非特别说明，一般提到“模态判断”，往往指的是简单模态判断。

二、模态判断的种类

根据模态词的种类不同，模态判断可以分为必然模态判断（简称必然判断）和可能模态判断（简称可能判断）。再根据原判断联项（即肯定或否定）的不同，可进一步分为：

1. 必然肯定判断

必然肯定判断是反映事物情况存在具有必然性的模态判断。例如：

① 新制度必然代替旧制度。
② 人类社会由低级形态向高级形态发展是必然的。

必然肯定判断的逻辑形式为：S 必然是 P 或必然 p。
用符号“□”表示“必然”，则“必然 p”还可表示为：□p。
在上述逻辑形式中，S、P 分别代表原判断的主项和谓项，p 代表整个原判断。

2. 必然否定判断

必然否定判断是反映事物情况不存在具有必然性的模态判断。例如：

① 人的正确思想必然不会从天上掉下来。
② 阶级不会自行消亡是必然的。

必然否定判断的逻辑形式为：S 必然不是 P 或必然非 p。
用符号“¬”表示“非”，则“必然非 p”还可表示为：□¬p。

3. 可能肯定判断

可能肯定判断是反映事物情况存在具有可能性的判断。例如：

① 这个案件可能是图财害命。
② 可能第一位证人作了伪证。

可能肯定判断的逻辑形式为：S 可能是 P 或可能 p。
用符号“◇”表示“可能”，则“可能 p”还可表示为：◇p。

4. 可能否定判断

可能否定判断是反映事物情况不存在具有可能性的判断。例如：

① 犯罪分子不受刑罚处罚是可能的。
② 法庭可能还没有作出判决。

可能否定判断的逻辑形式为：S 可能不是 P 或可能非 p。
用符号“¬”表示“非”，则“可能非 p”还可表示为：◇¬p。

三、模态判断对当关系

模态判断之间的真假关系，类似于直言判断之间的对当关系，因而被称为模态判断对当关系。反映模态判断对当关系的，是所谓模态逻辑方阵，可简称模态方阵。模态方阵的成立，仍然要求素材相同，此处指模态判断的原判断相同。如下图所示：

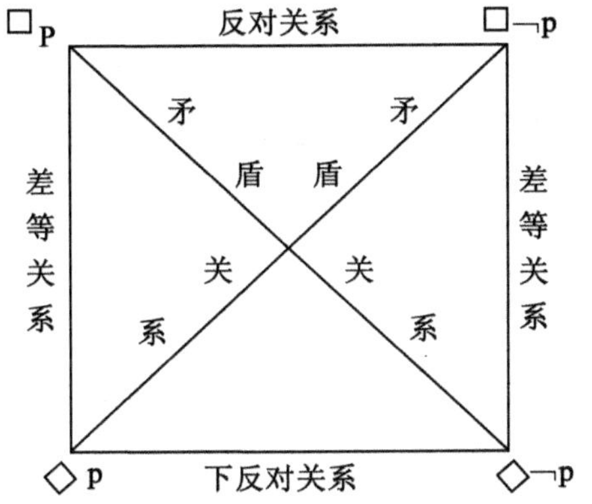

在模态判断逻辑方阵中，可引入不带模态词的原判断“p”和“¬p”。相对于四种模态判断，这种不带模态词的原判断称为实然判断。在引入实然判断后，就得到扩展的模态逻辑方阵，类似于扩展的直言判断逻辑方阵。如下图所示：

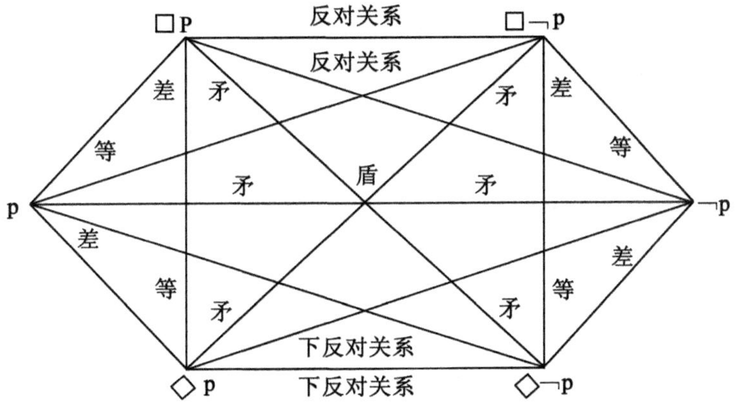

与扩展的直言判断逻辑方阵一样，其中包括三对矛盾关系：三对反对关系、三对下反对关系和六对差等关系。

四、模态判断的负判断

模态判断的负判断，是指否定某个模态判断的判断。如下面两个例子：

① 并非事物可能不发生变化。

② 并非这次中毒事件必然会发生。

模态判断负判断的逻辑形式，是在相应模态判断的逻辑形式前面加上否定词或否定符。以上两个负判断中的模态判断，其逻辑形式分别为：

① 可能非 p 或 $\Diamond\neg p$。

② 必然 p 或 $\Box p$。

在这些逻辑形式前面加上否定词或否定符号，就得到这两个模态判断负判断的逻辑形式：

① 不可能非 p 或 $\neg\Diamond\neg p$。

② 不必然 p 或 $\neg\Box p$。

不言而喻，一个模态判断与其负判断之间具有矛盾关系。因此，一个模态判断的负判断，与该模态判断在模态逻辑方阵中的矛盾判断是等值的。即：

① $\neg\Box p \Leftrightarrow \Diamond\neg p$。

例如：聪明人未必有成就，换言之，聪明人可能没有成就。

② $\neg\Diamond p \Leftrightarrow \Box\neg p$。

例如：太阳不可能从西方升起，也就是说，太阳一定不会从西方升起。

③ $\neg\Box\neg p \Leftrightarrow \Diamond p$。

例如：说“老师未必不会犯错误”，意思就是，“老师也会犯错误”。

④ $\neg\Diamond\neg p \Leftrightarrow \Box p$。

例如：说“金属不可能不导电”，就等于说，“金属必然导电”。

五、模态判断的应用问题

1. 正确而恰当地使用模态词

模态判断在实际运用中容易出现的问题，一是误用模态词，如应当用可能性模态词的，却误用了必然性模态词；二是忽略模态词，即应该用模态词的，却没有用。例如：

① 有奸情必有合谋。

② 作案人可能有作案时间。

例①中的事物情况（有奸情者有合谋）只具有可能性，却误用了必然模态词。例②中的事物情况（作案人有作案时间）具有必然性，却误用了可能模态词。

忽略模态词的错误，主要是指可能模态词而言。在实际工作和生活中，难免碰到一些比较棘手或者敏感的问题，肯定回答和否定回答都不合适。在这种情况下，附加可能模态词的回答往往可以收到较好的效果。比如一位主持某项工作的同志，在被问到某些机密情况而不便明确回答时，就可以用一个可能模态判断作答。此时如果用实然判断作答，就可能泄密，而缄口不言、拒不回答，显然也不合适。

2. 注意区分模态判断的负判断与模态否定判断

模态判断的负判断与模态否定判断是完全不同的。但在实际思维中却很容易被混淆起来，特别是同时出现否定词和模态词的情况下。例如：

① 明天不可能下雨。
② 明天可能不下雨。
③ 能说会道的人不一定掌握了真理。
④ 能说会道的人一定没有掌握真理。

不难发现，例①、③中，否定词在前，模态词在后，因而是模态判断的负判断；例②、④中，模态词在前，否定词在后，因而是模态否定判断。此外，在现代汉语中，"未必"这个语词的意思是"不必然"、"不一定"，因而常常被用来表达必然判断的负判断。如上面的例③，就可以改为"能说会道的人未必掌握了真理"。

第二节　模态推理

模态推理是指前提或结论中有模态判断，并依据其逻辑性质进行推演的推理。例如：

① 太阳必然从东方升起，因此，太阳不可能不从东方升起。
② 正义之师必胜，人民解放军是正义之师，所以人民解放军必胜。

一、对当关系模态推理

对当关系模态推理是依据模态判断对当关系进行推演的模态推理。

1. 反对关系模态推理

依据反对关系(如$\Box p$与$\Box\neg p$之间)，由一个判断的真可以推断另一个的假，但由一个判断的假却不能推断另一个的真假。故此处有且只有下列推理公式：

①$\Box p$与$\Box\neg p$之间：

$\Box p \Rightarrow \neg\Box\neg p$　　　　$\Box\neg p \Rightarrow \neg\Box p$

例如："金属必然导电"为真，故"金属必然不导电"为假。

②$\Box p$与$\neg p$之间：

$\Box p \Rightarrow \neg\neg p$　　　　$\neg p \Rightarrow \neg\Box p$

例如：领导人必然有缺点，所以，并非不能说领导人有缺点。

③$\Box\neg p$与p之间：

$\Box\neg p \Rightarrow \neg p$　　　　$p \Rightarrow \neg\Box\neg p$

例如：反动势力必然不会自动退出历史舞台，所以，反动势力不会自动退出历史舞台。

2. 下反对关系模态推理

依据下反对关系(如$\Diamond p$与$\Diamond\neg p$之间),由一个判断的假可以推断另一个的真,但由一个判断的真却不能推断另一个的真假。故此处有且只有下列推理公式:

①$\Diamond p$与$\Diamond\neg p$之间:

$\neg\Diamond p\Rightarrow\Diamond\neg p$　　　　$\neg\Diamond\neg p\Rightarrow\Diamond p$

例如:任何一部法律都不可能没有疏漏,所以说,任何一部法律都可能有疏漏。

②$\Diamond p$与$\neg p$之间:

$\neg\Diamond p\Rightarrow\neg p$　　　　$\neg\neg p\Rightarrow\Diamond p$

例如:西方的月亮不可能比中国的圆,因此,说西方的月亮比中国的圆是荒谬的。

③$\Diamond\neg p$与p之间:

$\neg\Diamond\neg p\Rightarrow p$　　　　$\neg p\Rightarrow\Diamond\neg p$

例如:武汉人不可能不是中国人,所以,说“武汉人是中国人”肯定没错。

3. 差等关系模态推理

依据差等关系(如$\Box p$与p之间),由上位判断的真可以推断下位判断的真,由下位判断的假可以推断上位判断的假;但不可以由上位判断的假推断下位判断的真假,也不可以由下位判断的真推断上位判断的真假。故此处有且只有下列推理公式:

①$\Box p$与p之间:

$\Box p\Rightarrow p$　　　　$\neg p\Rightarrow\neg\Box p$

例如:太阳必然从东方升起,所以,“太阳从东方升起”是客观真理。

②p与$\Diamond p$之间:

$p\Rightarrow\Diamond p$　　　　$\neg\Diamond p\Rightarrow\neg p$

例如:没有作案时间的人不可能是作案人,所以,没有作案时间的人不是作案人。

③$\Box p$与$\Diamond p$之间:

$\Box p\Rightarrow\Diamond p$　　　　$\neg\Diamond p\Rightarrow\neg\Box p$

例如:法律必然有疏漏,所以,法律可能有疏漏。

④$\Box\neg p$与$\neg p$之间:

$\Box\neg p\Rightarrow\neg p$　　　　$\neg\neg p\Rightarrow\neg\Box\neg p$

例如:过失犯罪一定没有犯罪故意,所以,过失犯罪没有犯罪故意。

⑤$\neg p$与$\Diamond\neg p$之间:

$\neg p\Rightarrow\Diamond\neg p$　　　　$\neg\Diamond\neg p\Rightarrow\neg\neg p$

例如:既然说“违法行为都是犯罪行为”不对,那么,违法行为可能不是犯罪行为。

⑥$\Box\neg p$与$\Diamond\neg p$之间:

$\Box\neg p\Rightarrow\Diamond\neg p$　　　　$\neg\Diamond\neg p\Rightarrow\neg\Box\neg p$

例如:新生儿必然不会说话,所以,新生儿可能不会说话。

4. 矛盾关系模态推理

依据矛盾关系(如$\Box p$与$\Diamond\neg p$之间),由一个判断的真可以推断另一个判断的假,由一个判断的假可以推断另一个的真。故此处有下列推理公式：

①$\Box p$与$\Diamond\neg p$之间：

$\Box p \Rightarrow \neg\Diamond\neg p$　$\neg\Box p \Rightarrow \Diamond\neg p$　$\Diamond\neg p \Rightarrow \neg\Box p$　$\neg\Diamond\neg p \Rightarrow \Box p$

例如：大量迹象表明，罪犯不一定是成年人，所以，罪犯可能不是成年人。

又如：有犯罪动机的人可能不是罪犯，因此，有犯罪动机的人未必是罪犯。

②$\Box\neg p$与$\Diamond p$之间：

$\Box\neg p \Rightarrow \neg\Diamond p$　$\neg\Box\neg p \Rightarrow \Diamond p$　$\Diamond p \Rightarrow \neg\Box\neg p$　$\neg\Diamond p \Rightarrow \Box\neg p$

例如：犯罪分子一定不遵纪守法，所以，犯罪分子不可能遵纪守法。

又如：这场火灾不可能是自然灾害，因此，这场火灾一定不是自然灾害。

二、模态三段论

模态三段论是在直言三段论的前提或结论中引入模态词而构成的一种特殊形态的三段论。一般说来，直言三段论的四个格均可引入模态词而构成相应的模态三段论，因此模态三段论同样可以有很多类型。这里只介绍几种常见的、比较简单的形式，它们都是以直言三段论第一格为基础的。

① $\Box\mathbf{MAP} \wedge \Box\mathbf{SAM} \Rightarrow \Box\mathbf{SAP}$。

例如：资本主义法律必然是维护资产阶级利益的，美国的法律必然是资本主义法律，因此，美国的法律必然是维护资产阶级利益的。

② $\Box\mathbf{MAP} \wedge \Diamond\mathbf{SAM} \Rightarrow \Diamond\mathbf{SAP}$。

例如：贪污罪必然是侵犯财产的行为，本案当事人的行为可能是贪污罪，因此，本案当事人的行为可能是侵犯财产的行为。

③ $\Box\mathbf{MAP} \wedge \mathbf{SAM} \Rightarrow \Box\mathbf{SAP}$。

例如：正义之师必胜，人民解放军是正义之师，所以人民解放军必胜。

④ $\Diamond\mathbf{MAP} \wedge \mathbf{SAM} \Rightarrow \Diamond\mathbf{SAP}$。

例如：妨害社会管理秩序的行为可能构成扰乱社会秩序罪，本案当事人的行为是妨害社会管理秩序的行为，因此，本案当事人的行为可能构成扰乱社会秩序罪。

第三节　规范判断

一、什么是规范判断

规范判断，也叫道义判断，是指包含“必须”、“应该”、“可以”、“允许”、“禁止”这类规范词，用来规范人的各种活动的判断。规范词是模态词的一种，规范判断属于广义模态判断。例如：

① 中华人民共和国公民必须遵守宪法和法律。

② 当事人对行政处罚不服的，可以在接到处罚通知之日起十五日内向作出处罚决定的机关的上一级机关申请复议。

③ 禁止利用广播、电影、电视、报纸、期刊发布烟草广告。

规范判断由规范词与原判断两部分组成。规范词有三种：

一是义务性规范词，用来规定人们必须作出某种行为，包括“必须”、“应当”、“应该”、“有义务”等。二是授权性规范词，用来规定人们有权作出某种行为，包括“可以”、“允许”、“有权利”等。三是禁止性规范词，用来规定人们不得作出某种行为，包括“禁止”、“不得”、“不准”、“严禁”等。

规范判断中的原判断指的是被规范词所限定的判断。如例①中的原判断是“中华人民共和国公民遵守宪法和法律”。规范判断中的判断可以是简单判断，也可以是复合判断。如例①、③属于前者，例②则属于后者。

二、规范判断的种类

根据规范词的种类不同，规范判断可以分为必须规范判断（简称必须判断）、允许规范判断（简称允许判断）和禁止规范判断（简称禁止判断）。再根据原判断联项（即肯定或否定）的不同，可进一步分为：

1. 必须肯定判断

必须肯定判断是规定必须作出某种行为的判断。例如：

① 广告应当符合社会主义精神文明建设的要求。
② 公安机关拘留人的时候，必须出示拘留证。

必须肯定判断的逻辑形式为：S 必须是 P 或必须 p。
用“**O**”表示“必须”，则“必须 p”可表示为：**Op**。
在上面的逻辑形式中，S、P 分别代表原判断的主项和谓项，p 代表整个原判断。

2. 必须否定判断

必须否定判断是规定必须不作出某种行为的判断。例如：

① 公民的行为必须不违反现行法律。
② 影剧院应当不设置烟草广告。

必须否定判断的逻辑形式为：S 必须不是 P 或必须非 p。
用“¬”表示“非”，则“必须非 P”可表示为：**O ¬p**。

3. 允许肯定判断

允许肯定判断是规定可以作出某种行为的判断。例如：

① 有诉讼权利能力的人可以作为民事诉讼的当事人。
② 奖励基金可以用来发放奖金。

允许肯定判断的逻辑形式为：S 可以是 P 或可以 p。
用“**P**”表示“可以”，则“可以 p”可表示为：**Pp**。

4. 允许否定判断

允许否定判断是规定可以不作出某种行为的判断。例如：

① 当事人一方由于不可抗力的原因不能履行经济合同并取得有关主管机关证明以后可以不履行经济合同。
② 辩护人可以不受被告一方当事人的意愿的约束。

允许否定判断的逻辑形式为：S 可以不是 P 或可以非 p
用“¬”表示“非”，则“可以非 p”可表示为：**P ¬p**。

5. 禁止肯定判断

禁止肯定判断是规定禁止作出某种行为的判断。例如：

① 禁止贩卖黄色书刊。
② 严禁随地倾倒垃圾。

禁止肯定判断的逻辑形式为：S 禁止是 P 或禁止 p。
用“**F**”表示“禁止”，则“禁止 p”可表示为：**Fp**。

6. 禁止否定判断

禁止否定判断是禁止不作出某种行为的判断。例如：

①严禁不按法律程序办事。
②禁止司机行车不带驾驶执照。

禁止否定判断的逻辑形式是：S 禁止不是 P 或禁止非 p。
用“¬”表示“非”，则“禁止非 p”可表示为：**F ¬p**。

在上述六种规范判断中，禁止肯定判断(**Fp**)与必须否定判断(**O ¬p**)是等值的，禁止否定判断(**F ¬p**)与必须肯定判断(**Op**)也是等值的。例如“严禁随地倾倒垃圾”等值于“必须不随地倾倒垃圾”，而“禁止司机行车不带驾驶执照”等值于“司机行车必须带驾驶执照”。因此这两种禁止规范判断可用相应的必须规范判断进行替代。这样，上述六种规范判断便可归结为以下四种类型：必须肯定判断(**Op**)，必须否定判断(**O ¬p**)，允许肯定判断(**Pp**)和允许否定判断(**P ¬p**)。

三、规范判断对当关系

规范判断的逻辑值，全然不同于狭义模态判断的逻辑值。后者讲的是“真”和“假”的问题，即其所断定的必然性或可能性是否符合客观实际。而规范判断讲的则是“对”和“错”，也就是相关规定正确与否、妥当与否的问题。例如，“公民应当遵守法律”。因此，规范判断之间的逻辑关系，实际上是不同类型规范判断之间的对和错的关系。

由于这种逻辑关系类似于直言判断之间的对当关系，因而被称为规范判断对当关系。反映这种对当关系的，是所谓规范逻辑方阵，可简称为规范方阵。规范方阵的成立，仍然要求素材相同，即规范判断的原判断相同。如下图所示：

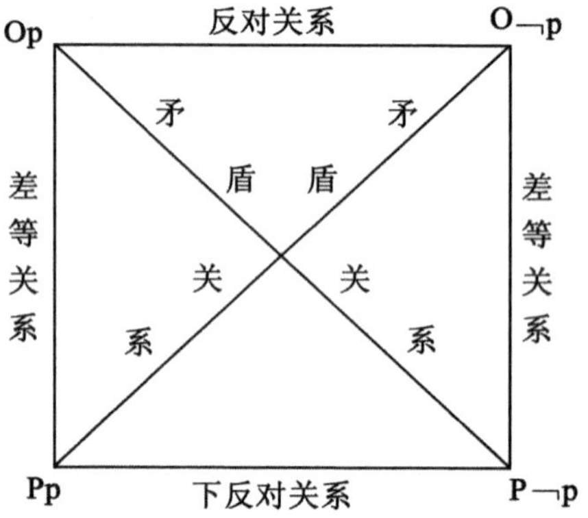

在规范判断逻辑方阵中，可引入不带规范词的原判断“p”和“¬p”。相对于四种规范判断，这种不带规范词的原判断称为实然判断。必须注意，实然判断在这里讲的是人的某种行为的对和错，而不是真和假。在引入实然判断后，就可得到扩展的规范逻辑方阵，类似于扩展的直言判断逻辑方阵。如下图所示：

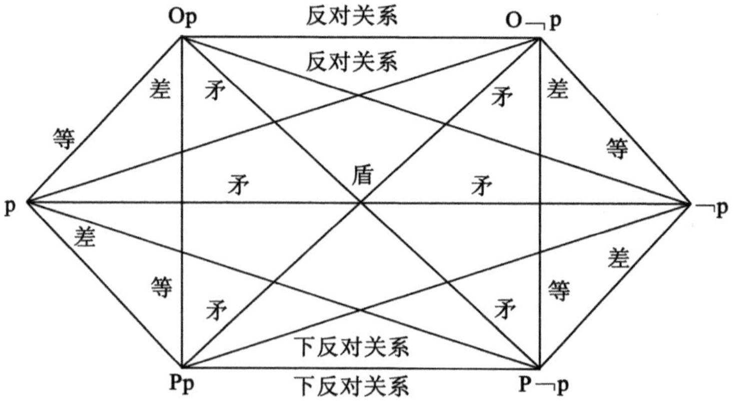

与扩展的直言判断逻辑方阵一样，其中包括三对矛盾关系、三对反对关系、三对下

反对关系和六对差等关系。即：

① 反对关系。**Op** 与 **O ¬p**、**Op** 与 **¬p**、**O ¬p** 与 **p** 之间都是反对关系，即：两者不可都对，但可都错。

② 下反对关系。**Pp** 与 **P ¬p**、**Pp** 与 **¬p**、**P ¬p** 与 **p** 之间是下反对关系，即：两者不可都错，但可都对。

③ 差等关系。**Op** 与 **Pp**、**Op** 与 **p**、**p** 与 **Pp**、**O ¬p** 与 **P ¬p**、**O ¬p** 与 **¬p**、**¬p** 与 **P ¬p**之间都是差等关系，即：两者可以都对，也可以都错。并且前一个(上位)判断对，则后一个(下位)判断也对；下位判断错，则相应的上位判断必错，但反之则不然。

④ 矛盾关系。**Op** 与 **P ¬p**、**O ¬p** 与 **Pp**、**¬p** 与 **p** 之间都是矛盾关系，即：两者不可都对，也不可都错。

四、规范判断的负判断

规范判断的负判断，是指否定某个规范判断的判断。

例如：并非领导干部可以不奉公守法。又如：不是说父母的意见子女必须句句照办。

规范判断负判断的逻辑形式，是在相应规范判断的逻辑形式前面加上否定词或否定符号。以上两个负判断中的规范判断，其逻辑形式分别为：

① 可以非 P 或 **P ¬p**。

② 必须 P 或 **Op**。

在这些逻辑形式前面加上否定词或否定符号，就是这两个规范判断负判断的逻辑形式：

① 不可以非 P 或**¬P ¬p**。

② 并非必须 P 或**¬Op**。

不言而喻，一个规范判断与其负判断之间是矛盾关系。因此，一个规范判断的负判断，与该规范判断在规范逻辑方阵中的矛盾判断是等值的。即有：

① **¬Op ⇔P ¬p**。

例如：并非子女必须对父母言听计从，换言之，父母对子女可以不言听计从。

② **¬O ¬p ⇔Pp**。

例如：并非大学生必须不上网，换言之，大学生可以上网。

③ **¬Pp ⇔O ¬p**。

例如：公民不可以违反法律，换言之，公民必须不违反法律。

④ **¬P ¬p ⇔Op**。

例如：领导干部不可以不奉公守法，也就是说，领导干部必须奉公守法。

第四节　规 范 推 理

规范推理是指前提或结论中有规范判断，并依据其逻辑性质进行推演的推理。例如：既然学校三令五申，禁止考试舞弊，那么，考试舞弊当然是不应该的。

一、对当规范推理

对当规范推理，就是根据规范判断对当关系进行推演的规范推理。

1. 反对关系规范推理

依据反对关系(如 **O**p 与 **O ¬p** 之间)，由一个判断的对可以推断另一个的错，但由一个判断的错却不能推断另一个的对错。故此处有且只有下列推理公式：

①**Op** 与 **O ¬p** 之间：

Op ⇒¬O ¬p　　　　**O ¬p ⇒¬Op**

例如：公民必须依法纳税，因此，公民不应当不依法纳税。

②**Op** 与¬**p** 之间：

Op ⇒¬¬p　　　　**¬p ⇒¬Op**

例如：根据法律规定，公安机关在拘留人时，必须出示拘留证，所以，公安机关在拘留人时，不出示拘留证是不对的。

③**O ¬p** 与 **p** 之间：

O ¬p ⇒¬p　　　　**p ⇒¬O ¬p**

例如：助人为乐是对的，所以，不应当不助人为乐。

2. 下反对关系规范推理

依据下反对关系(如 **Pp** 与 **P ¬p** 之间)，由一个判断的错可以推断另一个的对，但由一个判断的对却不能推断另一个的对错。故此处有且只有下列推理公式：

①**Pp** 与 **P ¬p** 之间：

¬Pp ⇒P ¬p　　　　**¬P ¬p ⇒Pp**

例如：公民不可以不遵纪守法，所以，公民可以遵纪守法。

②**Pp** 与¬**p** 之间：

¬Pp ⇒¬p　　　　**¬¬p ⇒Pp**

例如：公共场所不允许随地吐痰，所以，公共场所随地吐痰是不对的。

③**P ¬p** 与 **p** 之间：

¬P ¬p ⇒p　　　　**¬p ⇒P ¬p**

例如：考试作弊是不对的，所以，考试可以不作弊。

3. 差等关系规范推理

依据差等关系(如 **Op** 与 **p** 之间)，由上位判断的对可以推断下位判断的对，由下位判断的错可以推断上位判断的错；但不可以由上位判断的错推断下位判断的对错，也不可以由下位判断的对推断上位判断的对错。故此处有且只有下列推理公式：

①**Op** 与 **p** 之间

Op ⇒p　　　　**¬p ⇒¬Op**

例如：乱丢垃圾是不对的，所以，不应当乱丢垃圾。

②p 与 Pp 之间

$p \Rightarrow Pp$　　　　$\neg Pp \Rightarrow \neg p$

例如：考场上不允许交头接耳，所以，考场上交头接耳是不对的。

③Op 与 Pp 之间

$Op \Rightarrow Pp$　　　　$\neg Pp \Rightarrow \neg Op$

例如：公民必须依法纳税，所以，公民可以依法纳税。

④O ¬p 与¬p 之间

$O\neg p \Rightarrow \neg p$　　　　$\neg\neg p \Rightarrow \neg O\neg p$

例如：夜间娱乐应当不影响附近居民的休息，因此，夜间娱乐不影响附近居民的休息是对的。

⑤¬p 与 P ¬p 之间

$\neg p \Rightarrow P\neg p$　　　　$\neg P\neg p \Rightarrow \neg\neg p$

例如：结婚不大操大办是对的，因此，结婚可以不大操大办。

⑥O ¬p 与 P ¬p 之间

$O\neg p \Rightarrow P\neg p$　　　　$\neg P\neg p \Rightarrow \neg O\neg p$

例如：子女不可以不尊敬父母，所以，子女不应当不尊敬父母。

4. 矛盾关系规范推理

依据矛盾关系(如 Op 与 P ¬p 之间)，由一个的真可以推断另一个的假，由一个的假可以推断另一个的真。故此处有且只有下列推理公式：

①Op 与 P ¬p 之间：

$Op \Rightarrow \neg P\neg p$　　$\neg Op \Rightarrow P\neg p$　　$P\neg p \Rightarrow \neg Op$　　$\neg P\neg p \Rightarrow Op$

例如：推理应该合乎逻辑，所以，推理不可以不合乎逻辑。

又如：选举时可以不投赞成票，所以，并非选举时必须投赞成票。

②O ¬p 与 Pp 之间：

$O\neg p \Rightarrow \neg Pp$　　$\neg O\neg p \Rightarrow Pp$　　$Pp \Rightarrow \neg O\neg p$　　$\neg Pp \Rightarrow O\neg p$

例如：学生应该不逃课，所以，学生不可以逃课。

又如：选举时可以投反对票，所以，并非选举时必须不投反对票。

③p 与¬p 之间：

$p \Rightarrow \neg(\neg p)$　　$(\neg p) \Rightarrow \neg p$　　$\neg p \Rightarrow (\neg p)$　　$\neg(\neg p) \Rightarrow p$

例如：助人为乐是对的，所以，不助人为乐是不对的。

又如：学生不逃课是对的，所以，学生逃课是不对的。

不难发现，矛盾关系规范推理的这些公式都是可逆的，都可以写成等值推理的形式。如：$Op \Leftrightarrow \neg P\neg p$。其中前八个与上一节讲的规范判断负判断的四个等值关系式是一致的，后四个相当于：$p \Leftrightarrow \neg(\neg p)$；$\neg p \Leftrightarrow (\neg p)$。

二、规范三段论

规范三段论是在直言三段论的前提或结论中引入规范词而构成的一种特殊形态的三

段论。规范三段论也叫道义三段论。规范三段论的形式很多，也比较复杂。这里只介绍几种常见的、比较简单的形式，它们都是以直言三段论的第一格为基础的。其中大前提为规范判断，小前提为实验判断，结论为规范判断。

①必须规范三段论：

所有 M 可以是 P
所有 S　　是 M

所以，所有 S 可以是 P

例如：公民必须依法纳税，我校教师是公民，所以，我校教师必须依法纳税。

②允许规范三段论：

所有 M 可以是 P
所有 S　　是 M

所以，所有 S 可以是 P

例如：选民可以投反对票，我校教师是选民，所以，我校教师可以投反对票。

③禁止规范三段论：

所有 M 禁止是 P
所有 S　　是 M

所以，所有 S 禁止是 P

例如：任何公民不得走私文物，我校教师是公民，所以，我校教师不得走私文物。

四、复合规范推理

复合规范推理是指前提或结论中包含着复合规范判断，并依据其逻辑性质进行推演的规范推理。这里只介绍几个常用的公式：

1. $\mathbf{O(p \wedge q) \Leftrightarrow (Op \wedge Oq)}$

这个等值推理式相当于两个有效的推理式，即：

$\mathbf{O(p \wedge q) \Rightarrow (Op \wedge Oq)}$　　　$\mathbf{(Op \wedge Oq) \Rightarrow O(p \wedge q)}$

例如：《中华人民共和国药品管理法》第三十七条规定：“药品包装必须按照规定贴有标签并附有说明书。”这条规定的意思是，药品包装必须按照规定贴有标签，并且，必须按照规定附有说明书。

2. $P(p \vee q) \Leftrightarrow (Pp \vee Pq)$

这个等值推理式相当于两个有效的推理式，即：

$P(p \vee q) \Rightarrow (Pp \vee Pq)$　　　$(Pp \vee Pq) \Rightarrow P(p \vee q)$

例如：《全民所有制工业企业职工代表大会条例》第十三条规定：“选举单位的职工有权监督或者撤换本单位的职工代表。”也就是说，选举单位的职工或者有权监督本单位的职工代表，或者有权撤换本单位的职工代表。

3. $F(p \vee q) \Leftrightarrow (Fp \wedge Fq)$

这个等值推理式相当于两个有效的推理式，即：

$F(p \vee q) \Rightarrow (Fp \wedge Fq)$　　　$(Fp \wedge Fq) \Rightarrow F(p \vee q)$

例如：《矿山安全条例》第四十五条规定：“所有爆破材料库不得发放、使用变质失效或外部破损的爆破材料。”这条规定等于说，所有爆破材料库不得发放、使用变质失效的爆破材料，也不得发放、使用外部破损的爆破材料。

4. $O(p \vee q) \Leftrightarrow F(\neg p \wedge \neg q)$

这个等值推理式相当于两个有效的推理式，即：

$O(p \vee q) \Rightarrow F(\neg p \wedge \neg q)$　　　$F(\neg p \wedge \neg q) \Rightarrow O(p \vee q)$

例如：《合理化建议和技术改进奖励条例》第十四条规定：“各企业、事业单位的有关科室或者管理人员，应当及时对合理化建议和技术改进项目做出采纳或者不采纳的结论。”这条规定等于说，……禁止不及时……做出采纳的结论，又不及时……做出不采纳的结论。

5. $P(p \wedge q) \Rightarrow Pp \wedge Pq$

例如：《中华人民共和国刑事诉讼法》第二十九条规定：辩护律师可以查阅本案材料，了解案情。由此可知，辩护律师可以查阅本案材料，也可以了解案情。

6. $Fp \wedge Fq \Rightarrow F(p \wedge q)$

例如：根据法律规定，禁止生产假药，也禁止销售假药。由此可知，生产并销售假药尤其是不允许的。

注意 5 和 6 并非等值推理，所以不能逆推，否则就会犯“不当逆推”的逻辑错误。例如：“禁止知法犯法，所以，禁止知法，并且禁止犯法”。

练　习　题

1. 写出下列模态判断的逻辑形式，并讨论其负判断。

(1) 这样的情况可能会出现。

(2) β 星系中必定没有低级生物。

(3)张华也许知道后果的严重性。
(4)正确的推理一定是合乎逻辑的。
(5)未成年人可能不具有辨别是非的能力。
(6)反动势力必然不会自动退出历史舞台。
2. 已知下列模态判断为真，请根据模态方阵分析下列判断的真假。
(1)太阳必然从东方升起。
(2)执法者可能执法犯法。
(3)A 超市现在可能不会关门。
(4)恐怖分子必然不会善罢甘休。
3. 已知下列模态判断为假，请根据模态方阵分析相关判断的真假。
(1)被告必然有罪。
(2)金属可能不导电。
(3)伟大人物可能生而知之。
(4)刑满释放人员必然不再犯罪。
4. 写出下列模态推理的逻辑形式，并讨论其有效性。
(1)潜逃的人可能没有罪，所以潜逃的人未必有罪。
(2)处理品必然质量不好，所以，处理品质量不必然好。
(3)患感冒的人不必然发烧，所以，患感冒的人可能发烧。
(4)犯罪不可能不留下痕迹，所以，犯罪必然会留下痕迹。
(5)今年的物价不必然会涨，所以，今年的物价必然不会涨。
(6)凶手不一定是图财害命，因为凶手可能不是图财害命。
(7)夫妻感情很好未必不吵架，因为夫妻感情很好可能不吵架。
(8)本案罪犯必然关注本案，因此，本案罪犯未必不关注本案。
5. 写出下列规范判断的逻辑形式，并讨论其负判断。
(1)理性必须对自己进行批判。
(2)禁止司机不带驾驶执照行车。
(3)星期六晚上西教学楼允许开舞会。
(4)禁止利用宗教进行破坏社会秩序的活动。
(5)未满十周岁的儿童不准在道路上骑自行车。
(6)对于与案件无关的问题，被告可以不予回答。
6. 已知下列规范判断正确，请根据规范方阵分析相关判断的对错。
(1)公民必须依法纳税。
(2)这个新社区允许养狗。
(3)一个人可以不信仰某种宗教。
(4)汽车在城区主要路段行驶时应当不鸣喇叭。
7. 已知下列规范判断错误，请根据规范方阵分析相关判断的对错。
(1)无烟办公室可以吸烟。
(2)一个人应当不强人所难。

(3)学生可以不服从学校管理。

(4)不服一审判决的当事人必须上诉。

8. 写出下列规范推理的逻辑形式，并讨论其有效性。

(1)一个人应当不强人所难，所以，一个人不应当强人所难。

(2)……非经……同意不得修改，所以，……非经……同意不应当修改。

(3)一个人可以不信仰某种宗教，所以，并非一个人必须信仰某种宗教。

(4)人应当成为自己感情的主人，所以，人不可以不成为自己感情的主人。

(5)禁止执法者执法犯法，因此，禁止执法者执法，或者禁止执法者犯法。

(6)可以用钢笔或圆珠笔答题，因此，可以用钢笔答题，也可以用圆珠笔答题。

(7)被剥夺政治权利的人不得服兵役，因此，被剥夺政治权利的人禁止服兵役。

(8)不服第一审判决的当事人可以上诉；因此，不服第一审判决的当事人应当上诉。

第十二章 归纳推理和类比推理

第一节 归 纳 推 理

一、什么是归纳推理

归纳推理是从关于个别对象或部分对象的一些已知判断出发，导出一个关于全部对象的新判断的推理。例如：

锐角三角形的内角之和为180度，
直角三角形的内角之和为180度，
钝角三角形的内角之和为180度，

所以，所有三角形三个内角之和均为180度。

又如：

燕子会飞，
黄鹂会飞，
天鹅会飞，
丹顶鹤会飞，
燕子、黄鹂、天鹅和丹顶鹤都是鸟，

所以，所有的鸟都会飞。

在上面的归纳推理中，前提是许多已知的个别性知识，结论是新推出的一般性知识。可见归纳推理能帮助人们在认识个别事物或现象的基础上，进一步把握事物的普遍性规律，因而是人们探索和发现事物规律性的一种十分有用的工具。

二、完全归纳推理

完全归纳推理是根据一类事物中的每一个对象分别具有或不具有某种属性，推出该类对象全部具有或不具有某种属性的归纳推理。

完全归纳推理的特点是：前提中逐一考察了一类事物的全部对象，结论所断定的知识范围没有超出前提，因而是一种必然性推理，亦即其前提为真时结论必然为真。事实上，P 属性既为 S 类中的每一对象所分别具有(或不具有)，就说明它实际上是 S 类对象的共性，因而自然可以得出所有 S 类对象都具有(或不具有)P 属性的全称结论。

完全归纳推理的逻辑形式为：

S_1是(或不是)P，
S_2是(或不是)P，
S_3是(或不是)P，
……
S_n是(或是不)P，
S_1、S_2、S_3……S_n是 S 类的全部对象，

所以，所有 S 都是(或不是)P

完全归纳推理的结论虽然没有超出前提的范围，但却并非前提的简单重复，而是在前提基础上对事物属性的一种概括，是与前提迥然不同的新知识。整个推理过程同样体现了认识从个别到一般的上升过程。

完全归纳推理还可作为一种独立的证明方法。如三段论一般规则中第六条、第七条的证明。

完全归纳推理的局限性在于：当一类事物包含的对象非常多(甚至无限多)时，人们受到时间、空间及其他条件的限制，便无法对一类事物的全部对象逐一进行考察，因而也就不能进行完全归纳推理。在这种情况下，人们就只能使用不完全归纳推理。

三、不完全归纳推理

不完全归纳推理是根据一类事物的部分对象具有(或不具有)某种属性，推出该类对象全部具有(或不具有)某种属性的归纳推理。

不完全归纳推理的特点是：前提中只考察了一类事物的部分对象，结论却断定了全部对象，其知识范围超出了前提，因而是一种或然性推理，即使其前提为真，结论也不一定为真。

根据前提是否包含对象与其属性之间的因果联系，不完全归纳推理可分为简单枚举归纳推理和科学归纳推理。

1. 简单枚举归纳推理

(1)什么是简单枚举归纳推理

简单枚举归纳推理，即简单枚举归纳法，是根据一类事物的部分对象具有(或不具有)某种属性，并且在考察过程中始终没有遇到反例，从而得出该类对象全部具有(或不具有)某种属性的不完全归纳推理。

例如，著名数学家哥德巴赫在计算中发现：15=5+7+3，333=313+7+17，461=449+7+5，561=537+19+5……每个算式的左边都是一个奇数，右边则为三个素数相加。于是，他于1742年提出了“所有大于5的奇数都可以分解为三个素数之和”的猜想。他把这个猜想写信告诉欧拉，欧拉肯定了他的想法，并补充提出：2以后的每个偶数都可以分解为两个素数之和。这两个命题合称“哥德巴赫猜想”。

又如，我们给氢、氮、氧这些气体加热时，看到随温度增高，它们的体积就膨胀，而且没有遇到与此相矛盾的情况，于是得出结论：一切气体加热体积就要膨胀。

简单枚举法的逻辑形式为：

S_1是(或不是)P，
S_2是(或不是)P，
S_3是(或不是)P，
……
S_n是(或是不)P，
S_1、S_2、S_3……S_n是S类的部分对象，且未遇到S类的任何对象不是(或是)P，

所以，所有S都是(或不是)P。

(2)简单枚举法结论的可靠性

简单枚举法是根据某种属性在部分同类对象中不断重复出现而又没有遇到反例而作出结论的，这种根据对于推出其结论来说是不充分的。因为没有遇到相反的情况，并不等于相反的情况不存在或不可能出现。因此，简单枚举法是一种或然性推理，其结论不是完全可靠的。

例如，假使我们根据欧洲、亚洲、非洲、北美洲、南美洲、大洋洲都有大量的居民，而作出“世界上所有的大洲都有大量的居民”的结论，那么这个结论就是错误的，因为南极洲的居民就很少。

又如，起初人们根据简单枚举法作出的结论：“血总是红色的”、“鸟都是会飞的”、“天下乌鸦一般黑”，由于后来在南极洲发现了一种鱼的血是白色的、在非洲发现了不会飞的鸵鸟、在日本发现了白色的乌鸦，而分别被推翻。

根据简单枚举法的特点，要提高其结论的可靠性程度，必须注意：

① 被考察对象的数量要尽量多，范围要尽量广。这样，结论的可靠性程度就越高，反之则越低。

② 要尽量寻找反面事例。如果在一些最可能出现反例的场合中，都没有遇到例外的情况，那就说明反例存在的可能性极小，因而结论的可靠性程度就很高。

在应用简单枚举归纳推理时，如果不注意这两个基本要求，所考察的样本明显过少、结论明显为假，所犯的逻辑错误叫做“以偏概全”或“轻率概括”。譬如有人论证说：“世界上几乎没有人不知道爱因斯坦，却几乎没有人知道爱因斯坦的爸爸，可见儿子总是比老子更伟大!”

2. 科学归纳法

科学归纳法即科学归纳推理，是根据一类事物的部分对象具有(或不具有)某种属性，并且该类对象与该属性之间具有因果联系，从而推出该类对象全部具有(或不具有)该属性的归纳推理。

例如，人们观察了大量的向日葵，发现它们的花总是朝着太阳。经过研究发现，向日葵的茎部含有一种植物生长素，它可以刺激植物生长，又具有背光的特性。由于生长素总是在背着阳光的一面，使得茎部背光的一面生长快于向阳的一面，因而开在茎部顶端的花总是朝着太阳。由此人们得出结论，向日葵的花总是朝着太阳开的。

科学归纳法的逻辑形式为：

S_1是(或不是)P，
S_2是(或不是)P，
S_3是(或不是)P，
……
S_n是(或是不)P，
S_1、S_2、S_3……S_n是S类的部分对象，且科学研究表明，S和P(或非P)之间具有因果联系，

———————————————

所以，所有S都是(或不是)P。

科学归纳法是简单枚举法的变化形式，即在其前提中增加了对象与其属性间具有因果联系这样一个科学根据，因而一般来说，其结论的可靠性程度要高于后者。但由于科学研究中对因果联系的考察只具有相对的真理性，因此科学归纳法总的来说仍是一种或然性推理。即使其前提均被确认为真，结论也不一定为真。至于其结论究竟有多可靠，就要看其前提中的科学根据究竟有多科学了。

如果说简单枚举法主要依靠的是观察，那么科学归纳法主要依靠的则是研究和思考。因而在科学归纳法时，前提中被考察对象的数量已不再是决定因素。正如恩格斯所说，十万部蒸汽机并不比一部蒸汽机更能说明热能可以转化为机械能的事实。又如人们普遍认可的“麻雀虽小，五脏俱全”这个说法，显然并不取决于被解剖麻雀的数量。

3. 不完全归纳推理的价值

不完全归纳推理的结论虽然并不完全可靠，但它却体现了人类认识自然上升的客观需要，是人们探索未知世界的一种必不可少的工具。只要我们不把结论当做定论，而是作为假说，循此前进，继续探索，再辅以其他方法对之进行验证和修正，就可以获得可靠的新知识。

著名数学家华罗庚在其《数学归纳法》一书中，对此作过生动的描述：“从一个袋子里摸出来的第一个是红玻璃球，第二个是红玻璃球，甚至第三个、第四个、第五个都是

红玻璃球时，我们立刻就会猜想：‘是不是袋子里所有的球都是红玻璃球?’但是，当我们有一次摸出一个白玻璃球时，这个猜想失败了。这时，我们会出现另一个猜想：‘是不是袋里的东西都是玻璃球?’当有一次摸出一个木球时，这个猜想又失败了。那时，我们又会出现第三个猜想：‘是不是袋里的东西都是球?’这个猜想对不对，还必须继续加以检验，要把袋里的东西全部摸出来，才能见个分晓。”①

不完全归纳推理也是人们在日常生活和工作实践中经常使用的一种认识方法。如农民从自己反复经历的感性经验中，总结出带规律性的谚语“晚种一天，晚收十天”、“马无夜草不肥”等；工厂里采用的工业产品随机抽样检验法，即通过抽查一部分产品的质量，对全部产品质量作出结论等，都是不完全归纳推理的实际应用。

第二节　类比推理

一、什么是类比推理

类比推理是根据两个(或两类)对象在一系列属性上相同，其中一个(或一类)对象还具有某种属性，从而推出另一个(或一类)对象也具有这种属性的推理。

例如，对于光的本质，早在17世纪，荷兰物理学家惠更斯就提出了光的波动说，但一直被冷落。这种状况延续了一百多年，直到19世纪英国物理学家托马斯·扬，才算有了改观。托马斯·扬将光与声这两种物理现象进行了对比，运用类比推理的方法，对光的波动说作出了出色的证明：

声和光都是直线传播，都能反射、折射与衍射，
声是一种波动，
____
所以，光也是一种波动。

类比推理的逻辑形式如下：

A、B两对象具有属性a、b、c，
A对象还具有属性d，
____
所以，B对象具有属性d。

也可表示为：

A对象具有属性a、b、c、d，

① 华罗庚：《数学归纳法》，上海教育出版社1963年版，第3—4页。

B 对象具有属性 a、b、c，

所以，B 对象具有属性 d。

公式中的 A、B，表示进行类比的两个(或两类)对象，属性 a、b、c，表示两个(或两类)对象共同具有的属性，简称“相同属性”或“共有属性”，属性 d 是类推出的 B 对象具有的属性，简称“类推属性”。

事实上，类比推理不仅可以用于两个(或两类)对象，而且对于同一个(或一类)对象在不同时期或不同场合，也是可以进行类比推理的。

例如，1978 年北京“11. 10”凶杀案件，在侦破前期，侦查人员作出了罪犯是在一辆小轿车上作案的推断，但范围太大，需要进一步确定侦查重点。这时，他们联想起前一年发生的一起尚未破获的案件与本次案件有不少相同之处：作案时间相同——夜间，作案地点相同——郊区；作案工具和手段相同——自驾小轿车。另据前次案件当事人的举报，作案者身高 1.7 米左右，年约三十七八岁，长方脸，留寸头。根据这些情况和线索，侦查人员推出本次案件的罪犯很可能就是前次案件的作案者，是一个具有上述特征的小轿车司机。于是很快缩小了侦查范围，找到了重点嫌疑对象。破案结果证实侦查中所进行的推理是完全正确的。而侦查人员这里所运用的推理，就是对同一个对象在不同时期所进行的类比推理。

类比推理的根据是两个(或两类)对象的相似性，这就决定了其结论不具有必然性。因为对象之间既有相似性，也有差异性；即使是同一对象，在不同时期、不同场合也会表现出相当的差异。因此，如果推出的属性(即类推属性)正好是它们的不同和差异所在：就公式而言，A 对象有属性 d，而 B 对象不具有属性 d；在这种情况下，结论不正好与实际情况相反吗？比如将前面提到的托马斯·扬的那个例子反过来进行类比推理：声和光都是直线传播，都能反射、折射与衍射，光速是每秒约 30 万公里；所以，声速也是每秒约 30 万公里。这个结论就是不成立的。

实际上，类比推理中结论所断定的内容超出了前提所断定的范围，即使前提真，也不能保证结论一定真，前提并没有蕴涵结论。究其实质，类比推理属于或然性推理。因此在使用类比推理的时候，必须考虑如何提高其结论可靠性程度的问题。

二、如何提高类比推理结论的可靠性程度

为了提高类比推理结论的可靠性程度，必须注意以下两点：

① 相同属性要尽可能多。对象之间的相同属性越多，对象的类别就越接近，类推属性就越有可能是它们所共同具有的，因而结论的可靠性程度也就越高；反之亦然。

② 相同属性与类推属性要尽可能相关。相同属性与类推属性越是相关，越接近于本质联系，则推出结论的可靠性程度也就越高；反之亦然。

如果违背这两点要求，在没有多少相同属性或仅仅是表面上相同的对象之间进行类比，就会犯“类比不伦”或“机械类比”的逻辑错误。例如，神学中有这样一个关于上帝存在的证明：钟表和宇宙都在周而复始地运转，都显现了一种和谐的秩序，而钟表是有

制造者的，所以宇宙也是有创造者的。而宇宙的创造者正是上帝，因此上帝存在。

又如，有人问你：树上有十只鸟，开枪打死一只，还剩几只？如果你按算术来回答：十只减去一只，还剩九只，那么你的回答就错了。因为被打死的一只从树上掉下来了，其余未被打死的也都飞走了，所以正确的回答应该是：树上一只鸟也没有了。

在明确这一点之后，对方又问你：水塘里有十条鱼，开枪打死一条，还剩几条？如果你根据前次回答的经验，回答：一条鱼也没有了。那么你又错了。因为被打死的一条还在塘里，未被打死的九条鱼也还在水塘里，所以正确的回答应该是：水塘里还有十条鱼。

这里就涉及类比推理的问题。可以认为，第二次提问设了一个圈套，罗列了与第一次提问许多相同的条件，造成了非常相似的情景。当你根据第一次提问的正确答案生搬硬套，回答一条鱼也没有时，你实际上是作了一次类比推理并且犯了"机械类比"的错误。因为两次提问的实质在于前者是一个开放空间而后者是一个封闭空间，只有抓住这样实质性的区别才可能作出正确的回答。

三、类比推理的应用

类比推理在人类认识活动中具有重要作用。尽管其结论是或然的，但却可以启发人们举一反三、触类旁通，从而找到解决疑难问题的灵感(新方法、新思路)。德国著名哲学家康德十分推崇类比推理，他说："每当理智缺乏可靠论证的思路时，类比这个方法往往能指引我们前进。"

事实上，科学史上许多科学理论的创立、科学发现的创造和科学技术的革新，以及日常生活实践中许多重大疑难问题的解决，都曾得益于类比推理。

1. 类比推理在创造、发现中的作用

类比推理结论的或然性，同时也是其开放性，它使得类比推理在扩展人类现有知识、开拓人类文明领域的创造和发现活动中往往发挥巨大作用。请看以下几个例子：

① 1906—1909 年，英国物理学家卢瑟福及其学生在做 X 粒子散射实验时发现，在原子中有一个仅占原子体积极小部分(约十万分之一)但却具有原子质量绝大部分(99.97%)的核，而核外电子只有极小的质量。卢瑟福将原子内部的情况同太阳系的结构进行了类比，认为它们很相似。因为，太阳作为太阳系的核心，它具有太阳系总质量的 99.87%，但只占太阳系空间的极小部分。并且，原子核与电子之间的电吸引力，以及太阳与行星之间的万有引力，又都遵从与距离的平方成反比的规律。而已知的太阳系是由处于核心的太阳和环绕它运行的一系列行星构成的。由此，卢瑟福于 1911 年提出了原子是由电子环绕带正电荷的原子核组成的原子结构的行星模型假设。

② 中国宋代的苏东坡不但是一位著名的文学家，也是一位著名的书法家。他曾经向人介绍他朋友学习书法的一次经历。有一次，这位朋友看见一个樵夫和一个村姑在狭路相逢，从而领悟到书法韵律的秘诀。当时，樵夫和村姑都迟疑半晌，都

想让路，但结果都茫然不知道谁该停下来等对方过去。这两人前前后后的动作所造成的一种张力、冲击和反冲，据说让苏东坡的这位朋友第一次明了了书法的原理。

③ 美国著名舞蹈家邓肯在其自传中回忆居住阿巴沙别墅时写道："窗外有一棵棕榈树。这是我第一次看到生长在温带的棕榈树。我时常注视它的叶子在清晨的和风中颤动，从这种颤动中我创造了一种胳膊、手和指头的轻微抖动的舞蹈动作。"

这里的三个例子，例①属于自然科学研究中的发现，例②属于书法艺术中的发现，例③属于舞蹈艺术中的创造。这说明无论是科学研究，还是文化艺术，抑或其他领域，到处都有类比推理的足迹。

此外，哈维发现血液循环，施旺和施莱登发现动物细胞的细胞核，达尔文发现"自然选择"的规律，魏格纳提出大陆漂移的假说，以及古代中国传说的鲁班发明锯，奥地利医生奥恩布鲁格发明叩诊的医疗方法等，也都是运用类比推理的生动例证。

2. 类比推理在解释、说明中的作用

在实际工作和生活中，人们往往需要对某些事物或道理进行解释、说明。当其比较陌生、复杂、艰深时，类比推理往往能发挥显著作用。办法就是寻找或设计与被解释、说明的事物、道理比较类似同时又比较熟悉、通俗的事物、道理，通过类比进行解释和说明。请看下面的两个例子：

① 杨朱的弟弟杨布穿了一件白色的外衣出门，路上因为下雨，便脱了下来，穿着一件黑色的衣服回到家里。结果，他家的狗竟然没有认出他来，对着他大吼大叫。杨布非常生气，操起棍子就要打狗。杨朱见了，赶忙说："你不要打它。这事换了你，也是一样。若是你的狗子，出去的时候是白颜色，回来却是黑颜色，你能不觉得奇怪吗？"（译自《列子·杨布打狗》）

② 宇宙之外又是什么东西？宇宙之外是一个非宇宙。假定你是北美大陆中部一只具有高度智慧的蚂蚁，一辈子都在旅行。你有一架小望远镜，能看到前方几公里以外的场面。这时，你一定认为这块地面是无边无际的。你也许会想："地面是否有尽头？若有尽头，尽头那一边将是什么？"因为你唯一体验到的仅仅是地面，从未见过海洋，也不能想象别的什么东西，所以你可能这样说："如果陆地真有尽头，则陆地那一边一定是一块非陆地，不管这块非陆地到底是什么东西。"因此，如果把宇宙定义为物质、能量以及由这些物质和能量所充填的空间这三者的总和，并且宇宙真有尽头，则宇宙尽头之外就应该是散布在这个非空间的非物质和非能量，总之是一个非宇宙，不管这个非宇宙到底为何。（摘自阿西莫夫《你知道吗？——现代科学中的100个问题》）

在例①中，看到自家的狗对着自己乱吼乱叫，杨布当然生气，也想不通。杨朱的类比，推人及狗，在情在理，杨布就比较容易理解和接受了。在例②中，对于阿西莫夫的观点，人们不一定接受它，但是对于“宇宙之外是一个非宇宙”的说明，却不能不令人叹服，其说明的成功，正是得力于类比推理的运用。

3. 类比推理在证明、反驳中的作用

用类比推理来进行证明，叫做类比证明或类比论证。请看下面这个例子：

> 晏子将使楚。楚王闻之，谓左右曰：“晏婴，齐之习辞者也。今方来，吾欲辱之，何以也?”左右对曰：“为其来也，臣请傅一人，过王而行。’王曰：‘何为者也?’对曰：‘齐人也。’王曰：‘何坐?’曰：‘坐盗。”’晏子至，楚王赐晏子酒，酒酣，吏二傅一人诣王。王曰：“傅者何为者也?”对曰：“齐人也，坐盗。”王视晏子曰：“齐人固善盗乎?”晏子避席，对曰：“婴闻之，橘生淮南则为橘，生于淮北则为枳，叶徒相似，其实味不同。所以然者何？水土异也。今民生长于齐不盗，入楚则盗。得无楚之水土使民善盗耶?”王笑曰：“圣人非所与熙也，寡人反取病焉。”①

这里，面对楚王的诬蔑和挑衅，晏子没有采取辩诬的办法。假如他真的那样做，针对楚王“齐人固善盗”的诬蔑，想方设法说齐国人并不善盗，那就太被动也太没有力量了。晏子的办法是姑且承认这个齐国人善盗，然后运用类比推理，反戈一击，巧妙地证明：是楚国的水土(即楚国的社会风气)使人变得善盗，从而有力地回击了楚王的诬蔑。

类比推理用于反驳时，往往与归谬法结合使用，因此也称类比归谬法。特别在用于反驳某个错误的推理或证明时，这种方法颇有奇效。如古希腊传说中著名的“半费之讼”，学生欧提勒士的反驳手法就是一例。

又如：美国逻辑学家贝尔克因为反对一位参议员而遭到该参议员的陷害。当时共产党在美国是非法的，这位参议员便处心积虑地将贝尔克说成是一个共产党人。参议员说：“所有的共产党人都反对我，你也反对我，所以你是共产党人。”贝尔克则反驳道：“所有的鹅都吃白菜，你也吃白菜，那么你也是鹅了。”

这里，参议员使用的实际上是三段论第二格的 AAA 式(无效)。贝尔克在反驳时，没有直接说明其犯了“推不出”的逻辑错误，而是“以其人之道，还治其人之身”，同样采用该三段论式，从真前提得出了假结论，以反衬出对方推论的荒谬。

练　习　题

1. 分析下列归纳推理的结构，写出其逻辑形式，并讨论其逻辑性。

(1)任取大于 1 的奇数，各自平方再减去 1，例如：$3^2-1=8$，$5^2-1=24$，$7^2-1=48$，$9^2-1=80$，等等。观察发现，每一个得数都能被 8 整除。用其他的奇数再进行几次尝试，也导致同样的结果。于是，我们就得出结论：“一切大于 1 的奇数的平方减去 1，得到的数是 8 的倍数。

① 《晏子春秋·内篇杂下》

(2)人们观察了大量向日葵，发现它们的花总是朝着太阳。经研究发现，向日葵茎部含有一种植物生长素，它可以刺激生长，又具有背光的特性。生长素常常在背着太阳的一面，使得茎部背光的一面生长快于向阳的一面，于是开在顶端的花就总是朝着太阳。因此，所有向日葵的花都朝向太阳。

(3)牵牛花是在清晨四点左右开放，野蔷薇是在清晨五点左右开放，龙葵花是在清晨六点左右开放，芍药花是在清晨七点左右开放，鹅掌花是在中午开放，万寿菊是在下午三点左右开放，我们观察了许多种花，发现它们都有自己的开放时间。由此可见，所有的花都有自己的固定开放时间。

(4)1960年，英国某农场的十万只火鸡和小鸭，由于吃了发霉花生，在几个月内得癌症而死了。后来用这样的花生喂养羊、猫、鸽子等动物，又发生了同样的结果。为什么动物吃了发霉花生会得癌症而死呢？1963年，某科学家对发霉花生进行化学分析，发现其中含有黄曲霉素，而黄曲霉素是强烈的致癌物质。因此，他得出结论：动物吃了含有黄曲霉素的发霉花生，就会得癌症。

(5)雨后天空出现彩虹，可以看到红、橙、黄、绿、青、蓝、紫七种颜色。吹肥皂泡时，也可见到这七种颜色。阳光透过水珠、浪花、三棱镜时，也可以见到这七种颜色。这是因为光线穿过球形或棱形的透明体时，会分解为鲜艳的七彩，由此可见，阳光穿过球体或棱形的镜体时就可以见到这七种颜色。

(6)数学上著名的“四色问题”，早在1840年就提出来了。所谓“四色问题”，即在平面或球面上画地图，为了用不同的颜色将邻近的地区区别开来，只要四种颜色就能满足要求。但要证明四色定理，需要分析2000多个组合图形，进行200亿次判断。由于运算次数太多，这一定理长期得不到证明，成为数学上的一个难题。直到1976年，美国数学家阿沛尔和哈肯用高速电子计算机对所有的组合图形，逐一进行验证，共运算了1200小时，这个定理才得到了证明。

2. 分析下列类比推理的结构，写出其逻辑形式，并讨论其逻辑性。

(1)维特根斯坦把思考与游泳相比较：在游泳时，人体有一种自然的倾向即漂浮在水的表面，因此，身体要付出极大的努力才能潜入水底。同样，思维也要作出巨大的精神努力，才能使我们的心智摆脱表面现象的纠缠，探索哲学问题的深度。

(2)古代苏格兰国王罗伯特·布鲁思是苏格兰历史上的民族英雄，前后十多年领导人民抵抗英国人的侵略，以摆脱异族的统治。有一次，他领导的军队与敌人进行了六次战斗，都失败了。正当他灰心丧气时，他看见茅舍的屋角有一只蜘蛛正在吐丝织网，也是失败了六次，但蜘蛛却不气馁，第七次终于成功。他从中受到鼓舞，决心也进行第七次战斗，终于打败了敌人。

(3)蛙泳，顾名思义是从青蛙而得名，人类很早就羡慕青蛙那种有力的泳姿。青蛙的双腿对水面的蹬夹力很大，水给青蛙的反作用也很大，这是一种费力小而做功大的形体动作。人们从中受到了启发，于是模仿青蛙的游泳姿势创造了适用于人的蛙泳。人们在创造蛙泳的过程中，是根据青蛙和人有许多的相似点，都是动物，都有四肢、蛙腿和人腿的结构相似，都能产生很大的蹬力等，而青蛙游泳时的蹬夹动作费力小而做功大，由此推知人仿效青蛙的蹬夹动作也能费力小而做功大。

(4)某市郊区湖边某处，曾发生数起趁男女青年幽会时进行敲诈勒索的案件，而且有几个共同的特征：①时间都在晚上8：00左右；②冒充公安或治安联防人员；③指责幽会的男女青年搞不正当关系；④以扭送公安部门相要挟；⑤交出钱财便放行；⑥两人作案，相貌、口音每次都差不多。公安部门接到举报后，在发案处安排秘密警戒，当又一对男女青年到此处幽会，两名罪犯故技重演时，立即将他们捉拿归案。公安人员发现最后这一次的作案特征与前几次完全相同，因而推断前几次案件也是这两名罪犯所为。经过审讯，这一点得到了证实。

下 编

现 代 逻 辑

第十三章　命题逻辑基础

现代逻辑中研究复合命题及其推理的理论，称为命题逻辑。为示区别，一般把传统逻辑中的相应部分称为古典命题逻辑，因为其可追溯至古希腊的斯多噶学派。古典命题逻辑的现代化，主要是引入数学中符号化、演算化研究方法的结果。

从这一章开始，本书将本着简明、实用的原则，用两章的篇幅对命题逻辑予以初步的介绍。

第一节　真值联结词、真值形式、真值函项

一、从日常联结词到真值联结词

在命题逻辑中，简单命题也称为原子命题，或命题变元。习惯上，原子命题用p、q、r、s、t……来表示，必要时可以加下标。显然，任一复合命题均可视为原子命题通过联结词复合而成。

联结词在命题逻辑中称为真值联结词，以区别于日常语言中的联结词。这是因为在现代逻辑看来，日常语言中的联结词至少存在着两个方面的问题：其一是不精确，如"或者……或者……"在自然语言中需要根据语境来区别其所表示的是相容选言还是不相容选言。其二是负载了许多非逻辑的内容，如联言命题可以用多种复句来表达包括并列、递进、转折、承接、对比等。因此，现代逻辑在使用联结词时，有意识地撇开各支命题在内容、意义上的联系，而只考虑各支命题之间以及支命题与复合命题之间的真假关系，从而使其成为真值联结词。这包括：

①合取词：∧，相当于日常语言中的"并且"。

②析取词：∨，相当于日常语言中的"或者"。

③蕴涵词：→，相当于日常语言中的"如果……那么……"。

④等值词：↔，相当于日常语言中的"当且仅当"。

⑤否定词：¬，相当于日常语言中的"并非"。

其中"¬"是一元联结词，直接作用于一个支命题。其所表达的真假关系可列表表示如下：

p	¬p
1	0
0	1

这种表示支命题与复合命题之间真假关系的表格，称为真值表。真值表在这里起到一种定义作用，即用来定义否定词“¬”。

“→”、“↔”都是二元联结词，直接作用于两个支命题。其所表达的真假关系可用真值表表示如下：

p	q	p→q	p↔q
1	1	1	1
1	0	0	0
0	1	1	0
0	0	1	1

“∧”、“∨”都既可用作二元联结词，也可用作二元以上的所谓多元联结词。以二支复合命题为例，其所表达的真假关系可用真值表表示如下：

p	q	p∧q	p∨q
1	1	1	1
1	0	0	1
0	1	0	1
0	0	0	0

☞**想一想**

“∧”和“∨”的真值表在多支的情况下会有何变化?

此外，还有所谓逆蕴涵词“←”和严格析取词“∀”。由于“p←q”与“q→p”等值，因此现代逻辑中一般不用“←”。由于“p∀q”可用“∨”、“∧”和“¬”来表示为“(p∨q)∧¬(p∧q)”，多支的情况也类似，因此现代逻辑中一般也不用“∀”。这样，七个复合命题联结词便精简成了五个。

二、真值形式、指派与赋值

给定一个复合命题，用命题变元分别取代其中的简单命题，用真值联结词分别取代其中的日常语言联结词，便得到该命题的真值形式。这意味着：第一，它是命题逻辑里的所谓合式公式，即合法的、有意义的符号串，是命题逻辑的讨论对象；第二，它是一个独立的真值取值单位，其真值取决于其中命题变元的真值(指派)和真值联结词的定义。

一般而言，真值形式可归纳定义如下：

① 任一命题变元是真值形式；

② 若 A 是真值形式，则¬A 也是真值形式；

③ 若 A、B 是真值形式，则 A∧B、A∨B、A→B、A↔B 也都是真值形式；

④ 只有按以上方式经过有限次复合而形成的符号串才是真值形式，其中相邻的两次复合用括号区分层次。

这里所用到的符号有两种：第一种是对象语言符号，包括命题变元 p、q、r、s、t……和联结词¬、∧、∨、→、↔以及技术符号(、)；第二种是元语言符号 A、B，代表任一用对象语言表述的真值形式，如：p、q、¬p、p∧q、p∨q、p→q、p↔q、¬(p→q)、(p∧q)→(p∨q)。

根据定义，可以判定任一由上列符号组成的符号串是不是合式公式。命题逻辑只讨论合式公式。为方便起见，真值形式也简称(命题)公式。包含 n 个命题变元的真值形式，也简称 n 元(命题)公式。

例如：因为 p、q 都是公式，所以 p∧q、p∨q 也都是公式。于是，(p∧q)→(p∨q)也是公式；于是，¬((p∧q)→(p∨q))也是公式；于是，¬((p∧q)→(p∨q))↔((p∧q)→(p∨q))也是公式。

又如，尽管 p、¬p、q 都是公式，但¬pq 却不是公式。于是 p∧(¬pq)、(¬pq)∧q 也都不是公式。

显然，真值形式的数量是无穷的。其中只包含一个联结词的¬p、p∧q、p∨q、p→q、p↔q 是五种基本复合命题的真值形式，分别称为否定式、合取式、析取式、蕴涵式和等值式。包含两个或两个以上联结词的是多重复合命题的真值形式。

从结构上说，多重复合命题的真值形式在其生成过程的最后一步所使用的联结词，称为主联结词。主联结词从整体上决定着一个真值形式的种类和逻辑性质。如¬((p∧q)→(p∨q))的主联结词是“¬”，因此它是一个否定式。

一个多重复合命题的真值形式，结构可能非常复杂，往往需要多次使用括号一层层地加以区分。为了简化书写，使真值形式的结构看上去更加简洁，我们可以仿照算术中的“先乘除后加减”那样约定：

真值联结词的结合力依下列顺序递减：¬、∧、∨、→、↔。这样，在书写时便可以省略很多括号。在没有括号的情况下，我们可以先看¬，再看∧，再看∨，再看→，最后看↔。例如：¬p∧q→p∨q 等价于((¬p)∧q)→(p∨q)。

真值形式本身是没有真假的，因为它没有具体的思维内容，而只是一个命题模式或者框架。如¬(p∧q)，因为 p、q 没有具体内容和真值，因而整个真值形式也没有具体内容和真值。但是在经过解释，成为一个具体的命题以后，便有内容也有真值了。解释的过程，也就是用具体的(简单)命题对命题变元进行代入的过程。

例如：设 p 表示“3 大于 2”，q 表示“3 小于 2”，则¬(p∧q)表示“并非(3 大于 2，并且 3 小于 2)”，显然取值为真。

由此可见，真值形式的真值取决于两个要素：其一是命题变元的真值，这来自于解释，或者一般来说，来自于真值指派，即指定一个命题变元取值为“1”或“0”。其二是真值联结词的意义，这来自于定义。

由于任一命题变元均代表任意一个命题，可真可假，因而一个包含 n 个变元的公式共有 2^n 个真值指派。如：$\neg p \wedge q \rightarrow p \vee q$ 有两个变元，共四个真值指派，即(p，q)=(1，1)、(1，0)、(0，1)、(0，0)。

在真值指派的书写格式上，我们约定每个有序真值对中的 n 个真值分别表示 n 个命题变元依字典顺序排列时的取值。如上例中的(0，1)表示 p 取值为 0，q 取值为 1。

在命题逻辑里，真值联结词的意义是确定的。因此，一个真值指派便对应着真值形式的一个完整的解释，可以使得真值形式取得一个确定的真值。我们一般把一个真值形式的一个真值指派和联结词的一种解释合起来，称为该真值形式的一个真值赋值。

三、真值函项、真值形式的分类

真值赋值实质上是对真值形式的完整解释，一个真值赋值使得一个真值形式取得了一个确定的真值。在联结词意义确定的前提下，一个包含 n 个变元的真值形式共有 2^n 个真值赋值，因而可以取得 2^n 次真值。这表现为该真值形式的 2^n 个真值指派的集合 X 到真值集合 Y={1，0}之间的一种真值函项，由 2^n 个真值对应组成。

事实上，前面定义基本联结词的真值表所反映的都是真值函项。例如：$p \rightarrow q$ 的真值表所反映的就是其真值指派集 X={(1，1)、(1，0)、(0，1)、(0，0)}到真值集 Y={1，0}之间的一个真值函项，由下列四个真值对应组成：(1，1)→1，(1，0)→0，(0，1)→1，(0，0)→1。

我们把对应函项值为 1 的真值指派称为成真指派，所有成真指派的集合称为成真指派集，记为 X_+。同理，把对应函项值为 0 的真值指派称为成假指派，所有成假指派的集合称为成假指派集，记为 X_-。显然，$X_+ + X_- = X$。上例中 X_+={(1，1)、(0，1)、(0，0)}，X_-={(1，0)}。

对任一真值函项来说，真值指派集 X、真值集 Y 都是确定的，只要 X_+、X_- 明确了，整个真值函项也就明确了。而对 X_+、X_- 来说，只要明确了其中之一，另一个也便跟着明确了。因此，后面讲到优范式对真值函项的判定时，只要求出 X_+、X_- 二者之一即可。

真值形式本质上就是表达真值函项的。真值形式和真值函项是多对一的关系，即不同的真值形式可能表达同一个真值函项；反过来，真值函项和真值形式却是一对多的关系，即同一个真值函项可以由无数多个相互等值的真值形式来表达。

一般而言，包含 n 个命题变元的真值函项，由 2^n 个真值对应组成。由于每个真值对应的函项值都可能是{1，0}中的任何一个，因而 n 元真值函项共有 2^{n} 个。例如：只包含一个命题变元的真值函项由 $2^1=2$ 个真值对应组成，因而一元真值函项共有 $2^{2^1}=4$ 个。如下表所示：

p	f_1	f_2	f_3	f_4
1	1	1	0	0
0	1	0	1	0

f_1的真值总是 1，可用 p→p、p∨¬p 等真值形式表达；

f_2的真值与 p 相同，可用 p、p∨p、p∧p 等真值形式表达；

f_3的真值与 p 相反，可用¬p、¬p∨¬p、¬p∧¬p 等真值形式表达；

f_4的真值总是 0，可用 p∧¬p、¬(p→p)、¬(p∨¬p)等真值形式表达。

包含二个命题变元的真值函项由 $2^2=4$ 个真值对应组成，因而二元真值函项共有 $2^{2^2}=16$ 个。如下表所示：

p	q	f_1	f_2	f_3	f_4	f_5	f_6	f_7	f_8	f_9	f_{10}	f_{11}	f_{12}	f_{13}	f_{14}	f_{15}	f_{16}
1	1	1	1	1	1	0	0	0	0	1	1	1	0	0	0	1	0
1	0	1	1	1	0	1	0	1	1	0	0	1	0	0	1	0	0
0	1	1	1	0	1	1	1	0	1	0	1	0	0	1	0	0	0
0	0	1	0	1	1	1	1	1	0	1	0	0	1	0	0	0	0

f_1的真值总是 1，可用 p∧q→p、p→p∨q、(p∨q)∧¬p→q 等真值形式表达；

f_2可用 p∨q、¬p→q、¬(¬p∧¬q)等真值形式表达；

f_3可用¬p→¬q、p∨¬q、¬(¬p∧q)等真值形式表达；

f_4可用 p→q、¬p∨q、¬(p∧¬q)、¬q→¬p 等真值形式表达；

f_5可用¬p∨¬q、p→¬q、¬(p∧q)等真值形式表达；

f_6可用¬p、¬p∨(q∧¬q)、¬p∧(q∨¬q)等真值形式表达；

f_7可用¬q、¬q∨(p∧¬p)、¬q∧(p∨¬p)等真值形式表达；

f_8可用¬(p↔q)、¬((p→q)∧(q→p))等真值形式表达；

f_9与 f_8真值相反，因而可用 f_8的真值形式的否定式表达；

同理，f_{10}与 f_7、f_{11}与 f_6、f_{12}与 f_2、f_{13}与 f_3、f_{14}与 f_4、f_{15}与 f_5、f_{16}与 f_1均为真值相反，前者分别可用后者的真值形式的否定式表达。

我们看到，一元真值函项和二元真值函项都有且只有一个的函项值永远为“1”，叫做永真函项。多元的情况也类似。对永真函项来说，$X_+=X$，$X_-=\Phi$(空集)。表达永真函项的真值形式叫做永真式，或重言式，如：p→p，p∨¬p∨q。

同理，一元、二元、三元……真值函项中都有且只有一个的函项值永远为“0”，叫做永假函项。对永假函项来说，$X_+=\Phi$，$X_-=X$。表达永假函项的真值形式叫做永假式，或矛盾式。如：p∧¬p∧q。

其余函项值有的为“1”、有的为“0”的真值函项，叫做偶真函项。对偶真函项来说，$X_+\neq\Phi$，$X_-\neq X$。表达适真函项的真值形式叫做偶真式，或协调式。如：五种基本真值形式¬p、p∧q、p∨q、p→q、p↔q 所表达的都是偶真函项。

此外，凡是函项值可以为“1”的真值函项，其真值形式统称为可满足式。显然，可满足式包括重言式和偶真式。与此相应，矛盾式也称为不可满足式。

关于命题公式的上述分类，下列说法显然成立：

① 公式 A 重言，当且仅当¬A 矛盾。

② 公式 A 偶真，当且仅当¬A 偶真。

③ 公式 A 可满足，当且仅当¬A 非永真。

第二节　重言式及其判定方法

一、重言式的判定问题

在命题逻辑中，重言式是最重要的。这是因为：

第一，重言式是逻辑真理的体现。任一重言式均代表一类永远为真的复合命题。如：p→p（同一律），¬(p∧¬p)（不矛盾律），p∨¬p（排中律）。

第二，推理式 P⇒Q 有效，当且仅当蕴涵式 P→Q 重言。这使得推理形式是否有效的判定问题，在命题逻辑里可转化为蕴涵式是否重言的判定问题。

第三，等值推理式 P⇔Q 有效，当且仅当等值式 P↔Q 重言。这使得等值推理式是否有效的判定问题，在命题逻辑里可转化为等值式是否重言的判定问题。

重言式的判定问题在命题逻辑里具有重要地位。我们的目标是找到一种能行的判定方法，按照一种可机械操作的程序，在有穷步骤内判定一个命题公式是不是重言式。所谓能行的判定方法，是指满足下列三个要求的一套判定程序：①程序的每一步都是由一套事先给定的规则明确规定了的，包括第一步；②程序能够在有穷步骤内完成；③判定结果是唯一的。

下面分别讨论三种能行的判定方法，即：真值表法、赋值归谬法和树形图法。

二、真值表法

基本真值形式¬p 所表达的真值函项由 2^1 个真值对应组成，p∧q、p∨q、p→q、p↔q所表达的真值函项分别由 2^2 个真值对应组成。这些真值对应也可视为一种基本的真值运算，即：

¬：¬1⇔0，¬0⇔1。

∧：1∧1⇔1，1∧0⇔0，0∧1⇔0，0∧0⇔0。

∨：1∨1⇔1，1∨0⇔1，0∨1⇔1，0∨0⇔0。

→：1→1⇔1，1→0⇔0，0→1⇔1，0→0⇔1。

↔：1↔1⇔1，1↔0⇔0，0↔1⇔0，0↔0⇔1。

由于真值形式都是命题变元通过真值联结词层层复合而成的，因而从一个真值指派开始，按照以上运算规则，便可以逐步算出该公式（所表达的真值函项）在该真值指派下的取值。

例如，给定真值指派（p，q）=（0，1），则公式((p→q)∧¬p)→¬q 的取值为：((0→1)∧¬0)→¬1⇔(1∧1)→0⇔1→0⇔0。

又如，给定真值指派（p，q，r）=（1，0，1），则公式((p∧q)→r)∧¬r→(¬p∨¬q)的取值为：((1∧0)→1)∧¬1→(¬1∨¬0)⇔(0→1)∧0→(0∨1)⇔1∧0→1⇔0→1⇔1。

这样，对一个 n 元公式来说，只要经过 2^n 次真值运算，分别求出其在 2^n 个真值指派下的真值，即可找到其所表达的那个真值函项。根据其函项值是否恒为 1，即可明确该公式是否为重言式。

为了简明起见，这 2^n 次真值运算可以列表进行，这便是真值表法的由来。例如：

p	q	p→q	¬p	(p→q)∧¬p	¬q	(p→q)∧¬p→¬q
1	1	1	0	0	0	1
1	0	0	0	0	1	1
0	1	1	1	1	0	0
0	0	1	1	1	1	1

这个真值表的最后一列不全为 1，说明公式(p→q)∧¬p→¬q 不是一个重言式。

一般而言，用真值表法判定一个公式的步骤是：

① 画行。找出该公式所有不同的命题变元(设为 n 个)，并逐行列出其所有不同的真值指派(共 2^n 个)。这样就决定了真值表的行，共 2^n+1 行。如上例中，公式有 2 个不同的变元，4 个不同的真值指派，故真值表共有 5 行。

② 画列。按照该公式从命题变元开始进行真值运算的次序，逐列列出决定各个运算步骤的子公式和整个公式，这样就决定了真值表的列。如上例中，第一步算 p→q 的值，第二步算¬p 的值，第三步算(p→q)∧¬p 的值，第四步算¬q 的值，最后一步算整个公式的值，因此分别将其置于第 3、4、5、6、7 列。

③ 运算。根据 5 个联结词的运算规则，逐步算出各个子公式在各个真值指派下的真值。这种真值运算可以逐行进行，也可以逐列进行。

④ 判定。根据整个公式在最后一列的取值，得到最后的判定结果。若最后一列的取值恒为 1，则该公式为重言式；若最后一列的取值恒为 0，则该公式为矛盾式；若最后一列的取值有 1 有 0，则该公式为协调式。

例 13-2-1　用真值表法判定公式(p∨q)∧¬p→q 是否重言式。

【解】：首先列真值表进行真值运算如下：

p	q	p∨q	¬p	(p∨q)∧¬p	q	(p∨q)∧¬p→q
1	1	1	0	0	1	1
1	0	1	0	0	0	1
0	1	1	1	1	1	1
0	0	0	1	0	0	1

由真值表最后一列取值恒为 1，可知该公式是重言式。【毕】

可以看出，真值表法实际上是一种依靠列表而进行的真值运算，真值表最后一列实际上求出了原公式所表达的真值函项的函项值。据此，可以判定原公式是不是重言式或矛盾式等。这体现了真值表的判定功能。

当一个公式的结构很复杂，包含的变元、子公式很多时，真值表可能非常庞大，从而给手工或印刷制表造成困难。为此，可以尝试对真值表法的第二步操作进行改善，不再逐列写出各个子公式，而是将其真值直接写在其主联结词的下方，这样便可以大大缩小真值表的宽度。

例 13-2-2 用真值表法判定公式$((p\wedge q)\rightarrow r)\rightarrow((p\wedge\neg r)\rightarrow\neg q)$是不是重言式。

【解】：首先列真值表进行真值运算如下：

p	q	r	$((p\wedge q)$	$\rightarrow r)$	$\rightarrow$	$((p\wedge$	$\neg r)$	$\rightarrow$	$\neg q)$
1	1	1	1	1	1	0	0	1	0
1	1	0	1	0	1	1	1	0	0
1	0	1	0	1	1	0	0	1	1
1	0	0	0	1	1	1	1	1	1
0	1	1	0	1	1	0	0	1	0
0	1	0	0	1	1	0	1	1	0
0	0	1	0	1	1	0	0	1	1
0	0	0	0	1	1	0	1	1	1

由主联结词的取值恒为 1，可知该公式是重言式。【毕】

例 13-2-3 用真值表法判定公式$(p\leftrightarrow q)\rightarrow((r\leftrightarrow s)\rightarrow((p\leftrightarrow r)\rightarrow(q\leftrightarrow s)))$是不是重言式。

【解】：列真值表进行真值运算如下：

p	q	r	s	$(p\leftrightarrow q)$	$\rightarrow$	$((r\leftrightarrow s)$	$\rightarrow$	$((p\leftrightarrow r)$	$\rightarrow$	$(q\leftrightarrow s)))$
1	1	1	1	1	1	1	1	1	1	1
1	1	1	0	1	1	0	1	1	0	0
1	1	0	1	1	1	0	1	0	1	1
1	1	0	0	1	1	1	1	0	1	0
1	0	1	1	0	1	1	0	1	0	0
1	0	1	0	0	1	0	1	1	1	1
1	0	0	1	0	1	0	1	0	1	0

续表

p	q	r	s	(p↔q)	→	((r↔s)	→	((p↔r)	→	(q↔s)))
1	0	0	0	0	1	1	1	0	1	1
0	1	1	1	0	1	1	1	0	1	1
0	1	1	0	0	1	0	1	0	1	0
0	1	0	1	0	1	0	1	1	1	1
0	1	0	0	0	1	1	0	1	0	0
0	0	1	1	1	1	1	1	0	1	0
0	0	1	0	1	1	0	1	0	1	1
0	0	0	1	1	1	0	1	1	0	0
0	0	0	0	1	1	1	1	1	1	1

主联结词在所有行的真值均为1，故原公式为重言式。【毕】

真值表法是一种完备的判定方法，从理论上说可以通过真值运算找到任一命题公式所表达的真值函项，进而判定其是不是重言式。但在实际操作中，当一个命题公式的结构非常复杂时，真值表就会非常庞大，这不但会使列表非常困难，而且会使运算量非常大，很容易出错，且出错时检查起来也很困难。因此，现代逻辑找到了另外一些方法来简化判定过程。以下首先介绍赋值归谬法，有的书上也叫归谬赋值法。

三、赋值归谬法

赋值归谬法的基本思路是：假设一个公式取值为0，由此出发进行合乎逻辑的推导。如果必然地推出了逻辑矛盾，那么根据归谬法原理，可以断定假设不可能成立，原公式为重言式。如果不出现矛盾，那么说明假设可以成立，原公式不是重言式。其中"合乎逻辑的推导"实际上是一种真值逆运算，即由一个公式的真值，推导其子公式的真值。如由 $p \vee q$ 取值为0，可以推知p、q均取值为0。因此，赋值归谬法也称简化真值表法，可列真值表进行真值逆运算。

一般而言，用赋值归谬法判定一个公式的步骤是：

① 列表。将给定公式置于一个真值表中，每个变元、联结词各占一列。

② 赋值。给主联结词赋假值，即在其下方写上0。

③ 推导。从赋值开始进行真值逆运算，直到各个命题变元或子公式均取得一个真值。

④ 判定。若有一个命题变元或子公式在两个地方分别取值为1和0，则说明合乎逻辑地推出了逻辑矛盾，原公式为重言式。此即所谓归谬。反之，若任一命题变元在不同地方的取值均可保持一致，则说明赋值可以成立，原公式不是重言式。

例 13-2-4　用赋值归谬法判定公式 $(p \rightarrow q) \rightarrow ((p \vee r) \rightarrow (q \vee r))$ 是不是重言式。

【解】：列真值表进行真值逆运算如下：

(p	→	q)	→	((p	∨	r)	→	(q	∨	r))
			0							
	1						0			
					1				0	
		0				0		0		0
0		代		1		代				
盾				矛						

变元 p 的取值出现矛盾，故原公式为重言式。【毕】

这里进行了两次代入操作。代入意味着令同一个变元在后面的取值与在前面的取值保持一致，直接排除了不一致的情况。这显然是合乎逻辑的。

代入操作可以绕过一些复杂的情形，使得判定过程得以顺利进行。如上例中算出 p →q的值为 1，则 p、q 的值本来有三种情况，即(1，1)、(0，1)、(0，0)。但是代入 q 在前面的取值 0 以后，p、q 的取值就只剩下(0，0)一种了。

例 13-2-5 用赋值归谬法判定公式(p →q)→((p∨r)→(q∨r))是不是重言式。

【解】：列真值表进行真值逆运算如下：

(p	→	q)	∧	q	→	p
					0	
			1			0
0	1			1		
代		1				

变元的取值可以不出现矛盾，故原公式不是重言式。【毕】

赋值归谬法对非重言式的判定，需要特别注意最后一步取值可能出现矛盾、可能不出现矛盾的情形，此时能说明问题的是不出现矛盾，故可省略出现矛盾的情形。如上例中，在算出 p →q 的值为 1，代入 p 的值 0 以后，q 本来可取值为 1，与其在前面的取值 1 不矛盾，也可取值为 0，与其在前面的取值 1 矛盾。此时可以分别讨论 q 取值为 1 和 0 两种情况，也可只讨论 q 取值为 1 一种情况，结果是一样的。

赋值归谬法在对三元及以上公式的判定中，优越性显示得比较明显。

例 13-2-6 用赋值归谬法判定公式(p→q)∧(r→s)∧(p∨r)→(q∨s)是不是重言式。

【解】：列真值表进行真值逆运算如下：

(p	→	q)	∧	(r	→	s)	∧	(p	∨	r)	→	(q	∨	s)
											0			
			1				1						0	
	1	0			1	0			1			0		0
0		代		0		代		0						
				盾				代		1				
										矛				

变元 r 的取值出现矛盾，故原公式为重言式。【毕】

在实际应用中，赋值归谬法有时会遇到一些复杂的情形，必须分情况进行讨论。

例 13-2-7　用赋值归谬法判定公式 $(p\leftrightarrow q)\rightarrow((r\leftrightarrow s)\rightarrow((p\leftrightarrow r)\rightarrow(q\leftrightarrow s)))$ 是不是重言式。

【解】：列真值表进行真值逆运算如下：

(p	↔	q)	→	((r	↔	s)	→	((p	↔	r)	→	(q	↔	s)))
			0											
	1						0							
					1						0			
									1				0	
1								1						
设		1						代		1		1		
						0				盾		代		0
				0		代								
				矛										
0								0						
设		0						代		0		0		
						1				盾		代		1
				1		代								
				矛										

在第一种情况下，p 取值为 1，r 的取值出现矛盾；在第二种情况下，p 取值为 0，r 的取值出现矛盾。这说明赋值不可能成立，故该公式为重言式。【毕】

☞想一想

如果给主联结词赋真值，赋值归谬法会得到什么结果？

第三节　代入、分离、置换

一、重言式代入定理

所谓代入，是指用一个命题公式代换给定公式中某个命题变元的每一次出现。代入要满足三个条件：①只能对命题变元进行代入，而不能对其他类型的子公式进行代入。但用来代入的公式却是任意的，甚至不必不相同。②必须处处代入，即在被代入变元出现的每一个位置上，均用同一个公式去代换。③代入只对重言式进行，否则便无意义。在此，我们有重言式代入定理：

如果 A 是一个重言式，其中含有 n 个不同的命题变元 p_1、p_2、p_3……p_n，B 是用 n 个任意公式 C_1、C_2、C_3……C_n分别对 p_1、p_2、p_3……p_n进行代入的结果，那么 B 也是重言式。

根据重言式代入定理，用任意 n 个公式对一个重言式的 n 个命题变元进行合法的代入，所得到的仍然是一个重言式。

例如：给定一个重言式$(p\vee q)\wedge\neg p\rightarrow q$，代入$(p\vee(m\wedge n))\wedge\neg p\rightarrow(m\wedge n)$是合法的，结果仍然是一个重言式；而代入$(p\vee q)\wedge\neg p\rightarrow(m\wedge n)$则是不合法的，因而不能保证其所得到的仍然是重言式。

引进代入定理的一个重要结果是，任一重言式均可视为一个重言式的模型，而不再只是一个重言式。例如：$(p\vee q)\wedge\neg p\rightarrow q$ 只是一个重言式，其中的 p、q 是命题变元。当用任意的公式 A、B 分别对 p、q 进行代入以后，得到的$(A\vee B)\wedge\neg A\rightarrow B$便是一个重言式的模型，代表着无数个结构相似的重言式，如$(m\vee n)\wedge\neg m\rightarrow n$、$((p\rightarrow q)\vee(q\rightarrow p))\wedge\neg(p\rightarrow q)\rightarrow(q\rightarrow p)$等。

以后我们用到重言式时，尽量采用子公式 A、B 来替换变元 p、q 这种书写格式，以彰显其“重言式模型”的意义，请读者务必注意这一点。

二、重言式分离定理(重言蕴涵式)

下面列出一些常用的重言蕴涵式(模型)：

[01] $A\rightarrow A\vee B$　　(∨引入律)

[02] $(A\vee B)\wedge\neg A\rightarrow B$　　(∨消去律)

[03] $A\wedge B\rightarrow A$　　(∧消去律)

[04] $A\rightarrow(B\rightarrow A\wedge B)$　　(∧引入律)

[05] $(\neg A\rightarrow A)\rightarrow A$　　(¬消去律)

[06] $(A\rightarrow\neg A)\rightarrow\neg A$　　(¬引入律)

[07] $(A\rightarrow B)\wedge A\rightarrow B$　　(肯定前件式)

[08] $(A\rightarrow B)\wedge\neg B\rightarrow\neg A$　　(否定后件式)

[09] $(A\leftrightarrow B)\rightarrow(A\rightarrow B)$　　(↔消去律)

[10] $(A\rightarrow B)\wedge(B\rightarrow A)\rightarrow(A\leftrightarrow B)$　　(↔引入律)

[11] $(A\to B)\to(\neg B\to\neg A)$ （假言易位律）
[12] $(\neg B\to\neg A)\to(A\to B)$ （假言易位律）
[13] $(A\to B)\land(B\to C)\to(A\to C)$ （假言三段论）
[14] $(A\to B)\land(B\to C)\to(\neg C\to\neg A)$ （假言三段论）
[15] $(A\to B)\land(A\to\neg B)\to\neg A$ （归谬律）
[16] $(\neg A\to B)\land(\neg A\to\neg B)\to A$ （反证律）
[17] $(A\land B\to C)\to(\neg C\land A\to\neg B)$ （反三段论）
[18] $(A\land B\to C)\to(\neg C\land B\to\neg A)$ （反三段论）
[19] $(A\to C)\land(B\to C)\land(A\lor B)\to C$ （简单构成式）
[20] $(A\to B)\land(A\to C)\land(\neg B\lor\neg C)\to\neg A$ （简单破坏式）
[21] $(A\to B)\land(C\to D)\land(A\lor C)\to B\lor D$ （复杂构成式）
[22] $(A\to B)\land(C\to D)\land(\neg B\lor\neg D)\to\neg A\lor\neg C$ （复杂破坏式）
[23] $A\to(B\to A)$ （真蕴涵怪论）
[24] $\neg A\to(A\to B)$ （假蕴涵怪论）
[25] $A\land\neg A\to B$ （矛盾蕴涵怪论）
[26] $(A\to(B\to C))\to((A\to B)\to(A\to C))$ （条件分配律）
[27] $(A\to B)\to((B\to C)\to(A\to C))$ （条件传递律）
[28] $(A\to(B\to C))\to(B\to(A\to C))$ （条件互易律）
[29] $(A\to(A\to C))\to(A\to C)$ （条件消去律）
[30] $((A\to B)\to C)\to(B\to C)$ （条件简化律）
[31] $(A\to B)\to(A\land C\to B)$ （条件加强律）
[32] $(A\land B\to C)\to(A\to(B\to C))$ （条件输出律）
[33] $(A\to(B\to C))\to(A\land B\to C)$ （条件输入律）
[34] $(A\to B)\to((A\to C)\to(A\to B\land C))$ （后件合取律）
[35] $(A\to B)\to((C\to D)\to(A\land C\to B\land D))$ （条件合并律）
[36] $((A\to B)\to A)\to A$ （皮尔士律）
[37] $(A\to B)\to(A\lor C\to B\lor C)$ （析取附加律）
[38] $(A\to B)\to(A\land C\to B\land C)$ （合取附加律）
[39] $(A\leftrightarrow B)\to(B\leftrightarrow A)$ （等值交换律）
[40] $(A\leftrightarrow B)\to((B\leftrightarrow C)\to(A\leftrightarrow C))$ （等值传递律）

如果 A 是一个有效推理式的前提，B 是结论，我们就说 B 是 A 的重言后承，或者说 A 重言蕴涵 B，用 $A\models B$ 表示。若用 $\models A\to B$ 表示 $A\to B$ 是重言式，那么根据有关定义，显然有：

$A\models B$ 当且仅当 $\models A\to B$。

这也就是上一节说的，一个复合命题推理形式 $P\Rightarrow Q$ 有效，当且仅当蕴涵式 $P\to Q$ 重言。因此，如果把上列重言蕴涵式的主联结词“$\to$”分别替换成“$\Rightarrow$”，则它们都将变成有效推理式。在此，我们还有重言式分离定理：

若 $\models A$，$\models A\to B$，则 $\models B$。

也就是说，如果 A 是重言式，A→B 也是重言式，那么 B 也是重言式。例如，由于 p∨¬p 是重言式，p∨¬p→¬(p∧¬p)也是重言式，因此¬(p∧¬p)也是重言式。

三、等值置换定理(重言等值式)

下面列出一些常用的重言等值式(模型)：

[01] A∨B↔B∨A　(∨交换律)
[02] A∧B↔B∧A　(∧交换律)
[03] (A∨B)∨C↔A∨(B∨C)　(∨结合律)
[04] (A∧B)∧C↔A∧(B∧C)　(∧结合律)
[05] A∨(B∧C)↔(A∨B)∧(A∨C)　(∨对∧的分配律)
[06] A∧(B∨C)↔(A∧B)∨(A∧C)　(∧对∨的分配律)
[07] A∨A↔A　(∨幂等律)
[08] A∧A↔A　(∧幂等律)
[09] A∨(A∧B)↔A　(∨吸收律)
[10] A∧(A∨B)↔A　(∧吸收律)
[11] A∨(B∧¬B)↔A
[12] A∧(B∨¬B)↔A
[13] A∨(B∨¬B)↔B∨¬B
[14] A∧(B∧¬B)↔B∧¬B
[15] A∨(¬A∧B)↔A∨B
[16] A∧(¬A∨B)↔A∧B

以上[1]—[16]刻画了∧、∨的一些重要性质。

[17] A↔A　(等值自返律)
[18] ¬¬A↔A　(双重否定律)
[19] ¬(A∨B)↔¬A∧¬B　(德·摩根律)
[20] ¬(A∧B)↔¬A∨¬B　(德·摩根律)
[21] ¬(A→B)↔A∧¬B
[22] ¬(A↔B)↔(A∧¬B)∨(¬A∧B)

以上[18]—[22]是关于否定词的规律，分别表明否定一个复合命题将意味着什么。

[23] A∨B↔¬(¬A∧¬B)
[24] A∧B↔¬(¬A∨¬B)
[25] A∨B↔(¬A→B)
[26] A∧B↔¬(A→¬B)
[27] A→B↔(¬A∨B)　(蕴析律)
[28] A→B↔¬(A∧¬B)
[29] (A↔B)↔¬(A∧¬B)∧¬(¬A∧B)
[30] (A↔B)↔¬(¬(¬A∨B)∨¬(A∨¬B))
[31] (A↔B)↔¬((A→B)→¬(B→A))

[32] $(A\leftrightarrow B)\leftrightarrow(\neg A\vee B)\wedge(A\vee\neg B)$

[33] $(A\leftrightarrow B)\leftrightarrow(A\wedge B)\vee(\neg A\wedge\neg B)$

[34] $(A\leftrightarrow B)\leftrightarrow(A\rightarrow B)\wedge(B\rightarrow A)$

[35] $(A\leftrightarrow B)\leftrightarrow(A\rightarrow B)\wedge(\neg A\rightarrow\neg B)$

以上[23]—[35]表明真值联结词是可以相互定义的。其中[23]、[28]、[29]分别表明可以用¬、∧来定义∨、→、↔；[24]、[27]、[30]分别表明可以用¬、∨来定义∧、→、↔；[25]、[26]、[31]分别表明可以用¬、→来定义∨、∧、↔。因此，从理论上说，五个常用的真值联结词可以去掉三个，只要{¬、∧}或{¬、∨}或{¬、→}两个就足够了。

关于重言等值式，我们有等值置换定理：

令 C_A 表示 A 是 C 的子公式，C_B 表示用 B 置换 A 在 C 中的一处或多处出现的结果，那么：若 $A\leftrightarrow B$ 是重言式，则 $C_A\leftrightarrow C_B$ 是重言式；也就是说，如果 A 与 B 等值，那么 C_A 与 C_B 等值。

置换与代入一样，都是对子公式的替换。但二者却有着显著的不同，表现在：①代入的对象只能是命题变元，而置换的对象则可以是命题变元，也可以是更复杂的子公式；②代入要求处处代入，即对一个变元的每一处出现同时进行代入，而置换则没有这个要求，可以根据需要灵活掌握；③用来代入的公式与被代入的公式不是等值的，而用来置换的公式与被置换的公式则必须是等值的，即 $A\leftrightarrow B$ 必须是重言式；④代入一般只有对重言式(或矛盾式)进行才有意义，结果才仍是重言式(矛盾式)，而置换则可对任一公式进行，所得结果恒与原公式等值，即相当于对原公式进行的一种等值变换。

例如：根据蕴析律，$A\rightarrow B\leftrightarrow(\neg A\vee B)$，因此，可用$(\neg A\vee B)$置换给定公式$(A\rightarrow B)\wedge\neg B\rightarrow\neg A$ 中的 $A\rightarrow B$，从而得到与给定公式等值的$(\neg A\vee B)\wedge\neg B\rightarrow\neg A$。

根据等值置换定理，若 $A\leftrightarrow B$ 是重言式，C_A 也是重言式，则 C_B 也是重言式。

第四节　真值树方法

真值树是一种分析命题公式的直观图，因其形状像一棵倒置的树而得名。其基本思路是：以给定的命题公式为树根(根节点)，按照一定的规则不断地长枝或分杈，得到一个个新的节点(子公式)，直到整个公式被完全展开，每个子公式均已应用过规则，在末端得到一个个叶节点(命题变元或其否定)。除根节点外，每个节点都是根据规则从已有节点延伸出来的，并以唯一的途径通向树根。一个叶节点反溯至树根的唯一通道，称为一个树枝。

真值树有析取树、合取树之分，两者具有不同的判定功能。一般来说，析取树可用来判定一个命题公式是不是重言式，合取树可用来判定一个命题公式是不是矛盾式。这便是所谓的真值树方法。如下图所示：

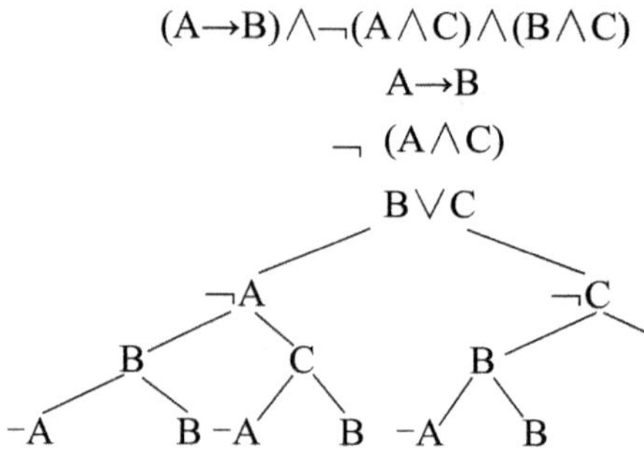

一、析取树

1. 画图规则

概括地说，析取树的画图规则是“逢合取长枝，逢析取分杈”。所谓“逢合取长枝”是说，如果一个节点是合取式或相当于一个合取式，那么画图时便只长枝，不分杈，有几个合取支便长出几个新节点。所谓“逢析取分杈”是说，如果一个节点是析取式或相当于一个析取式，那么画图时便只分杈，不长枝，有几个析取支便分出几个新节点。规则包括：

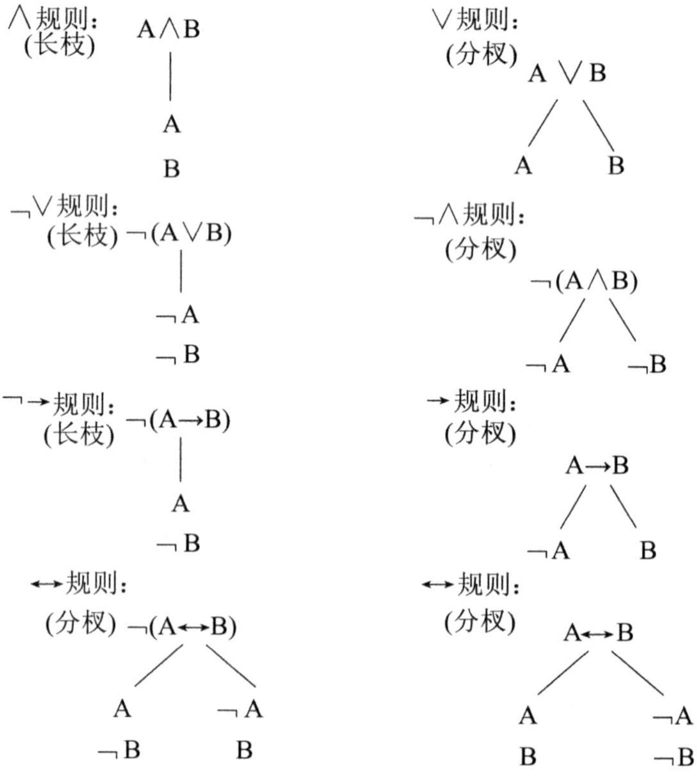

此外，还有一条¬¬长枝规则：

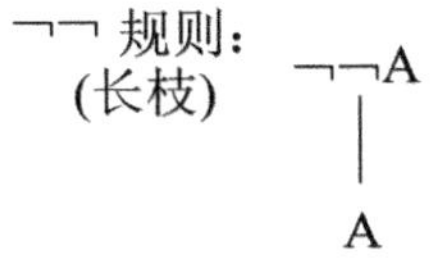

2. 画图方法和判定方法

要判定一个命题公式 A 是不是重言式，则以¬A 为树根，按照上列画图规则开始画图，直到每个子公式都应用了画图规则，得到一个个叶节点(命题变元或其否定)。这样的真值树称为“已完成(或已终结)”的。

为示区别，已经应用了画图规则的节点后面可以打上一个“✓”，表示“被用过了”。

必须注意，如果一个节点下方有分杈的节点，则该节点在应用画图规则时，必须在每个分杈节点同时应用。

例 13-4-1 用真值树方法判定公式(p→q)→(p∧r→q)是不是重言式。

【**解**】：依画图规则构造析取树如下：

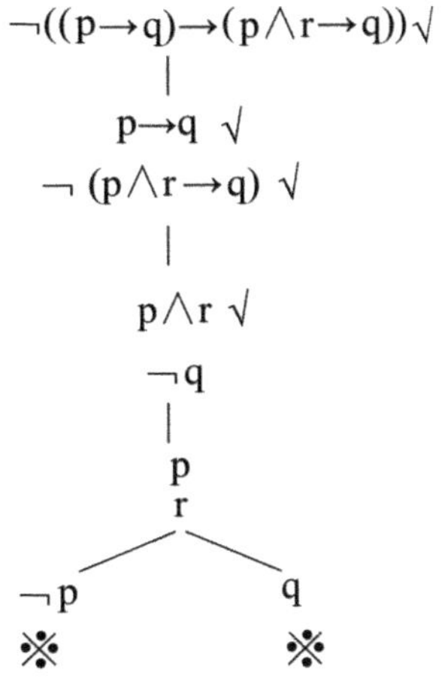

该析取树共有两个树枝，每个树枝上都有 p、¬p 或 q、¬q 这样的节点，这样的树枝称为是关闭的。为示区别，关闭的树枝下面可以打上一个“※”作为标记。

如果一棵析取树的每个树枝都是关闭的，则该析取树构成了对于根节点上公式的一个反驳，也就是说，证明根节点上的公式¬A 是矛盾式。于是，原公式 A 为重言式。上例中，析取树的两个树枝都是关闭的，证明原公式(p→q)→(p∧r→q)是重言式。【毕】

例 13-4-2 用真值树方法判定公式(A∧B →C)↔(A →(B →C))是不是重言式。

【**解**】：依画图规则构造析取树如下：

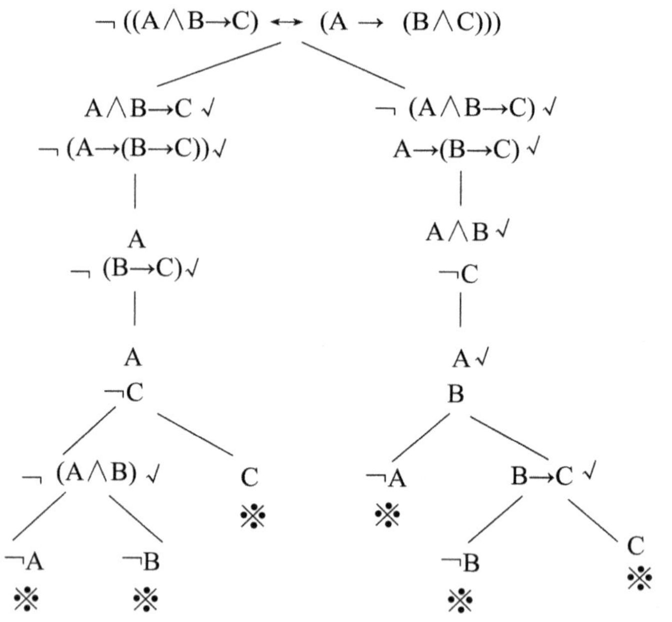

该析取树已经终结，并且各个枝都是闭枝，故原公式为重言式。【毕】

3. 判定原理

之所以要以¬A 为根节点构造析取树，来判定 A 是不是重言式，是因为析取树实际上是一个判定根节点是不是永假式的方法。

析取树“逢合取长枝，逢析取分杈”，说明其树枝与树枝之间是析取的关系，而同一树枝上各节点之间则是合取的关系。这表明析取树与析取范式的结构相似：总体上是一个析取式，而每个析取支则为一个合取式。

一个析取树的树枝是关闭的，即包含 p、¬p 或 A、¬A 这样的节点，意味着由该树枝上所有节点组成的合取式是永假的。一个析取树的所有树枝都是关闭的，则意味着以各树枝所有节点的合取为析取支的析取式是永假的。然而事实上，这样一个庞大的析取式却又等值于根节点上的公式。于是一个析取树的所有树枝都是闭枝，便意味着根节点上的待判定公式是永假式。

上述等值关系从九条画图规则的应用即可看得出来。如：∧规则(长枝)，析取树只有一个树枝，对应的“析取式”为(p∧q)∧p∧q(只有一个析取支)，不难看出，该“析取式”等值于根节点公式 p∧q。又如：→规则(分杈)，析取树有两个树枝，对应的析取式为((p→q)∧¬p)∨((p→q)∧q)，不难验证，该析取式等值于根节点公式 p→q。

事实上，当在一棵析取树的上述析取式中，消去所有被用过了的节点(公式)时，所得到的恰恰便是根节点公式的一个析取范式！

例如，依据例 13-4-1 中的析取树，先分别以两个树枝上的节点(除去被用过了的)为合取支组成两个简单合取式(¬q∧p∧r∧¬p)、(¬q∧p∧r∧q)，再用析取词联结起来，即可得到根节点公式¬((p→q)→(p∧r→q))的一个析取范式。

又如，依据例 13-4-2 中的析取树，先分别以六个树枝上的节点(除去被用过了的)为合取支组成六个简单合取式(A∧B∧¬C∧¬A)、(A∧B∧¬C∧¬B)、(A∧B∧¬C∧C)、(¬C∧A∧B∧¬A)、(¬C∧A∧B∧¬B)、(¬C∧A∧B∧C)，再用析取词联结起来，即可得到根节点公式¬((A∧B→C)↔(A→(B→C)))的一个析取范式。

☞**想一想**

怎样根据一个公式的析取树求其优析取范式？

二、合取树

1. 画图规则

概括地说，合取树的画图规则是“逢析取长枝，逢合取分杈”。所谓“逢析取长枝”是说，如果一个节点是析取式或相当于一个析取式，那么画图时便只长枝，不分杈，有几个析取支便长出几个新节点。所谓“逢合取分杈”是说，如果一个节点是合取式或相当于一个合取式，那么画图时便只分杈，不长枝，有几个合取支便分出几个新节点。规则包括：

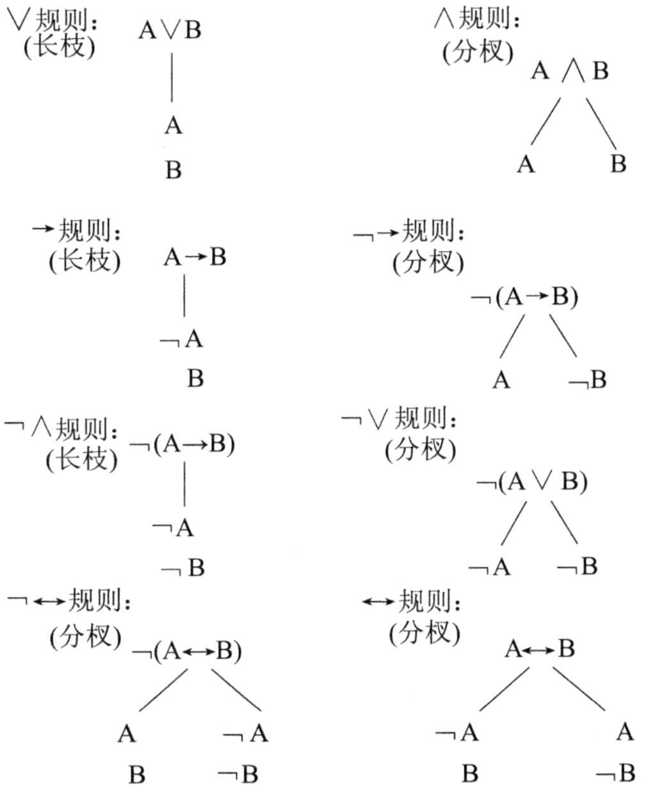

此外，还有一条¬¬长枝规则：

¬¬ 规则：

(长枝) ¬¬A

A

2. 画图方法和判定方法

要判定一个命题公式 A 是不是重言式，可直接以 A 为树根，按照上列画图规则开始画图，直到每个子公式都应用了画图规则，得到一个个叶节点(命题变元或其否定)。这样的真值树称为“已完成(或已终结)”的。

为示区别，已经应用了画图规则的节点后面可以打上一个“✓”，表示“被用过了”。

必须注意，如果一个节点下方有分杈的节点，则该节点在应用画图规则时，必须在每个分杈节点同时应用。

例 13-4-3 用真值树方法判定公式(p→q)→(p∧r→q)是不是重言式。

【解】：依画图规则构造合取树如下：

(p→q)→(p∧r→q) √

¬(p→q)√

p∧r→q √

¬(p∧q)√

q

¬p

¬r

p ※　　¬q ※

该合取树共有两个树枝，每个树枝上都有 p、¬p 或 q、¬q 这样的节点，这样的树枝称为是关闭的。为示区别，关闭的树枝下面可以打上一个“※”作为标记。

如果一棵合取树的每个树枝都是关闭的，则该合取树构成了对于根节点上公式的一个证明，也就是说，证明根节点上的公式 A 是重言式。上例中，合取树的两个树枝都是关闭的，证明原公式(p→q)→(p∧r→q)是重言式。【毕】

例 13-4-4 用真值树方法判定公式(A∧B→C)↔(A→(B→C))是不是重言式。

【解】：依画图规则构造合取树如下：

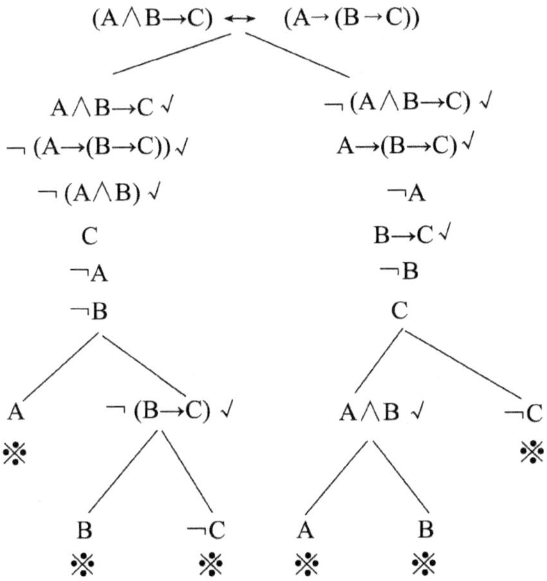

该合取树已经终结，并且各个枝都是闭枝，故原公式为重言式。【毕】

例 13-4-5　用真值树方法判定公式(A→B)→((A∧C)↔(B∨C))是不是重言式。

【解】：依画图规则构造合取树如下：

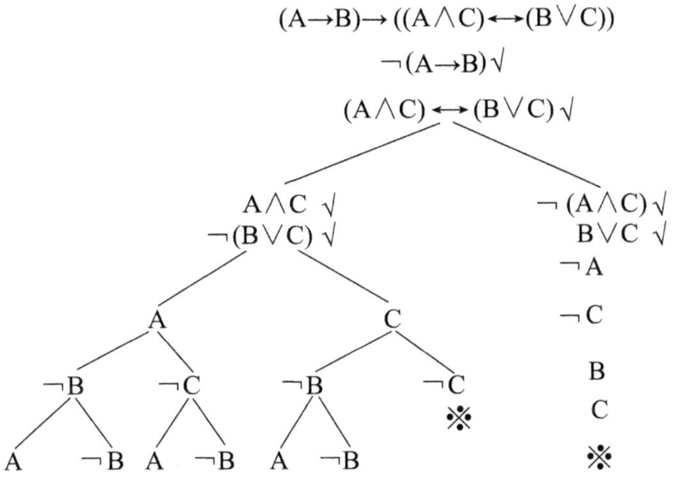

该合取树有不能关闭的枝，故原公式不是重言式。【毕】

3. 判定原理

之所以直接以 A 为根节点构造合取树，来判定 A 是不是重言式，是因为合取树正是一个直接判定根节点是不是重言式的方法。

合取树“逢析取长枝，逢合取分杈”，说明其树枝与树枝之间是合取的关系，而同一树枝上各节点之间则是析取的关系。这表明合取树与合取范式的结构相似：总体上是一个合取式，而每个合取支则为一个析取式。

一个合取树的树枝是关闭的，即包含 p、¬p 或 A、¬A 这样的节点，意味着由该树枝上所有节点组成的析取式是永真的。一个合取树的所有树枝都是关闭的，则意味着以各树枝所有节点的析取为合取支的合取式是永真的。然而事实上，这样一个庞大的合取式却又等值于根节点上的公式。于是一个合取树的所有树枝都是闭枝，便意味着根节点上的待判定公式是重言式。

上述等值关系从九条画图规则的应用即可看得出来。如：∨规则(长枝)，合取树只有一个树枝，对应的“合取式”为(p∨q)∨p∨q(只有一个合取支)，不难看出，该“合取式”等值于根节点公式 p∨q。又如：¬→规则(分杈)，合取树有两个树枝，对应的合取式为(¬(p→q)∨p)∧(¬(p→q)∨¬q)，不难验证，该合取式等值于根节点公式¬(p→q)。

事实上，当在一棵合取树的上述合取式中，消去所有被用过了的节点(公式)时，所得到的恰恰便是根节点公式的一个合取范式!

例如，依据例 13-4-3 中的合取树，先分别以两个树枝上的节点(除去被用过了的)为析取支组成两个简单析取式(q∨¬p∨¬r∨p)、(q∨¬p∨¬r∨¬q)，再用合取词联结起来，即可得到根节点公式(p→q)→(p∧r→q)的一个合取范式。

又如，依据例 13-4-4 中的合取树，先分别以六个树枝上的节点(除去被用过了的)为析取支组成六个简单析取式(C∨¬A∨¬B∨A)、(C∨¬A∨¬B∨B)、(C∨¬A∨¬B∨¬C)、(¬A∨¬B∨C∨A)、(¬A∨¬B∨C∨B)、(¬A∨¬B∨C∨¬C)，再用析取词联结起来，即可得到根节点公式(A∧B→C)↔(A→(B→C))的一个合取范式。

☞**想一想**

怎样根据一个公式的合取树求其优合取范式?

第五节　求否定运算　求对偶运算

求否定运算和求对偶运算是命题公式的两种典型的变形方法，同时具有重要的作用。

在命题逻辑中，∨和∧是对偶的，它们有相应、对称的逻辑性质，包括：可交换、可结合、相互可分配、相互可转换(根据德·摩根律)等。求否定运算和求对偶运算正是基于∨和∧的这种对偶性质之上，其所直接针对的公式都只能包含¬、∨和∧，而不能包含→和↔；如果有→和↔，就要通过等值置换一一消去。在这一点上，它们和求范式的运算方法是一致的。

一、求否定运算

求否定运算，是指通过一套可操作的运算规则，求一个给定公式的某种特定形式的否定式。

一般而言，我们可以通过以下步骤得到公式 A 的一个否定式 A^-：

① 消去→和↔，如果有的话。

② 以∨替换∧，以∧替换∨。

③ 将子公式¬π 替换为 π，将不出现于子公式¬π 中的 π 替换为¬π。其中 π 表示任一命题变元，如 p、q、r、s 等。

例 13-5-1　求(p∧¬q)∨¬r∨(p∧r)的否定式。

【解】：

将∨替换为∧、∧替换为∨，得：(p∨¬q)∧¬r∧(p∨r)，

将¬π 替换为 π、π 替换为¬π，得：(¬p∨q)∧r∧(¬p∨¬r)。

例 13-5-2　求¬r∧(p∨¬q)∧(¬p∨r)的否定式。

【解】：

将∨替换为∧、∧替换为∨，得：¬r∨(p∧¬q)∨(¬p∧r)，

将¬π 替换为 π、π 替换为¬π，得：r∨(¬p∧q)∨(p∧¬r)。

例 13-5-3　求(¬p→q)∧¬p→q 的否定式。

【解】：

消去→，得：¬((¬¬p∨q)∧¬p)∨q，

将∨替换为∧、∧替换为∨，得：¬((¬¬p∧q)∨¬p)∧q，

将¬π 替换为 π、π 替换为¬π，得：¬((¬p∧¬q)∨p)∧¬q。

例 13-5-4　求(p↔q)→(p→q)的否定式。

【解】：

消去→、↔，得：¬((¬p∨q)∧(p∨¬q))∨(¬p∨q)，

将∨替换为∧、∧替换为∨，得：¬((¬p∧q)∨(p∧¬q))∧(¬p∧q)，

将¬π 替换为 π、π 替换为¬π，得：¬((p∧¬q)∨(¬p∧q))∧(p∧¬q)。

以上所得结果均可通过真值表法或范式方法加以验证，可以发现最后所得的公式与原公式的函项值刚好相反。

二、求对偶运算

求对偶运算，是指通过一套可操作的运算规则，求一个给定公式的对偶式。

一般而言，我们可以通过以下步骤得到一个公式 A 的所谓对偶式 A^*：

① 消去→和↔，如果有的话；

② 以∨替换∧，以∧替换∨。

求对偶运算有以下重要应用：

① 如果 A→B 是重言式，则 B^*→A^* 是重言式；

② 如果 A↔B 是重言式，则 A^*↔B^* 是重言式。

也就是说，通过求对偶运算，我们可以由一个重言蕴涵式(或重言等值式)得到另一个重言蕴涵式(重言等值式)，这在命题演算中具有重要意义。

例 13-5-5 通过求对偶运算，由给定重言式 p→p∨q 求另一重言式。

【解】:

求 p 的对偶式，得：p；

求 p∨q 的对偶式，得：p∧q；

由此得：p∧q→p，即为所求重言式。

例 13-5-6 通过求对偶运算，由给定重言式 p∧(q∨r)↔(p∧q)∨(p∧r)求另一重言式。

【解】:

求 p∧(q∨r)的对偶式，得：p∨(q∧r)

求(p∧q)∨(p∧r)的对偶式，得：(p∨q)∧(p∨r)

由此得：p∨(q∧r)↔(p∨q)∧(p∨r)，即为所求重言式。

例 13-5-7 通过求对偶运算，由给定重言式(p→q)↔(¬q→¬p)求另一重言式。

【解】:

① 求 p→q 的对偶式。消去→，得：¬p∨q。以∧替换∨，得：¬p∧q。

② 求¬q→¬p 的对偶式。消去→，得：¬¬q∨¬p。以∧替换∨，得：¬¬q∧¬p。

③ 由此得：¬p∧q↔¬¬q∧¬p，即为所求重言式。

例 13-5-8 通过求对偶运算，由给定重言式(¬p↔q)→(¬p→q)求另一重言式。

【解】:

① 求¬p↔q 的对偶式。消去↔，得：(¬¬p∨q)∧(¬p∨¬q)。以∨替换∧，以∧替换∨，得：(¬¬p∧q)∨(¬p∧¬q)。

② 求¬p→q 的对偶式。消去→，得：¬¬p∨q。以∧替换∨，得：¬¬p∧q。

③ 由此得：¬¬p∧q→(¬¬p∧q)∨(¬p∧¬q)，即为所求重言式。

☞**想一想**

求否定运算和求对偶运算有何重要用途？

练 习 题

1. 分别写出下列公式的成真指派集 X_+ 和成假指派集 X_-。

(1)¬p

(2)p∨q

(3)p↔q

2. 用真值表法判定下列命题公式是不是重言式，并写出其成真指派集 X_+。

(1)(p→¬p)→¬p

(2)p→q↔(¬p∨q)

(3)¬(p∨q)↔¬p∧¬q

(4)(p∧q)∨r↔p∧(q∨r)

(5) $(p\to q)\wedge(r\to\neg s)\wedge(q\vee s)\to p\vee\neg r$

(6) $(p\to q)\wedge(r\to\neg s)\wedge(p\vee r)\to q\vee\neg s$

3. 用赋值归谬法判定下列命题公式是不是重言式。

(1) $\neg p\to(p\to q)$

(2) $(p\to q)\to(p\vee r\to q\vee r)$

(3) $(p\to q)\to((q\to r)\to(r\to p))$

(4) $(p\wedge q\to r))\to(\neg r\wedge p\to\neg q)$

(5) $(p\to\neg q)\wedge(r\to s)\wedge(q\vee s)\to\neg p\vee r$

(6) $(p\to\neg q)\wedge(r\to s)\wedge(q\vee s)\to\neg p\vee r$

4. 分别用析取树和合取树方法判定下列命题公式是不是重言式。

(1) $(p\vee q)\wedge\neg p\to q$

(2) $(p\to q)\to(\neg q\to\neg p)$

(3) $p\vee(\neg p\wedge q)\leftrightarrow p\vee q$

(4) $(p\to(q\to r))\to(\neg r\to(q\to\neg p))$

(5) $p\wedge(q\vee r)\to(p\wedge q)\vee(p\wedge r)$

(6) $(p\to\neg q)\wedge(r\to\neg s)\wedge(q\vee s)\to p\vee r$

5. 对下列公式进行求否定运算。

(1) $p\wedge(\neg p\vee q)\wedge(\neg q\vee r)$

(2) $(p\to q)\wedge p\wedge\neg q$

(3) $\neg(p\wedge q)\to\neg p\vee\neg q$

6. 通过求对偶运算，由下列重言式求得更多的重言式。

(1) $\neg p\to(p\to q)$

(2) $(p\vee q)\wedge\neg p\to q$

(3) $(p\to q)\to(p\vee r\to q\vee r)$

(4) $p\to q\leftrightarrow(\neg p\vee q)$

(5) $p\wedge q\leftrightarrow\neg(\neg p\vee\neg q)$

(6) $p\wedge(\neg p\vee q)\leftrightarrow p\wedge q$

第十四章　命题演算

在命题逻辑中，重言式是逻辑规律的体现，且其数量是无穷的。为了系统地研究这类规律，也为了判明复合命题推理的有效性，我们需要掌握这类规律的全体，将其作为一个整体来考虑。这意味着将所有重言式无一例外地包含在一个系统之中，通过公理化、形式化的方法将其有机地组织起来，从而得到一个形式系统。这种形式系统便是所谓的命题演算(系统)。

命题演算系统有公理系统和自然推理系统之分。作为形式系统，它们都由一套形式语言(包括初始符号和形成规则)和一套演绎工具(包括公理集和推演规则)构成。两者的区别在于，公理系统以公理为出发点，而自然推理系统的公理集则为空集，同时拥有更加丰富、直观的推演规则，使得形式推演更加自然、更加接近日常思维。

公理系统和自然推理系统都有不止一个。其相互之间是等价的，可以通过一定的方法相互推导，差别主要表现在对符号、公理和规则的选择上。有的系统使用的符号、公理和规则较少，显得比较精致、抽象；而有的系统则使用了较多的符号、公理和规则，显得更加直观、自然。当然，不同的系统所使用的符号、公理和规则的种类往往也有所不同。

基于本书的定位，下面首先介绍一个自然推理系统 P^N，再简单介绍一个公理系统 P。在此过程中，我们将避开一些复杂的定义、解释和定理证明，以使其更加适合于初学者。首先结合等值变换，介绍一下命题公式的范式及其应用。

第一节　范式、优范式

每个真值函项都可以由无穷多个相互等值的真值形式来表达。在这些等值而不相同的真值形式中，有些结构比较特殊的真值形式能够直观地显示出真值函项的一些重要特征，因而具有特殊重要的意义和作用，被称为范式。范式有合取范式、析取范式之分，还有结构更加典型的优范式，同样有合取、析取之分。

一、范式

1. 简单析取式和简单合取式

一个析取式的析取支都是命题变元或命题变元的否定，称为简单析取式。如：$p\vee q$，$p\vee\neg p$，$\neg p\vee q\vee r$，$p\vee\neg p\vee\neg r$。

显然，一个简单析取式为重言式，当且仅当其析取支中同时包含一个命题变元及其否定。如：$p \vee \neg p \vee q$，$p \vee r \vee \neg r$。

此外，一个非重言的简单析取式有且只有一个成假指派。如：公式 $p \vee \neg q$ 唯一的成假指派为$(p, q)=(0, 1)$，公式$\neg p \vee q \vee \neg r$ 唯一的成假指派为$(p, q, r)=(1, 0, 1)$。

一个合取式的合取支都是命题变元或命题变元的否定，称为简单合取式。如：$p \wedge q$，$p \wedge \neg p$，$\neg p \wedge q \wedge r$，$p \wedge \neg p \wedge \neg r$。

显然，一个简单合取式为矛盾式，当且仅当其合取支中同时包含一个命题变元及其否定。如：$p \wedge \neg p \wedge q$，$p \wedge r \wedge \neg r$。

此外，一个可满足的简单合取式有且只有一个成真指派。如：公式 $p \wedge \neg q$ 唯一的成真指派为$(p, q)=(1, 0)$，公式$\neg p \wedge q \wedge \neg r$ 唯一的成假指派为$(p, q, r)=(0, 1, 0)$。

2. 析取范式和合取范式

一个合取式 $A_1 \wedge A_2 \wedge \cdots \wedge A_n(1 \leqslant n)$称为合取范式，当且仅当其合取支 $A_i(1 \leqslant i \leqslant n)$都是简单析取式。如：$(p \vee q) \wedge (\neg p \vee q) \wedge (q \vee r \vee \neg r)$，$(p \vee \neg q \vee \neg r) \wedge (\neg p \vee q \vee \neg r)$。

容易看出，一个合取范式是重言式，当且仅当其各个合取支 $A_i(1 \leqslant i \leqslant n)$均为重言的简单析取式，即每个 A_i 中同时包含一个命题变元及其否定。如：$(p \vee \neg p) \wedge (q \vee \neg q) \wedge (r \vee \neg r)$，$(p \vee \neg p \vee \neg r) \wedge (q \vee r \vee \neg r)$。

一个析取式 $A_1 \vee A_2 \vee \cdots \vee A_n(1 \leqslant n)$称为析取范式，当且仅当其析取支 $A_i(1 \leqslant i \leqslant n)$都是简单合取式。如：$(p \wedge q) \vee (\neg p \wedge q) \vee (q \wedge r \wedge \neg r)$，$(p \wedge \neg q \wedge \neg r) \vee (\neg p \wedge q \wedge \neg r)$。

容易看出，一个析取范式是矛盾式，当且仅当其各个析取支 $A_i(1 \leqslant i \leqslant n)$均为矛盾的简单合取式，即每个 A_i 中同时包含一个命题变元及其否定。如：$(p \wedge \neg p) \vee (q \wedge \neg q) \vee (r \wedge \neg r)$，$(p \wedge \neg p \wedge \neg r) \vee (q \wedge r \wedge \neg r)$。

由上述定义可知，合取范式和析取范式中均不包含→、↔，且¬仅作用于命题变元。关于范式的存在性，我们有范式存在定理：

任一命题公式均有与之等值的合取范式，也均有与之等值的析取范式。

3. 求范式的步骤

求范式的一般步骤是：

第一，消去所有的→和↔。

① 用$\neg A \vee B$ 置换 $A \to B$；

② 求合取范式时，用$(\neg A \vee B) \wedge (A \vee \neg B)$置换 $A \leftrightarrow B$；

③ 求析取范式时，用$(A \wedge B) \vee (\neg A \wedge \neg B)$置换 $A \leftrightarrow B$。

第二，内移或消去¬，使其完全消失或仅出现在命题变元前面。

① 用 A 置换$\neg\neg A$，消去¬¬；

② 用$(\neg A \vee \neg B)$置换$\neg(A \wedge B)$，使¬内移；

③ 用$(\neg A \wedge \neg B)$置换$\neg(A \vee B)$，使¬内移。

第三，根据结合律，互换各析取支或合取支的顺序，消去结合的括号。

第四，求合取范式时，根据∨对∧的分配律，用$(A \vee B) \wedge (A \vee C)$置换 $A \vee (B \wedge C)$；求析取范式时，根据∧对∨的分配律，用$(A \wedge B) \vee (A \wedge C)$置换 $A \wedge (B \vee C)$。

例 14-1-1 求(p∨q→r)→p 的合取范式和析取范式。

【**解**】：① 消去→，得：¬(¬(p∨q)∨r)∨p；

② 内移¬，得：(¬¬(p∨q)∧¬r)∨p；

③ 消去¬¬，得：((p∨q)∧¬r)∨p；

④ 用∨对∧的分配律和结合律，得：(p∨q∨p)∧(¬r∨p)，此即所求合取范式；

⑤ 用∧对∨的分配律和结合律，得：(p∧¬r)∨(q∧¬r)∨p，此即所求析取范式。【毕】

例 14-1-2 求(p↔q)→(p→q)的合取范式和析取范式。

【**解**】：① 消去→，得：¬(p↔q)∨(¬p∨q)；

② 消去↔，得：¬((p∧q)∨(¬p∧¬q))∨(¬p∨q)；

③ 内移¬，得：((¬p∨¬q)∧(p∨q))∨(¬p∨q)；

④ 用∨对∧的分配律和结合律，得：(¬p∨¬q∨¬p∨q)∧(p∨q∨¬p∨q)，此即所求合取范式；

⑤ 用∧对∨的分配律和结合律，得：(¬p∧p)∨(¬p∧q)∨(¬q∧p)∨(¬q∧q)∨¬p∨q，此即所求析取范式。【毕】

二、优范式

根据等值置换定理不难理解，一个命题公式的合取范式和析取范式都不是唯一的。为此，可以尝试将其进一步标准化，使其具有唯一性，这便是所谓的优范式。优范式也有优合取范式和优析取范式之分。

1. 什么是优范式

一般地而言，我们把满足下列条件的合(析)取范式称为优合(析)取范式：

① 如果某一命题变元在合(析)取范式里出现，那么它要在每一简单析(合)取式里出现；

② 合(析)取范式里没有永真(假)的简单析(合)取式；

③ 在简单析(合)取式里，没有相同的支命题；

④ 在简单析(合)取式里，命题变元及其否定按照字典顺序排列，即：{p，¬p，q，¬q，r，¬r，s，¬s，t，¬t，p_1，¬p_1，…}；

⑤ 合(析)取范式里没有重复的简单析(合)取式；

⑥ 合(析)取范式里各简单析(合)取式也按照上述字典顺序排列。

例如，(p∨q)∧(p∨¬q)∧(¬p∨q)∧(¬p∨¬q)是一优合取范式，(p∧q∧¬r)∨(p∧¬q∧r)∨(¬p∧q∧r)是一优析取范式。而(p∨q)∧¬p、(p∨¬q)∧(q∨r)都不是优合取范式，(p∧¬r)∨(p∧¬q)、(p∧¬p∧¬r)∨(¬p∧q∧r)都不是优析取范式。

关于优范式的存在性，我们有优范式存在定理：

任一命题公式均有与之等值的唯一的优合取范式，也均有与之等值的唯一的优析取范式。

2. 求优范式的步骤

根据优范式的定义，从一个给定的范式出发，求其优范式的步骤如下：

第一，消去。消去重言式、矛盾式、重复的命题变元或其否定、重复的简单析取式或简单合取式。方法是：以 A 置换 $A\vee A$、$A\wedge A$、$A\vee(B\wedge\neg B)$、$A\wedge(B\vee\neg B)$等。

第二，展开。把不包含某一命题变元的简单析取式或简单合取式置换为包含这一命题变元的简单析取代或简单合取式，方法是：

① 在简单析取式 A 中引入命题变元 π(π 代表 p、q、r 等)时，用 $A\vee(\pi\wedge\neg\pi)$置换 A，进而用$(A\vee\pi)\wedge(A\vee\neg\pi)$置换 $A\vee(\pi\wedge\neg\pi)$；② 在简单合取式 A 中引入命题变元 π(π 代表 p、q、r 等)时，用 $A\wedge(\pi\vee\neg\pi)$置换 A，进而用$(A\wedge\pi)\vee(A\wedge\neg\pi)$置换 $A\wedge(\pi\vee\neg\pi)$。

第三，排列。运用交换律和结合律，把命题变元及其否定、简单析取式、简单合取式按照字典顺序重新排列。

例 14-1-3　求$(p\wedge\neg q\wedge p)\vee(r\wedge\neg p)$的优析取范式。

【解】：① 消去重复的 p，得：$(p\wedge\neg q)\vee(r\wedge\neg p)$；

② 展开，得：$((p\wedge\neg q)\wedge(r\vee\neg r))\vee((r\wedge\neg p)\wedge(q\vee\neg q))$；

③ 分配，得：$(p\wedge\neg q\wedge r)\vee(p\wedge\neg q\wedge\neg r)\vee(r\wedge\neg p\wedge q)\vee(r\wedge\neg p\wedge\neg q)$；

④ 排列，得：$(p\wedge\neg q\wedge r)\vee(p\wedge\neg q\wedge\neg r)\vee(\neg p\wedge q\wedge r)\vee(\neg p\wedge\neg q\wedge r)$。

此即所求优析取范式。【毕】

例 14-1-4　求$(p\vee\neg q\vee p)\wedge(r\vee\neg p)$的优合取范式。

【解】：① 消去重复的 p，得：$(p\vee\neg q)\wedge(r\vee\neg p)$；

② 展开，得：$((p\vee\neg q)\vee(r\wedge\neg r))\wedge((r\vee\neg p)\vee(q\wedge\neg q))$；

③ 分配，得：$(p\vee\neg q\vee r)\wedge(p\vee\neg q\vee\neg r)\wedge(r\vee\neg p\vee q)\wedge(r\vee\neg p\vee\neg q)$；

④ 排列，得：$(p\vee\neg q\vee r)\wedge(p\vee\neg q\vee\neg r)\wedge(\neg p\vee q\vee r)\wedge(\neg p\vee\neg q\vee r)$。

此即所求优合取范式。【毕】

例 14-1-5　求$(\neg p\rightarrow q)\wedge p\rightarrow\neg q$ 的优合取范式。

【解】：① 消去→，得：$\neg((\neg\neg p\vee q)\wedge p)\vee\neg q$；

② 内移¬、消去¬¬，得：$(\neg p\wedge\neg q)\vee\neg p\vee\neg q$；

③ 分配，得：$(\neg p\vee\neg p\vee\neg q)\wedge(\neg p\vee\neg p\vee\neg q)$；

④ 消去，得：$\neg p\vee\neg q$。

此即所求优合取范式。【毕】

三、范式、优范式的作用

1. 范式的作用

关于范式的作用，我们有范式判定定理：

一个命题公式为重言式，当且仅当其合取范式为重言式；一个命题公式为矛盾式，当且仅当其析取范式为矛盾式

根据范式判定定理，只要求出一个命题公式的合取范式，即可判定其是不是重言式。这正是重言式判定方法中的所谓范式方法。如，由例14-1-4中的合取范式为重言式，即可知原公式$(p\leftrightarrow q)\rightarrow(p\rightarrow q)$为重言式。

例14-1-6 用范式方法判定$(p\rightarrow q)\wedge\neg q\rightarrow\neg p$是不是重言式。

【解】：① 消去→，得：$\neg((\neg p\vee q)\wedge\neg q)\vee\neg p$；

② 内移¬，得：$((\neg\neg p\wedge\neg q)\vee\neg\neg q)\vee\neg p$；

③ 消去¬¬，得：$((p\wedge\neg q)\vee q)\vee\neg p$；

④ 用∨对∧的分配律和结合律，得：$(p\vee q\vee\neg p)\wedge(\neg q\vee q\vee\neg p)$，此即原公式的合取范式。

由于该合取范式为重言式，故原公式是重言式。【毕】

此外，根据范式判定定理，只要求出一个命题公式的析取范式，即可判定其是不是矛盾式。这就使得我们能够借助现代逻辑的工具，分析某些复杂陈述中的逻辑矛盾。如：

例14-1-7 某教练在长期的比赛训练中，总结出以下经验：如果甲运动员上场，那么最好乙上场，而丙不上场。除非丙上场，否则丁就得上场。但又不能认为，只要丁不上场，甲就不能上场。试问教练的这些经验是否具有一致性？

【解】：令p表示“甲上场”，q表示“乙上场”，r表示“丙上场”，s表示“丁上场”，则教练的三条经验可分别表示为：$p\rightarrow(q\wedge\neg r)$、$\neg r\rightarrow s$、$\neg(\neg s\rightarrow\neg p)$。下面首先求出这三个命题组成的合取式的析取范式：

① 消去→，得：$(\neg p\vee(q\wedge\neg r))\wedge(\neg\neg r\vee s)\wedge\neg(\neg\neg s\vee\neg p)$；

② 消去¬¬，内移¬，得：$(\neg p\vee(q\wedge\neg r))\wedge(r\vee s)\wedge(\neg s\wedge p)$；

③ 用∧对∨的分配律，得：$(\neg p\vee(q\wedge\neg r))\wedge((r\wedge\neg s\wedge p)\vee(s\wedge\neg s\wedge p))$；

④ 再用∧对∨的分配律，得：$(\neg p\wedge((r\wedge\neg s\wedge p)\vee(s\wedge\neg s\wedge p)))\vee(((q\wedge\neg r)\wedge((r\wedge\neg s\wedge p)\vee(s\wedge\neg s\wedge p)))$；

⑤ 再用∧对∨的分配律，得：$(\neg p\wedge r\wedge\neg s\wedge p)\vee(\neg p\wedge s\wedge\neg s\wedge p)\vee(q\wedge\neg r\wedge r\wedge\neg s\wedge p)\vee(q\wedge\neg r\wedge s\wedge\neg s\wedge p)$。

不难看出，该析取范式是矛盾式。这说明教练的经验中包含逻辑矛盾、是前后不一致的。【毕】

2. 优范式的作用

优范式仍然是范式，因而同样具有范式的上述判定功能。只不过对重言式来说，在求其优合取范式的最后一步，按照规则消去所有永真的简单析取式，将得到一个所谓T零公式，表示永真。而对矛盾式来说，在求其优析取范式的最后一步，按照规则消去所有永假的简单合取式，将得到一个所谓F零公式，表示永假。T零公式和F零公式可视为优范式的特殊形式。如：

例14-1-8 求$(\neg p\vee q)\wedge p\rightarrow q$的优合取范式。

【解】：① 消去→，得：$\neg((\neg p\vee q)\wedge p)\vee q$；

② 内移¬、消去¬¬，得：$(p\wedge\neg q)\vee\neg p\vee q$；

③ 分配，得：$(p\vee\neg p\vee q)\wedge(\neg q\vee\neg p\vee q)$；

④ 消去，得：T零公式。

此即所求优合取范式。【毕】

例 14-1-9 求$(p\to q)\wedge(p\wedge\neg q)$的优析取范式。

【解】：① 消去→，得：$(\neg p\vee q)\wedge(p\wedge\neg q)$；

② 分配，得：$(\neg p\wedge p\wedge\neg q)\vee(q\wedge p\wedge\neg q)$；

③ 消去，得：F 零公式。

此即所求优析取范式。【毕】

优范式的特征在于它的唯一性。两个变元相同的等值公式，其优范式是完全相同的。也就是说，优范式与真值函项是一一对应的。当然，这种一一对应其实有两个，即优合取、优析取范式分别与真值函项构成一一对应。据此，优范式还可用来判定两个命题公式是否等值，为此只要同时求出其优析取范式或优合取范式加以比较即可。

优范式的特殊作用在于能够直接显示一个命题公式所表达的那个真值函项。这是因为：

① 优析取范式可直接显示成真指派集 X_+，其每个简单合取式均对应于一个成真指派。例如，根据上面例 14-1-3 中求出的优析取范式，可知其 $X_+=\{(1,0,1)、(1,0,0)、(0,1,1)、(0,0,1)\}$。

② 优合取范式可直接显示成假指派集 X_-，其每个简单析取式均对应于一个成假指派。例如，根据上面例 14-1-4 中求出的优合取范式，可知其 $X_-=\{(0,1,0)、(0,1,1)、(1,0,0)、(1,1,0)\}$；根据上面例 14-1-4 中求出的优合取范式，可知其 $X_-=\{(1,1)\}$。

☞**想一想**

反过来，怎样根据真值函项直接写出其唯一的优合(析)取范式？

优范式能够直接显示一个命题公式所表达的真值函项，这一点的意义非同小可。让我们结合实例来加以说明：

例 14-1-10 如果某甲犯了谋杀罪，那么他一定进入过受害人的房间，并且不会在凌晨前离去。某甲或者在凌晨前离去，或者没有，二者必居其一。除非某甲在凌晨前离去，那么一定是他犯了谋杀罪。试问根据这些已知条件，可以得出什么结论？

【解】：令 p 表示"某甲犯了谋杀罪"，q 表示"他进入过受害人的房间"，r 表示"某甲在凌晨前离去了"，则上述已知条件可分别表示为：$p\to(q\wedge\neg r)$，$r\vee\neg r$，$\neg r\to p$。下面首先求出这三个命题组成的合取式的优合取范式：

① 消去→，得：$(\neg p\vee(q\wedge\neg r))\wedge(r\vee\neg r)\wedge(\neg\neg r\vee p)$；

② 消去¬¬，消去永真子公式，得：$(\neg p\vee(q\wedge\neg r))\wedge(r\vee p)$；

③ 用∨对∧的分配律，得：$(\neg p\vee q)\wedge(\neg p\vee\neg r)\wedge(r\vee p)$；

④ 扩展，得：$((\neg p\vee q)\vee(r\wedge\neg r))\wedge((\neg p\vee\neg r)\vee(q\wedge\neg q))\wedge((r\vee p)\vee(q\wedge\neg q))$；

⑤ 用∨对∧的分配律，得：$(\neg p\vee q\vee r)\wedge(\neg p\vee q\vee\neg r)\wedge(\neg p\vee\neg r\vee q)\wedge(\neg p\vee\neg r\vee\neg q)\wedge(r\vee p\vee q)\wedge(r\vee p\vee\neg q)$；

⑥ 排序、消去，得：$(p\vee q\vee r)\wedge(p\vee\neg q\vee r)\wedge(\neg p\vee q\vee r)\wedge(\neg p\vee q\vee\neg r)\wedge(\neg p\vee\neg q\vee\neg r)$。

这个优合取范式共有五个合取支。由于已知条件的合取(前提集)等值于该优合取范式，因而这五个合取支的任意组合均为前提集可以推出的结论。如$(p\vee q\vee r)\wedge(p\vee\neg q\vee r)$，可简化为$p\vee r$，表示“或者某甲犯了谋杀罪，或者某甲在凌晨前离去了”。又如$(\neg p\vee q\vee r)\wedge(\neg p\vee q\vee\neg r)$，可简化为$\neg p\vee q$，表示“或者某甲没有犯谋杀罪，或者他进入过受害人的房间”，如此等等，可以推出的结论(“言外之意”)共有$2^5-1=31$种之多!

由该优合取范式，可知其成假指派集$X_-=\{(0,0,0)、(0,1,0)、(1,0,0)、(1,0,1)、(1,1,1)\}$。据此不难求出其成真指派集$X_+=\{(0,0,1)、(0,1,1)、(1,1,0)\}$。这表明上述已知条件可能成立的具体情况共有三种：① 某甲没有犯谋杀罪，没有进入过受害人的房间，并且在凌晨前离去了。② 某甲没有犯谋杀罪，但是进入过受害人的房间，并且在凌晨前离去了。③ 某甲犯了谋杀罪，进入过受害人的房间，并且没有在凌晨前离去。【毕】

由此可见，给定一个前提集，通过求优合取范式，即可找出该前提集所能推出的一切结论；通过求优析取范式(成真指派集)，即可探明该前提集成立的一切具体情况。这体现了现代逻辑强大的分析能力，是传统逻辑所无法比拟的。

第二节　自然推理系统 P^N

一、形式语言

1. 初始符号

① 命题变元：p、q、r、s、t、p_1、q_1……

② 真值联结词：¬、∧、∨、→、↔。

③ 技术符号：(、)。

初始符号相当于形式语言的字母表。这里第一类符号因为可以添加下标，因而实际上有无数多个。为了直观起见，在P^N系统中我们不改变“命题变元”、“真值联结词”这类不太严格的说法。

2. 形成规则

① 任一命题变元(p、q、r、s、t……)是公式。

② 如果A是公式，则¬A是公式。

③ 如果A、B是公式，则A∧B、A∨B、A→B、A↔B是公式。

④ 只有按以上方式形成的符号串是公式。

初始符号可以有各种各样的排列和组合，由此形成的符号串并不都是有意义的。形式系统只接纳那些符合形成规则的、有意义的符号串，称为合式公式，简称公式。

这里，①是规定规则，用来规定命题变元是公式；②、③是构造规则，用来从已有的公式构造出新的公式；④是排除规则，用来排除无意义的符号串。

根据形成规则，我们总可以在有穷步骤内判别一个符号串是否合式公式。例如：q、¬p、¬p∧q、p∨¬q、¬p→q、p↔¬q、¬(p→¬q)、(¬p∧q)→(p∨¬q)都是公式。而

¬p∧、→q、p↔¬、¬(p→¬q)则都不是公式。

二、推演规则

命题演算本质上是一种形式推演，即从系统的公理集(可以为空)和给定的前提(可以没有)出发，利用系统给定的推演规则，得出给定结论的过程。严格定义为：

所谓形式推演是指一个有穷长的非空公式序列，其中的每一项或者是公理，或者是给定的前提，或者是假设，或者是从序列前面的公式根据系统的推演规则得出的公式，序列的末尾是得出的结论。如果没有给定的前提，则序列末尾的公式称为定理，此推演称为该定理的一个证明。显然，命题演算系统中的公理和定理都是重言式。

在一个形式推演中，如果从一组公式的集合$\{A_1, A_2, A_3, \cdots, A_n\}$(记为Γ)出发，可以根据系统的推演规则推出一个公式A，那么A称为是Γ的一个语法后承，记为Γ⊢A。

推演规则实际上是被系统认可了的一些简单的推理模式或推演方法。P^N系统的推演规则有以下三种：

1. 联结词规则

(1)否定词引入规则$\neg_+$

若在公式集Γ下引入假设A可推出B和¬B，则在Γ下可推出¬A。即：(Γ，A)⊢B，(Γ，A)⊢¬B，则Γ⊢¬A。图示如下：

|Γ
|⋮
|○ A
| |⋮
| |B
| |¬B
|¬A
  |⋮

$\neg_+$规则体现的实际上是归谬法，即：要在给定前提Γ下证明A假，可以先假定A在Γ下为真，若由此推出一对矛盾的公式B和¬B，则说明假定A真在Γ下不成立，故可推出¬A真。

在书写格式上，如上图所示，前提集Γ中的公式$A_1, A_2, \cdots, A_n$可以分行写在靠近第一条竖线的右边，即Γ所在的位置上。Γ下面的省略号表示若干推理步骤。如果在Γ之外要另外引入一个假设A，则在靠近第一条竖线的右边另画一竖线，在靠近它的右边写上A。在此新假设下的推演(公式序列)即与A对齐书写，表示在原有推演(从Γ开始的主推演)之下的一个从属推演(子推演)。直到推出逻辑矛盾B和¬B以后，解除这个假设，回到主推演为止。最后，由于¬A的推出并不依赖于假设A，而是从Γ本身推出的，因此，¬A要写在靠近第一条竖线的右边，表示从属于主推演。

必须注意：A是一个“被解除了”的假设，A下面的那些子推演中的公式是“被解除了”的公式，它们在以后的推演中不能被重新使用。

(2)否定词消去规则$\neg_-$

若在公式集 Γ 下引入假设 $\neg A$ 可推出 B 和 $\neg B$，则在 Γ 下可推出 A。即：$(\Gamma, \neg A) \vdash B$，$(\Gamma, \neg A) \vdash \neg B$，则 $\Gamma \vdash A$。图示如下：

| Γ
| ⋮
| ○¬A
| | ⋮
| | B
| | ¬B
| A
| ⋮

$\neg_-$规则体现的实际上是反证法，即：要在给定前提 Γ 下证明 A 真，可以先假定 A 在 Γ 下为假，若由此推出一对矛盾的公式 B 和 $\neg B$，则说明假定 A 假在 Γ 下不成立，故可推出 A 真。

(3)合取词引入规则 $\wedge_+$

由 A 和 B 可推出，$A \wedge B$。即：$(A, B) \vdash A \wedge B$。图示如下：

| ⋮
| A
| ⋮
| B
| ⋮
| A∧B
| ⋮

(4)合取词消去规则 $\wedge_-$

由 $A \wedge B$ 可推出 A，由 $A \wedge B$ 可推出 B。即：$A \wedge B \vdash A$，$A \wedge B \vdash B$。图示如下：

| ⋮　　　　　| ⋮
| A∧B　　　　| A∧B
| ⋮或者　　　| ⋮
| A　　　　　| B
| ⋮　　　　　| ⋮

(5)析取词引入规则 $\vee_+$

由 A 可推出 $A \vee B$，由 B 可推出 $A \vee B$。即：$A \vdash A \vee B$，$A \vdash B \vee B$。图示如下：

| ⋮　　　　　| ⋮
| A　　　　　| B
| ⋮或者　　　| ⋮
| A∨B　　　　| A∨B
| ⋮　　　　　| ⋮

(6)析取词消去规则 $\vee_-$

由 $A \vee B$，$A \to C$，$B \to C$，可推出 C。即：$(A \vee B, A \to C, B \to C) \vdash C$。图示如下：

| ⋮

|A∨B
|　⋮
|A→C
|　⋮
|B→C
|　⋮
|　C
|　⋮

(7)蕴涵词引入规则$\rightarrow_+$

若在公式集Γ下引入假设A可推出B，则在公式集Γ下可推出A→B。即：若(Γ，A)⊢B，则Γ⊢A→B。图示如下：

|Γ
|⋮
|○ A
||⋮
||B
|A→B
|⋮

$\rightarrow_+$规则由蕴涵词→的定义直接导出，其有效性不言而喻。该规则为我们提供了一个证明蕴涵式的一般思路和方法，即：要在公式集Γ下推出A→B，可以先尝试在Γ下引入假设A，看看能否推出B。如果能，则在Γ下即可推出A→B。

必须注意，这里的A也是一个"被解除了"的假设，子推演中A以下的公式也是"被解除了"的公式，因而在以后的推演中也不能被再次引用。

(8)蕴涵词消去规则$\rightarrow_-$

由公式A→B和A可推出B。即：(A→B，A)⊢B。$\rightarrow_-$规则也叫分离规则。图示如下：

|　⋮
|A→B
|　⋮
|　A
|　⋮
|　B
|　⋮

(9)等值词引入规则$\leftrightarrow_+$

由公式A→B和B→A可推出A↔B。即：(A→B，B→A)⊢A↔B。图示如下：

|　⋮
|A→B
|　⋮
|B→A

| ⋮
| $A\leftrightarrow B$
| ⋮

(10)等值词消去规则$\leftrightarrow_{-}$

由公式 $A\leftrightarrow B$ 可推出 $A\to B$，由公式 $A\leftrightarrow B$ 可推出 $B\to A$。即：$A\leftrightarrow B\vdash A\to B$，$A\leftrightarrow B\vdash B\to A$ 。图示如下：

⋮	⋮
$A\leftrightarrow B$	$A\leftrightarrow B$
⋮或者	⋮
$A\to B$	$B\to A$
⋮	⋮

2. 结构规则

(1)自推规则 YY

由一组前提或假设 A_1，A_2，…，A_n 出发，可推出其中的任一公式 $A_i(1\leqslant i\leqslant n)$。即：$(A_1, A_2, \cdots, A_n)\vdash A_i(1\leqslant i\leqslant n)$。

自推规则也叫前提、假设引用规则，意即形式推演过程中可随时引用已有的前提和假设。为了简化书写，这种引用的公式一般不作为一个步骤独立列出，而是在有关公式的后面注明其序号，表明用到了该公式。

(2)代入规则 DR

设公式 B 是用 n 个任意公式 C_1，C_2，C_3，…，C_n 分别对公式 A 中不同的命题变元 p_1，p_2，p_3，…，p_n 分别进行代入的结果，那么，若 A 是重言式，则 B 也是重言式。即：若 $\vdash A$，则 $\vdash B$。

代入规则使得 P^N 系统中已证的定理都变成了重言式的模型，从而大大提高了证明的效率。在书写格式上，我们一般是用 A，B，C，…表示公式而不用 p，q，r，…来表示公式，就是这个道理。

(3)置换规则 ZH

设 C_A 表示 A 是 C 的子公式，C_B 表示用 B 置换 A 在 C 中的一处或多处出现的结果，那么：若从公式集 Γ 可推出 C_A，且 A 等值于 B，则从公式集 Γ 可推出 C_B。即：若 $\Gamma\vdash C_A$，$\vdash A\leftrightarrow B$，则 $\Gamma\vdash C_B$。

置换规则保证了在形式推演过程中，可以随时对一个公式进行等值变换，从而大大简化了推演过程。

3. 导出规则

① D1：由 $A\to B$ 和 $\neg B$，可推出 $\neg A$。即：$(A\to B, \neg B)\vdash\neg A$。

② D2：由 $A\vee B$ 和 $\neg A$，可推出 B。即：$(A\vee B, \neg A)\vdash B$。

③ D3：由 $A\to B$ 和 $B\to C$，可推出 $A\to C$。即：$(A\to B, B\to C)\vdash A\to C$。

④ D4：由 $A\to B$、$C\to D$ 和 $A\vee C$，可推出 $B\vee D$。即：$(A\to B, C\to D, A\vee C)\vdash B\vee D$。

⑤ D5：由 A→B、C→D 和 A∧C，可推出 B∧D。即：(A→B，C→D，A∧C)⊢B∧D。

导出规则是从属性质的，可以从前两种规则一一推导出来，并可以自由扩展。这可以最大限度地简化推演过程，体现了自然推理系统简便、实用至上的原则。为了简化推演，我们甚至可以直接引用已证的 P^N 定理(重言式)，只要在后面注明“P^N 定理”或“……律”、“……式”字样即可。

三、P^N 无前提推演(定理证明)

P^N系统的形式推演有两种，即有前提推演和无前提推演。有前提推演就是推理有效性(包括导出规则)的证明，由若干前提推出某个结论。无前提推演就是定理(重言式)的证明。在书写格式上，为了使 P^N形式推演的结构更加清晰，便于检验它的有效性，我们引入下列约定：

① 画一条竖线表示主推演的起讫，在靠近该竖线左边的位置分行标明所有公式的序号。

② 在靠近主推演竖线右边的位置分行写出所有给定的前提(如果有的话)，并在每个前提公式的右边标明它们是前提。

③ 如果需要引入假设，最好一开始就引入所有的假设，并在后面分别标明它们是假设。

④ 每引入一个假设，就在它上一个公式的下方另画一条竖线，顶端画一小圆圈，表示这是一个子推演，然后在靠近它右边的位置写出这个假设。

⑤ 在每一个非前提、非假设的公式后面，分别用公式序号和规则符号标明它是根据上面哪几个公式以及使用什么规则推导出来的。

⑥ 在一个假设下根据联结词规则 $\wedge_+$、$\wedge_-$、$\vee_+$、$\vee_-$、$\to_-$、$\leftrightarrow_+$、$\leftrightarrow_-$和结构规则 YY、DR、ZH 以及导出规则 D1、D2、D3、D4、D5 得到的公式，都与该假设公式上下对齐书写，表示它依赖于该假设和它前面的前提和假设(如果有的话)。

⑦ 在一个假设下根据联结词规则$\neg_+$、$\neg_-$和$\to_+$得到的公式，因为该假设已被解除，因此要向左边“进位”，即回到上一个子推演或主推演，表示它不依赖于该假设，但依赖于该假设前面的前提和假设(如果有的话)。

我们先看无前提推演，即定理的证明：

例 14-2-1 在 P^N中证明蕴涵怪论：A→(B→A)

【证明】：

①│○ A	假设
②│ │○ B	假设
③│ │ │○¬A	假设
④│ │ │ │A	①YY
⑤│ │ │ │¬A	③YY
⑥│ │ │A	③④⑤$\neg_-$
⑦│ │B→A	②⑥$\to_+$
⑧│A→(B→A)	①⑦$\to_+$

仿此可证蕴涵怪论：$\neg A\to(A\to B)$。

自推规则 YY 的两次应用在这里都必须明确列出，但在下例中的第一步却可以省略。以后请注意这个问题，在保证形式推演完整性的前提下，再尽量简化书写。

例 14-2-2 在 P^N中证明：$(A\to B)\wedge\neg B\to\neg A$

【证明】：

①｜○$(A\to B)\wedge\neg B$	前提
②｜｜$A\to B$	①$\wedge_-$
③｜｜$\neg B$	①$\wedge_-$
④｜｜○ A	假设
⑤｜｜｜$A\to B$	②YY
⑥｜｜｜B	④⑤$\to_-$
⑦｜｜｜$\neg B$	③YY
⑧｜｜$\neg A$	④⑥⑦$\neg_+$
⑨｜$(A\to B)\wedge\neg B\to\neg A$	①⑧$\to_+$

基于重言蕴涵式与有效推理式之间的充分必要条件关系，该例实际上也证明了导出规则 D1：$(A\to B,\ \neg B)\vdash\neg A$。下面仿此证明 D3：$(A\to B,\ B\to C)\vdash A\to C$。

例 14-2-3 在 P^N中证明：$(A\to B)\wedge(B\to C)\to(A\to C)$

【证明】：

①｜○$(A\to B)\wedge(B\to C)$	假设
②｜｜$A\to B$	①$\wedge_-$
③｜｜$B\to C$	①$\wedge_-$
④｜｜○ A	假设
⑤｜｜｜B	②④$\to_-$
⑥｜｜｜C	③⑤$\to_-$
⑦｜｜$A\to C$	④⑥$\to_+$
⑧｜$(A\to B)\wedge(B\to C)\to(A\to C)$	

例 14-2-4 在 P^N中证明：$(A\to B)\wedge(C\to D)\wedge(A\vee C)\to(B\vee D)$

【证明】：

①｜$A\to B$	前提
②｜$C\to D$	前提
③｜$A\vee$	前提
④｜$(A\to B)\to((C\to D)\to(A\vee C\to B\vee D))$	P^N定理
⑤｜$(C\to D)\to(A\vee C\to B\vee D)$	①④$\to_-$
⑥｜$A\vee C\to B\vee D$	②⑤$\to_-$
⑦｜$B\vee D$	③⑥$\to_-$

这里我们可以看到引用 P^N定理的作用——可以省略很多中间步骤，从而大大简化形式推演的过程。

基于重言蕴涵式与有效推理式之间的充分必要条件关系，该例实际上也证明了导出规则 D4：$(A\to B,\ C\to D,\ A\vee C)\vdash B\vee D$。此即二难推理的复杂构成式。

例 14-2-5 在 P^N 中证明德·摩根律：¬(A∨B)↔¬A∧¬B

【证明】：

①	| ○¬(A∨B)	假设
②	| | ○ A	假设
③	| | | A∨B	② $\vee_{+}$
④	| | | ¬(A∨B)	①YY
⑤	| | ¬A	②③④ $\neg_{+}$
⑥	| | ○ B	假设
⑦	| | | A∨B	⑥ $\vee_{+}$
⑧	| | | ¬(A∨B)	①YY
⑨	| | ¬B	⑥⑦⑧ $\neg_{+}$
⑩	| | ¬A∧¬B	⑤⑨ $\wedge_{+}$
⑪	| ¬(A∨B)→¬A∧¬B	①⑩ $\rightarrow_{+}$
⑫	| ○¬A∧¬B	假设
⑬	| | ○ A∨B	假设
⑭	| | | ¬A	⑫ $\wedge_{-}$
⑮	| | | ¬B	⑫ $\wedge_{-}$
⑯	| | | B	⑬⑭D2
⑰	| | ¬(A∨B)	⑬⑮⑯ $\neg_{+}$
⑱	| ¬A∧¬B→¬(A∨B)	⑫⑰ $\rightarrow_{+}$
⑲	| ¬(A∨B)↔¬A∧¬B	⑪⑱ $\leftrightarrow_{+}$

仿此可证德·摩根律的另一公式：¬(A∧B)↔¬A∨¬B。

四、P^N 有前提推演

例 14-2-6 在 P^N 中证明导出规则 D5：(A→B，C→D，A∧C)⊢B∧D

【证明】：

①	| A→B	前提
②	| C→D	前提
③	| A∧C	前提
④	| A	③ $\wedge_{-}$
⑤	| C	③ $\wedge_{-}$
⑥	| B	①④ $\rightarrow_{-}$
⑦	| D	②⑤ $\rightarrow_{-}$
⑧	| B∧D	⑥⑦ $\wedge_{+}$

例 14-2-7 在 P^N 中证明导出规则 D2：(A∨B，¬A)⊢B。

【证明】：

①	| A∨B	前提
②	| ¬A	前提
③	| ○¬B	假设

④ | | ○ A	假设
⑤ | | | ○ A∨B	假设
⑥ | | | | A	④YY
⑦ | | | | ¬A	②YY
⑧ | | | ¬(A∨B)	⑤⑥⑦$\neg_+$
⑨ | | A→¬(A∨B)	④⑧$\rightarrow_+$
⑩ | | ○ B	假设
⑪ | | | ○ A∨B	假设
⑫ | | | | A	④YY
⑬ | | | | ¬A	②YY
⑭ | | | ¬(A∨B)	⑪⑫⑬$\neg_+$
⑮ | | B→¬(A∨B)	⑩⑭$\rightarrow_+$
⑯ | | ¬(A∨B)	①⑨⑮$\vee_-$
⑰ | | A∨B	①YY
⑱ | B	③⑯⑰$\neg_-$

例 14-2-8 在 P^N 中证明推理的有效性：如果那本书写得很好，那么，若我阅读它我就会喜欢它。如果我喜欢它，那么，或者我会保存它或者会把它借给朋友。那本书确实写得很好，并且我读了它但没有保存它，所以我把它借给了朋友。

【解析】：设 P 表示“那本书写得很好”，Q 表示“我阅读了它”，R 表示“我会喜欢它”，S 表示“我会保存它”，T 表示“我会把它借给朋友”，则该推理可表示为：

P→(Q→R)，R→(S∨T)，P∧Q∧¬S，∴ T。

【证明】：

① | P→(Q→R)	前提
② | R→(S∨T)	前提
③ | P∧Q∧¬S	前提
④ | P	③$\wedge_-$
⑤ | Q	③$\wedge_-$
⑥ | ¬S	③$\wedge_-$
⑦ | Q→R	①④$\rightarrow_-$
⑧ | R	⑤⑦$\rightarrow_-$
⑨ | S∨T	②⑧$\rightarrow_-$
⑩ | T	⑥⑨D2

例 14-2-9 在 P^N 中证明推理的有效性：如果乙不是盗窃犯，那么，甲昨晚未遇见乙而且盗窃案发生在午夜。如果盗窃案发生在午夜，则乙是盗窃犯或甲说谎。所以，如果甲未说谎，则乙是盗窃犯。

【解析】：设 P 表示“乙是盗窃犯”，Q 表示“甲昨晚遇见乙”，R 表示“盗窃案发生在午夜”，S 表示“甲说谎”，则该推理可表示为：¬P→¬Q∧R，R→P∨S，∴ ¬S→P。

【证明】：

① | ¬P→¬Q∧R	前提

② | R→P∨S	前提
③ | ○¬S	假设
④ | | ○¬P	假设
⑤ | | | ¬Q∧R	①④$\rightarrow_{-}$
⑥ | | | R	⑤$\wedge_{-}$
⑦ | | | P∨S	②⑥$\rightarrow_{-}$
⑧ | | | P	⑦③D2
⑨ | | | ¬P	④YY
⑩ | | P	④⑧⑨$\neg_{-}$
⑪ | ¬S→P	③⑩$\rightarrow_{+}$

例 14-2-10　在 P^N 中证明推理的有效性：如果你有自由意志，那么你的行动就不是被某个先前的事件所决定。如果你有自由意志，那么，如果你的行动不是被某个先前的事件所决定，则你的行动就无法预测。如果你的行动不是被某个先前的事件所决定，那么，如果你的行动无法预测，则你的行动后果也无法预测。所以，如果你有自由意志，那么你的行动的后果就无法预测。

【解析】：设 P 表示“你有自由意志”，Q 表示“你的行动不是被某个先前的事件所决定”，R 表示“你的行动无法预测”，S 表示“你的行动的后果无法预测”，则该推理可表示为：

P→Q，P→(Q→R)，Q→(R→S)，∴ P→S

【证明】：

① | P→Q	前提
② | P→(Q→R)	前提
③ | Q→(R→S)	前提
④ | ○ P	假设
⑤ | | Q	①④$\rightarrow_{-}$
⑥ | | Q→R	②④$\rightarrow_{-}$
⑦ | | R	⑤⑥$\rightarrow_{-}$
⑧ | | R→S	③⑤$\rightarrow_{-}$
⑨ | | S	⑦⑧$\rightarrow_{-}$
⑩ | P→S	④⑨$\rightarrow_{+}$

练　习　题

1. 求下列命题公式的合取范式和析取范式。

(1) (p∧q)→(p∨q)

(2) (p∨q)∧¬p→q

(3) (p∧q→r)→(¬r∧p→¬q)

2. 用范式方法判定下列命题公式是不是重言式。

(1) p→q↔¬p∨q

(2) $(p \to q) \land q \to p$

(3) $(p \to q) \land (p \to \neg q) \to \neg p$

3. 求下列公式的优合取范式或优析取范式，成真指派集 X_+ 或成假指派集 X_-。

(1) $p \lor (\neg p \land q) \leftrightarrow p \lor q$

(2) $p \land (q \lor r) \to (p \land q) \lor (p \land r)$

(3) $(p \to q) \land (r \to s) \land (p \lor r) \to q \lor s$

4. 在 P^N 中证明，下列命题公式是 P^N 定理。

(1) $(p \to q) \to (p \land r \to q \land r)$

(2) $(p \to (q \to r)) \to (p \land q \to r)$

(3) $(p \to q) \land (p \to r) \land (\neg q \lor \neg r) \to \neg p$

(4) $p \to q \leftrightarrow \neg p \lor q$

(5) $p \lor q \leftrightarrow \neg(\neg p \land \neg q)$

(6) $p \land (q \lor r) \leftrightarrow (p \land q) \lor (p \land r)$

5. 在 P^N 中证明，下列推理是形式有效的。

(1) $p \to \neg q$，q，$\therefore \neg p$

(2) $p \to q$，$q \to r$，$\therefore p \to r$

(3) $p \land q \to r$，$\neg(r \lor \neg p)$，$\therefore \neg q$

(4) $(p \to q)$，$(r \to s)$，$\neg q \lor \neg s$，$\therefore \neg p \lor \neg r$

(5) $p \to ((q \lor m) \to r)$，$(r \lor s \to t)$，$\therefore p \to (m \to t)$

(6) $(q \lor r) \to (q \to \neg r)$，$\neg(r \to p) \to \neg(q \to \neg r)$，$q \lor r$，$\therefore q \lor p$

6. 在 P^N 中证明，下列推理是形式有效的。

(1) 如果上帝愿意阻止邪恶，但没有能力这样做，他就不是万能的；如果他能够阻止邪恶，但不愿意这样做，那么他就不是仁慈的。只有当上帝或者能够但不愿意，或者愿意但不能够阻止邪恶时，邪恶才能存在。如果上帝存在，那么他既是万能的也是仁慈的。但邪恶始终存在。所以，上帝并不存在。

(2) 如果工资提高或者物价提高，将会有通货膨胀。如果通货膨胀，则议会必须限制通货膨胀，否则人民将遭受损失。如果人民遭受损失，议员们就会失掉人心。国会将不会限制通货膨胀并且议员们不想失掉人心。因此，工资将不会提高。

(3) 如果发现新的能源，那么，仅当世界的人口数量降低时，生活水平才会提高。生活水平不会提高，就意味着新的能源未被发现。或者新的能源将被发现，或者我们将不会提供研究经费。所以，如果我们提供了研究经费，世界的人口数量将会降低。

(4) 如果语言学研究者是正确的，那么，若在古希腊出现了不止一种方言，则不同的部落就是在不同的时间来自北方。如果不同的部落在不同的时间来自北方，那么他们必定是来自达卢比河谷。但是，考古发掘将会揭示某些不同部落的遗迹，如果他们真是在不同时间来自北方的话；而考古发掘并没有在那里发现这样的遗迹。所以，如果在古希腊出现了不止一种方言，那么语言学研究者必定是搞错了。

第十五章　谓词逻辑基础

现代逻辑中研究简单命题及其推理的理论，称为谓词逻辑。谓词逻辑是在命题逻辑的基础上发展起来的。它用谓词来统一刻画简单命题中的“性质”和“关系”，将简单命题分析为个体词、谓词和量词，进而引入数学中符号化、演算化的研究方法，在命题逻辑的基础上对简单命题进行了深入、系统的研究，并建立了谓词演算系统。

与传统逻辑对简单命题及其推理的研究相比，无论是就研究对象的扩展、研究方法的更新还是就理论的深度和广度而言，谓词逻辑都体现出一种革命的意义。可以毫不夸张地说，在对简单命题及其推理的研究方面，凡是传统逻辑能够解决的问题，谓词逻辑都能解决；而谓词逻辑能够解决的问题，则多半是传统逻辑从未涉及的。

从这一章开始，本书将本着简明、实用的原则，用两章篇幅对谓词逻辑予以初步的介绍。

第一节　谓词、谓词公式

一、个体词、谓词、量词

1. 个体词

思维活动总要涉及一定的对象，这些对象又总有一定的范围。一般把思维活动所涉及的对象的范围叫做对象域或者论域。论域有时候是一个特定的范围，如所有自然数的集合、所有人的集合、所有动物的集合，等等。有时候则没有任何限制，可以涉及世界上一切可以相互区分的对象，称为全域。

在谓词逻辑中，论域也叫个体域，个体域中相互区别的对象叫做个体，表示个体的符号叫做个体词。个体词有个体常项和个体变项之分。其中：

个体常项表示个体域中某个确定的对象，如个体域为自然数集时，1、3、5、7 等都是个体常项。个体常项习惯上用小写英文字母 a、b、c 等表示。

个体变项表示个体域中某个不确定的对象，如个体域为所有人的集合时，“某个人”、“有的人”、“任何一个人”中的“人”都是个体变项。个体变项习惯上用小写英文字母 x、y、z 等表示。

谓词逻辑在讨论具体问题时，首先就要明确个体域。为了使有关研究更具有一般性，通常不限定个体域的范围，即以全域为个体域，记为 Ω。

2. 谓词(原子公式)

简单命题有性质命题与关系命题之分。性质命题用来陈述一个对象具有或不具有某种性质，如“雪是白的”；关系命题用来陈述两个或两个以上的对象之间具有或不具有某种关系，如“3 大于 2”。

在谓词逻辑中，简单命题中的“性质”和“关系”统一用谓词来刻画，习惯上将其表示为 F、G、H、R、S 等。其中，刻画“性质”的是所谓一元谓词，只能作用于一个个体词，如“……是白的”、“……是善良的”，“……是中华人民共和国首都”；刻画二元关系的是所谓二元谓词，只能作用于两个个体词，如“……大于……”、“……打败了……”、“……与……是兄弟”；类似地，有所谓三元谓词、四元谓词……一般把三元及以上的谓词统称为多元谓词。

谓词仅仅是一个词组，只能表达一个复合概念，其中的空位是为了显示其能够作用的对象个数而添加的。要表达一个意义完整的命题(形式)，谓词就必须与个体词结合起来。如性质命题“北京是中华人民共和国首都”，个体常项“北京”用 a 表示，一元谓词“……是中华人民共和国首都”用 F 表示，整个命题可表示为 F(a)。又如关系命题“曹植与曹丕是兄弟”，个体常项“曹植”和“曹丕”分别用 a、b 表示，二元谓词“……与……是兄弟”用 F 表示，整个命题可表示为 F(a，b)。

一般而言，一个谓词符号后面加上写在一对括号内的若干个体词，便成为简单命题在谓词逻辑中最简单、最基本的形式，称为原子谓词公式，简称原子公式。如 F(a)、F(x)、F(a，b)、F(x，y)、F(a，b，c)、F(x，y，z)……

为了简便起见，我们约定一元谓词公式 F(a)、F(x)中的括号可以省略，即可以分别写成 Fa、Fx。

3. 量词(量化公式)

原子公式陈述的是单个对象的性质，或者若干个单个对象之间的关系。这是简单命题中最简单的情况。在一般情况下，简单命题中还会包含量词，用来反映对象的数量或者范围。如“有的人不是善良的”，“所有的选举者都投了候选人的票”。

量词有全称量词和存在量词之分。全称量词用来表示个体域中的全部对象，表示为 $\forall$；存在量词用来表示个体域中的部分对象，表示为 $\exists$。量词可以加在原子公式的前面，形成所谓量化公式，如：

$\forall xPx$，读作“对于所有 x，x 是 P”，即“所有 x 是 P”。

$\exists xPx$，读作“存在 x，x 是 P”，即“有的 x 是 P”。

由于个体常项表示的是一个确定的对象，因此个体常项的前面不能添加量词。例如，我们只能说“毛泽东如何如何”，而不能说“所有毛泽东如何如何”，或“有的毛泽东如何如何”，因为毛泽东只有一个。

关系命题中可能出现不止一个量词，使得其量化公式中可能出现所谓重叠量词。如：

$\forall x\exists yH(x, y)$，读作“对任一 x，都存在 y，使得 x 与 y 具有 H 关系”。

$\exists y\forall xH(x, y)$，读作“存在 y，对任一 x，x 与 y 都具有 H 关系”。

可以看出，以上两句的含义并不相同。如个体域为自然数集，H 表示“……小于……”,则第一句是说“对任一自然数 x，都存在一自然数 y，使得 x 小于 y”，意即没有最大的自然数，显然为真；而第二句则是说“存在一自然数 y，对任一自然数 x，x 都小于 y”，意即存在最大的自然数，显然为假。这说明重叠量词的顺序是有讲究的，不能随意更改。包含重叠量词的量化公式，也称重叠量化公式。

原子公式和量化公式还可以通过命题联结词联结起来，形成更为复杂的谓词公式。如：

$\forall x(Sx\rightarrow Px)$，读作“对任一 x，只要 x 是 S，那么 x 是 P”，即“所有 S 是 P”。

$\exists xSx\wedge\exists xPx$，读作“存在 x，x 是 S，并且存在 x，x 是 P”，即“有 S，也有 P”。

二、谓词公式、开公式和闭公式

1. 谓词公式

我们在这里讨论的谓词只能作用于个体词，而不能作用于谓词，因此也称一阶谓词逻辑，或狭谓词逻辑。

狭谓词逻辑的初始符号包括以下几种：

个体常项：a、b、c、d……

个体变项：x、y、z、u、v、w……

命题变项：p、q、r、s、t……

谓词：F、G、H、R、S、T……

量词：$\forall$、$\exists$。

联结词：$\neg$、$\vee$、$\wedge$、$\rightarrow$、$\leftrightarrow$。

技术符号：逗号、左括号(、右括号)。

一般来说，谓词公式可归纳定义如下：

① p、q、r、s、t 等是公式；

② 原子公式 Fa、Fx、F(a, b)、F(x, y)、F(a, b, c)、F(x, y, z)等是公式；

③ 若 A 是公式，则$\neg A$ 是公式；

④ 若 A、B 是公式，则 $A\vee B$、$A\wedge B$、$A\rightarrow B$、$A\leftrightarrow B$ 是公式；

⑤ 若 A 是公式，则$\forall xA$、$\exists xA$ 是公式；

⑥ 只有按以上方式形成的符号串才是公式。

以上几条实际上相当于狭谓词逻辑的形成规则。据此可以判定哪些符号串是谓词逻辑的(合式)公式，而哪些不是。

例如，以下符号串都是谓词公式：Fx、$\exists xFx$、$\forall xFx\rightarrow\exists xFx$、$\neg F(x, y)$、$\exists xFx\wedge\neg Fx$、$\forall xR(x, y)\wedge Fy$、$\forall x(Sx\rightarrow Px)$、$\forall x\forall y(Fx\wedge Gy)$、$\forall x(Fx\rightarrow\exists yFy)$、$\forall x\exists y(Gx\wedge Hy)$、$\forall x(Sx\rightarrow\exists y(Py\wedge R(x, y)))$、$\exists x(Fx\wedge\exists y(Gy\wedge R(x, y)))$……

又如，以下符号串都不是谓词公式：$\exists xF$、$\forall Fx\rightarrow\exists xFx$、$\forall x(Fx\ \exists yFy)$、$\forall x(Sx\rightarrow\exists y(Px\wedge R(x, y))$……

不难看出，谓词逻辑的初始符号和形成规则都是在命题逻辑的基础上扩展而来的，去掉上述初始符号和形成规则中的某几条，便会回到命题逻辑中的情形。事实上，整个谓词逻辑都是在命题逻辑的基础上扩展而来的，谓词逻辑是把命题逻辑作为一个相对独立、完整的子系统保留下来的。虽然在严格的谓词演算系统中，一般不允许命题变项单独出现，但那主要是一个理论建构的策略问题。以后我们也尽可能回避这一点，也就是说，尽管把一个命题公式(如 $p \wedge q \rightarrow r$)当做一个谓词公式来看待也不错，但我们一般不这样做。

2. 辖域、开公式和闭公式

一般而言，包含量词的谓词公式称为量化公式。在量化公式里，一个量词后面最短的那个公式就是该量词的管辖范围，称为辖域。例如：

$\forall x(Fx \rightarrow \exists yFy)$中，$\forall x$ 的辖域是$(Fx \rightarrow \exists yFy)$，$\exists y$ 的辖域是 Fy。

$\forall x \exists y(Gx \wedge Hy)$中，$\forall x$ 的辖域是$\exists y(Gx \wedge Hy)$，$\exists y$ 的辖域是$(Gx \wedge Hy)$。

$Sx \rightarrow \exists ySy \vee \forall xPy$ 中，$\exists y$ 的辖域是 Sy，$\forall x$ 的辖域是 Py。

这里，量词$\forall x$、$\exists x$ 中的"x"称为指导变项，用来明确该量词所限定的究竟是哪一个个体词。因此，指导变项在量化公式里仅仅起着一种标记的作用，与量词是不可分的一个整体，不能作为一个独立的个体词来分析。

在一个谓词公式里，一个个体变项可能出现不止一次。如在$\forall x(Sx \rightarrow \exists y(Py \wedge R(x, y)))$中，个体变项 x、y 各出现了两次。一个变项在一个公式中的一次出现，如果处于某个量词的辖域之内，并且与该量词的指导变项相同，则称该变项的这一次出现是约束出现；否则，便称为自由出现。如在公式 $Sx \rightarrow \exists ySy \vee \forall xPy$ 中，个体变项 y 的两次出现都是约束出现，而 x 的唯一一次出现则是自由出现，不受任何量词约束。又如在公式$\forall x \exists y(Gx \wedge Hz)$中，个体变项 x 的唯一一次出现是约束出现，而 z 的唯一一次出现尽管同时处于量词$\forall x$ 和$\exists y$ 的辖域之内，却与其指导变项都不一致，因而并不受两者的约束，故为自由出现。

一个个体变项，如果在一个公式中有约束出现，则称它是约束变元；如果在一个公式中有自由出现，则称它是自由变元。显然，在一个公式中，一个个体变项可以既是约束变元，又是自由变元。如在 $Sx \rightarrow \exists xSx$ 中，个体变项 x 就是如此。

一个谓词公式，如果不包含任何自由变元，就叫做闭公式；如果包含至少一个自由变元，便称为开公式。闭公式的意义是确定的，如 $F(a, b)$、$\exists xFx \wedge \neg Fx$、$\forall x(Sx \rightarrow Px)$等，在明确论域并对个体常项和谓词进行解释以后，便可获得确定的真值。开公式的意义是不确定的，在明确论域并对个体常项和谓词进行解释以后，还要经过指派，才能获得确定的意义和真值。

此外，根据谓词公式的定义，若 A 是公式，则$\forall xA$、$\exists xA$ 也是公式，但在 A 中个体变项 x 可能并没有自由出现。如在公式$\forall x(Gz \wedge Hy)$中，$\forall x$ 就没有任何约束对象，这称为空约束；又如在$\forall x(Fy \rightarrow \exists xFx)$中，$\forall x$ 的辖域中虽然有个体变项 x 出现，但 x 已受到量词$\exists x$ 的约束，$\forall x$ 在这里称为重复约束。空约束和重复约束完全是由谓词公式的上述形式定义引起的，好在它们虽然显得冗余，但却是无害的，并不影响谓词公式的意义和真值。

第二节　简单命题的符号化

我们看到，谓词逻辑对简单命题的分析比传统逻辑要精细、深入得多。因此，在谓词逻辑的学习过程中，简单命题的符号化通常是困扰学习者的大问题。本节就来谈一谈，怎样迅速、准确地写出一个简单命题(推理)的谓词公式。

我们假定读者具有传统逻辑的基础，能够区分性质命题和关系命题、二元关系和多元关系，并能识别它们的一些常见的变化形式，以及推理的前提和结论等。

一、基本性质命题的符号化

性质命题在传统逻辑中被区分为六种类型：全称肯定命题(SAP)、全称否定命题(SEP)、特称肯定命题(SIP)、特称否定命题(SOP)、单称肯定命题(SA′P)、单称否定命题(SE′P)。它们在谓词逻辑中需要分两种情况来区别对待：

1. 主项泛指任意个体

首先看这样一组性质命题：

① 所有事物是发展变化的。

② 所有事物不是发展变化的。

③ 有的事物是发展变化的。

④ 有的事物不是发展变化的。

⑤ 这种事物是发展变化的。

⑥ 这种事物不是发展变化的。

由于对象“事物”在这里泛指一切个体，因此，在默认的全域 Ω 上，假定一元谓词 F 表示“……是发展变化的”，个体常项 a 表示“这种事物”，则上述性质命题的谓词公式依次为：

① $\forall xFx$；　② $\forall x\neg Fx$；　③ $\exists xFx$；

④ $\exists x\neg Fx$；　⑤ Fa；　⑥ $\neg Fa$。

2. 主项是一类特殊个体

再看这样一组性质命题：

① 所有人是有理性的。

② 所有人不是有理性的。

③ 有的人是有理性的。

④ 有的人不是有理性的。

⑤ 这个人是有理性的。

⑥ 这个人不是有理性的。

由于对象“人”是一类特殊的个体，必须另外用一个一元谓词予以刻画，因此，在默认的全域Ω上，假定个体常项 a 表示“这个人”，一元谓词 R 表示“……是人”，L 表示“……是发展变化的”，则上述性质命题的谓词公式依次为：

① $\forall x(Rx \to Lx)$；② $\forall x(Rx \to \neg Lx)$；③ $\exists x(Rx \land Lx)$。

④ $\exists x(Rx \land \neg Lx)$；⑤ La；⑥ $\neg La$。

值得注意的是，全称命题的谓词公式中必须用“$\to$”而不能用“$\land$”，因为$\forall x(Rx \land Lx)$在这里的意思是“对任一个体 x，它都是人，并且都是有理性的”，亦即“万事万物都是人并且都是有理性的”，显然不符合原意。同样，特称命题的谓词公式中必须用“$\land$”而不能用“$\to$”，因为$\exists x(Rx \to Lx)$的意思是“存在个体 x，只要它是人，它就是有理性的”，也不符合原意。至于为什么，大家可以仔细推敲。

想一想

$\exists x(Rx \to Lx)$的意思究竟是什么？

另外，全称命题的谓词公式中用的是“$\to$”，表示“对任一个体 x，假如它是人，那么它就是有理性的”。其中的“假如它是人”并不意味着“人是存在的”，这是现代逻辑明显区别于传统逻辑的一个地方。

在传统逻辑中，性质命题的主项 S 被默认是“非空”的，即不能是空概念。也就是说，“所有 S 是 P”不仅断定了“所有 S 是 P”，同时还断定了“S 是存在的”。这一点显然并不科学，因为超出了命题形式本身的范围，必须借助于语境（保证“S 是存在的”）才能正常使用，否则便可能出错。例如，著名的牛顿定律“物体在不受外力作用的情况下，将保持匀速直线运动”，意思本来是“对任何物体，假如它不受外力作用，那么它将保持匀速直线运动”，其中并未断定“不受外力作用的物体是存在的”。但在传统逻辑中，按“所有不受外力作用的物体都将保持匀速直线运动”即全称肯定命题来分析，它将是一个假命题，因为“不受外力作用的物体”事实上是不存在的。

正是由于这个原因，传统逻辑中的一些有效推理式在谓词逻辑中才不再是（普遍）有效的，但只要补充上“S 是存在的”即$\exists xSx$为真这个前提，它们将仍然是有效的。

二、基本关系命题的符号化

我们只以二元关系命题为例来讨论，但仍然需要分为以下几种情况：

1. 不含量词

先看这样一组不含量词的二元关系命题：

① 太阳和月亮是朋友。

② 太阳比某物大。

③ 某物比月亮大。

④ 某物比某物有魅力。

这里，每个命题中都有一个二元关系，都没有量词出现。“太阳”、“月亮”是个体常项，“某物”是个体变项。

在默认的全域Ω上，假定个体常项 a 表示“太阳”，b 表示“月亮”，个体变项 x、y 各表示“某物”的一次出现，二元谓词 P 表示“……和……是朋友”，D 表示“……比……大”，M 表示“…比…有魅力”，则上述关系命题的谓词公式依次为：

① $P(a, b)$；② $D(a, x)$；③ $D(x, b)$；④ $M(x, y)$。

2. 含有一个量词

再看这样一组包含一个量词的二元关系命题：

① 张三打败了所有的对手。

② 所有的对手打败了张三。

③ 张三打败了有的对手。

④ 有的对手打败了张三。

这里，每个命题中都有一个量词出现在“对手”前面。“张三”是一个个体常项，“对手”是一类特殊的对象，必须另外用一个一元谓词予以刻画，“……打败了……”是一个二元关系。

在默认的全域Ω上，假定个体常项 a 表示“张三”，一元谓词 D 表示“……是对手”，二元谓词 R 表示“……打败了……”，则上述关系命题的谓词公式依次为：

① $\forall x(Dx \rightarrow R(a, x))$；② $\forall x(Dx \rightarrow R(x, a))$；

③ $\exists x(Dx \land R(a, x))$；④ $\exists x(Dx \land R(x, a))$。

3. 含有两个量词

再看这样一组包含两个量词的二元关系命题：

① 所有的参观者欣赏所有的展品。

② 有的参观者欣赏所有的展品。

③ 所有的参观者欣赏有的展品。

④ 有的参观者欣赏有的展品。

⑤ 所有的展品为所有的参观者所欣赏。

⑥ 有的展品为所有的参观者所欣赏。

⑦ 所有的展品为有的参观者所欣赏。

⑧ 有的展品为有的参观者所欣赏。

这里，每个命题中都有两个量词分别出现在“参观者”和“展品”之前。“参观者”、“展品”各是一类特殊的对象，各须另外用一个一元谓词予以刻画，“……欣赏……”是一个二元谓词，没有个体常项。

在默认的全域Ω上，假定一元谓词 S 表示“……是参观者”，P 表示“……是展品”，二元谓词 R 表示“……欣赏……”，则上述关系命题的谓词公式依次为：

① $\forall x(Sx \rightarrow \forall y(Py \rightarrow R(x, y)))$；② $\exists x(Sx \land \forall y(Py \rightarrow R(x, y)))$；

③ $\forall x(Sx \rightarrow \exists y(Py \land R(x, y)))$；④ $\exists x(Sx \land \exists y(Py \land R(x, y)))$；

⑤ $\forall y(Py \rightarrow \forall x(Sx \rightarrow R(x, y)))$；⑥ $\exists y(Py \land \forall x(Sx \rightarrow R(x, y)))$；

⑦ $\forall y(Py \rightarrow \exists x(Sx \land R(x, y)))$；⑧ $\exists y(Py \land \exists x(Sx \land R(x, y)))$。

三、一般简单命题的符号化

在熟悉基本类型的简单命题符号化以后，可以进一步尝试把它们的各种变化形式以及另外一些常见格式的简单命题符号化。

1. 基本性质命题的变化形式

①没有不透风的墙。

【解析】：主体结构："并非有的墙不是透风的"。设个体域为 Ω，一元谓词 S 表示"……是墙"，P 表示"……是透风的"，则该命题可符号化为：$\neg\exists x(Sx \wedge \neg Px)$。

②有些红色的花是名贵的。

【解析】：主体结构："有的……花是名贵的"，嵌入性质"红色的"。设个体域为 Ω，一元谓词 S 表示"……是花"，H 表示"……是红色的"，P 表示"……是名贵的"，则该命题可符号化为：$\exists x(Sx \wedge Hx \wedge Px)$。

③凡是骂自己的人都是虚伪的。

【解析】：主体结构："所有……人是虚伪的"，嵌入二元关系"骂自己的"。设个体域为 Ω，一元谓词 S 表示"……是人"，P 表示"……是虚伪的"，二元谓词 M 表示"……骂……"，则该命题可符号化为：$\forall x(Sx \wedge M(x, x) \rightarrow Px)$。

④所有的罪犯或者是故意犯罪，或者是过失犯罪。

【解析】：主体结构："所有罪犯是……"，谓项是复合概念"故意犯罪或过失犯罪"。设个体域为 Ω，一元谓词 S 表示"……是罪犯"，P 表示"……是故意犯罪"，Q 表示"过失犯罪"，则该命题可符号化为：$\forall x(Sx \rightarrow Px \vee Qx)$。

2. 基本关系命题的变化形式

①织女爱所有善良的人。

【解析】：主体结构："织女爱所有……人"，嵌入性质"善良的"。设个体域为 Ω，个体常项 a 表示"织女"，一元谓词 R 表示"……是人"，S 表示"……是善良的"，二元谓词 L 表示"……爱……"，则该命题可符号化为：$\forall x(Rx \wedge Sx \rightarrow L(a, x))$。

②织女爱所有爱牛郎的人。

【解析】：主体结构："织女爱所有……人"，嵌入二元关系"爱牛郎的"。设个体域为 Ω，个体常项 a 表示"织女"，b 表示"牛郎"，一元谓词 R 表示"……是人"，S 表示"……是善良的"，二元谓词 L 表示"……爱……"，则该命题可符号化为：$\forall x(Rx \wedge L(x, b) \rightarrow L(a, x))$。

③牛郎不爱有些有钱的男人。

【解析】：主体结构："牛郎不爱有些……男人"，嵌入性质"有钱的"。设个体域为 Ω，个体常项 b 表示"牛郎"，一元谓词 R 表示"……是人"，Q 表示"……是有钱的"，二元谓词 L 表示"……爱……"，则该命题可符号化为：$\exists x(Rx \wedge Qx \wedge \neg L(b, x))$。

④牛郎不爱有的爱织女的男人。

【解析】：主体结构："牛郎不爱有的…男人"，嵌入二元关系"爱织女的"。设个体

域为 Ω，个体常项 a 表示“织女”，b 表示“牛郎”，一元谓词 N 表示“……是男人”，二元谓词 L 表示“……爱……”，则该命题可符号化为：$\exists x(Nx \wedge L(x, a) \wedge \neg L(b, x))$。

⑤凡是自尊的人都尊敬所有自尊的人。

【解析】：主体结构：“所有……人尊敬所有……人”，两次嵌入二元关系“自尊的”。设个体域为 Ω，一元谓词 R 表示“……是人”，二元谓词 H 表示“……尊敬……”，则该命题可符号化为：$\forall x(Rx \wedge H(x, x) \rightarrow \forall y(Ry \wedge H(x, x) \rightarrow H(x, y)))$。

⑥所有东北人都只与他们熟悉的人谈话。

【解析】：主体结构：“所有东北人都不与所有……人谈话”，嵌入二元关系“他们不熟悉的”。设个体域为 Ω，一元谓词 D 表示“……是东北人”，R 表示“……是人”，二元谓词 S 表示“……熟悉……”，T 表示“……与……谈话”，则该命题可符号化为：$\forall x(Dx \rightarrow \forall y(Ry \wedge \neg S(x, y) \rightarrow \neg T(x, y)))$。

3. 其他常见的简单命题

①任何传染病都由为有的细菌或病毒所诱发。

【解析】：主体结构：“所有传染病都为有的…所诱发”，第二个个体词变化为“细菌或病毒”。设个体域为 Ω，一元谓词 R 表示“……是传染病”，U 表示“……是细菌”，V 表示“……是病毒”，二元谓词 Y 表示“……诱发……”，则该命题可符号化为：$\forall x(Rx \rightarrow \exists y((Uy \vee Vy) \wedge Y(y, x)))$。

②任何传染病都由某种细菌或病毒所诱发。

【解析】：主体结构：“所有传染病都由某种……所诱发”，第一个个体词变化为“细菌或病毒”。设个体域为 Ω，一元谓词 U 表示“……是细菌”，V 表示“……是病毒”，R 表示“……是传染病”，二元谓词 Y 表示“……诱发……”，则该命题可符号化为：$\exists y((Uy \vee Vy) \wedge \forall x(Rx \rightarrow Y(y, x)))$。

③王茉莉只与有车的男孩约会。

【解析】：主体结构：“王茉莉不与所有……男孩约会”，嵌入性质“没有车的”。设个体域为 Ω，个体常项 a 表示“王茉莉”，一元谓词 N 表示“……是男孩”，R 表示“……是有车的”，二元谓词Y 表示“……与……约会”，则该命题可符号化为：$\forall x(Nx \wedge \neg Rx \rightarrow \neg Y(a, x))$。

④我说的都是真话，但有的真话我并没有说。

【解析】：主体结构：“……并且……”，即两个简单命题的合取。设个体域为 Ω，一元谓词 H 表示“……是话”，W 表示“……是我说的”，T 表示“……是真的”，则该命题可符号化为：$\forall x(Hx \wedge Wx \rightarrow Tx) \wedge \exists x(Hx \wedge Tx \wedge \neg Wx)$。

⑤我的矛能刺穿天下所有的盾，而我的盾天下所有的矛都不能刺穿。

【解析】：主体结构：“……并且……”，即两个简单命题的合取。设个体域为 Ω，个体常项 a 表示“我的矛”，b 表示“我的盾”，一元谓词 M 表示“……是矛”，D 表示“……是盾”，二元谓词 R 表示“……能刺穿……”，则该命题可符号化为：$\forall x(Dx \rightarrow R(a, x)) \wedge \forall y(My \rightarrow \neg R(y, b))$。

⑥每个自然数都有自然数比它大，但没有最大的自然数。

【解析】：主体结构："……并且……"，即两个简单命题的合取。设个体域为 Ω，一元谓词 S 表示"……是自然数"，二元谓词 D 表示"……比……大"，则该命题可符号化为：$\forall x(Sx \to \exists y(Sy \wedge D(y, x))) \wedge \neg\exists x(Sx \wedge \forall y(Sy \to \neg D(y, x)))$。

第三节 模型和赋值、普通有效式

我们看到，谓词公式是(或相当于)简单命题的符号化，即命题形式。和真值形式一样，谓词公式也需要经过解释，才能获得意义和真值。谓词公式的解释是通过模型和赋值来实现的。在此基础上，我们便可以定义谓词逻辑的永真式——普遍有效式了。

一、模型和赋值

1. 模型

在谓词逻辑里，模型指的是对谓词公式的一个解释(体系)，它包括以下三个要素：

① 一个个体域 D，即具有一定性质的个体的集合；

② 每个个体常项 a、b、c、d……在 D 中的取值，分别表示某个确定的个体；

③ 每个谓词 S、P、Q、R、S……在 D 中的取值，分别表示何种性质或关系。

由于闭公式只涉及这样一些成分，因此，当给定一个模型(记为"U")以后，闭公式的意义就确定了。相应地，其真值也就确定了。

例 15-3-1 给定模型 U：①个体域 D=Ω；②个体常项 a 表示"这个东西"；③一元谓词 A 表示"……是红色的"，B 表示"……是花"，C 表示"……是美丽的"，D 表示"……是受人喜爱的"，E 表示"……是有香味的"，F 表示"……是值钱的"。则下列闭公式的意义分别为：

① $Aa \wedge Ba$ 表示"这是一朵红花"。

② $\exists x(Ax \wedge Bx \wedge Cx)$ 表示"有的红花是美丽的"。

③ $\exists x(Ax \wedge Bx \wedge Cx \wedge Dx)$ 表示"有的红花是美丽的和受人喜爱的"。

④ $\forall x(Bx \to Ex)$ 表示"所有的花都是有香味的"。

⑤ $\exists x(Bx \wedge \neg Ex)$ 表示"有的花不是有香味的"。

⑥ $\forall x(Bx \wedge Cx \to Dx)$ 表示"所有美丽的花都是受人喜爱的"。

⑦ $\forall x(Bx \wedge \neg Ax \to \neg Ex)$ 表示"所有不红的花都没有香味"。

⑧ $\exists x(Bx \wedge \neg Fx \wedge Cx)$ 表示"有的不值钱的花是美丽的"。

例 15-3-2 给定模型 U：①个体域 D={0，1，2，…}，即全体自然数的集合；②个体常项 a 表示"2"，b 表示"5"；③一元谓词 P 表示"……是偶数"，Q 表示"……是质数"，二元谓词 R 表示"……小于……"。则下列闭公式的意义和真值分别为：

① Pa 表示"2 是偶数"，真。

② Qb 表示"5 是质数"，真。

③ $Pa \wedge Qb$ 表示"2 是偶数，并且 5 是质数"，真。

④ $Qb \to Pb$ 表示"如果 5 是质数，那么 5 是偶数"，假。

⑤ $\forall xPx$ 表示“任一自然数都是偶数”，假。

⑥ $\exists xPx$ 表示“有的自然数是偶数”，真。

⑦ $\forall x(Px \to Qx)$ 表示“对任一自然数 x，如果它是偶数，那么它是质数”，假。

⑧ $\exists x(Px \land Qx)$ 表示“存在自然数 x，既是偶数，又是质数”，真。

⑨ $\forall x\exists xR(x, y)$ 表示“对任一自然数 x，都存在自然数 y，使得 x 小于 y”，真。

⑩ $\forall x\forall y\forall z(R(x, y)\land R(y, z)\to R(x, z))$ 表示“对任意自然数 x、y、z，如果 x 小于 y，y 小于 z，那么 x 小于 z”，真。

2. 赋值

开公式因为有自由变元，在一个模型下还无法获得确定的意义和真值。如在例 15-3-2 给定的模型下，公式 $Py \to \forall xPx$ 表示“如果某个自然数 y 是偶数，那么任一自然数 x 是偶数”。因为自由变元 y 的取值(即其所表示的个体)不确定，因而整个公式的意义和真值也就不确定。

要使一个开公式具有确定的意义和真值，除了要给定一个模型，还需要为每个自由变元指定一个取值，这个过程称为指派，类似于命题逻辑中的真值指派。指派的值可以是个体域中的任一个体，因而往往不是唯一的。如在上例中，指定 y 表示“5”，则公式 $Py \to \forall xPx$ 的意义“如果 5 是偶数，那么所有自然数都是偶数”，真值为“1”。指定 y 表示“8”，则公式 $Py \to \forall xPx$ 的意义“如果 8 是偶数，那么所有自然数都是偶数”，真值为“0”。

一个模型 U 和一个指派 τ 合起来，叫做一个赋值，记为：$\sigma = \langle U, \tau\rangle$，其中模型“U”称为该赋值的基础模型。一个自由变元 x 在一个指派(记为 τ)下的取值，记为 $\tau(x)$。一个谓词公式 A 在一个赋值 σ 下的取值，记为 $\sigma(A)$。$\sigma(A)=1$，或 $\sigma(A)=0$。

显然，赋值是对谓词公式的更彻底的解释。在一个赋值下，所有的谓词公式，包括闭公式和开公式，都将获得确定的意义和真值。

例 15-3-3　给定赋值 $\sigma = \langle U, \tau\rangle$，U 为例 15-3-2 中的模型，某个指派 τ 使得：自由变元 $\tau(x)=8$，$\tau(y)=9$。则下列开公式的意义和真值分别为：

① $Px \land Qy$ 表示“8 是偶数，并且 9 是质数”，假。

② $\exists xPx \land \neg Py$ 表示“有的自然数是偶数，但 9 不是偶数”，真。

③ $\forall xPx \to Px$ 表示“如果所有自然数都是偶数，那么 8 是偶数”，真。

④ $\exists x(Px \land Qy)$ 表示“有的自然数是偶数，并且 9 是质数”，假。

⑤ $Px \lor Qy$ 表示“或者 8 是偶数，或者 9 是质数”，真。

二、可满足性、普遍有效式

1. 谓词公式的分类

一个谓词公式有多少个赋值？答案是，无数多个。因为模型可以任意给定，而且即使在同一个基础模型下，不同的指派也会导致不同的赋值。在不同的赋值下，一个谓词公式的意义不同，真值也可能不同。据此可以对谓词公式进行分类，即：

设 A 是一个谓词公式，如果存在赋值 σ，使得 $\sigma(A)=1$，则 A 称为可满足式。

如$\exists xPx$。

如果在任一赋值σ下，恒有$\sigma(A)=1$，则A称为普遍有效式，或永真式。如$\forall x(Px \vee \neg Px)$。

如果存在赋值σ，使得$\sigma(A)=1$，同时存在σ'，使得$\sigma'(A)=0$，则A称为偶真式。如$Py \rightarrow \forall xPx$。

如果在任一赋值σ下，恒有$\sigma(A)=0$，则A称为不可满足式，或永假式、矛盾式。如$\exists x(Px \wedge \neg Px)$。

显然，可满足式包括偶真式和永真式，可满足式的否定便是不可满足式。这一点同命题逻辑中的情形是一样的。

普遍有效式是谓词逻辑中的逻辑真理，普遍有效的蕴涵式更是简单命题推理的直接依据，而不可满足式则是谓词逻辑中逻辑矛盾的表现。因此，谓词逻辑研究的主要目的便是确立普遍有效式，排除不可满足式。

普遍有效式在数量上是无穷多的。下面是一些常见、常用的普遍有效式，其含义也都比较直观。

2. 常见、常用的普遍有效式

(1)量词转化规律

① $\forall xFx \leftrightarrow \neg \exists x \neg Fx$;

② $\exists xFx \leftrightarrow \neg \forall x \neg Fx$;

③ $\neg \forall xFx \leftrightarrow \exists x \neg Fx$;

④ $\neg \exists xFx \leftrightarrow \forall x \neg Fx$。

(2)传统逻辑的思维规律

① $\forall x(Fx \rightarrow Fx)$(同一律);

② $\neg \exists x(Fx \wedge \neg Fx)$(矛盾律);

③ $\forall x(Fx \vee \neg Fx)$(排中律)。

(3)词项逻辑中部分有效推理式所对应的永真蕴涵式

① $\forall x(Sx \rightarrow Px) \rightarrow \neg \exists x(Sx \wedge \neg Px)$。

实例：所有天鹅都是白色的，所以，没有天鹅不是白色的。

② $\forall x(Sx \rightarrow Px) \rightarrow \forall x(\neg Px \rightarrow \neg Sx)$。

实例：所有金属都是导电的，所以，凡不导电的都不是金属。

③ $\forall x(Sx \rightarrow Mx) \wedge \forall x(Mx \rightarrow Px) \rightarrow \forall x(Sx \rightarrow Px)$。

实例：树是植物，植物都有根，所以，树有根。

(4)一般的普遍有效式，传统逻辑未予考察也无法考察的

① $\exists x(Fx \wedge Gx) \rightarrow \exists xFx \wedge \exists xGx$。

实例：有的大学生是爱国的，所以，有的人是大学生，并且有的人是爱国的。

② $\exists x(Fx \wedge \forall y(Gy \rightarrow R(x, y))) \rightarrow \forall y(Gy \rightarrow \exists x(Fx \wedge R(x, y)))$。

实例：有人选举所有候选人，所以，所有候选人都有人选举。

③ $\forall xFx \vee \forall xGx \rightarrow \forall x(Fx \vee Gx)$。

实例：箱内所有球是黄的或者箱内所有球是红的，所以，箱内所有球或者是黄的或者是红的。

④ $\forall x(Fx \to Gx) \to (\forall xFx \to \forall xGx)$。

实例：如果所有花是红的，那么如果所有东西是花，则所有东西是红的。

此外，由于命题逻辑是谓词逻辑中相对独立、完整的一个子系统，因此，命题逻辑中的重言式也都是谓词逻辑的普遍有效式。

第四节　置换、代入、易字

置换、代入和易字都是谓词逻辑中具有保真性的命题变形方法，这些方法在后面的学习中会经常用到。

1. 置换(置换定理)

谓词逻辑的置换方法与命题逻辑中的置换方法在本质上是相同的，即：假设公式 C 中有子公式 A，A 等值于公式 B，那么所谓置换指的就是用 B 来替换 A 在 C 中的一处或多处出现，从而得到一个新的公式 D。下面的等值置换定理告诉我们，置换是具有保真性的。

置换定理：

假设 $A(x_1, x_2, \cdots, x_n)$、$B(x_1, x_2, \cdots, x_n)$ 是两个谓词公式，且 $x_1, x, \cdots, x_n$ $(n \geq 0)$ 是其全部自由变元。令 C_A 表示 A 是 C 的子公式，C_B 表示用 B 置换 A 在 C 中的一处或多处出现的结果，那么：若 $A \leftrightarrow B$ 是普遍有效式，则 $C_A \leftrightarrow C_B$ 是普遍有效式。特别是，若 $A \leftrightarrow B$ 是普遍有效式，并且 C_A 是普遍有效式，则 C_B 是普遍有效式。

例如，因为公式 $\forall xFx \leftrightarrow \neg\exists x \neg Fx$ 是普遍有效式，所以，$\forall xFx \vee \forall xGx \leftrightarrow \neg\exists x \neg Fx \vee \forall xGx$ 也是普遍有效式。又因为 $\forall xFx \to Fy$ 是普遍有效式，所以，$\neg\exists x \neg Fx \to Fy$ 也是普遍有效式。

又如，因为公式 $\exists xFx \leftrightarrow \neg\forall x \neg Fx$ 是普遍有效式，所以，$\exists xFx \wedge \exists xGx \leftrightarrow \neg\forall x \neg Fx \wedge \exists xGx$ 也是普遍有效式。又因为 $\exists x(Fx \wedge Gx) \to \exists xFx \wedge \exists xGx$ 是普遍有效式，所以，$\exists x(Fx \wedge Gx) \to \neg\forall x \neg Fx \wedge \exists xGx$ 也是普遍有效式。

2. 代入(自由变元代入定理)

谓词逻辑的代入有两种，一种是在命题逻辑这个子系统里对命题变元的代入，一种是对一般谓词公式中自由变元的代入。对一个自由变元的代入，意味着对该自由变元进行改写，从而使一个谓词公式变形为另一个谓词公式。

为了使这种命题变形具有保真性，自由变元的代入要求：①代入的对象只能是自由变元，不能是约束变元或其他对象；②对一个自由变元的代入要对其每一个自由出现同时进行，简称处处代入；③用来代入的只能是个体词，包括个体常项和个体变项。④用来代入的如果是个体变项，要求代入后保持自由变元的身份。

例如，用个体词 t 对公式 $Nx \wedge \forall y(Ny \to \neg Q(y, x)) \wedge \neg L(a, x)$ 中的自由变元 x 进

行代入，结果应为 $Nt\land\forall y(Ny\to\neg Q(y,t))\land\neg L(a,t)$。否则便不是正确的代入，例如：$Nt\land\forall y(Ny\to\neg Q(y,t))\land\neg L(a,x)$，因为没有处处代入。此外，用个体词 y 对该公式中自由变元 x 进行代入的结果也不正确，即 $Ny\land\forall y(Ny\to\neg Q(y,y))\land\neg L(a,y)$，因为 x 的第二个出现在被代入后会丧失其自由变元的身份。

自由变元和约束变元在一个谓词公式中的性质和作用是很不相同的。如果因为代入而使某个自由变元变成了约束变元，那么整个公式的意义和真值就都可能发生变化，从而也就不可能具有保真性。

例如：谓词公式 $\exists x(Fx\land\neg Fy)$ 中的 y 是自由变元。设个体域为 $\{0,1,2,\cdots\}$，一元谓词 F 表示“……是偶数”，则该公式的意义为“存在自然数 x，x 是偶数，并且某个自然数 y 不是偶数”，真值不确定，因为自由变元 y 的取值未定。于是：$\exists x(Fx\land\neg Ft)$ 是一个正确的代入，而 $\exists x(Fx\land\neg Fx)$ 则是一个错误的代入，因为它的意义为“存在自然数 x，x 是偶数，并且 x 不是偶数”，真值为 0。

一般而言，用个体词 t 对公式 A 中自由变元 x 进行代入的结果可表示为 A(x/t)。从 A 到 A(x/t) 的命题变形是否具有保真性，取决于用 t 对 x 进行的代入是否“合法”，即是否合乎上述要求。若用 t 对 x 进行的代入是“合法”的，则称 t 对 x 代入自由。

t 对 x 代入自由，意味着属于下列情况之一，否则便称 t 对 x 代入不自由。

① A 是一个原子谓词公式，不含量词，x 是其中的自由变元，t 是任一个体词。如 $F(x,y)$ 变为 $F(t,y)$。

② A 含有量词，但自由变元 x 不在任一量词的辖域之内，t 是任一个体词。如 $\forall xFx\to Fy$ 变为 $\forall xFx\to Ft$。

③ A 含有量词，且自由变元 x 在若干量词的辖域之内，但 t 要么是一个个体常项，要么与这些量词的指导变项都不同。如 $\forall y(Fy\lor Gx)$ 变为 $\forall y(Fy\lor Ga)$，或 $\forall y(Fy\lor Gt)$。

自由变元代入定理：

令 A(x) 表示任意公式 A 中含有自由变元 x，若个体词 t 对 x 代入自由，且 A 为普遍有效式，则 A(x/t)A 为普遍有效式。

3. 约束变元的易字

易字是对约束变元的一种改写过程。在谓词演算中，易字是一种常用的命题变形方法。为了使这种命题变形具有保真性，约束变元的易字要求：① 只能对谓词公式中的约束变元进行替换，而不能对其他对象进行替换。② 替换必须在一特定量词及其辖域内到处实现，即处处易字。③ 若 x 出现在多个量词的辖域内，替换可以只在一个量词及其辖域内进行。④ 替换的结果，不能使公式中原有的自由变元变为约束变元。

例如，公式 $\forall x(Px\lor\neg Qx\to Ry)$ 的 x 是约束变元，用个体变项 t 对 x 进行的以下改写是正确的：$\forall t(Pt\lor\neg Qt\to Ry)$；而用个体变项 y 对 x 进行的以下改写则是错误的：$\forall y(Py\lor\neg Qy\to Ry)$，因为它使 Ry 中的 y 由自由变元变成了约束变元。

易字的意义在于，易字是具有保真性的一种形式变换，即在使得原公式 A 取值为真的任一赋值下，易字后的公式 A(x/t) 仍然为真。特别是如果 A 为普遍有效式，则 A(x/t) 也是普遍有效式。

例如，用个体变项 t 对公式$\neg\forall xFx\leftrightarrow\exists x\neg Fx$中的 x 进行易字，可以得到$\neg\forall tFt\leftrightarrow\exists x\neg Fx$，或$\neg\forall xFx\leftrightarrow\exists t\neg Ft$，或$\neg\forall tFt\leftrightarrow\exists t\neg Ft$。因为$\neg\forall xFx\leftrightarrow\exists x\neg Fx$是普遍有效式，因此上述三个公式也都是普遍有效式。

第五节　判定问题、一阶树方法

一、可满足式、非普遍有效式的判定

根据谓词公式的分类知识，要判定一个谓词公式是可满足式或非普遍有效式是比较容易的。为此可以采用解释的方法，只要找到一个赋值 σ，使得公式 A 的取值 σ(A)=1，即可证明 A 是可满足式；只要找到一个赋值 σ，使得公式 A 的取值 σ(A)=0，即可证明 A 是非普遍有效式。

例 15-5-1　证明公式$\forall x\exists yR(x, y)\rightarrow\exists y\forall xR(x, y)$不是普遍有效式。

【证明】：给定模型 U：①个体域 D={0, 1, 2, …}；②个体常项；③一元谓词，二元谓词 R 表示"……小于……"。则：

前件$\forall x\exists yR(x, y)$的意义为"对任一自然数 x，都存在自然数 y，使得 x 小于 y"，即没有最大的自然数，显然为真；后件$\exists y\forall xR(x, y)$意义为"存在自然数 y，使得对任一自然数 x，都有 x 小于 y"，即有最大的自然数，显然为假。于是整个蕴涵式的取值为假，证明它不是一个普遍有效式。

例 15-5-2　证明公式$\forall x\exists yR(x, y)\rightarrow\exists y\forall xR(x, y)$是可满足式。

【证明】：给定模型 U：①个体域 D={0, 1, 2, …}；②个体常项；③一元谓词，二元谓词 R 表示"……能被……整除"。则：

前件$\forall x\exists yR(x, y)$的意义为"对任一自然数 x，都存在自然数 y，使得 x 能被 y 整除"，为真；后件$\exists y\forall xR(x, y)$意义为"存在自然数 y，使得对任一自然数 x，x 都能被 y 整除"，也为真。于是整个蕴涵式的取值为真，证明它是一个可满足式。

二、普遍有效式的判定——一阶树方法

在谓词逻辑中，普遍有效式的判定无疑是最重要的。同命题逻辑中的情形一样，我们希望找到一种判定方法，以便按照可机械操作的程序，在有穷步骤内得到对任一谓词公式是不是普遍有效式的唯一判定结果。但这样的判定方法在谓词逻辑中是不存在的，我们只有一些部分的判定方法，一阶树方法便是其中之一。

一阶树方法是对命题逻辑的析取真值树的扩充。析取树的有关树形图的定义和九条联结词画图规则在这里被原封不动地保留了下来，但另外增加了四条关于量词的画图规则。

1. 关于量词的画图规则

设 A 为任一谓词公式，其中含有自由变元 x，记为 A(x)，则四条关于量词的画图规则可图示如下：

$\forall_{-}$规则	$\exists_{-}$规则	$\neg\forall_{-}$规则	$\neg\exists_{-}$规则
$\forall xA(x)$	$\exists xA(x)$	$\neg\forall xA(x)$	$\neg\exists xA(x)$
$A(x/t)$	$A(x/c)$	$\neg A(x/c)$	$\neg A(x/t)$

① $\forall_{-}$规则(全称量词消去规则)。

该规则的直观意思是：若$\forall xA(x)$为真，则$A(x/t)$为真，其中 t 为任一个体词，但要求 t 对 x 代入自由。

② $\exists_{-}$规则(存在量词消去规则)。

该规则的直观意思是：若$\exists xA(x)$为真，则$A(x/c)$为真，其中 c 为任一个体常项，但要求 c 在前面没有出现过，即为新常项。这是因为$\exists xA(x)$为真，仅仅意味着个体域中存在某个个体 c 使得 A 为真，但这个 c 不一定恰恰是前面出现过的个体(常项)。

例如：令个体域为自然数集，P 表示“……是偶数”，Q 表示“……是质数”，公式$\exists x\exists y(Px\wedge Qy)$显然为真。第一次消去“∃”，得到$\exists y(P8\wedge Qy)$，这个没问题；但当第二次消去“∃”，若还用 8 去代入 y，就会得到$(P8\wedge Q8)$，即 8 是偶数并且是质数，显然为假。这说明当前面有常项 8 出现，第二次消去“∃”时便不能用 8 代入，而只能用一个前面没有出现过的常项，否则便不具有保真性。

③ $\neg\forall_{-}$规则(全称量词的否定消去规则)。

该规则本质上与$\exists_{-}$规则相同，因为$\neg\forall xA\leftrightarrow\exists x\neg A$。

④ $\neg\exists_{-}$规则(存在量词的否定消去规则)。

该规则本质上与$\forall_{-}$规则相同，因为$\neg\exists xA\leftrightarrow\forall x\neg A$。

2. 判定方法

值得注意的是，一阶树方法在画图时应先使用联结词规则，然后再使用量词规则。而在使用四条量词规则时，应先使用$\exists_{-}$规则和$\neg\forall_{-}$规则，后使用$\forall_{-}$规则和$\neg\exists_{-}$规则，这是因为$\exists_{-}$规则和$\neg\forall_{-}$规则都要求用新常项代入，而$\forall_{-}$规则和$\neg\exists_{-}$规则则无此限制。

另外，在根据量词规则，在使用过某个公式以后，不能像在命题逻辑中那样在后面打“√”表示其已用过。因为在使用量词规则时，所得新节点上的公式与原节点上的公式一般不等值，而仅仅反映了其部分的意思。例如由$\forall xA(x)$到$A(x/t)$，新节点上的$A(t)$仅是$\forall xA(x)$的一部分意思，因此后面还可以重复对$\forall xA(x)$使用$\forall_{-}$规则。这意味着$\forall xA(x)$的意思可能永远表达不完，以致某些公式的一阶树永远无法终结，从而无法得出确切的判定结果。实际情况正是如此：若 A 是普遍有效式，则一阶树必定可以终结；若 A 是一个一元谓词公式，则一阶树也必定可以终结。但如果 A 是一个多元谓词公式并且不是普遍有效式，那么一阶树便可能永远无法终结。正因为如此，一阶树方法才不足以称为“能行的判定方法”。

例 15-5-3 用一阶树方法判定：$\forall xAx\vee\forall xBx\to\forall x(Ax\vee Bx)$。

【解】：依画图规则构造树形图如下：

$\neg((\forall xAx \vee \forall x\ Bx) \rightarrow \forall x(Ax \vee Bx))$

$\forall xAx \vee \forall x\ Bx$ √

$\neg\forall x(Ax \vee Bx)$ √

$\neg(Ax \vee Bx)$ √

$\neg Ac \wedge\ Bc$ √

$\neg Ac$

$\neg Bc$

$\forall xAx$　　$\forall xBx$

Ac　　Bc

※　　※

该树形图已经终结，并且各个枝都是闭枝，故原公式为普遍有效式。

例 15-5-4　用一阶树方法判定：$\forall x(Ax \rightarrow Bx) \wedge \forall x(Bx \rightarrow Cx) \rightarrow \forall x(Ax \rightarrow Cx)$。

【解】：依画图规则构造树形图如下：

$\neg(\forall x(Ax \rightarrow Bx) \wedge \forall x(Bx \rightarrow Cx) \rightarrow \forall x(Ax \vee Cx))$

$\forall x(Ax \rightarrow Bx) \wedge \forall x(Bx \rightarrow Cx)$ √

$\neg\forall x(Ax \vee Cx)$ √

$\forall x(Ax \vee Bx)$

$\forall x(Bx \vee Cx)$

$\neg(Ac \wedge\ Bc)$ √

Ac

$\neg Cc$

$Ac \rightarrow Bc$

$Bc \rightarrow Cc$

Ac　　Bc

※

Bc　　Cc

※　　※

该树形图已经终结，并且各个枝都是闭枝，故原公式为普遍有效式。

例 15-5-5 用一阶树方法判定：$\forall x(Ax\rightarrow Cx)\wedge\forall x(Bx\rightarrow Cx)\wedge\exists x(Ax\vee Bx)\rightarrow\exists xCx$。

【解】：依画图规则构造树形图如下：

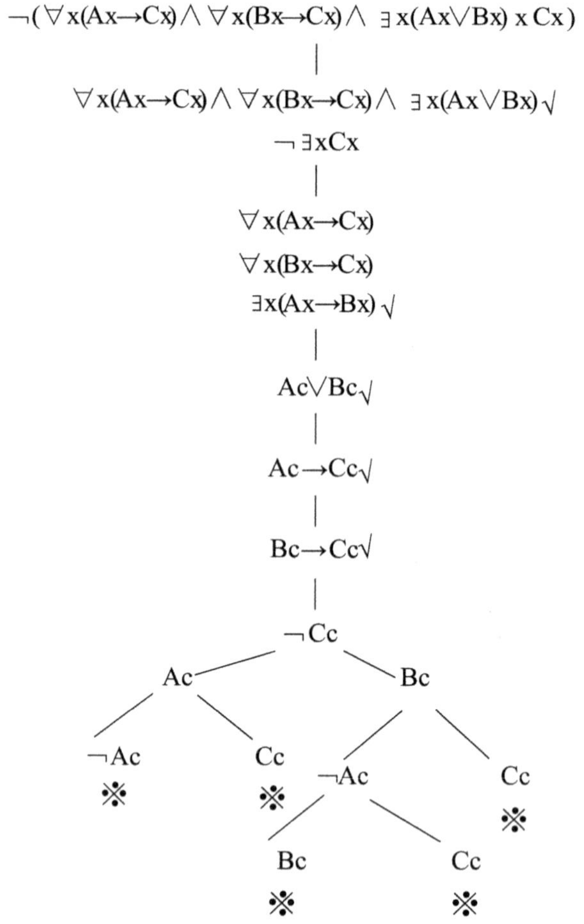

该树形图已经终结，并且各个枝都是闭枝，故原公式为普遍有效式。

练　习　题

1. 分析下列谓词公式中量词的辖域，并判别其有无自由变元。

(1) $\forall x(Ax\rightarrow Bx)\rightarrow(\exists xAx\rightarrow\exists xBx)$

(2) $\forall xFx\vee\forall xGx\leftrightarrow\neg\exists x\neg Fx\vee\forall xGx$

(3) $Nx\wedge\forall y(Ny\rightarrow\neg Q(y, x))\wedge\neg L(a, x)$

2. 在谓词逻辑中，将下列基本简单命题符号化。

(1)3 加 6 等于 9。

(2)所有的马都是动物。

(3)很多人崇拜毛泽东。

(4)有的法官不是公正的。

(5)有的老师得到所有学生的尊敬。

(6)甲班所有同学都认识乙班有的同学。

3. 在谓词逻辑中，将下列一般简单命题符号化。

(1)没有最大的自然数。

(2)李明热爱所有教过他的老师。

(3)没有一个证人说谎，除非他害怕。

(4)我班所有湖北籍的同学都年满十八岁了。

(5)有的选举者只投名气大的候选人的票。

(6)任何一条鱼都比任何一条比它小的鱼游得快。

4. 在谓词逻辑中，将下列简单命题推理符号化。

(1)凡人皆有死，故并非有人可长生不老。

(2)凡罪犯都有作案时间，某甲是罪犯，所以，某甲有作案时间。

(3)张三和李四是朋友，所以，李四和张三是朋友。

(4)张三打败了所有的对手，所以，所有的对手都没有打败张三。

(5)有的选举者投了所有候选人的票，所以，所有的候选人都有选举者投票。

(6)所有的罪犯或者是故意犯罪，或者是过失犯罪。有的罪犯不是故意犯罪，所以，有的罪犯是过失犯罪。

5. 选取模型或赋值，对下列公式进行解释。

(1) $Px \rightarrow \exists xPx$

(2) $\forall xPx \rightarrow Px$

(3) $\exists xPx \land \exists x \neg Px$

(4) $\forall x \forall y(R(x, y) \rightarrow \neg R(y, x))$

(5) $\forall xFx \lor \forall xGx \rightarrow \forall x(Fx \lor Gx)$

(6) $\forall x \forall y \forall z(R(x, y) \land R(y, z) \rightarrow R(x, z))$

6. 对下列谓词公式分别进行一次置换、代入和易字。

(1) $\forall xAx \land \neg \exists xR(x, y)$

(2) $\forall x(Ax \rightarrow Bx) \rightarrow (Ax \rightarrow Bx)$

(3) $\forall x \exists y(\neg A(x, y) \lor A(x, z))$

7. 用一阶树方法判定下列谓词公式是否普遍有效式。

(1) $\forall x(Sx \rightarrow Px) \rightarrow \forall x(\neg Px \rightarrow \neg Sx)$

(2) $\forall x \forall yR(x, y) \leftrightarrow \forall y \forall xR(x, y)$

(3) $\exists x(Ax \land \neg Bx) \rightarrow \exists xAx \land \exists x \neg Bx$

(4) $\forall x \forall y(F(x, y) \rightarrow \neg F(y, x)) \rightarrow \neg \exists xF(x, x)$

(5) $\forall x(Ax \rightarrow Bx) \land \exists x(Cx \land \neg Bx) \rightarrow \exists x(Cx \land \neg Ax)$

(6) $\exists x(Fx \land \forall y(Gy \rightarrow R(x, y))) \rightarrow \forall y(Gy \rightarrow \exists x(Fx \land R(x, y)))$

第十六章　谓 词 演 算

第一节　前 束 范 式

范式在谓词逻辑中和在命题逻辑中一样，指的是某种典型的、标准的命题格式，可借以简明、直观地显示命题的某些逻辑特征。在判定谓词公式的普遍有效性和可满足性，以及谓词演算中证明某些定理时，都要用到范式。谓词公式的范式，首先是前束范式。

一、前束范式

一个谓词公式 A 称为是前束范式，当且仅当 A 中的一切量词都未被否定地处于公式最前方，且其辖域都延伸至公式的末端。

也就是说，前束范式指的是形如$(D_1x_1, D_2x_2, \cdots, D_nx_n)B$这样的谓词公式，其中$n\geqslant 1$，每个$D_i(i=1, 2, \cdots, n)$都是量词∀或∃，指导变项$x_i(i=1, 2, \cdots, n)$互不相同，并且都在 B 中出现。公式 B 中不含量词，称为母式或基式，$(D_1x_1, D_2x_2, \cdots, D_nx_n)$称为前束词。

例如：$\exists xFx$、$\forall x(Sx\rightarrow Px)$、$\forall x\forall y(Fx\wedge Gy)$、$\forall x\exists y(Gx\wedge Hy)$、$\forall x\exists y(Sx\rightarrow(Py\wedge R(x, y)))$、$\forall x\forall y\forall zR(x, y, z)$……

一个公式 A 的前束范式，指的是与 A 等值的前束范式。关于前束范式的存在，我们有**前束范式存在定理**：

狭谓词逻辑的每一公式都有其前束范式；一公式的前束范式不是唯一的。

求前束范式的一般方法和步骤是：

① 通过置换消去→和↔。置换的根据是：

$$A\rightarrow B\leftrightarrow\neg A\vee B;\qquad (A\leftrightarrow B)\leftrightarrow(A\wedge B)\vee(\neg A\wedge\neg B)。$$

② 通过置换消去量词前面的¬。置换的根据是：

$$\neg\forall xA(x)\leftrightarrow\exists x\neg A(x);\qquad \neg\exists xA(x)\leftrightarrow\forall x\neg A(x)。$$

③ 通过易字对含有相同变项的量词进行改写，使不同的量词所含的约束变元都用不同的字母表示。例如，将$\exists xSx\wedge\exists xPx$易字为$\exists xSx\wedge\exists yPy$。易字后的公式和原公式也是可以置换的。

④ 根据下列定理，按一定的次序进行置换，将量词逐步移至公式的最前方，并使其辖域都延伸至公式的末端。

假设公式 A 中不包含自由变元 x，则下列等值式都是普遍有效式，都可作为置换的依据：

$A \vee \forall xBx \leftrightarrow \forall x(A \vee Bx)$；　　$A \vee \exists xBx \leftrightarrow \exists x(A \vee Bx)$。

$\forall xBx \vee A \leftrightarrow \forall x(Bx \vee A)$；　　$\exists xBx \vee A \leftrightarrow \exists x(Bx \vee A)$。

$A \wedge \forall xBx \leftrightarrow \forall x(A \wedge Bx)$；　　$A \wedge \exists xBx \leftrightarrow \exists x(A \wedge Bx)$。

$\forall xBx \wedge A \leftrightarrow \forall x(Bx \wedge A)$；　　$\exists xBx \wedge A \leftrightarrow \exists x(Bx \wedge A)$。

⑤ 如果公式中有空约束，就直接消去。因为根据定义，前束范式中不允许出现空约束，但空约束并不影响公式的真值，消去空约束的操作也是等值置换。例如：$\forall x \exists y(Sx \rightarrow Px) \leftrightarrow \forall x(Sx \rightarrow Px)$。

由于每一公式都是一有穷的符号序列，其中所含的量词是有穷的。原公式在引用有穷次上列置换方法以后，必然可以得到原公式的一个前束范式。由于置换的先后顺序没有机械的规定，对于基式也没有进一步的要求，因此按上列方法得到的前束范式也不是唯一的。

例 16-1-1　求公式$\forall xAx \rightarrow \exists xAx$的前束范式。

【解】：①消去→，得：$\neg\forall xAx \vee \exists xAx$；

②内移¬，得：$\exists x\neg Ax \vee \exists xAx$；

③易字，得：$\exists x\neg Ax \vee \exists yAy$；

④量词前移，得：$\exists x\exists y(\neg Ax \vee Ay)$。【毕】

例 16-1-2　求公式$\exists x\forall yA(x, y) \rightarrow \exists zB(t, z)$的前束范式。

【解】：①消去→，得：$\neg\exists x\forall yA(x, y) \vee \exists zB(t, z)$；

②内移¬，得：$\forall x\neg\forall yA(x, y) \vee \exists zB(t, z)$；

③内移¬，得：$\forall x\exists y\neg A(x, y) \vee \exists zB(t, z)$；

④量词前移，得：$\forall x\exists y\exists z(\neg A(x, y) \vee \exists zB(t, z))$。【毕】

该例中，量词前移后，显然也可得：$\forall x\exists z\exists y(\neg A(x, y) \vee \exists zB(t, z))$，或$\exists z\forall x\exists y(\neg A(x, y) \vee \exists zB(t, z))$。这些也都是原公式的前束范式。

上述求前束范式的过程中，易字有时候并不是必需的，因为可以通过以下定理直接进行置换(假设公式 A 中不包含自由变元 x)：

$\forall xFx \wedge \forall xGx \leftrightarrow \forall x(Fx \wedge Gx)$；$\exists xFx \vee \exists xGx \leftrightarrow \exists x(Fx \vee Gx)$。

通过置换消去→这一步并不是必需的，因为可以通过以下定理直接进行置换(假设公式 A 中不包含自由变元 x)：

$A \rightarrow \forall xBx \leftrightarrow \forall x(A \rightarrow Bx)$；　　$A \rightarrow \exists xBx \leftrightarrow \exists x(A \rightarrow Bx)$；

$\forall xBx \rightarrow A \leftrightarrow \forall x(Bx \rightarrow A)$；　　$\exists xBx \rightarrow A \leftrightarrow \exists x(Bx \rightarrow A)$。

尽管如此，我们还是要力图使其结构更加简明、清晰，以便更加直观地显示或识别其逻辑性质。

二、司寇伦范式

一个谓词公式与其前束范式是等值的，因此根据前束范式存在定理，我们在研究判定问题时，便可以直接针对前束范式进行讨论，而不必考虑一般的谓词公式。这会使问题在一定程度上得到简化，但是前束范式的前束词还有不同的类型，前束词里的量词还可以有不同的排列方法。我们假如能找到一种范式，其中的前束词都属于某种特定的类型，那么就可以把要考虑的范围进一步缩小，从而更加有利于判定问题的研究。司寇伦范式便是其中之一。

一前束范式称为司寇伦范式，当且仅当其基式中无自由变元，前束词中至少有一存在量词∃，且一切存在量词∃都在全称量词∀之前。

根据其结构特征，司寇伦范式又可称为∃-前束范式。例如：$\exists x\forall y(Sx\wedge(\neg Py\rightarrow H(x,y)))$、$\exists x\exists y\exists z\forall t(\neg A(x,y)\vee\exists zB(t,z))$。而下列前束范式则不是∃-前束范式：$\forall x(Sx\rightarrow Px)$——因为无存在量词；$\exists y\exists z\forall x(\neg A(x,y)\vee\exists zB(t,z))$——因为其中的 t 是自由变元。

关于∃-前束范式的存在性，我们有**∃-前束范式存在定理**：

狭谓词逻辑的每一公式 A 都有其∃-前束范式 B，并且 A 和 B 是等值的。特别需要指出的是，A 普遍有效是 B 普遍有效的充分必要条件。

除了∃-前束范式，还有所谓∀-前束范式：

一前束范式称为∀-前束范式，当且仅当其基式中无自由变元，前束词中至少有一全称量词∀，且一切全称量词∀都在存在量词∃之前。

例如：$\forall x(Sx\rightarrow Px)$、$\forall x\forall y(Sx\rightarrow(Py\rightarrow T(x,y)))$、$\forall y\exists x(Sx\wedge(\neg Py\rightarrow H(x,y)))$、$\forall x\forall t\exists y\exists z(\neg A(x,y)\vee\exists zB(t,z))$。而下列前束范式则不是∀-前束范式：$\exists y(\neg By\wedge T(x,y))$——因为无全称量词；$\forall x\exists y\exists z(\neg A(x,y)\vee\exists zB(t,z))$——因为其中的 t 是自由变元。

求∃-前束范式和∀-前束范式的过程涉及一些非常复杂的等值置换过程，本书暂不涉及。

第二节　自然推理系统 Q^N

谓词逻辑自然推理系统 Q^N 是命题逻辑自然推理系统 P^N 的扩充。前面讲过，谓词逻辑的初始符号和形成规则都是命题逻辑相应部分的扩充①，这里不再重复。我们直接看推演规则和形式证明，其书写格式的约定和 P^N 系统也是一样的。

一、Q^N 推演规则

Q^N 系统推演规则是 P^N 系统推演规则的扩充。P^N 系统所有的推演规则、导出规则和已证定理都可以在 Q^N 系统中直接引用而无须另外证明。在 P^N 系统推演规则的基础上，Q^N 系统另外补充了四条与量词有关的推演规则。

1. 全称量词消去规则 $\forall_-$

从 $\forall xA(x)$，可推出 $A(x/t)$；即：$\forall xA(x)\vdash A(x/t)$，其中 t 为任一对 x 代入自由的个体词。图示如下：

① 请参看第十五章 第一节“谓词、谓词公式”。

| ⋮
| $\forall xA(x)$
| ⋮
| $A(x/t)$
| ⋮

2. 全称量词引入规则$\forall_+$

从 $A(x)$，可推出$\forall xA(x)$；即：$A(x) \vdash \forall xA(x)$，其中 A 中的自由变元 x 是任意的。图示如下：

| ⋮
| $A(x)$
| ⋮
| $\forall xA(x)$
| ⋮

$\forall_+$规则也叫全称概括规则，意思是：如果公式 $A(x)$中自由变元 x 的取值无论是个体域中的哪一个个体，公式 A 都成立，那么$\forall xA(x)$就成立。这里的关键问题是在什么情况下，可以保证 $A(x)$中的自由变元 x 是任意的。

不难理解，根据$\forall_-$规则从$\forall xA(x)$得到的 $A(x)$中的 x 是任意的，因此可以直接对 A (x)应用$\forall_+$规则。在形式推演中，如果不能确保某个自由变元 x 是任意的，就要给它加标记，即在其所在公式的右边标注公式来历的位置添加一个“x”，表示它可能不是任意的，因此不能对它使用$\forall_+$规则。这种做法就叫做“给自由变元加标记”。需要给自由变元加标记的情形包括：①给定前提中有自由变元；②根据假设引入规则所引入的假设中有自由变元；③以①或②为前提推出的某些行中有与①或②中相同的自由变元，但不包括被解除了的公式。

3. 存在量词消去规则$\exists_-$

从$\exists xA(x)$，可推出 $A(x/c)$；即：$\exists xA(x) \vdash A(x/c)$，其中 c 为任一新常项。图示如下：

| ⋮
| $\exists xA(x)$
| ⋮
| $A(x/c)$
| ⋮

需要注意的是，在使用$\exists_-$规则得到 $A(x/c)$时，如果公式 A 中还有另外一个自由变元 y，那么这个新常项 c 对 y 是有影响的，会导致 y 由任意的变成受限制的，因此应该用 c 给 y 做下标，记为 y_c。

例如：对公式$\forall x \exists yR(x, y)$使用$\forall_-$规则，得到$\exists yR(x, y)$，其中的 x 任意的；再使用$\exists_-$规则，得到 $R(x, c)$，此时 c 对 x 就是有影响的，会导致 x 由任意的变成受限制

的，从而不能再对 x 使用$\forall_+$规则，因此应该记为 $R(x_c, c)$。否则便会得出荒谬结论$\forall xR(x, c)$。如假定在自然数集上 R 表示“……小于……”，则$\forall x\exists yR(x, y)$的意思是“对任一自然数 x，都存在自然数 y，使得 x 小于 y”，即没有最大的自然数，显然为真；而$\forall xR(x, c)$则表示“任一自然数 x 都小于 c”，即 c 为最大的自然数，显然为假。

由此可见，在使用$\exists_-$规则时对其他自由变元加下标，实际上是为了防止误用$\forall_+$规则。

4. 存在量词引入规则$\exists_+$

从 $A(x/t)$，可推出$\exists xA(x)$；即：$A(x/t) \vdash \exists xA(x)$，其中 t 为任一对 x 代入自由的个体词。图示如下：

| ⋮
| A(x/t)
| ⋮
| ∃xA(x)
| ⋮

$\exists_+$规则也叫存在概括规则，意思是：只要公式 A(x)中自由变元 x 的取值是个体域中的某个个体时，若 A 成立，那么$\exists xA(x)$就成立。

二、Q^N无前提推演(定理证明)

例 16-2-1 $\forall x\forall y\forall z(R(x,y)\land R(y,z)\to R(x,z))\land R(a,b)\land R(b,c)\to R(a,c)$。

【证明】：

① | ○∀x∀y∀z(R(x,y)∧R(y,z)→R(x,z))∧R(a,b)∧R(b,c)　假设
② | | ∀x∀y∀z(R(x,y)∧R(y,z)→R(x,z))　①$\land_-$
③ | | R(a,b)∧R(b,c)　①$\land_-$
④ | | ∀y∀z(R(a,y)∧R(y,z)→R(a,z))　②$\forall_-$
⑤ | | ∀z(R(a,b)∧R(b,z)→R(a,z))　④$\forall_-$
⑥ | | (R(a,b)∧R(b,c)→R(a,c)　⑤$\forall_-$
⑦ | | R(a,c)　③⑥$\to_-$
⑧ | ∀x∀y∀z(R(x,y)∧R(y,z)→R(x,z))∧R(a,b)∧R(b,c)→R(a,c)(1)　⑦$\to_+$

例 16-2-2 $\forall x(Ax\to Bx)\to(\exists xAx\to\exists xBx)$。

【证明】：

① | ○∀x(Ax→Bx)　假设
② | | ○∃xAx　假设
③ | | | Aa　②$\exists_-$
④ | | | Aa→Ba　①$\forall_-$
⑤ | | | Ba　③④$\to_-$

⑥ | | | ∃xBx	⑤$\exists_+$
⑦ | | ∃xAx→∃xBx	②⑥$\rightarrow_+$
⑧ | ∀x(Ax→Bx)→(∃xAx→∃xBx)	②⑦$\rightarrow_+$

例 16-2-3　∃x(Ax→Bx)↔(∀xAx→∃xBx)。

【证明】:

① | ○∃x(Ax→Bx)	假设
② | | ○∀xAx	假设
③ | | | Aa→Ba	①$\exists_-$
④ | | | Aa	②$\forall_-$
⑤ | | | Ba	③④$\rightarrow_-$
⑥ | | | ∃xBx	⑤$\exists_+$
⑦ | | ∀xAx→∃xBx	②⑥$\rightarrow_+$
⑧ | ∃x(Ax→Bx)→(∀xAx→∃xBx)	②⑦$\rightarrow_+$
⑨ | ○∀xAx→∃xBx	假设
⑨ | | ∀xAx→Ba	⑨$\exists_-$
⑪ | | Aa→Ba	⑩$\forall_-$
⑫ | | ∃x(Ax→Bx)	⑪$\exists_+$
⑬ | (∀xAx→∃xBx)→∃x(Ax→Bx)	⑨⑫$\rightarrow_+$
⑭ | ∃x(Ax→Bx)↔(∀xAx→∃xBx)	⑧⑬$\leftrightarrow_+$

例 16-2-4　∀x(Ax↔Bx)→(∀xAx↔∀xBx)。

【证明】:

① | ○∀x(Ax↔Bx)	假设
② | | ○∀xAx	假设
③ | | | Ax	②$\forall_-$
④ | | | Ax↔Bx	①$\forall_-$
⑤ | | | Ax→Bx	④$\leftrightarrow_-$
⑥ | | | Bx	③⑤$\rightarrow_-$
⑦ | | | ∀xBx	⑥$\forall_+$
⑧ | | ∀xAx→∀xBx	①⑦$\rightarrow_+$
⑨ | | ○∀xBx	假设
⑩ | | | Bx	⑨$\forall_-$
⑪ | | | Ax↔Bx	①$\forall_-$
⑫ | | | Bx→Ax	⑪$\leftrightarrow_-$
⑬ | | | Ax	⑩⑫$\rightarrow_-$
⑭ | | | ∀xAx	⑬$\forall_+$
⑮ | | ∀xBx→∀xAx	⑨⑭$\rightarrow_+$

⑯ | | ∀xAx ↔∀xBx	⑧⑮$\leftrightarrow_+$
⑰ | ∀x(Ax ↔Bx)→(∀xAx ↔∀xBx)	①⑯$\rightarrow_+$

例 16-2-5 ∀x(A∧Bx)↔A∧∀xBx,若 x 不在 A 中自由出现。

【证明】:

① | ○∀x(A∧Bx)(x 不在 A 中自由出现)	假设
② | | A∧Bx	①$\forall_-$
③ | | A	②$\wedge_-$
④ | | Bx	②$\wedge_-$
⑤ | | ∀xBx	④$\forall_+$
⑥ | | A∧∀xBx	③⑤$\wedge_+$
⑦ | ∀x(A∧Bx)→A∧∀xBx	①⑥$\rightarrow_+$
⑧ | ○ A∧∀xBx(x 不在 A 中自由出现)	假设
⑨ | | A	⑧$\wedge_-$
⑩ | | ∀xBx	⑧$\wedge_-$
⑪ | | Bx	⑩$\forall_-$
⑫ | | A∧Bx	⑨⑪$\wedge_+$
⑬ | | ∀x(A∧Bx)	⑫$\forall_+$
⑭ | A∧∀xBx→∀x(A∧Bx)	⑧⑬$\rightarrow_+$
⑮ | ∀x(A∧Bx)↔A∧∀xBx(x 不在 A 中自由出现)	⑦⑭$\leftrightarrow_+$

三、Q^N有前提推演(推理有效性证明)

例 16-2-6 ∃xAx →∃xBx,∀x(Cx →Ax) /∴ ∃xCx →∃xBx。

【证明】:

① | ∃xAx→∃xBx	前提
② | ∀x(Cx→Ax)	前提
③ | ○∃xCx	假设
④ | | ○¬∃xBx	假设
⑤ | | | ¬∃xAx	①④Q^N定理
⑥ | | | Ca	(3)$\exists_-$
⑦ | | | ∀x ¬Ax	⑤Q^N定理
⑧ | | | ¬Aa	⑦$\forall_-$
⑨ | | | Ca→Aa	②$\forall_-$
⑩ | | | Aa	⑥⑨$\rightarrow_-$
⑪ | | ∃xBx	④⑧⑩$\neg_-$
⑫ | ∃xCx→∃xBx	③⑪$\rightarrow_+$

例 16-2-7 ∀x(Ax∨Bx →Cx),∀x(Cx∨Dx →Ex) /∴ ∀x(Ax →Ex)。

【证明】:

① | ∀x(Ax ∨ Bx→Cx)	前提
② | ∀x(Cx ∨ Dx→Ex)	前提
③ | ○ Ax	x,假设
④ | | Ax ∨ Bx	x,③$\vee_+$
⑤ | | Ax ∨ Bx→Cx	x,①$\forall_-$
⑥ | | Cx	x,④⑤$\rightarrow_-$
⑦ | | Cx ∨ Dx	x,⑥$\vee_+$
⑧ | | Cx ∨ Dx→Ex	x,①$\forall_-$
⑨ | | Ex	x,⑦⑧$\rightarrow_-$
⑩ | Ax→Ex	③⑨$\rightarrow_+$
⑪ | ∀x(Ax→Ex)	⑪$\forall_+$

例 16-2-8 ∃xAx →∃yBy,∃x(Ax ∧ ∀y(By →R(x,y))) /∴ ∃x ∃yR(x,y)。

【证明】:

① | ∃xAx→∃yBy	前提
② | ∃x(Ax ∧ ∀y(By→R(x,y)))	前提
③ | ∃xAx ∧ ∃x ∀y(By→R(x,y))	②Q^N定理
④ | ∃xAx	(3)$\wedge_-$
⑤ | ∃x ∀y(By→R(x,y))	③$\wedge_-$
⑥ | ∃yBy	①④$\rightarrow_-$
⑦ | ∀y(By→R(a,y))	⑤$\exists_-$
⑧ | Bb	⑥$\exists_-$
⑨ | Bb→R(a,b)	⑦$\forall_-$
⑩ | R(a,b)	⑪⑫$\rightarrow_-$
⑪ | ∃yR(a,y)	⑩$\exists_+$
⑫ | ∃x ∃yR(x,y)	⑪$\exists_+$

例 16-2-9 ∃x(Sx ∧ ∀y(Py →T(x,y))) /∴ ∀y(Py →∃x(Sx ∧ T(x,y)))。

【证明】:

① | ∃x(Sx ∧ ∀y(Py →T(x,y)))	前提
② | ○¬∀y(Py →∃x(Sx ∧ T(x,y)))	假设
③ | | Sa ∧ ∀y(Py →T(a,y))	①$\exists_-$
④ | | ∃y ¬(Py →∃x(Sx ∧ T(x,y)))	②ZH
⑤ | | ¬(Pb →∃x(Sx ∧ T(x,b)))	④$\exists_-$
⑥ | | Pb ∧ ¬∃x(Sx ∧ T(x,b))	⑤ZH
⑦ | | Pb	⑥$\wedge_-$
⑧ | | ¬∃x(Sx ∧ T(x,b))	⑥$\wedge_-$

⑨ | | $\forall x\neg(Sx\wedge T(x,b))$	⑧ZH
⑩ | | Sa	③$\wedge_-$
⑪ | | $\forall y(Py\to T(a,y))$	③$\wedge_-$
⑫ | | $Pb\to T(a,b)$	⑪$\forall_-$
⑬ | | $T(a,b)$	⑦⑫$\to_-$
⑭ | | $\neg(Sa\wedge T(a,b))$	⑨$\forall_-$
⑮ | | $\neg Sa\vee\neg T(a,b)$	⑭ZH
⑯ | | $\neg T(a,b)$	⑩⑮Q^N定理
⑰ | $\forall y(Py\to\exists x(Sx\wedge T(x,y)))$	②⑬⑯$\neg_-$

例 16-2-10 $\forall x(Ax\to\exists y(Ay\wedge B(x,y)))$，$\exists x(Ax\wedge\forall y(Ay\wedge B(x,y)\to C(x,y)))$ / $\therefore\exists x\exists y(Ax\wedge Ay\to C(x,y))$。

【证明】：

① | $\forall x(Ax\to\exists y(Ay\wedge B(x,y)))$	前提
② | $\exists x(Ax\wedge\forall y(Ay\wedge B(x,y)\to C(x,y)))$	前提
③ | ○$\neg\exists x\exists y(Ax\wedge Ay\to C(x,y))$	假设
④ | | $\forall x\neg\exists y(Ax\wedge Ay\to C(x,y))$ ③Q^N	定理
⑤ | | $\forall x\forall y\neg(Ax\wedge Ay\to C(x,y))$ ④Q^N	定理
⑥ | | $\forall x\forall y(Ax\wedge Ay\wedge\neg C(x,y))$ ⑤Q^N	定理
⑦ | | $Aa\wedge\forall y(Ay\wedge B(a,y)\to C(a,y))$	②$\exists_-$
⑧ | | Aa	⑦$\wedge_-$
⑨ | | $\forall y(Ay\wedge B(a,y)\to C(a,y))$	⑦$\wedge_-$
⑩ | | $Aa\to\exists y(Ay\wedge B(a,y))$	①$\forall_-$
⑪ | | $\exists y(Ay\wedge B(a,y))$	⑧⑩$\to_-$
⑫ | | $Ab\wedge B(a,b)$	⑪$\exists_-$
⑬ | | $Ab\wedge B(a,b)\to C(a,b)$	⑨$\forall_-$
⑭ | | $C(a,b)$	⑫⑬$\to_-$
⑮ | | $\forall y(Aa\wedge Ay\wedge\neg C(a,y))$	⑦$\forall_-$
⑯ | | $Aa\wedge Ab\wedge\neg C(a,b)$	⑮$\forall_-$
⑰ | | $\neg C(a,b)$	⑯$\wedge_-$
⑱ | $\exists x\exists y(Ax\wedge Ay\to C(x,y))$	③⑭⑰$\neg_-$

练 习 题

1. 求下列谓词公式的前束范式。

(1) $\forall x(Ax\to Bx)\to(Ax\to Bx)$；

(2) $\forall x\exists yR(x,y)\to\exists y\forall xR(x,y)$；

(3) $\exists x(Fx\wedge Gx)\to\exists xFx\wedge\exists xGx$；

(4) $\neg\forall xFx \leftrightarrow \exists x\neg Fx$;

(5) $\forall xAx \vee \forall xBx \rightarrow \forall x(Ax \vee Bx)$;

(6) $\exists x\forall yA(x,y) \rightarrow \exists yB(z,y) \wedge Fz$。

2. 在 Q^N 中证明,下列谓词公式是 Q^N 定理。

(1) $\forall x(Sx \rightarrow Px) \rightarrow \neg\exists x(Sx \wedge \neg Px)$;

(2) $\forall x(Fx \rightarrow Gx) \rightarrow (\forall xFx \rightarrow \forall xGx)$;

(3) $\forall x\exists yR(x,y) \rightarrow \exists y\forall xR(x,y)$;

(4) $\exists x(Fx \wedge Gx) \rightarrow \exists xFx \wedge \exists xGx$;

(5) $\exists x(A \vee Bx) \leftrightarrow A \vee \exists xBx$,若 x 不在 A 中自由出现;

(6) $\exists x(Fx \wedge \forall y(Gy \rightarrow R(x,y))) \rightarrow \forall y(Gy \rightarrow \exists x(Fx \wedge R(x,y)))$。

3. 在 Q^N 中证明,下列推理形式是有效的。

(1) $\forall x\forall y(R(x,y) \rightarrow R(y,x)), R(a,b), /\therefore R(b,a)$;

(2) $\exists xAx \rightarrow \exists xBx \quad /\therefore \exists y\forall x(Ax \rightarrow By)$;

(3) $\forall x(Ax \vee Bx \rightarrow Cx \wedge Dx) \quad /\therefore \exists x(Ax \vee Cx) \rightarrow \exists xCx$;

(4) $\forall x(Px \rightarrow Mx), \forall x(Sx \rightarrow \neg Mx), \quad /\therefore \forall x(Sx \rightarrow \neg Px)$;

(5) $\exists xAx \rightarrow \exists x(Bx \wedge Cx), \exists x(Cx \vee Dx) \rightarrow \forall xEx, \quad /\therefore \forall x(Ax \rightarrow Ex)$;

(6) $\forall x(Ax \wedge Bx \rightarrow Cx), \exists x(Dx \wedge Bx), \forall x(\neg Ax \rightarrow \neg Dx), \quad /\therefore \exists x(Cx \wedge Dx)$。

4. 在 Q^N 中证明,下列推理是形式有效的。

(1) 没有人会飞,所以,所有的人都不会飞。

(2) 凡金属皆导电,故凡不导电的皆非金属。

(3) 树是植物,植物都有根,所以,树有根。

(4) 凡罪犯都有作案时间,某甲没有作案时间,所以,某甲不是罪犯。

(5) 老子早于庄子,所以,庄子晚于老子。

(6) 王慧是刘丽的母亲,刘丽是陈芳的母亲,所以,王慧不是陈芳的母亲。

5. 在 Q^N 中证明,下列推理是形式有效的。

(1) 凡科学家都是理性主义者,没有宗教狂热者是理性主义者,所以,凡宗教狂热者都不是科学家。

(2) 王茉莉只与有车的男孩约会,而吴为是一个没有车的男孩,所以,王茉莉不会与吴为约会。

(3) 对于任何人 x 和 y,如果 x 是 y 的父亲,则 y 就不是 x 的父亲。所以,没有任何人是他自己的父亲。

(4) 每一位哲学上的经验论者都崇拜英国哲学家休谟,没有一个独断论者喜欢任何崇拜休谟的人,所以,所有独断论者都不喜欢哲学上的经验论者。

(5) 没有奥卡姆的信徒喜欢任一实在论者;任一奥卡姆的信徒至少喜欢一个霍布斯的信徒;奥卡姆有信徒。所以,有的霍布斯的信徒不是实在论者。

(6) 雅士俱乐部的每一位成员或者是民主党人或者是共和党人;雅士俱乐部的大多数成员是富人;亚当不是民主党人,但他是富人。所以,如果亚当是该俱乐部的一名成员,他就是共和党人。

参 考 文 献

A 类——专著

1. 彭漪涟、马钦荣：《逻辑学大辞典》，上海辞书出版社 2004 年版。

2. 宋文坚：《逻辑学的传入与研究》，福建人民出版社 2005 年版。

3. 王习胜、张建军：《逻辑的社会功能》，北京大学出版社 2010 年版。

4. 王路：《逻辑方圆》，北京大学出版社 2005 年版。

5. 陈波：《逻辑学十五讲》，北京大学出版社 2008 年版。

B 类——教材

6. 黄士平：《简明逻辑学》，湖北教育出版社 2005 年版。

7. 中国人民大学哲学系逻辑教研室：《逻辑学》，中国人民大学出版社 2002 年版。

8. 何向东：《逻辑学教程》（第二版），高等教育出版社 2004 年版。

9. 张大松：《法律逻辑学案例教程》，复旦大学出版社 2009 年版。

10. 雍琦、金承光：《法律逻辑教与学》，法律出版社 2007 年版。

11. 孔庆荣：《法律逻辑学基础》，中国法制出版社 2007 年版。

12. 武宏志、周建武：《批判性思维——论证逻辑视角》（修订版），人民大学出版社 2010 年版。

13. 谷振诣、刘壮虎：《批判性思维教程》，北京大学出版社 2006 年版。

14. 杨武金：《逻辑与批判性思维》，北京大学出版社 2007 年版。

15. 陈波：《逻辑学导论》（第 2 版），中国人民大学出版社 2006 年版。

16. 李娜：《现代逻辑的方法》，河南大学出版社 1997 年版。

17. 陈慕泽、余俊伟：《数理逻辑基础（一阶逻辑与一阶理论）》，中国人民大学出版社 2003 年版。

18. 徐明：《符号逻辑讲义》，武汉大学出版社 2008 年版。

19. 王宪钧：《数理逻辑引论》，北京大学出版社 1982 年版。

20. 宋文淦：《符号逻辑基础》，北京师范大学出版社 1993 年版。

C 类——批判性思维

21. ［美］罗纳德·格罗斯：《苏格拉底之道》，徐弢、李思凡译，北京大学出版社 2005 年版。

22. ［美］M. 布朗、S. 凯雷：《走出思维的误区》（批判性思维指南），张晓辉、王全杰译，中央编译出版社 1994 年版。

23. ［美］M. Neil Brtuart Stuart M. Keeley：《学会提问——批判性思维指南》（第七版），赵玉芳、向晋辉等译，中国轻工业出版社 2006 年版。

24. ［美］理查德·保罗：《思考的力量》，丁薇译，上海人民出版社 2006 年版。

25. ［美］D. Alan Bensley：《心理学批判性思维》，李小平等译，中国轻工业出版社 2005 年版。

D 类——应试训练

26. 问道、王非：《思维风暴》，华文出版社 2009 年版。

27. 于雷：《逻辑思维训练 500 题》，中国言实出版社 2009 年版。

28. 于雷：《逻辑思维训练 500 题（Ⅱ）》，中国言实出版社 2009 年版。

29. 周建武：《MBA 联考逻辑习题归类精编》，中国人民大学出版社 2009 年版。

30. 贺善侃：《逻辑思维训练——MBA、GCT-ME 逻辑考试指南》（第二版），东华大学出版社 2009 年版。